Südwestdeutsche Beiträge zur historischen Bauforschung

Regierungspräsidium Stuttgart – Landesamt für Denkmalpflege

Arbeitskreis für Hausforschung, Regionalgruppe Baden-Württemberg

Südwestdeutsche Beiträge zur historischen Bauforschung

Band 9

Burghard Lohrum

Staufener Häuser aus sieben Jahrhunderten
Baugeschichtlicher Stadtkataster

Mit einem Beitrag von Bertram Jenisch

Gefördert vom Ministerium für Landesentwicklung und Wohnen Baden-Württemberg – Oberste Denkmalschutzbehörde

Südwestdeutsche Beiträge zur historischen Bauforschung – Band 9

Herausgeber
Regierungspräsidium Stuttgart – Landesamt für Denkmalpflege
Arbeitskreis für Hausforschung, Regionalgruppe Baden-Württemberg

Anschriften der Verfasser
Bertram Jenisch, bertram.jenisch@rps.bwl.de
Burghard Lohrum, b.lohrum@t-online.de

Redaktion
Michael Goer, Frank Löbbecke, Claudia Mohn, Tilman Riegler, Karen Schmitt

Lektorat
LEXIS | Karen Schmitt, Stuttgart – www.lexis-lektorat.de

Layout
Cornelia Fritsch, Gerlingen
und Katrin Atzbach, Emiliedalen 55, DK-8270 Aarhus – www.atzbach-design.net

Propylaeum
FACHINFORMATIONSDIENST ALTERTUMSWISSENSCHAFTEN

In Kooperation mit arthistoricum.net

arthistoricum.net
FACHINFORMATIONSDIENST KUNST · FOTOGRAFIE · DESIGN

Diese Publikation ist auf https://www.propylaeum.de dauerhaft frei verfügbar (Open Access).
doi: https://doi.org/10.11588/sbhbf.2024.1
e-ISBN: 978-3-96929-234-1
Print-ISBN: 978-3-96929-233-4

Publiziert bei
Universität Heidelberg/Universitätsbibliothek, 2024
Propylaeum – Fachinformationsdienst Altertumswissenschaften
Grabengasse 1, 69117 Heidelberg
https://www.uni-heidelberg.de/de/impressum

Umschlagmotiv: Staufen, Hauptstraße 46. Nördliche Brandwand im Bereich des rückwärtigen Hofgebäudes. Foto: Pitty Schöttler.

eISSN: 2366-9233
Print-ISSN: 0944-4009

Vorwort

Systematische, flächenhafte Untersuchungen von Bauten in historischen Städten, Stadtquartieren oder Dörfern sind ein wenig aus der Mode gekommen. Obwohl sie gegenüber Einzeluntersuchungen trotz geringerer Forschungstiefe beachtliche Erkenntnisse zur Stadt- und Baustruktur beitragen können, gelingt es nur noch selten, Gemeinde oder Städte zu einer derartigen Investition zu bewegen. Mit Respekt und Anerkennung erinnern wir uns an die heute noch ausstrahlenden und gewinnbringenden Ergebnisse der Flächenuntersuchungen aus den 1980er und 1990er Jahren, die methodisch entweder, wie in Konstanz, vor allem stadtarchäologisch oder, wie in Schwäbisch Hall, vor allem bauhistorisch konzipiert waren.

Die Denkmalpflege des Landes hatte an topographischen Gesamtdarstellungen ihren Anteil, sei es durch die von 1984 bis 1998 herausgegebene Reihe Ortskernatlas Baden-Württemberg mit zweiundzwanzig Heften, sei es durch die Fundamentalinventarisation von Richard Strobel zu Schwäbisch Gmünd mit den zwischen 1995 und 2003 erschienenen vier Bänden der Reihe Kunstdenkmäler in Baden-Württemberg, sei es durch den Archäologischen Stadtkataster, mit dessen Publikation 1996 begonnen wurde, oder sei es schließlich mit der Denkmaltopographie Baden-Württemberg, die bezeichnenderweise mit dem Band zur Stadt Staufen und dem Münstertal 2002 ihren Anfang nahm.

Schon damals flossen in den amtlichen Staufen-Band zahlreiche Ergebnisse von Burghard Lohrum ein, der in der südbadischen Stadt am Ausgang des Münstertals erstmals 1984 mit einer bauhistorischen Kurzdokumentation eines zum Abbruch vorgesehenen Hauses beauftragt worden war. Im Zeitraum von über einem Vierteljahrhundert untersuchte der freiberufliche Bauforscher in Staufen fast einhundert Häuser – anfangs noch als Voruntersuchungen vor Baumaßnahmen, nach und nach auch systematisch. Trotz städtischer und staatlich-denkmalpflegerischer Unterstützung hätte dieses Vorhaben ohne das herausragende Engagement des Arbeitskreises Staufener Stadtbild, namentlich von Frau Pitty Schöttler, keine Realisierungschance gehabt. Ihr gilt neben dem Autor Burghard Lohrum mein ganz besonderer Dank.

Für die Zukunft wäre zweierlei zu wünschen: zum einen, dass die bauhistorischen Untersuchungen in Staufen, die auf Primärquellen fußen, durch die Auswertung schriftlicher Quellen ergänzt würden, und zum anderen, dass systematische, flächenhafte Untersuchungen von Bauten in historischen Städten, Stadtquartieren und Dörfern eine Renaissance erleben.

Die Studien von Burghard Lohrum sind in diesem Band sehr gut ergänzt worden durch einen archäologisch-historischen Beitrag von Bertram Jenisch. Bereits 1998 ist ein leider bislang nur als Manuskript vorliegender Archäologischer Stadtkataster Staufen entstanden. Im historischen Stadtkern wurden 15 archäologische Fundstellen erfasst, die größtenteils in das Spätmittelalter datiert werden können. Es gibt aber auch Belege für eine römische Siedlung im späteren Stadtgebiet. Da es seither nur wenige zusätzliche Aufschlüsse gegeben hat, kommt dieser Studie eine große Bedeutung zu, wenn Konzepte für die Beseitigung der durch die Hebung des Stadtgebietes infolge von Geothermie-Bohrungen entstandenen Schäden entwickelt werden.

Auf das Erscheinen des Bandes warten alle Beteiligte nun schon sehr lange. Umso mehr freuen wir uns, dass es endlich geglückt ist, und wünschen allen Lesern eine gewinnbringende Lektüre.

Esslingen, im November 2022

Prof. Dr. Claus Wolf
Präsident des Landesamtes für Denkmalpflege

Inhalt

Vorbemerkungen

Burghard Lohrum

Die Untersuchungen des Staufener Baubestandes durch den Verfasser begannen im Jahr 1984. Ausgelöst wurden sie durch das Haus Hauptstraße 15, das sogenannte „Schäfer-Paula-Haus“. Es stand im Bereich des ehemals nördlichen Stadttores, westlich des Stadtschlosses der Herren von Staufen. Sein damaliger Zustand war Gegenstand einer mehrjährigen Auseinandersetzung und gegensätzlicher Gutachten, das eine für den Erhalt, das andere für den Abriss. Da Letzteres nicht mehr zu verhindern war, beauftragte das damalige Landesdenkmalamt Baden-Württemberg, Außenstelle Freiburg, eine Notdokumentation mit der skizzenhaften Erfassung des historischen Bestandes. Ergänzend dazu sollte durch eine Jahrringuntersuchung der zwischenzeitlich freiliegenden Bauhölzer das Baualter des Gebäudes bestimmt werden. Die bei der Untersuchung gewonnene Erkenntnis, dass sich hinter der unauffälligen Fassade des Abbruchkandidaten ein außergewöhnlich alter Kern verborgen hatte, kam zwar zu spät, führte aber zu einer allgemeinen Sensibilisierung hinsichtlich des zukünftigen Umgangs mit dem städtischen Baubestand.

So kam es in der Folgezeit zu weiteren, in aller Regel durch akute Bauvorhaben veranlasste Kurzuntersuchungen. Diese bestätigten die Vermutung, dass sich in Staufen offensichtlich weitere bis in das Mittelalter zurückreichende Gebäude oder Bauteile erhalten haben. Darauf aufbauend entwickelte sich in der Folgezeit der Wunsch nach vorgeschalteten Bauanalysen, um so den hausspezifischen Befund in einen vergleichbaren lokalen Kontext einbinden zu können. Im Bedarfsfall sollten sich die fallspezifischen Entscheidungen der Denkmalpflege auf eine fundierte Bewertungsgrundlage stützen können.

Der Wunsch nach einer breit gefächerten Untersuchungsbasis, initiiert durch den Arbeitskreis Staufener Stadtbild sowie das Landesdenkmalamt Baden-Württemberg und unterstützt durch Herrn Bürgermeister Graf von Hohenthal als Vertreter der Stadt, konnte ab 1988 realisiert werden und führte in der Folgezeit zu einer auf zehn Jahre begrenzten Erforschung des städtischen Baubestandes. Zu Beginn handelte es sich vorrangig um Altersbestimmungen, ermittelt durch dendrochronologische Untersuchungen an ausgewählten oder durch Umbauten betroffenen Gebäuden, wobei deren individuelle Aussagekraft in der Folgezeit durch eine zunehmende Zahl von baugeschichtlichen Dokumentationen ergänzt werden konnte.

Die Kosten dieser Reihenuntersuchung verteilten sich auf das Landesdenkmalamt Baden-Württemberg, Außenstelle Freiburg, die Stadt Staufen und den Arbeitskreis Staufener Stadtbild e.V. Darüber hinaus gelang es Heinrich Schöttler als Vorsitzendem des Arbeitskreises, gelegentlich mehrere Staufener Firmen als Spender zu gewinnen.

Eine der wichtigsten Aufgaben oblag Pitty Schöttler. Als die treibende Kraft der Reihenuntersuchung übernahm sie über alle Jahre hinweg die terminlichen Absprachen mit den jeweiligen Hauseigentümern und öffnete so viele verschlossene Türen. Darüber hinaus begleitete sie nahezu jeden Einsatz und dokumentierte mit ihrer Kamera unzählige Einzeldetails, auf die der Verfasser bei seinen Dokumentationen wie auch im vorliegenden Band zurückgreifen konnte. Ihre kritischen Abwägungen am Gebäude beeinflussten nicht selten den Umfang der jeweiligen Dokumentation, wie auch die Zahl der für die Altersbestimmung zu entnehmenden Holzproben. Deren dendrochronologische Auswertungen erfolgten in Zusammenarbeit mit H.-J. Bleyer, Metzingen.

Nicht zu vergessen ist an dieser Stelle die Aufgeschlossenheit der jeweiligen Hausbesitzer, ohne die der vorgelegte Untersuchungsrahmen nicht diesen Umfang erreicht hätte. Wertvolle Quellen lieferte in letzter Minute Stadtarchivar Jörg Martin, indem er viele historische Planunterlagen des 19. bis 20. Jahrhunderts zur Verfügung stellte.

Die einzelnen Ausfertigungen der angelegten Untersuchungsberichte sind beim Landesamt für Denkmalpflege im Regierungspräsidium Stuttgart, Arbeitsstelle Freiburg, dem Arbeitskreis Staufener Stadtbild, der Stadt Staufen und beim Verfasser archiviert. Zwischenzeitlich sind die untersuchten Gebäude auch in der Bauforscher-Datenbank des Landesamtes für Denkmalpflege abrufbar:
(http://www.bauforschung-bw.de/).

Die erzielten Ergebnisse ergänzten die vom Landesdenkmalamt Baden-Württemberg herausgegebene Publikationsreihe zur Denkmaltopographie in Baden-Württemberg, speziell den die Stadt Staufen betreffenden Pilotband mit wichtigen Detail- und Überblicksinformationen.[1] Einzelne Daten sind aber auch schon in lokale Publikationen eingeflossen.[2]

Der zeitliche Rahmen, in dem die Ergebnisse von mehr als neunzig Einzelobjekten zusammengetragen wurden, brachte es mit sich, dass bei der Überprüfung der Einzelbefunde das eine oder andere Baudatum der ersten Stunde revidiert werden musste oder neu ermittelt werden konnte. Die in diesem Zusammenhang vorgenommenen Korrekturen beziehungsweise Neudatierungen wurden bei der jeweiligen Objektbeschreibung aufgenommen.

Nachdem mittlerweile mit dem Sonderband der *Südwestdeutschen Beiträge* zur Terminologie und Systematik des vorindustriellen Holzbaus[3] eine vereinheitlichte Ansprache der einzelnen Holzbauteile und ihres konstruktiven Zusammenhangs vorliegt, wurden die Objektbeschreibungen auch in diesem Punkt entsprechend angepasst. Somit kann die Beschreibung hier gegenüber den ursprünglich erstellten Einzelgutachten differieren.

Innerhalb der Bandbreite von punktuellen Untersuchungen bis hin zu umfassenden Dokumentationen und baugeschichtlichen Analysen an größeren Baukomplexen konnten so in den vergangenen Jahren gesicherte Aussagen zur baulichen Struktur einzelner städtischer Wohnbauten gewonnen werden (Abb. 1). Dabei waren die erzielten Ergebnisse immer das Resultat einer sich auf die angetroffene Primärquelle stützenden Bauuntersuchung. Schriftliche Quellen zur Stadtgeschichte, wie zum Beispiel zu herrschaftlichen Veränderungen oder kriegerischen Ereignissen, fanden bei der objektbezogenen Befundinterpretation keine Berücksichtigung. Bis auf wenige Ausnahmen gilt dies auch für die Zuordnung hinsichtlich der Besitzer oder auch der Nutzung der untersuchten Bauten. Anders verhält es sich in den Fällen, in denen über den baulichen Befund bestimmte architektonische Details als Indiz für ein außergewöhnliches Repräsentationsbedürfnis gedeutet werden konnten und so eine besitzrechtliche Zuordnung zuließen. Dass diese Interpretation in erster Linie auf die Hausbauten der städtischen Oberschicht hinweist, ist naheliegend, ohne dabei jedoch allein die Herren von Staufen als die bekannten Initiatoren der Stadtgründung im Auge zu haben. In diesem Sinne trifft die herrschaftliche Zuordnung eines Gebäudes auch auf jene Bauten zu, die zum Beispiel als städtische Niederlassung auswärtiger Grundherren errichtet wurden.

Das breit gefächerte Spektrum der objektbezogenen Ergebnisse, aufgelistet in einem nach Straßen geordneten Katalog, bildet den Kern des baugeschichtlichen Stadtkatasters und damit die Auswertungsbasis der städtischen Siedlungsentwicklung Staufens vom 14. bis 18. Jahrhundert. Noch sind die Untersuchungen in Staufen nicht abgeschlossen, doch ist der Umfang der Untersuchungen merklich zurückgegangen. Mangelnde Geldmittel – und hier schmerzt in erster Linie der Verlust der großzügigen Unterstützung in den ersten Jahren – führten zu einem kontinuierlichen Rückgang der bauforscherischen Aktivitäten. Ungeachtet dessen ist es an der Zeit, das bislang Erreichte in einer als Zwischenbericht formulierten Übersicht vorzulegen. In diesem Sinne versteht sich das vorgelegte Material nicht als eine zusammenfassende Stadtgeschichte, sondern als fortschreibbares und in der Zukunft zu ergänzendes Befundinventar, auf dessen Grundlage, ergänzt durch die Auswertung der schriftlichen und archäologischen Quellen, sich in nächster Zukunft eine fundierte Stadtgeschichte entwickeln kann.

1 Kaiser u. a. 2002.
2 Schmidt-Thomé/Wesselkamp 1989.
3 Vorindustrieller Holzbau 2012/2022.

Abb. 1: Übersicht über die dendrochronologisch untersuchten Gebäude im Stadtgebiet von Staufen.

Grundzüge der Stadtgeschichte Staufens

Bertram Jenisch

Lage der Stadt

Staufen liegt am Austritt des Münstertals in die Rheinebene (Abb. 2).[1] Die annähernd rechteckige, mit Sedimenten des Flüsschens Neumagen aufgeschotterte Ebene wird nach Norden durch den Schönberg von der Freiburger Bucht abgegrenzt. Die Schotterböden sind mit einer sehr mächtigen Lössablagerung überdeckt. Im Osten der Bucht steigt der Westrand des Schwarzwaldes auf. Der Untergrund der Stadt ist geomorphologisch der Rheinebene zuzuordnen, tektonisch gehört er jedoch der Vorbergzone an, die nur noch durch den Doggerkalkfelsen des Staufener Burgfelsens erkennbar ist. Dessen Kegelform gab der Stadt den Namen. Durch die Lage an der Schnittstelle dreier Landschaften entwickelte sich Staufen im Mittelalter zum naturgegebenen Austauschplatz für den Breisgau, das Markgräflerland und das Münstertal mit seinen Nebentälern. Die Bedeutung als

1 Lukas 1993, 110f.

Abb. 2: Staufen von Nord, im Vordergrund der Schlossberg. Luftbild aus dem Jahr 1989.

Marktort begründet sich auch durch die Lage an der alten, von Nordwesten kommenden Landstraße nach Basel, die Staufen als Hauptstraße durchzieht. Im Ort zweigt eine für den regionalen Handel und Verkehr wichtige Straße durch das Münstertal über die Passhöhe des Wiedener Ecks ins Wiesental ab.[2]

Herrschaftsgeschichte

Die mittelalterliche Entwicklung von Staufen und dem benachbarten Münstertal spiegelt einen wesentlichen Abschnitt der Herrschaftsgeschichte des Südschwarzwaldes und des südlichen Breisgaus wider. Die ältesten Ortsnennungen in diesem Gebiet sind im Zusammenhang mit Güterübertragungen festgehalten. Staufen wird anlässlich einer Schenkung an das Kloster Lorsch erstmals am 16. April 770 genannt. Der Ort wird hier als *„villa"*/Dorf (?) mit herrschaftlichem Hof und Haus bezeichnet: *„... uilla Staufen, curtim I et casam in ea"*.[3] 772/73 erscheint Staufen mit anderen Orten erneut im Lorscher Kodex, dann liegen für lange Zeit keine Schriftquellen vor.[4]

Kaiser Konrad II. übertrug 1028 dem Bischof von Basel Herrschaftsrechte im Breisgau und dem südlichen Schwarzwald.[5] Diese Urkunde umschreibt auch den Raum um Staufen und nennt erstmals bereits bestehende Silberbergwerke und Gewerbesiedlungen am Schwarzwaldrand, unter anderem im Münstertal. Das stiftbaslerische Schenkenamt hatten zeitweilig die Herren von Üsenberg inne. Sie belehnten Anfang des 12. Jahrhunderts ihre Ministerialen, die Herren von Staufen, mit Gütern in Staufen und Grunern. Gleichzeitig begegnen uns ein Gottfried und ein Adalbert von Staufen 1111 als Zeugen im Rotulus Sanpetrinus.[6] Bereits 1115 erscheint Adalbert erneut im Umfeld des Herzogs Berthold III. von Zähringen. Die Herren von Staufen waren maßgeblich für die Erschließung des Münstertales verantwortlich und etablierten sich bereits im 12. Jahrhundert als eines der führenden Geschlechter im mittelalterlichen Breisgau.

Wann die Herren von Staufen Vögte des Klosters St. Trudpert wurden, ist mangels schriftlicher Quellen unklar, doch kann das um 1175 wohl im Auftrag der Herren von Staufen gefertigte Vortragekreuz von St. Trudpert als Hinweis auf die Vogtstellung gewertet werden. Seit dem späten 12. Jahrhundert sind die Herren von Staufen in Schriftquellen als Schirmvögte des Klosters St. Trudpert belegt, mit dem sie bald in heftigem Streit lagen. Eine Einigung über die Besitz- und Herrschaftsrechte wurde erst mit der Erstellung eines Dingrodels (Rechtsaufzeichnung) erreicht, der, mehrfach fortgeschrieben, zwischen 1211 und 1417 entstand.

Unter den Grafen von Freiburg, die nach dem Aussterben der Zähringerherzöge 1218 deren Erbe im Breisgau antraten, bekleideten die Herren von Staufen auch weiterhin das Marschallamt. Ab der zweiten Hälfte des 13. Jahrhunderts finden wir die Staufener an der Seite Rudolfs von Habsburg. Zu diesem Zeitpunkt erscheinen sie auch als Herren der sieben Kilometer talaufwärts liegenden Stadt Münster, was etwa aus dem Münzvertrag vom 19. Januar 1258 zum Schutz des Breisgauer Pfennigs hervorgeht.[7] Zu Beginn des 14. Jahrhunderts kam die Familie von Staufen zunehmend in finanzielle Schwierigkeiten. 1325 verkaufte Johann von Staufen die Burg Scharfenstein mit dem Britznachtal an das Kloster St. Trudpert und nahm beides kurz darauf zu Lehen. Er verkaufte am 5. Juli 1330 abermals die Burg Scharfenstein und die Stadt Münster samt der Vogtei des Klosters St. Trudpert an Herzog Otto von Österreich.[8] Münster ist damit die erste Stadt der österreichischen Vorlande, die durch direkten Verkauf an das Haus Habsburg überging. Durch gezielten Gütererwerb wurde sie so zur Keimzelle des vorderösterreichischen Besitzes im Breisgau. Am 26. April 1602 erlosch mit dem Tod des Freiherrn Georg Leo die agnatische Linie der Freiherren von Staufen. Burg und Stadt fielen an die Habsburger zurück, die Ende des 14. Jahrhunderts oder im 15. Jahrhundert die Grafen von Freiburg als Oberlehnsherren abgelöst hatten. Von diesem Zeitpunkt an wechselte die Herrschaft von Staufen häufiger; so kam die Herrschaft Staufen 1628 an Hannibal von Schauenburg. 1806 wurde Staufen badische Bezirksstadt, seit 1936 war die Stadt Teil des Landkreises Müllheim, heute gehört sie zum Landkreis Breisgau-Hochschwarzwald.[9]

2 Keyser 1959, 371 f.

3 Glöckler 1936, Reg. 478.

4 Glöckler 1936, Reg. 976.

5 Zettler 1990, 72.

6 Krimm-Beumann 2011.

7 Hefele 1940, Nr. 164.

8 GLA Karlsruhe 21/5600 (K. 328).

9 Kraus 1904, 463 f. – Erdmann 1989, 57. – Land Baden-Württemberg 1982, 166.

Mittelalterliche Siedlungsentwicklung am Fuße des Schlossbergs

Die ältesten, bis in die Jungsteinzeit zurück reichenden Siedlungsspuren in Staufen finden sich auf der markanten Erhebung nördlich der Stadt. Der dem Schwarzwald vorgelagerte Schlossberg wurde, dem geborgenen Lesefundmaterial nach zu urteilen, auch in der späten Bronzezeit und frühen Eisenzeit genutzt. Da bislang keine archäologischen Befunde dokumentiert werden konnten, sind zum Charakter dieser Ansiedlung keine Aussagen möglich. Bereits in römischer Zeit befand sich am Fuß des Schlossbergs, auf einem leicht nach Südwesten geneigten Hang, eine Ansiedlung. Trotz der nur bruchstückhaft zu fassenden Baureste zeichnet sich deren Ausdehnung ab. Sie erstreckte sich in dem heute nur locker bebauten östlichen Stadtgebiet von der Lilienhofschule (Auf dem Rempart 8) bis zur Martinskirche. Aufgrund des Fundmaterials ist sie wohl als *villa rustica* des 2./3. Jahrhunderts n. Chr. anzusprechen.

Zu dem 770 genannten Dorf „Staufen" gibt es bislang keinen archäologischen Nachweis. Dem Kloster Lorsch wurde unter anderem eine Hofstelle mit einem Haus in der *„villa"* Staufen geschenkt, wobei *villa* in diesem Fall als Siedlung/Dorf (?), eventuell auch als zentraler Wirtschaftshof zu verstehen ist. Dieser Hof könnte an der Stelle des Unteren Schlosses gelegen haben. Vielleicht geht er sogar, wie andernorts bei Fiskalgut nachgewiesen, auf die ehemalige römische Siedlung zurück. Das erst im Jahr 1336 überlieferte Martinspatrozinium der Staufener Kirche könnte auf einen Zusammenhang mit einem herrschaftlichen Hof hinweisen. Viele zum Krongut gehörende frühe Kirchen, wie etwa im benachbarten Müllheim, waren dem fränkischen Nationalheiligen geweiht. Die wirtschaftliche Grundlage des frühmittelalterlichen Ortes beruhte wahrscheinlich schon damals aufgrund des günstigen Klimas und der guten Böden auf dem Weinbau.

Im 11. Jahrhundert zählten der Burgberg und das Dorf Staufen zum stiftbaslerischen Lehen der Herren von Üsenberg. Diese belehnten Anfang des 12. Jahrhunderts die späteren Herren von Staufen[10] mit ihren dortigen Gütern, dem Burgberg, dem Herrenhof und vermutlich fünf weiteren Meierhöfen.[11] Obwohl die erste Nennung der Burg erst für das Jahr 1248 belegt ist, ist ihre Anlage für das Ende des 11. Jahrhunderts zu vermuten, worauf der Bericht über die Gründung des Klosters St. Georgen, der einen *„Burchart comes de castro Stoupha"* nennt, hinweist.[12] Im Zusammenhang mit der Anlage der Burg ist wohl auch die Weiterentwicklung des Dorfes im Verbund mit dem herrschaftlichen Eigengut zu sehen.[13] Nach heutigem Erkenntnisstand ist nicht zu bestimmen, ob die beiden Siedlungsteile Herrenhof und Dorf nacheinander entstanden oder ob von einer nahezu gleichzeitigen Entstehungszeit ausgegangen werden kann.

An der Stelle der heutigen Staufener Pfarrkirche (Abb. 3) stand zuvor eine kleinere Kirche, über deren bauliche Entwicklung bauarchäologische

Abb. 3: Staufen, Pfarrkirche St. Martin. Luftbild aus dem Jahr 2002.

10 Hugard 1897, 17. – Bader 1881, 38. – Land Baden-Württemberg 1982, 166. – Kraus 1904, 463 f.

11 Keyser 1959, 371.

12 Bader 1858, 212. – Land Baden-Württemberg 1982, 166. – Schreckenstein 1884, 371; 376.

13 Keyser 1959, 371.

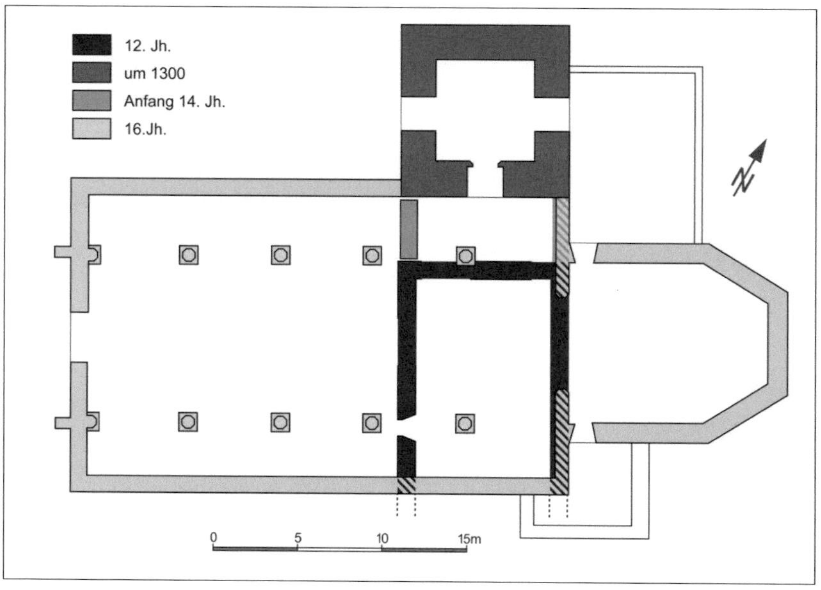

Abb. 4: Staufen, Pfarrkirche St. Martin. Bauphasen nach Schmidt-Thomé/ Wesselkamp.

Untersuchungen Aufschluss geben (Abb. 4). Die älteste nachgewiesene Steinkirche war möglicherweise aus einer herrschaftlichen Eigenkirche hervorgegangen. 1139 wird die Kirche in Staufen noch als Filiale der Pfarrei Kirchhofen zugeordnet, sie war dem Bischof von Basel zehntpflichtig. Im frühen 12. Jahrhundert hatte sich offenbar noch keine eigenständige Pfarrei ausgebildet. Am Rande des Dorfes, im Bereich römischer Siedlungsreste errichtet, war dieser Bau mit dem Chor nach Südosten orientiert. Der später hinzugefügte mächtige Turm stand isoliert etwa 5 m westlich und wurde erst im Zuge der nachfolgenden Erweiterung des Langhauses mit der Kirche verbunden.[14] 1275 wird die Martinskirche zu Staufen im *liber decimationis* erstmals als selbstständige Pfarrei erwähnt.[15]

Ins 12. Jahrhundert dürften die Anfänge der Burg auf dem Staufener Schlossberg datieren, von wo aus der Weg in das Münstertal gut überwacht werden konnte (Abb. 5). Die dort

Abb. 5: Burg Staufen. Luftbild aus dem Jahr 2002.

heranwachsende Stadtsiedlung Münster war eine hochmittelalterliche, vielleicht von den Herren von Staufen ausgehende, zumindest aber von ihnen stark geförderte Gründung. Unklar ist bislang, ob die Burganlage auf dem Schlossberg eine ältere Anlage, das sogenannte Alte Schloss auf der Etzenbacher Höhe, östlich des damaligen Dorfes ersetzte.

Neben Wohn- und Wirtschaftsgebäuden gab es im Dorf Staufen sicher auch Mühlen, die die Wasserkraft des nahen Neumagens nutzten. Über die dörfliche Siedlungsstruktur lässt sich anhand der heute überkommenen Bebauung jedoch keine Aussage machen.

Vom Dorf zum Marktort

Die Herren von Staufen gelangten im Lauf des 12. Jahrhunderts in den Besitz weiterer Lehen, der Bergwerksrechte im Münstertal sowie der Schutzvogtei über die Benedikitinerabtei St. Trudpert im Münstertal. Zur Verwaltung und Sicherung dieser Gebiete und zur Versorgung der umliegenden Bergwerke erwies sich die Burg Staufen mit dem dazugehörigen Dorf am Ausgang des Münstertals als sehr vorteilhaft, außerdem konnte von hier aus der gesamte Verkehr aus dem Münstertal in die Rheinebene kontrolliert werden.[16]

Unter diesen günstigen Voraussetzungen vergrößerte sich das Dorf Staufen im Laufe des 13. Jahrhunderts beträchtlich. Die Siedlung ist jedoch nicht als geschlossenes Gefüge anzusehen. Zunächst gab es im Süden der späteren Stadt das nicht exakt abzugrenzende Dorf mit

14 Schmidt-Thomé/Wesselkamp 1989, 256ff.

15 Keyser 1959, 374.

16 Kohler 1940, 24. – Erdmann 1989, 32f.; 57.

mehreren Lehenshöfen und dem Freihof. Im Norden lag das herrschaftliche Eigengut, das sich vom Unteren Schloss bis zur Martinskirche erstreckte. Es umfasste mehr als ein Drittel des später ummauerten Gebietes und ist noch heute in Teilen unbebaut. In dieser Randlage stand der Ursprungsbau des späteren Stadtschlosses der Herren von Staufen. In ähnlicher Randlage befanden sich auch anderenorts Stadtburgen, so z. B. im benachbarten Münster und Sulzburg. Neben den beiden älteren Siedlungskernen entstand im Westen der Marktort.[17] Er umfasste zunächst nur den südlichen Abschnitt der heutigen Hauptstraße zwischen Rathausplatz und „Kronenplatz". Dass die Straßenfronten stärkere Vor- und Rücksprünge aufwiesen und nicht wie heute fluchteten, ist durch Bauuntersuchungen belegt.

Vom Markt zur Stadt

Für die Stadtwerdung von Staufen ist ein exaktes Datum bzw. eine Gründungsurkunde nicht überliefert. 1269 wird Staufen noch als Dorf benannt.[18] Die erste Nennung Staufens als Stadt („*stette*") ist erst für das Jahr 1337 nachweisbar.[19] 1341 wird die Staufener Bürgerschaft im Güterbuch des Klosters Tennenbach als „*civitas*" bezeichnet, seit dieser Zeit ist mit einem Rat zu rechnen.[20] Die Stadtentstehung dürfte jedoch älter sein, sie erfolgte vermutlich in der Mitte des 13. Jahrhunderts.

Schon bald nach der Marktgründung erweiterte man den Marktort durch die Verlängerung der Hauptstraße planmäßig nach Norden. Die Marktstraße wurde an der Stelle, an der sie rechtwinklig nach Südwesten umbiegt, im 14. Jahrhundert zu einem nahezu quadratischen Platz ausgebaut. Hier entstand an der Schnittstelle zwischen dem alten dörflichen Kern und dem Markt das wirtschaftliche und administrative Zentrum der Stadt mit Rathaus und öffentlichen Gebäuden. Nach der Stadtwerdung vollzog sich im alten dörflichen Kernbereich eine zunehmende bauliche Verdichtung und Parzellenregulierung. Im 14./15. Jahrhundert ist von einem deutlichen Anwachsen der Stadtbevölkerung von Staufen auszugehen: Damals war die Nachbarstadt Münster von kriegerischen Auseinandersetzungen sowie von starken Zerstörungen durch Hochwasser betroffen.[21] Dies mag die dortigen Bürger bewogen haben, das unsichere Tal zu verlassen, um sich in Staufen anzusiedeln. Der repräsentative Bau des Stubenhauses, der hier als Versammlungsort der Stubengesellschaft, einer Vereinigung aus Bürgern und

17 Hugard 1920, 44f. – Keyser 1959, 371f.
18 Kraus 1904, 463ff.
19 Schreiber 1828, 330.
20 Weber 1969, 441 (Sp. 1069).
21 Kaiser u. a. 2002, 37.
22 Hugard 1888, 49ff.

Abb. 6: Staufen, Auf dem Rempart. Freigelegte Teile der Stadtmauer beim Bau der Winzergenossenschaft 1991.

Ortsadel, errichtet wurde,[22] könnte damit in Zusammenhang stehen. Ob diese Ausdehnung in direktem Zusammenhang mit der Erhebung zur Stadt steht, kann auf Grundlage der heutigen Forschungssituation nicht geklärt werden.
Im späten 13. bzw. frühen 14. Jahrhundert erhielt Staufen seine Befestigung.[23] Die Wehranlage umschloss die Stadt innerhalb des heutigen Straßenrings „Auf dem Graben", „Frickstraße", „Auf dem Rempart" und „Mühlegasse". Die Umfriedung bestand aus einer vorwiegend aus Flusskieseln (Wacken) gefügten Mauer mit Wehrgang (Abb. 6), einem vorgelagerten, ca. 10 m breiten Graben und einem Wall. Wie an verschiedenen Stellen nachgewiesen werden konnte, befand sich zwischen Graben und Wall eine Mauer, die den Graben stützte. Den Zugang zur Stadt sicherten das Obere und das Untere Tor jeweils an den Enden der Marktstraße. Zusätzlich bestanden zwei kleine Durchgänge, das „Kaplaneitörle" hinter der Kirche, am Ende der St. Johannesgasse, und „des Baders Loch" nahe der Badstube bei der Einmündung der Adlergasse in die Mühlegasse. Bereits 1369 musste die Stadtmauer nach urkundlicher Überlieferung ausgebessert werden.[24]

Siedlungsentwicklung im Spätmittelalter

Spätestens im 15. Jahrhundert wuchs die Stadt über die westliche Grabenlinie hinaus und begann, ein dort seit dem späten Mittelalter beiderseits eines Kanals bestehendes Gewerbegebiet mit Mühlen und Gerbereien baulich einzubeziehen (Auf dem Graben, Im Grün, Mühlegasse). Das Untere Schloss am Nordostrand der Stadt ist Anfang des 15. Jahrhunderts als Rechteckgebäude baugeschichtlich sicher zu fassen, was nicht ausschließt, dass Teile davon in ältere Zeit zurückreichen. Im späten 15. Jahrhundert wurden Teile der alten Pfarrkirche abgerissen. Sodann entstand im rechten Winkel zum Vorgängerbau eine wesentlich größere Anlage als dreischiffige Basilika mit erhöhtem Chor (vgl. Abb. 4). Die Erweiterung der Kirche in der ursprünglichen Ausrichtung war vermutlich durch angrenzende Bebauung verhindert worden. Der Neubau von St. Martin könnte mit der Verlegung der Grablege der Herren von Staufen vom Kloster St. Trudpert nach Staufen zusammenhängen, die ebenfalls im 15. Jahrhundert erfolgt sein muss. Durch die Umorientierung des Langhauses der Kirche erhielt der Kirchhof seine bis zur Verlegung des Friedhofs 1597 bestehende Form. Die spätmittelalterliche Beinhauskapelle an der Südseite dieses Friedhofs wurde Anfang des 17. Jahrhunderts renoviert, diente später als Wohnhaus und wurde erst 1882 abgebrochen.[25]
Zahlreiche Wohnhäuser und öffentliche Bauten wurden im 16. Jahrhundert neu errichtet oder umgebaut. Zeitgleich entwickelten sich jenseits des Neumagens erste Ansätze einer vorstädtischen Bebauung. Bereits für die erste Hälfte des 14. Jahrhunderts lässt sich dort eine Ansiedlung von Gewerben außerhalb der mittelalterlichen Befestigung in Flussnähe vermuten. In dem Gebiet „Auf dem Graben", „Im Grün" und Gerbergasse erstreckte sich der gewerblich genutzte Bereich bis zum Neumagen. Vermutlich standen hier auch die drei Mühlen, die in einer Urkunde von 1336 erwähnt werden.[26] Ein Nachweis über eine eventuelle Befestigung dieser Ansiedlung außerhalb der Mauer lässt sich nicht führen. 1475 sind für Staufen 80 Herdstätten nachweisbar, im Jahr 1525 werden 136 Häuser genannt.[27]
In seiner Blütezeit, im 16. Jahrhundert, brachte Staufen eine bedeutende Künstlerpersönlichkeit hervor, den Bildhauer Sixt von Staufen. Ihm werden ein Kruzifix und eine hl. Anna Selbdritt in der Pfarrkirche zugeschrieben. Er schuf ferner den eindrucksvollen „Locherer Altar" (1524) im Freiburger Münster sowie die Kaiser- und Herrscherbildnisse am Alten Kaufhaus in Freiburg.[28]
Über die Region hinaus bekannt ist die Stadt durch Doktor Faustus, der im 16. Jahrhundert in Staufen gelebt haben soll. Die historische Forschung geht davon aus, dass Faust den sich in Finanznöten befindenden Freiherrn von Staufen aufsuchte, um mit seinen alchemistischen Kenntnissen Gold zu machen. Der Überlieferung nach logierte Faust im Gasthof zum Löwen, wo *„der bös Geist ine umgebracht"* haben soll. Als beinahe zeitgenössische Beschreibung der Geschehnisse gilt die Zimmersche Chronik aus der Mitte des 16. Jahrhunderts.[29]
Weitere Bautätigkeit ab der Mitte des 17. Jahrhunderts lässt auf Zerstörungen im Dreißigjährigen Krieg schließen: Westlich des Neumagens

23 Miller/Teddy 1980, 750.
24 Bader 1881, 37.
25 Kraus 1904, 470.
26 Weech 1878, 344f.
27 Keyser 1959, 372.
28 Kummer-Schroth 1967, 51ff.
29 Barack 1869.

bauten Kapuzinermönche, die nach den kriegerischen Ereignissen in Neuenburg keine Zukunft sahen, 1683 bis 1685 ihr Kloster, in dem sie auch eine Tuch- und Kuttenmacherei einrichteten.[30] Von 1688 bis 1733 wurde in Staufen ein Eisen- und Hüttenwerk mit Hochofen betrieben.[31] Der Standort dieses Werks ist nicht überliefert, dürfte sich aber im Bereich des südlichen Gewerbekanals außerhalb des Stadtkerns befunden haben. Die Stadtbefestigung, nach verschiedenen Kriegszerstörungen bis 1688 weitgehend erneuert, kurz danach auf Befehl der französischen Truppen großteils wieder abgetragen, wurde wiederhergestellt. Der Obere, als „Malefizturm" bezeichnete Torturm diente längere Zeit als Gefängnis. Nach dem Stadtbrand von 1690,[32] der das Gebiet westlich und südwestlich der Martinskirche in Mitleidenschaft zog, führten Erneuerungen zu einer weiteren Vereinheitlichung der bürgerlich-bäuerlichen Bebauung.

Zerstörungen durch Krieg und Brände

Im Dreißigjährigen Krieg (1618–1648), im Holländischen Krieg (1672–1679) und im Pfälzischen Erbfolgekrieg (1688–1697) wurde Staufen durch Plünderungen und Brandschatzungen immer wieder in Mitleidenschaft gezogen. Zudem verwüstete ein großer Brand im Jahr 1690 ungefähr ein Viertel der Stadt (Martinskirche und ungefähr fünfzig Bürgerhäuser). Nach Hugard waren von den Brandschäden folgende Bauten betroffen: die St. Martinskriche, der nördlich von der Kirche gelegene Pfarrhof mit Nebengebäuden und Stockkeller, sämtliche anderen Häuser auf der nördlichen und westlichen Seite des Kirchplatzes, die Gebäude der Kirchgasse bis zum Rathaus, darunter auch das Gemeindebackofenhaus, und die Häuser des auf den Kirchplatz mündenden Meiergässchens mit zwei großen herrschaftlichen Lehenshöfen.[33]
Ab 1697 erfolgte der Wiederaufbau des betroffenen Gebiets, im Grundriss unverändert, jedoch einfacher und ärmlicher mit Ausnahme des 1780 auf den Fundamenten des alten Pfarrhofs errichteten Lilienhofs.
Am 8. Februar 1945 zerstörten alliierte Bomben über dreißig Häuser und beschädigten ungefähr dreihundert. Bis 1950 waren die meisten Schäden jedoch wieder behoben.[34]
Aktuell ist die Altstadt Staufens durch Geländehebungen bedroht, die durch eine im Herbst 2007 durchgeführte Geothermiebohrung herbeigeführt wurden. Durch die Hebung von bislang ca. 48 cm im Bereich des Marktplatzes kam es zu zahlreichen, teils dramatischen Bauschäden an etwa 280 zum größten Teil denkmalgeschützten Gebäuden.

Denkmalschutz in Staufen

Bei der mittelalterlichen Stadtanlage Staufen sowie dem rebenbestandenen Bergkegel des Schlossbergs mit der Ruine der Burg Staufen, der sich weithin sichtbar nördlich davon erhebt, sind in vielfältiger Weise denkmalpflegerische Belange berührt.
Die zahlreichen Kulturdenkmale der Bau- und Kunstdenkmalpflege und der Archäologie sind in Listen erfasst. Zur Vertiefung wurde eine Ortscharakteristik erstellt.[35] Zur Schaffung von Plangrundlagen kam es 1996 zur Erarbeitung eines archäologischen Stadtkatasters.[36]
Die Landstadt zu Füßen des Schlossbergs zeichnet sich durch die Geschlossenheit ihrer historischen Bebauung aus. An der Gliederung der Stadtanlage ist beispielhaft die Entwicklung vom Dorf zur Stadt ablesbar. Seit 1965 steht der Altstadtkern unter Denkmalschutz, 1997 wurde die Gesamtanlage erweitert (Abb. 7).
Aufgrund der hohen Dichte der denkmalpflegerischen Erhebungen wurden das Gebiet von Staufen und das benachbarte Münstertal als Pilotprojekt für die Denkmaltopographie Baden-Württemberg bearbeitet.[37] Die Kartierung der Kulturdenkmale innerhalb der Gesamtanlage zeigt den umfangreichen Denkmalbestand (Abb. 8). Der Schlossberg und die Kernstadt sind darüber hinaus als geschlossenes archäologisches Denkmal anzusprechen.

➤ Seite 20
Abb. 7: Staufen. Umgrenzung der Gesamtanlage nach §19 DSchG.

➤➤ Seite 21
Abb. 8: Staufen. Innenstadt und Schlossberg, Kulturdenkmale innerhalb der Gesamtanlage.

30 Schmid 1980, 150 ff. – Schmid 1982, 127 ff.
31 Keyser 1959, 371.
32 Ulmann 1967, 49.
33 Hugard 1907, 95. – Hugard 1920, 45.
34 Keyser 1959, 372. – Erdmann 1989, 93.
35 Kaiser 1993.
36 Bräuning/Schmidt 1996.
37 Kaiser u. a. 2002.

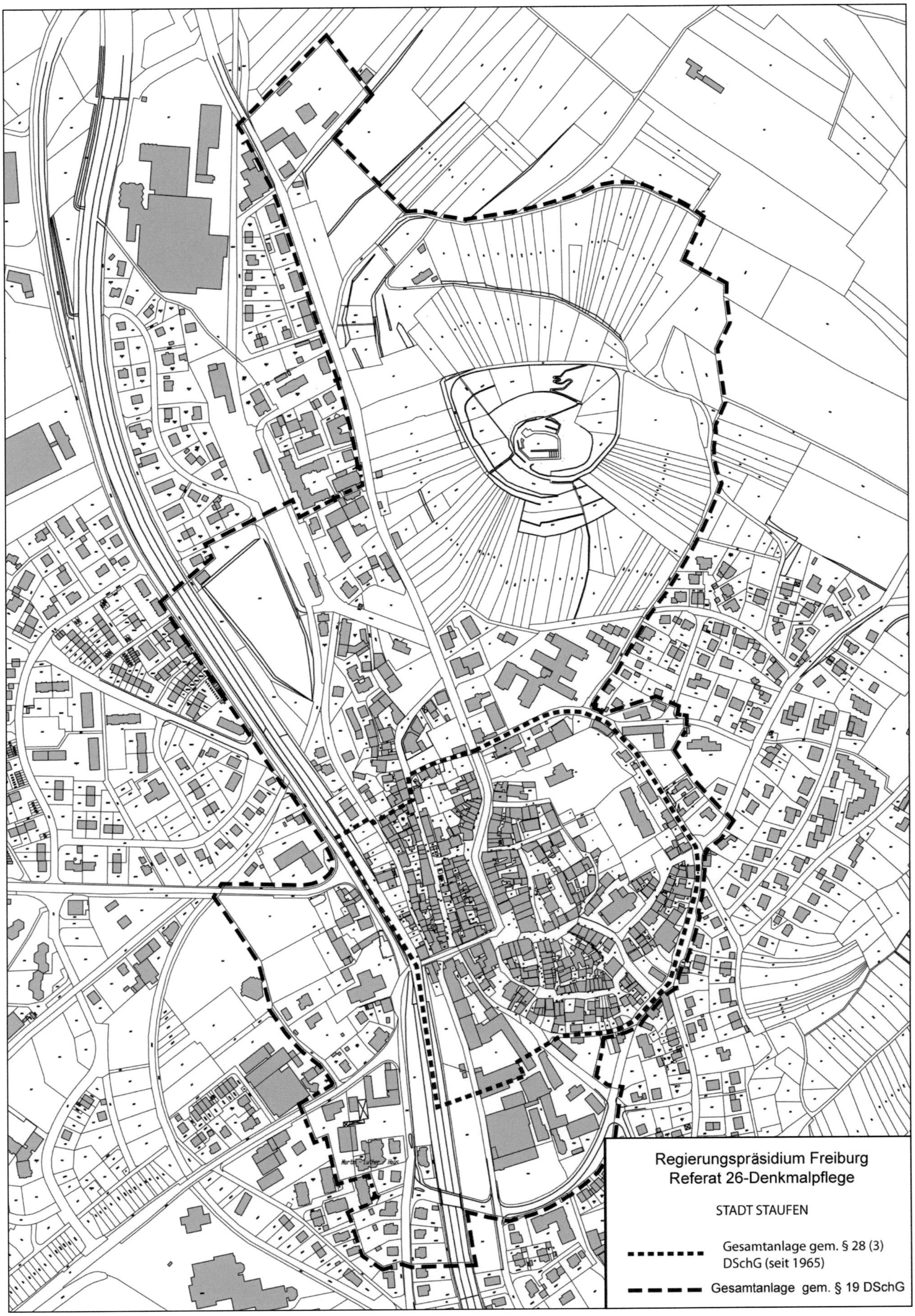
Regierungspräsidium Freiburg
Referat 26-Denkmalpflege
STADT STAUFEN
Gesamtanlage gem. § 28 (3) DSchG (seit 1965)
Gesamtanlage gem. § 19 DSchG

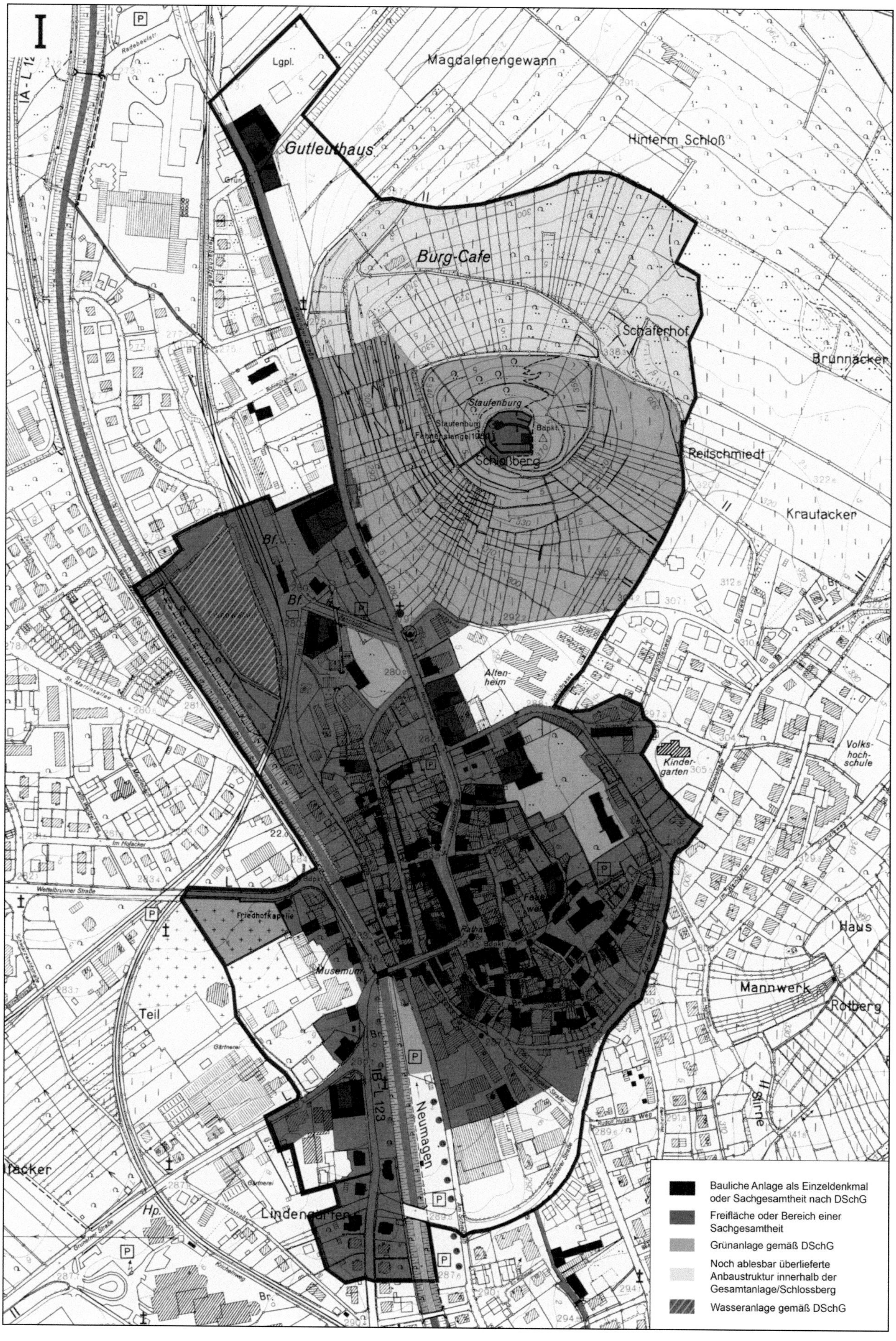
I
Magdalenengewann
Gutleuthaus
Hinterm Schloß
Burg-Cafe
Schäferhof
Brunnacker
Staufenburg
Schloßberg
Reitschmiedt
Krautacker
Bf.
Alten-
heim
Kinder-
garten
Volks-
hoch-
schule
Friedhofkapelle
Museum
Rathaus
Haus
Mannwerk
Rotberg
Teil
Neumagen
Lindengarten
Sirne
Bauliche Anlage als Einzeldenkmal oder Sachgesamtheit nach DSchG
Freifläche oder Bereich einer Sachgesamtheit
Grünanlage gemäß DSchG
Noch ablesbar überlieferte Anbaustruktur innerhalb der Gesamtanlage/Schlossberg
Wasseranlage gemäß DSchG

Literatur

Bader 1858	Josef Bader (Bearb.): Die *notitia fundationis* des Klosters St. Georgen auf dem Schwarzwald. In: Zeitschrift für Geschichte des Oberrheins 9, 1858, 193–225.
Bader 1881	Josef Bader: Die Burg und Stadt Staufen. In: Schauinsland 8, 1881, 37–38.
Barack 1869	K. A. Barack (Hrsg.): Zimmersche Chronik. Bibliothek des Literarischen Vereins in Stuttgart, XCI–XCIV. Tübingen 1869.
Bräuning/Schmidt 1996	Andrea Bräuning/Uwe Schmidt: Archäologischer Stadtkataster Staufen. Typoskript, Stuttgart 1996.
Erdmann 1989	Elisabeth Erdmann (Hrsg.): Staufen im Breisgau. Geschichte und Gegenwart 57. Freiburg 1989.
Glöckler 1936	Karl Glöckler (Hrsg.): Codex Laureshamensis. Bd. 3: Kopialbuch II. Darmstadt 1936.
Hefele 1940	Friedrich Hefele (Hrsg.): Freiburger Urkundenbuch, Bd. 1. Freiburg i. Br. 1940.
Hugard 1888	Rudolf Hugard: Die Stubengesellschaft und das Stubenhaus zu Staufen. In: Schauinsland 15, Freiburg 1888, 49–53.
Hugard 1897	Rudolf Hugard: Die Herren von Staufen zur Zeit der Herzöge von Zähringen. In: Schauinsland 24, 1897, 10–18.
Hugard 1907	Rudolf Hugard: Staufen während des Pfälzischen Erbfolgekrieges (1688–1697). In: Schauinsland 34, 1907, 88–100.
Hugard 1920	Rudolf Hugard: Baugeschichtliches aus Staufen. In: Mein Heimatland 7, 1920, 41–46.
Kaiser 1993	Wolfgang Kaiser: Staufen, Landkreis Breisgau-Hochschwarzwald, Innenstadt. Landesdenkmalamt Baden-Württemberg, Ortscharakteristik Nr. 29. Stuttgart 1993.
Kaiser u. a. 2002	Wolfgang Kaiser/Gitta Reinhardt-Fehrenbach/Bertram Jenisch/Verena Nübling: Landkreis Breisgau-Hochschwarzwald – Stadt Staufen, Münstertal/Schwarzwald. Landesdenkmalamt Baden-Württemberg, Denkmaltopographie Baden-Württemberg III.1.1. Stuttgart 2002.
Keyser 1959	Erich Keyser (Hrsg.): Badisches Städtebuch. Deutsches Städtebuch 4. Stuttgart 1959.
Kohler 1940	Alfons Kohler: Die Burgen des mittelalterlichen Breisgaus. Freiburg i. Br. 1940.
Kraus 1904	Franz Xaver Kraus: Die Kunstdenkmäler des Großherzogtums Baden 6. Tübingen, Leipzig 1904.
Krimm-Beumann 2011	Jutta Krimm-Beumann: Die ältesten Güterverzeichnisse des Klosters Sankt Peter im Schwarzwald. Der Rotulus Sanpetrinus und Fragmente eines Liber monasterii sancti Petri. Stuttgart 2011.
Krummer-Schroth 1967	Ingeborg Krummer-Schroth: Die mittelalterliche Kunst und Meister Sixt von Staufen. In: Leif Geiges u. a.: Staufen und der Obere Breisgau. Chronik einer Landschaft. Karlsruhe 1967, 51–55.
Land Baden-Württemberg 1982	Das Land Baden-Württemberg. Amtliche Beschreibung nach Kreisen und Gemeinden 6. Stuttgart 1982.
Lukas 1933	Maria Lukas: Vergleichende Geographie der Städte im Breisgau auf historischer Grundlage. Unpubl. Dissertation Frankfurt a. M. 1933.
Miller/Teddy 1980	Max Miller/Gerhard Teddy (Hrsg.): Handbuch der historischen Stätten Deutschlands 6. Baden-Württemberg. Stuttgart 1980.
Schmid 1980	Hermann Schmid: Die Säkularisation der Klöster in Baden. Überlingen 1980.

Schmid 1982 — Hermann Schmid: Das Kapuziner-Kloster zu Staufen 1683–1834. In: Badische Heimat 62, 1982, 127–137.

Schmidt-Thomé/Wesselkamp 1989 — Peter Schmidt-Thomé/Gerhard Wesselkamp: Neue Ergebnisse zur Baugeschichte der St. Martins-Kirche in Staufen, Kreis Breisgau-Hochschwarzwald. In: Archäologische Ausgrabungen in Baden-Württemberg 1989, 256–258.

Schreckenstein 1884 — K. H. Roth von Schreckenstein, Über die Notitia Fundationis des Klosters St. Georgen auf dem Schwarzwalde. In: Zeitschrift für Geschichte des Oberrheins 37, 1884, 338–384.

Schreiber 1828 — Heinrich Schreiber (Hrsg.): Urkundenbuch der Stadt Freiburg 1. Freiburg i. Br. 1828.

Ulmann 1967 — Eckart Ulmann: Zur Baugeschichte. In: Leif Geiges u. a.: Staufen und der Obere Breisgau. Chronik einer Landschaft. Karlsruhe 1967, 49 ff.

Weber 1969 — Max Weber u. a (Bearb.): Das Tennenbacher Güterbuch. Veröffentlichungen der Kommission für Geschichtliche Landeskunde in Baden-Württemberg A 19. Stuttgart 1969.

Weech 1878 — Friedrich von Weech (Bearb.): Urkundenbuch des Benediktinerklosters St. Trudpert. In: Zeitschrift für Geschichte des Oberrheins 30, 1878, 323–399.

Zettler 1990 — Alfons Zettler: Die Schriftquellen zum mittelalterlichen Bergbaugeschehen. In: Heiko Steuer (Hrsg.): Erze, Schlacken und Metalle. Früher Bergbau im Südschwarzwald. Freiburger Universitätsblätter 109. Freiburg i. Br. 1990, 59–78.

Baugeschichtlicher Stadtkataster

Burghard Lohrum

Zur städtischen Entwicklung Staufens ab dem 14. Jahrhundert

Der bauliche Bestand im 14. Jahrhundert

Haus und Parzelle

Orientiert an den dendrochronologisch ermittelten Baudaten reicht der älteste erkannte Baubestand Staufens bis in die Mitte des 14. Jahrhunderts zurück (Abb. 9; siehe Liste im Anhang). Er konzentriert sich ausschließlich auf den Bereich der planmäßig angelegten und städtisch geprägten Siedlungserweiterung im Nordwesten, während dem siedlungsgeschichtlich älteren Stadtbereich, dem Altsiedelkern

Abb. 9: Dendrochronologisch datierte Bauphasen, 14. Jahrhundert.

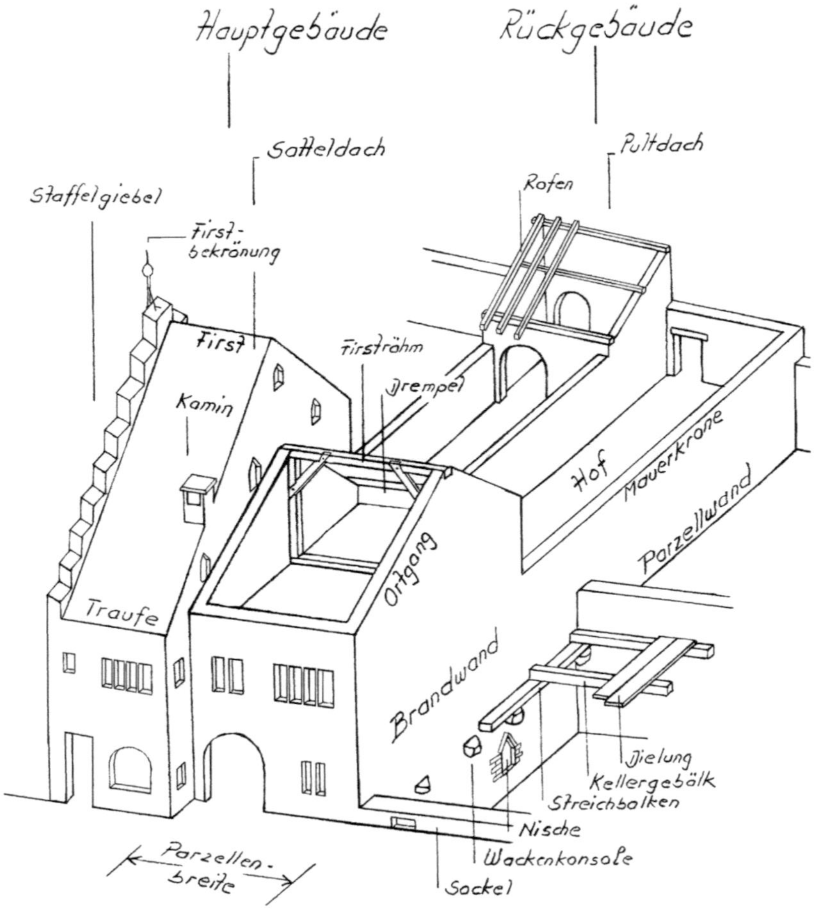

Abb. 10: Exemplarische Parzellenbebauung im 14. Jahrhundert mit Darstellung der wichtigsten Bauteile.

südlich der Pfarrkirche St. Martin, bis auf die archäologisch abgesicherte Vorgängerkirche keine in diese Zeitebene zurückreichende Bautätigkeit zugewiesen werden kann.[1]

Bei den ältesten datierten Gebäuden handelt es sich ausschließlich um Wohnhäuser. Seit Anfang an den Straßen stehend, nahmen sie mit ihren traufständig ausgerichteten Dächern die gesamte Parzellenbreite ein (Abb. 10). Die Gebäude sind generell massiv. Bis auf einzelne Ausnahmen teilen sie sich mit der angrenzenden Bebauung gemeinsam genutzte Mauern. Nachfolgend als Brand- beziehungsweise Parzellenwände bezeichnet, besitzen sie eine Stärke zwischen 70 cm und 90 cm und reichen in ihrer Höhe bis zum Dachfirst.

Für die Mauern wurden sogenannte Wacken, im Flussbett des Neumagen zu großen Kieseln geschliffene Steine, als Baumaterial verwendet. In den ältesten erkannten Mauerwerksstrukturen sind sie lagig, mit der Tendenz zur Ausbildung einheitlicher, horizontal verlaufender Fugen, geschichtet. In aller Regel ohne bearbeitete Steinanteile, allein mit Wacken ausgeführt, prägt diese Mauertechnik nicht nur die Struktur der bis in die städtische Gründungsphase zurückreichenden Hauswände, sondern auch den Aufbau der Stadtmauer (Abb. 11; 12). Lediglich bei der Einfassung von Öffnungen, Nischen und Hausecken kamen Backsteine oder bearbeitete Werksteine zur Verwendung.

Somit gelten derartige Mauerstrukturen als älteste bauliche Indizien, wobei sich ihre zeitlichen Einordnungen nur indirekt auf dendrochronologisch ermittelte Daten stützen können. So beziehen sich die ersten sicheren Zeitangaben zwar auf gleichartige Mauerzüge, die aber nach der aufgenommenen Bauabfolge an den Objekten als jüngere Anbauten einzuordnen sind. Über den Aufbau der Wackenmauern mit ihren unterschiedlichen Stärken und verschiedenen Baumaterialien erfolgt dann auch die Analyse und zeitliche Abgrenzung der ältesten städtischen Siedlungsstrukturen. So setzen sich im Anschluss an die straßenseitige Bebauung die in der gleichen Machart errichteten Mauern als Parzellenwände fort. Sie reichen bis zum rückwärtigen Abschluss der Grundstücke und fixieren so schon für die älteste erkannte Ausbaustufe schmale, rechtwinklig zum Straßenverlauf orientierte Parzellen.

Gesicherte Aussagen zur Baustruktur der an den Straßen und Gassen stehenden Häuser, wie zum Beispiel zu ihrer Vertikalgliederung und Nutzung, beschränken sich auf wenige Beispiele. Danach besaßen die Gebäude schon von Anfang an mit Balken eingedeckte Keller. Orientiert zur Straße, wurden sie nicht selten halb unterirdisch angelegt, wobei sie in diesen Fällen einen niedrigen Sockel ausbildeten und nur einen Teil der straßenseitigen Hausbreite einnahmen. Der verbleibende Gebäudegrundriss blieb unberührt. Darüber befand sich im Erdgeschoss der Hauseingang, der aber auch als Einfahrt oder als Durchfahrt für den rückwärtigen Parzellenbereich angelegt sein konnte. Gewölbte Keller gehören offenbar nicht zum ältesten Baubestand und sind in aller Regel erst das Ergebnis späterer Umbauten. Im Hinblick auf die Kellernutzung steht in erster Linie der regionale Weinanbau im Vordergrund der Überlegungen. Doch ist hierbei Vorsicht geboten, eignen sich doch die ältesten Balkenkeller schon wegen ihrer eingeschränkten Erschließung und ihrer geringen Eintiefung kaum als wirtschaftlich genutzte Weinlager. Nach den vorliegenden

1 Schmidt-Thomé/Wesselkamp 1989.

Abb. 11: Kirchstraße 2, Scheune. Mauerwerksstruktur der Parzellenwand.

Befunden ist daher ein ausgeprägter Weinhandel für die Mehrheit der Bürgerschaft abzulehnen und wird wohl nur auf wenige Bauherren mit den eigens dafür ausgelegten Kellern zutreffen (Hauptstraße 11, 34 und 35).

Die über den Kellern stehenden Massivbauten sind entweder zwei- oder dreigeschossig aufgemauert, wobei die Trennung der einzelnen Nutzungsebenen durch parallel zur Straßentraufe verlegte Deckenbalken erfolgt (Hauptstraße 29/31 und 52). In der Mehrzahl aller aufgenommenen Fälle lagern sie auf einem parallel zur Brandwand verlaufenden Streichbalken, dessen Auflager in der Brandwand vermauerte und aus der Mauerflucht vorstehende Konsolsteine bilden. Bei diesen Auflagersteinen handelt es sich um ausgesuchte, groß dimensionierte Wackenkonsolen (Hauptstraße 46). Der Aufbau der ausgeführten Decke orientierte sich in aller Regel an der vorgesehenen Raumnutzung. So heben sich die konstruktiven Lösungen über wohnlich genutzten Räumen deutlich von den Deckenaufbauten untergeordneter Funktionsräume ab. Im zuerst genannten Fall besitzen die Balken seitliche Nuten oder auf dem Kopf stehende T-förmige Querschnitte. In den Nuten beziehungsweise auf den Querschnittsrücksprüngen lagern Bretter. In der Kombination mit einer darauf aufgebrachten Füllung kommt diesen Deckenaufbauten eine isolierende Aufgabe zu. Dagegen können die mit einem einfachen Dielenboden geschlossenen Balkendecken den untergeordneten und nicht erwärmbaren Nebenräumen zugeordnet werden.

Die Nutzung des Erdgeschosses als Wirtschaftsebene mit Verkaufsraum, Werkstatt und Lager, kombiniert mit der Unterbringung der Wohnräume wie Küche, Stube und Kammer im Obergeschoss und weiteren Lagerflächen in den Ebenen darüber, muss als gängige Nutzungsstruktur der frühen Stadthäuser angesehen werden. Dabei ist die Ausführung eines Kamins Standard, wobei seine Anordnung generell in der Küche beziehungsweise Werkstatt und dort an der Brandwand erfolgte.

Hinsichtlich der Ausstattung von Stube, Kammer oder auch Küche haben sich bis auf die Deckenkonstruktionen offenbar keine mittelalterlichen Befunde erhalten. Diese Aussage trifft

Abb. 12: Mauerwerksstruktur der Stadtmauer im Bereich St. Johannesgasse 15.

Abb. 13: Südliche Parzellenwand der Scheune Kirchstraße 2 mit dem Giebelprofil eines abgebrochenen Nachbargebäudes sowie Spuren des zugehörigen Dachgerüstes.

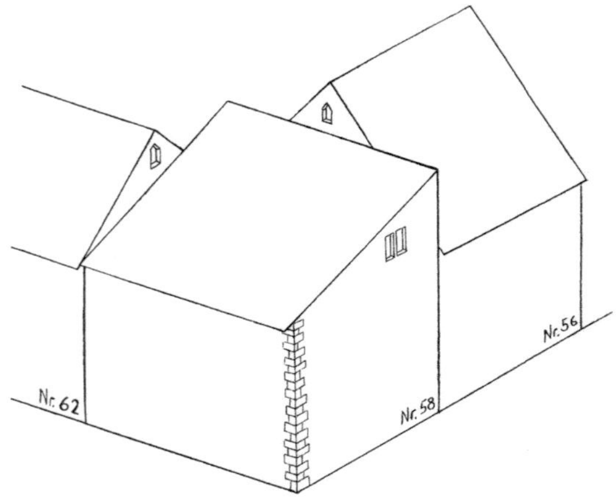

Abb. 15: Typische Dachlandschaft des 14. Jhs. im Winkel zweier Straßen.

auch auf die Ausführung der inneren Trennwände zu. In Anlehnung an zeitlich jüngere Beispiele wird man wohl Fachwerkwände vermuten müssen, während zu geschlossenen Holzwänden aus Bohlen auch im 15./16. Jahrhundert keine Befunde vorliegen.

Abb. 14: Versetzte Straßenfluchten im Bereich Hauptstraße 43, 45 und 47.

Ausführungen zu den ältesten Dachformen und ihren Konstruktionen sind nur über die an den Brandwänden aufgenommenen Giebelprofile oder auch Dachanschläge möglich (Abb. 13). Danach handelte es sich überwiegend um Satteldächer, die nicht selten uneinheitliche Dachneigungen und damit auch unterschiedlich hoch aufgeführte Traufwände besitzen (Hauptstraße 43, 46). Dieser Umstand erschwert den Versuch, nach späteren Umbauten der Straßenfassaden die ursprünglichen Dimensionen der Unterbauten festzulegen. Trotz dieser Unsicherheit gilt die Aussage, dass die jeweiligen Dachtraufen wohl nicht immer einheitliche Straßenfluchten ausbildeten, die Reihenbebauung also zumindest partiell sogenannte abgetreppte Wandversprünge aufwies (Abb. 14). Neben Satteldächern lassen sich für die mittelalterliche Dachlandschaft Staufens auch Pultdächer belegen, wobei Letztere vermehrt in den Einmündungsbereichen von Seitengassen und als Dachform auf den rückwärtigen Hofgebäuden zur Ausführung kamen. Die Wahl dieses Dachprofils war vor allem bei kleinflächig bebauten Ecksituationen eng mit dem Problem der Entwässerung verbunden. So ermöglichte das zur Straße geneigte Pultdach den ungestörten Wasserabfluss auf die Straße, während eine Satteldachlösung auch eine nachteilige Entwässerung in Richtung des Nachbarhauses bedingte (Abb. 15). Da Letzteres im Rahmen der frühstädtischen Reihenbebauung offensichtlich grundsätzlich zu verhindern war, bildete in dieser städtebaulichen Situation das Pultdach das bevorzugte Dachprofil.
Die Dachwerke waren mit Hohlziegeln, sogenannten Mönch-und-Nonne-Ziegeln, eingedeckt (Hauptstraße 33 und Kirchstraße 2, Scheune).

Als Traghölzer dieser Dachhaut dienten Rofen, die entweder durch frei zwischen den Giebeln gespannte Unterzüge oder durch die von einem stehenden Stuhlgerüst getragenen Stuhlrähme unterstützt wurden. Die Dachräume werden anfänglich wohl nur bedingt als Lagerraum genutzt worden sein. Orientiert an den frei gespannten, auf unterschiedlichen Höhen verbauten Unterzügen waren sie weitgehend hohl, so dass allenfalls der untere Dachboden als Lagerfläche zur Verfügung stand. Die Belichtung der Dachräume übernahmen kleine in den Giebelwänden sitzende, in Backstein gefasste Lichtöffnungen. Für ihre Anordnung musste der Massivgiebel über den Dachabschluss, den Ortgang, des Nachbarhauses reichen – ein Zustand, der oft von kurzer Dauer war und im Zusammenhang mit der nachbarlichen Erhöhung oft genug zum Vorteil des Nachbarn verändert wurde.

Parzellen- und Bebauungsstruktur

Abhängig von der Lage innerhalb des städtischen Siedlungsgefüges waren die Grundstücke schon in der ältesten Ausbauphase unterschiedlichen Bebauungs- und Erschließungskriterien unterworfen. So ergab sich zum Beispiel für die westliche Hauptstraßenbebauung eine grundsätzlich andere Ausgangssituation als für die Nutzer an der gegenüberliegenden Straßenseite. Während sich die westlichen Grundstücke vor der Stadtmauer aufreihten und sich ihre Erschließung somit auf die Hauptstraße beschränken musste, konnten die Besitzer der östlichen Grundstücke unter Umständen auf eine weitere Zufahrt, nämlich von der rückwärtigen Erschließungsgasse aus – wie zum Beispiel der Rathausgasse – ausweichen.

Den jeweiligen Voraussetzungen entsprechend, entwickelten sich westlich der Hauptstraße bedingt durch den Verlauf der Stadtmauer einseitig abgeschnürte Parzellen, deren Zufahrten zwangsläufig an der Hauptstraße zu suchen sind. Diese führten in den Hof, über den dann ein zweiter Bau, das rückwärtige Hofgebäude, zu erreichen war. Diese die Parzellen abschließenden Bauten respektierten anfänglich noch die Stadtmauer, bevor sie in einer der folgenden Ausbauphasen überbaut wurde. Gut erhaltene Beispiele der beschriebenen Bebauungssituationen sind unter anderem die Grundstücke Hauptstraße 40, 42 und 46, wobei das letztere die Parzellenbebauung des 14. Jahrhunderts geradezu exemplarisch widerspiegelt.

Demnach bildete das straßenseitige Haupthaus mit anschließendem Hof und rückwärtigem Hofgebäude den baulichen Standard des 14. Jahrhunderts, wobei die beiden Gebäude wohl nicht selten durch einen parallel zur Parzellenwand angelegten Laubengang verbunden waren. Auch wenn für letztere Aussage keine derart alten Befunde erbracht werden konnten und für die Standardbebauung die dendrochronologische Belegdichte fehlt, so lässt die Summe der an den untersuchten Gebäuden notierten Beobachtungen doch keinen Zweifel daran, dass sich diese Ausformung der Grundstücksbebauung schon ab dem frühen 14. Jahrhundert innerhalb der städtisch geprägten Siedlungserweiterung etablierte und sich in der Folgezeit entlang der südlichen Hauptstraße verdichtete.

Eine analoge Bebauungsstruktur weisen auch die Grundstücke östlich der Hauptstraße und an der südlichen Rathausplatzseite auf. Von besonderem Interesse sind dabei die Siedlungsbereiche, in denen das engmaschige Straßennetz nur kurze Parzellenaufreihungen zuließ. Ein derartiger Abschnitt befindet sich zum Beispiel an der Hauptstraße zwischen der Jägergasse im Norden und der Meiergasse im Süden, aber auch zwischen der Freihof- und Adlergasse kamen nur wenige nebeneinanderliegende Parzellen zur Ausführung. Wie die langen Parzellenaufreihungen westlich der Hauptstraße, sind auch diese blockartigen Bebauungsflächen sehr alt und lassen sich bis in die Anfänge der geplanten städtischen Besiedlung zurückverfolgen. So gehört das in die Jahre um 1360 (d) zu datierende Gebäude Hauptstraße 29/31 in diese erste Ausbaustufe. Mit der bis heute nachvollziehbaren Grundstückstiefe fixiert es parallel zur Meiergasse die Ausmaße der Ursprungsparzelle. Danach steht auch auf diesem Grundstück das Haupthaus an der Hauptstraße, während das Hofgebäude den rückwärtigen Abschluss der Parzelle bildet.

Besteht also bezüglich der Bebauungssituation kein wesentlicher Unterschied zu den oben beschriebenen Grundstücken, so sind mit der Ecklage doch erhebliche Vorteile gegenüber einer beidseitig eingebundenen Reihenbebauung verbunden. Einer dieser Vorteile bezieht sich zum Beispiel auf die großzügige Belichtung des straßenseitigen Hauptgebäudes. Während die in der Reihenbebauung stehenden Häuser lediglich an den Traufseiten Fensteröffnungen besaßen, konnte im Falle einer Ecksituation zusätzlich noch der freie Giebel durchfenstert werden. Gleiches gilt auch für das Hinterhaus,

Abb. 16: Blick von Haus Hauptstraße 55 auf den Rathausplatz.

wobei in diesem Zusammenhang ein weiterer Vorteil, nämlich der der alternativen Erschließungsmöglichkeit, zum Tragen kam. Im Fall des Hauses Hauptstraße 29/31 steht auf dem rückwärtigen Grundstück die Scheune Meiergasse 1a. In den Jahren um 1804 (d) mit einem neuen Dachwerk ausgestattet, ist sie im Kern ursprünglicher Bestandteil des Eckgrundstücks und konnte von Anfang an entweder über eine Durchfahrt des Haupthauses oder über eine separate Zufahrt an der Meiergasse erschlossen werden.

Eine vergleichbare Situation wurde auch im Bereich der südlichen Rathausplatzbegrenzung aufgenommen. Es handelt sich um das Eckgebäude Kirchstraße 2, das ehemalige Gasthaus Adler. Im späten 18. Jahrhundert umfassend modernisiert, ist ihm südlich ein Nebengebäude zugeordnet. Nach der baugeschichtlichen Untersuchung handelt es sich bei diesem Bau um eine der ältesten Scheunen Staufens (spätes 14. Jh.), die seit Jahrhunderten sowohl über das Hauptgebäude, in erster Linie aber über die Seitengasse, in diesem Fall die Adlergasse, erschlossen ist. Innerhalb des zwischen Freihof- und Adlergasse liegenden Baublocks ist diese Bebauungssituation kein Einzelfall. So war dem westlichen Nachbarn von Kirchstraße 2, dem um das Jahr 1435 modernisierten Gebäude Hauptstraße 55, gleichfalls ein an der Adlergasse liegendes Rückgebäude zuzuordnen. Dass diese Konstellation nicht zufällig entstand, sondern dem Ergebnis einer geplanten Konzeption entspricht, zeigt die Tatsache, dass beide an der Adlergasse liegenden Nebengebäude einer gemeinsamen Baumaßnahme zuzuordnen sind und die rückwärtige Hofflächenbegrenzung in einem direkten Bezug zu den zugeordneten Hauptgebäuden verläuft.

Mit den hier ansatzweise beleuchteten baustrukturellen Vorteilen, die sich aus der Grundstücksnutzung in Ecklage ergeben, zeichnen sich diese Grundstücke gegenüber den Parzellen innerhalb der Reihenbebauungen als vorteilhaftere und damit wohl auch als wertvollere und begehrtere Bauplätze aus. Diese Attribute erlauben es, innerhalb des Stadtbildes den Eckgebäuden eine besondere Bedeutung zu unterstellen. Dass sich diese vermutete Wertigkeit auch in der architektonischen Gestaltung der Häuser widerspiegelt und dass dieser Sachverhalt möglicherweise auch in den Kontext des städtischen Planungsprozesses eingebunden war, dafür sprechen die baulichen Befunde an der Rathausplatzbebauung. Die Fläche des Platzes wird im Wesentlichen durch fünf Gebäude definiert. Beginnend im Norden und dem Verlauf des Uhrzeigers folgend, sind dies das Gasthaus Löwen (Hauptstraße 47), der südliche Bauteil des Rathauses (Hauptstraße 53), das ehemalige Kornhaus (Hauptstraße 57), das durch einen Neubau ersetzte Haus Hauptstraße 59 und das Gebäude Hauptstraße 58. Weisen schon die einzelnen Gebäudefunktionen auf eine gesellschaftlich hoch anzusetzende Nutzerschicht hin, so zeugt auch die Lage innerhalb des Stadtbildes von einem bewusst hervorgehobenen und sich auf die örtliche Situation beziehenden und nach außen artikulierenden Geltungsbedürfnis der hier ansässigen Bauherrschaft. Hier am Rathausplatz befindet sich für jeden nachvollziehbar das baulich und räumlich definierte Zentrum der Stadt. Hier werden lokale Macht- und Verwaltungszentren etabliert, und von hier beherrscht der Blick aus den Fenstern das öffentliche Leben auf der Straße (Abb. 16).

Unterstrichen wird dieser Zusammenhang zwischen Bauplatzwertigkeit und sozialer Stellung der Bauherren auch durch die architektonische Gestaltung dieser Gebäude. So lässt sich für vier der aufgeführten Bauten eine spezielle, aus Quadern gemauerte und auf Sicht gestaltete Eckfassung nachweisen (Abb. 17). Auch wenn die Quader in späterer Zeit zum Teil überarbeitet wurden, so blieb die spezielle Art der Steingestaltung mit ihren vorstehenden Buckeln über Jahrhunderte hinweg erhalten. Derartige von Steinmetzen zugerichtete Steine gelten als architektonisches Merkmal einer gehobenen Bauherrenschicht und blieben im Mittelalter allein der Ortsherrschaft oder anderen in der Stadt ansässigen Grundherren vorbehalten. In diesem Sinne verwundert es nicht, dass die Verwendung von speziellen, auf Sicht gearbeiteten Eckquadern nicht nur am Rathausplatz, sondern auch am Kronenplatz (Hauptstraße 38), einem weiteren städtischen Zentrum herrschaftlicher Bauten, beobachtet werden kann. In dem gleichen Kontext ist dann auch die Verwendung von Buckelquadern am Turm der St.-Martins-Kirche (Kirchstraße 17) und am ehemaligen Stadtschloss der Herren von Staufen (Hauptstraße 11) zu sehen, wo sie bezeichnenderweise nur an der Nordwestecke, also an der dem Besucher zugewandten Hausecke, zu finden sind.

Im Staufener Stadtbild ist der aufgezeigte Zusammenhang zwischen Architektursymbolik und Bauherrschaft in beeindruckender Form am Rathausplatz nachvollziehbar. Aus der dort angetroffenen Konzentration von Buckelquaderecken und den im Vergleich zum benachbarten Baubestand deutlich höheren Bauten lässt sich das Ergebnis einer geplanten Bebauung ableiten, in der sich für eine herrschaftliche Bauherrenschicht die bewusste Abgrenzung gegenüber den Bauten bürgerlicher Bauherren widerspiegelt.

Damit stellt sich die Frage nach der zeitlichen Einordnung dieser durch herrschaftliche Bauten abgesteckten und auch besetzten Platzsituation. Hinweise darauf, dass es sich nicht um eine über einen längeren Zeitraum allmählich gewachsene Situation handelt, geben die Gebäude selbst. Mit ihren aus Wacken errichteten Brandmauern in Kombination mit dem datierten Gebäude Hauptstraße 51 und den baustrukturellen Befunden am Gebäude Hauptstraße 58 geben sie eine Einordnung in die Mitte des 14. Jahrhunderts vor. In diese Zeitebene lassen sich auch die Buckelquader der Eckgebäude einbinden, so dass die geplante Bebauung der bis heute überlieferten Rathausplatzbegrenzung

Abb. 17: Hauptstraße 58 mit Buckelquaderecke und leichter Abschrägung im unteren Bereich.

ohne Vorbehalte in das beginnende 14. Jahrhundert zu datieren ist.

Diese Einordnung deckt sich mit den lokalen Befunden entlang der Hauptstraße und lässt für die weitere städtische Entwicklung eine rege Bautätigkeit vermuten. Nach Aussage der Mauerwerksstruktur der erhaltenen Stadtmauerreste erfolgte diese im Schutz der entweder zuvor oder gleichfalls zu Beginn des 14. Jahrhunderts errichteten Stadtmauer. Um 1370 kann der weitgehende Abschluss der Hauptstraßenbebauung vorausgesetzt werden. Dabei fällt auf, dass den bebauten Parzellen keine einheitliche Grundstücksgröße zugrunde liegt. Entsprechend den jeweiligen Bedürfnissen und finanziellen Möglichkeiten wurden unterschiedliche Parzellenbreiten abgesteckt und, gemessen an den baulichen Abfolgen der gemeinsamen Parzellenwände, auch zu unterschiedlichen Zeiten bebaut. Insofern sind einzelne Lücken zwar nicht auszuschließen, doch weisen fehlende Fenster in den unteren Brandwänden darauf hin, dass allenfalls mit einer zeitverzögerten Bebauung der Nachbarparzelle gerechnet wurde. Ausgehend von der einheitlichen Gestaltung der Brandmauern auf der einen Seite und den sich entlang des Straßenverlaufs entwickelnden Parzellen- und Hausfluchten auf der anderen Seite war der praktischen Bautätigkeit vor Ort ein planerischer Akt vorgeschaltet. Die schon im Planungsprozess fixierten Vorgaben waren offensichtlich verbindlich, und es ist davon

auszugehen, dass sie während oder nach der Bebauung einer Kontrolle unterzogen wurden. Wie sich aus den Baubefunden ableiten lässt, gehörte die gemeinsame Nutzung der Brand- beziehungsweise Parzellenwand zu den wichtigsten baulichen Vorgaben. Durch sie artikuliert sich die Norm der städtisch-bürgerlichen Reihenbebauung Staufens, über die sich allenfalls der lokale Stadtherr oder weitere in der Stadt ansässige Herrschaften mit ihren dann abgesetzten, aus vier eigenen Wänden bestehenden Bauwerken hinwegsetzen konnten.
Auf herrschaftlichen Besitz oder Einflussnahme ist offenbar auch die winklige Führung der Hauptstraße zurückzuführen, da sich in unmittelbarer Nähe der Richtungsänderungen größere, herrschaftlich besetzte Areale nachweisen lassen, die sich auf den Straßenverlauf auswirkten. Dies trifft sowohl für den südlichen Bereich vor dem Gasthaus Krone (Hauptstraße 32, 34) wie auch auf den zum Flussübergang abknickenden Hauptstraßenverlauf zu. Im baulichen Bestand sind diese herrschaftlich besetzten Fixpunkte zwar erst für das 15. Jahrhundert belegt, doch lassen einzelne Befunde, wie zum Beispiel der Rest einer Quaderecke am Gebäude Hauptstraße 38, eine bis in die städtische Planungsphase zurückreichende Kontinuität vermuten (Abb. 18).
Gleichzeitig erlaubt die geplante Siedlungsstruktur der städtischen Erweiterung aber auch eine differenzierte Analyse der außerhalb derselben

Abb. 18: Hauptstraße 38, Detail Eckquader.

liegenden Stadtbereiche. Dies gilt zum Beispiel für die Beurteilung der großen Freifläche im Nordosten, die offensichtlich dem Nutzungsrecht des Ortsherrn unterlag und von Anfang an für eine städtische Bebauung ausgespart blieb oder als Siedlungsreserve zur Verfügung stand. Eine besondere städtebauliche Situation resultierte aus dem Nebeneinander von gewachsener Altsiedlung im Südosten und konzipierter Stadtplanung im Nordwesten. Nach den vorliegenden Ergebnissen blieb der im Westen praktizierte Planungsprozess für die Altsiedlung im Süden der Kirche vorerst wirkungslos, da der in diesem Bereich gewachsene Bestand wohl schon von alters her anderen Bebauungsabläufen unterworfen war. Erste, gleichfalls planerisch vorbereitete Anpassungsprozesse werden offenbar spätestens gegen Ende des 14. Jahrhunderts realisiert.

Der bauliche Bestand im 15. Jahrhundert

Auf dieser Zeitebene verdichtet sich der dendrochronologisch datierte Baubestand zunehmend (Abb. 19), und zum ersten Mal können auch Bauten des älteren Siedlungskerns in die Auswertung einbezogen werden (siehe Liste im Anhang, S. 218).
Trotz der breit gefächerten, sich auf den gesamten ummauerten Stadtbereich verteilenden Vielfalt bestimmt auch hier der herrschaftlich geprägte Baubestand die folgenden Ausführungen. So sind bis auf das Gebäude Spitalstraße 20 alle in das 15. Jahrhundert zu datierenden Gebäude einer in gesellschaftlicher Hinsicht gehobenen Bauherrschaft zuzuordnen.
Den Anfang macht dabei der in der lokalen Forschung als ältestes Bauwerk bezeichnete und um 1300 datierte Glockenturm der Kirche St. Martin (Kirchstraße 17). Tatsächlich erst in den Jahren um 1405 dem älteren und zur gleichen Zeit verlängerten Kirchensaal vorgestellt, übernahm er die Funktion eines Eingangsturmes für die ursprünglich quer zum heutigen Kirchenbau verlaufende Pfarrkirche.[2] Parallel dazu diente er aber auch als bauliches Symbol des Stadtherrn, der mit dem mächtigen Turmneubau ein sichtbares Zeichen seiner lokalen Vorrangstellung vermittelte.

2 Schmidt-Thomé/Wesselkamp 1989.

Abb. 19: Dendrochronologisch datierte Bauphasen, 15. Jahrhundert.

In einem ähnlichen Zusammenhang ist möglicherweise auch der älteste erkannte Baubestand des im nördlichen Stadtbereich liegenden Stadtschlosses zu sehen (Hauptstraße 11). Eingebettet in ein großflächiges, herrschaftlich besetztes Areal findet hier der Stadtherr über einen um 1425 errichteten Bau den direkten Kontakt zum städtischen Siedlungsgefüge unter gleichzeitiger Kontrolle der nördlichen Stadtzufahrt, die offenbar in der Mitte des 15. Jahrhunderts baulich erneuert wurde.

Dagegen ist der Bau des Stubenhauses (Hauptstraße 56a) wohl mit dem Wunsch nach einer direkten Einflussnahme des Stadtherrn auf die wirtschaftliche und politische Entwicklung der Stadt in Verbindung zu bringen. In den Jahren um 1430 als Ersatz für einen unbekannten Vorgängerbau errichtet, überbaut der dreigeschossige Repräsentativbau die im Westen verlaufende Stadtmauer mit einem integrierten Wehrgang. Sowohl die Überbauung der Stadtmauer wie auch die örtliche Situation am südwestlichen Stadtausgang, aber auch die direkte Nachbarschaft mit dem Salzhaus belegen den herrschaftlichen Einflussbereich und damit die für den Stubenbau anzunehmende Bauherrschaft. Sie etabliert mit dem Stubenhaus eine für die Stadtentwicklung einflussreiche Einrichtung. So diente der mit zwei übereinanderliegenden Großräumen ausgestattete Bau als Versammlungsort und Trinkstube für die städtische Oberschicht sowie für weitere die Geschicke der Stadt beeinflussende Bürger. In diesem Sinne ist das Stubenhaus wohl als Vorläufer des späteren Rathauses am Rathausplatz zu sehen.[3]

Eine gehobene Bauherrenschicht ist auch bei zwei weiteren Bauwerken unübersehbar, so zum Beispiel bei dem gleichfalls der Stadt-

3 Kaiser u. a. 2002.

mauer aufsitzenden Großbau Hauptstraße 34 und bei dem mit einem Staffelgiebel ausgestatteten Haus Auf dem Graben 42/44. Abgesehen davon, dass mit dem letzteren, in die Jahre um 1470 zu datierenden Bau der erste Nachweis einer außerhalb der Stadtmauer liegenden Bebauung gelang, drängt sich mit diesem Beispiel das architektonische Merkmal des Staffelgiebels in den Vordergrund der baugeschichtlichen Auswertung. Dies vor allem deshalb, da die mit einem Staffelgiebel bekrönten Bauten im städtischen Siedlungsgefüge Staufens keine Ausnahme bilden und wie die mit Buckelquadern aufgeführten Bauten Besitzern lokaler und regionaler Grundherrschaften zuzuschreiben sind. Ein altes, wohl in das frühe 14. Jahrhundert zu datierendes Beispiel wurde innerhalb der Brandwand der Häuser Hauptstraße 43 und 41 erkannt, ein weiteres Bauwerk ist mit dem Haus Spitalstraße 11/13 im ältesten Siedlungskern erhalten. Der letztere, wohl mindestens in das 15. Jahrhundert zu datierende Bau lenkt den Blick auf den südlichen Stadtbereich und die Frage, in welchem Umfang die dortigen Siedlungsstrukturen in eine traufständige Reihenbebauung mit parallel nebeneinander liegenden Parzellen eingebunden wurden.

Diese Frage beantworten die datierten Gebäude unterschiedlich. Eine der zu formulierenden Antworten ist den Gebäuden an der Spitalstraße zu entnehmen. Hier bildet das Gebäude Spitalstraße 7 den westlichen Stirnbau der nördlichen Spitalstraßenbebauung. Im Zusammenhang mit seiner älteren Brandwand im Osten vermittelt er planerische Ansätze, die sich mit dem Staffelgiebelhaus Nr. 11/13 in Richtung Osten verdichten und offensichtlich schon vor dem 15. Jahrhundert einsetzten. Den Versuch, den möglicherweise durch Hofstellen geprägten Siedlungskern mit einer städtischen Reihenbebauung zu überformen, kann man auch am Gebäude Spitalstraße 30 ablesen. Mit seinem für die städtischen Baustrukturen typischen Bau- und Parzellenzuschnitt begrenzt das Gebäude den westlichen Rand der erst nach dem Stadtmauerdurchbruch verlängerten Kirchstraße.

Dagegen lassen sich die Gebäude Spitalstraße 20 und St. Johannesgasse 2 nur schwerlich in eine Reihenbebauung einbinden. Im Gegensatz zu den vorgenannten Bauten besitzen sie grundsätzlich vier eigene Wände und stehen auf kleinen, mehr oder weniger hofartig zugeschnittenen Grundstücken. Das deutlichste Unterscheidungsmerkmal zum städtischen Reihenhaus ist deren Ausrichtung. Nicht die Traufwände und die sich darüber entwickelnden Dachflächen zeigen zum Platz, sonder die hoch aufragenden Giebel. Mit ihrer inneren Organisation artikulieren die Häuser eine vorrangig landwirtschaftlich geprägte Nutzung mit Stall und Lagerräumen im Erdgeschoss, mit straßen- oder platzseitigen Wohnräumen im Obergeschoss und Lagerflächen sowohl im Obergeschoss wie auch im Dachbereich. Während das Haus am Kirchplatz einem Besitzer der herrschaftlichen Oberschicht zuzuordnen ist, steht die bäuerlich geprägte Nutzung des Hauses Spitalstraße 20 außer Frage.

Auffallend ist die äußere Gestaltung der im alten Siedlungskern erbauten Häuser. Während im geplanten Stadtbereich fast nur Steinbauten erbaut wurden, ist im alten Siedlungskern die Zahl der Fachwerkbauten merklich höher. So sind den massiven, in der Regel nicht unterkellerten Erdgeschossebenen Fachwerkkonstruktionen aufgesetzt. Über ihnen ragen die in Sichtfachwerk abgezimmerten Fachwerkgiebel auf und bilden so einen markanten Kontrast zu den Dachflächen der traufständigen Wohnbauten. Als prägnante Beispiele sind hier die Gebäude am Kirchplatz und an der platzartigen Aufweitung am westlichen Beginn der Spitalstraße zu nennen.

Nahezu ausschließlich auf den alten Siedlungskern beschränken sich die ältesten im Staufener Stadtbild erhaltenen Dachwerke. Ihr konstruktives Merkmal ist der sich durchsetzende Übergang vom Rofen- zum Sparrendach. In der Praxis bedeutete dies, dass die bislang von Unterzügen oder Rähmhölzern unterstützten Rofen von Dreiecksverbänden, bestehend aus Dachbalken und den darauf aufgestellten Sparrenpaaren, abgelöst wurden. Während die ältere Variante auf Dachbalken verzichten konnte und neben der Ausbildung von Drempeln auch die Ausführung unterschiedlicher Dachneigungen ermöglichte, resultierte aus den Sparren der aus Dachbalken bestehende Dachboden und damit ein symmetrisches Satteldachprofil.

Insgesamt ist das späte 15. Jahrhundert wohl die Zeit, in der der dörfliche Charakter des ältesten Siedlungskerns zunehmend von einem städtisch geprägten Siedlungsbild abgelöst wird. Ob die um 1487 anzusetzende Erneuerung der Pfarrkirche St. Martin in diesem Zusammenhang als auslösende Initialzündung zu sehen ist oder ob der mit veränderter Ausrichtung vollzogene Neubau quasi erst im Sog dieses Umstrukturierungsprozesses erfolgte, ist an dieser Stelle schwer zu entscheiden. Ausgehend von den baulichen Befunden an der Adlergasse und Spitalstraße war in diesem Bereich die städtische Umgestaltung schon weit fortgeschritten, während sie in Anlehnung an den alten Kirchplatz stagnierte, ja erst mit der veränderten Kirchenausrichtung eine akzeptable Erschließung der oberen St. Johannesgasse und der dortigen Reihenbebauung möglich wurde.

Der bauliche Bestand im 16./17. Jahrhundert

Im Vergleich zum 15. Jahrhundert ist im 16. Jahrhundert ein deutlicher Anstieg der Bautätigkeit zu verzeichnen (Abb. 20; siehe Liste im Anhang, S. 218 ff.). Dies bezeugen nicht nur die im Bestand vorgenommenen Modernisierungen und Erweiterungen, sondern auch die Maßnahmen, die den baulichen Altbestand komplett erneuerten oder durch Anbauten ergänzten.

Abgesehen von lokalen Verdichtungen an der Spitalstraße und der Adlergasse konzentrieren sich die modernisierenden Umgestaltungen auf die Hauptstraße, wobei sich einer der Schwerpunkte um den Bereich des heutigen Rathauses lokalisieren lässt. Die Vorreiterrolle kommt wohl dem einen oder anderen nördlich davon liegenden Gebäude zu, bevor am alten Marktplatz, der Schnittstelle zwischen dem altem Siedlungskern und der Neustadt, die ersten Maßnahmen ergriffen werden. Fassbar ist dies um das Jahr 1546, als das Bauvolumen der Häuser Hauptstraße 58/60 einer umfassenden Modernisierung unterworfen wird. Nahezu zeitgleich erfolgte die Erneuerung der Altbauten Hauptstraße 45 und 53. Mit der zuletzt genannten Baumaßnahme ist dann auch – als Folge eines vorangegangenen Brandes – die Einrichtung des Rathauses und dessen Platzierung am heutigen Rathausplatz verbunden.

Der dabei vollzogene Neuaufbau erstreckte sich über das Bauvolumen von zwei Gebäuden, wobei es sich bei dem südlichen Eckgebäude in

Abb. 20: Dendrochronlogisch datierte Bauphasen, 16. Jahrhundert.

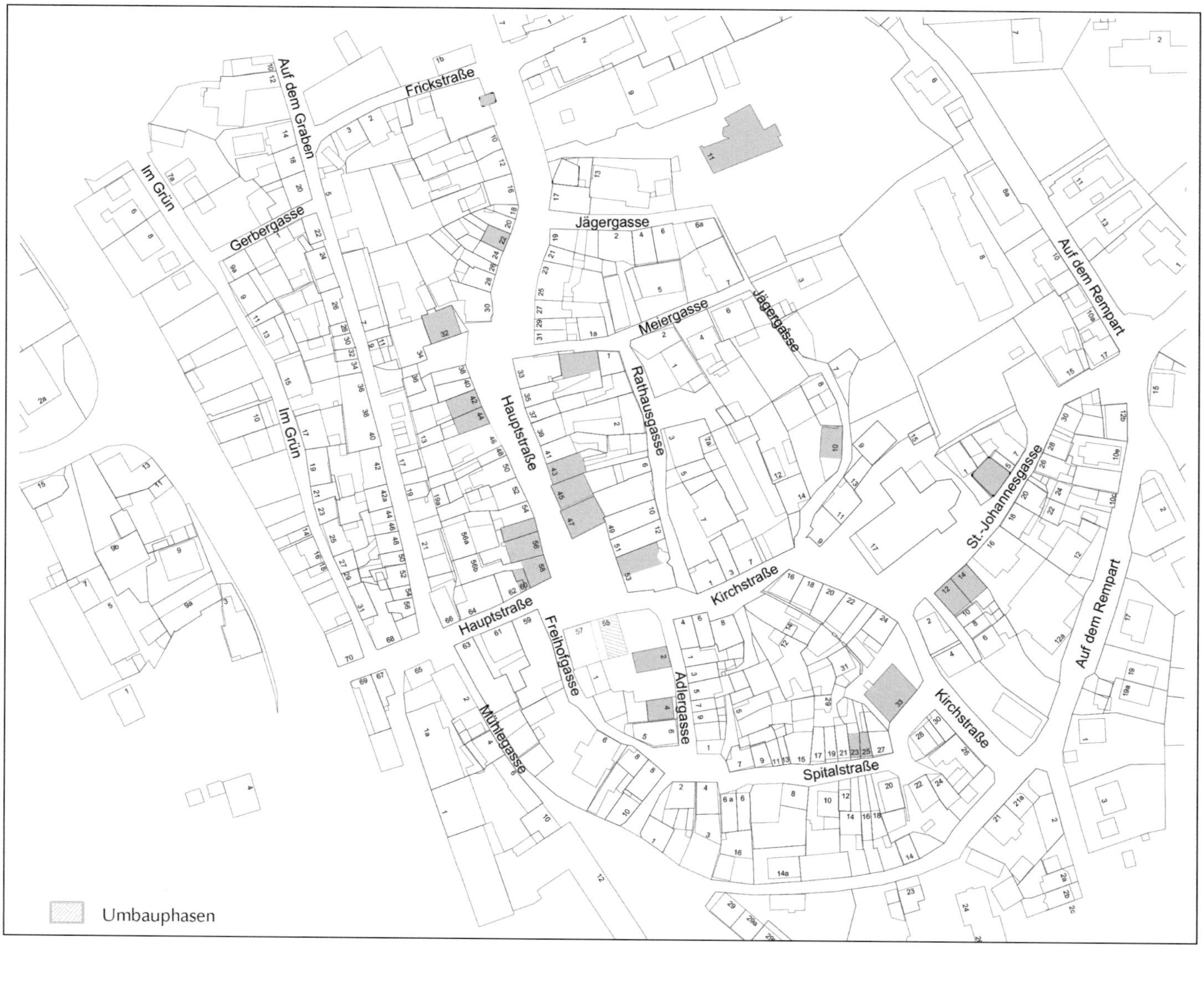

Anbetracht seiner Buckelquaderecke um ehemals herrschaftlichen Besitz handelte. Ob mit dieser Zuordnung und dem erwähnten Brand die Verlegung der städtischen Verwaltung vom Stubenhaus zum Rathausplatz in Verbindung zu bringen ist, müssen die Quellen klären. Bauliche Belege für oder gegen eine ältere Rathausnutzung an der heutigen Stelle konnte die umfangreiche Bauuntersuchung des Jahres 2003 nicht erbringen.

Auch in der zweiten Hälfte des 16. Jahrhunderts konzentrieren sich die baulichen Investitionen auf die Hauptstraße. Sie sind in der Regel mit der Aufstockung des alten Baubestandes oder mit der Veränderung der Geschosshöhen und der Außenfassaden verbunden. Selten kommt es zu besitzrechtlichen Überschneidungen auf den alten Parzellen. Als gemeinsame Bauteile benachbarter Gebäude bleiben die Brandwände in großem Umfang erhalten und konservieren die im Zuge der Erhöhungen daran entstandenen „Wachstumsspuren" (Hauptstraße 46). Als wichtige Baumaßnahmen dieser Zeit sind die Errichtung des Kornhauses am Rathausplatz, die grundlegende Neugestaltung des Stadtschlosses und der Neubau des Spitalgebäudes zu nennen.

Bereits für das 15. Jahrhundert anzunehmen, aber infolge der fehlenden Belegdichte nur sporadisch nachweisbar, hat sich spätestens im Verlauf des 16. Jahrhunderts die Nutzung des Dachraumes als Lagerfläche durchgesetzt. Nun häufen sich die Nachweise der Sparrendachwerke, bei denen das abgezimmerte Innengerüst die Anlage einer weiteren Nutzungsebene im oberen Dachbereich ermöglichte. Der liegende, anfangs verblattete und später verzapfte Stuhl wird im Verlauf des 16. Jahrhunderts zur Standardkonstruktion. Er ermöglicht die Aufnahme zusätzlicher Lasten, ohne dass dafür bei der Raumgliederung der unteren Wohnetagen Einschränkungen in Kauf genommen werden müssen. Trotz dieser Vorteile ist es bemerkens-

Abb. 21: Dendrochronologisch datierte Bauphasen, 1600–1610.

wert, dass nur für wenige Dachwerke dieser Zeit eine an der Traufe angelegte Aufzugsgaube nachgewiesen werden konnte (Hauptstraße 50, St. Johannesgasse 12/14). Während viele der älteren Dachräume des 16. Jahrhunderts noch ungeteilt sind, erhielten die zeitlich jüngeren Dachwerke in zunehmendem Maße in den Dachraum integrierte Dachkammern.
Hinsichtlich der Nutzung der unteren Etagen sind zwischen den Bauten des 14./15. Jahrhunderts und den neuzeitlichen Nachfolgebauten keine gravierenden Neuerungen zu verzeichnen. Diese Aussage bezieht sich neben der räumlichen Organisation auch auf die Ausstattung. Abgesehen von modischen Details bleibt die im Deckenbereich mit Einschubbrettern isolierte und durch einen Kachelofen erwärmte Stube das wohnliche Zentrum des 1. Obergeschosses. Einzig die Decke des Rathaussaales stellt in dieser Hinsicht für Staufen eine bemerkenswerte Ausnahme dar. Gestaltet als eng nebeneinander aufgereihte und aufwendig profilierte Bretter-Balken-Decke, nimmt sie in dieser Form eine eher am Hochrhein praktizierte Deckenausführung auf. Demgegenüber folgt die Gestaltung der den Saal belichtenden Gruppenfenster den regional gültigen Vorlieben. Dies gilt auch für die Wohnbauten, wo die unterschiedlichen Bearbeitungen der Gewände von Fenstern, Eingangs- oder den noch immer praktizierten Durchfahrtssituationen einzig auf die soziale Stellung der Bauherren und deren finanzielle Mittel zurückzuführen sind.
Auch noch zu Beginn des 17. Jahrhunderts konzentrieren sich die baulichen Veränderungen auf die an der Hauptstraße stehenden Wohnbauten (Abb. 21). Schon in der zweiten Hälfte des 16. Jahrhunderts am Stadtschloss der Herren von Staufen anzutreffen, etabliert sich in dieser Zeit ein bis dahin im städtischen Staufen unbekannter Bauteil: Es handelt sich um Treppentürme, die zwischen 1603 und 1606 gleich

Abb. 22: Dendrochronologisch datierte Bauphasen, 1611–1689.

an drei verschiedenen, entlang der östlichen Hauptstraße liegenden Gebäuden zur Ausführung kamen. Gemessen am baulichen Kontext handelt es sich bei diesen Grundstücken ausschließlich um „erste Adressen“, so zum Beispiel um das aus der städtischen Gründungszeit stammende und ehemals mit einem Staffelgiebel versehene Kerngebäude Hauptstraße 41 oder um das nach einem Brandschaden um 1606 wieder instand gesetzte Rathaus. In allen Fällen stehen die für die Vertikalerschließung erbauten Türme an der Rück- oder Hoftraufe und sind trotz ihrer versteckten Lage als repräsentative Treppenhäuser einer ausgewählten Bauherrenschicht zu bewerten.

Etwa ab dem ersten Viertel des 17. Jahrhunderts verlagern sich die baulichen Aktivitäten zunehmend in den südlichen Stadtbereich (Abb. 22). Sie betreffen die Spitalstraße und den östlichen Bereich der St. Johannesgasse, wo die ältere Bausubstanz modernisiert oder durch Neubauten ersetzt wird. Bei all diesen Veränderungen lässt sich keine zeitliche Konzentration feststellen.

Nicht zu unterschlagen ist die Beobachtung, dass sich die im Westen verlaufende Stadtmauer spätestens im Verlauf des 17. Jahrhunderts zum städtebaulichen Hindernis entwickelt haben muss. In den Jahrhunderten davor in zunehmendem Maße in die angrenzende Bausubstanz eingebunden, hat sie offensichtlich zu dieser Zeit ihre wehrtechnische Bedeutung weitgehend eingebüßt. Die Durchbrüche, verbunden mit der Anlage von Hofzufahrten, häufen sich. In der Folgezeit richtet sich der Siedlungsdruck ganz allgemein nach Westen und führt im Hinblick auf neues Bauland auch zur Einebnung des Stadtmauergrabens.

Gegen Ende des Jahrhunderts verdichten sich die dendrochronologischen Baudaten im Bereich des Kirchplatzes (Abb. 23). Ein Schwerpunkt der Baumaßnahmen betrifft die Kirche selbst, da sie um 1699 infolge des im Jahr 1690

Abb. 23: Dendrochronologisch datierte Bauphasen, 1690–1710.

belegten Brandes ein neues Dachwerk erhielt. Aber auch die südlich der Kirche stehenden Gebäude verweisen auf dieses Unglück. Offenbar ebenfalls betroffen, erfolgte ihr Wiederaufbau zwischen 1696 und 1700.

Der bauliche Bestand im 18. Jahrhundert

Quasi schlagartig verändert sich in diesem Jahrhundert das architektonische Erscheinungsbild des städtischen Wohnhauses. Zu Beginn noch etwas verhalten, setzt nach der Mitte des 18. Jahrhunderts ein über mehrere Jahrzehnte anhaltender Bauboom ein (Abb. 24, siehe Liste im Anhang S. 220). In dieser Zeit erhält die Stadt ihr barockes Erscheinungsbild, bei dem das Haus Hauptstraße 52 mit seinem Mansarddach einen modischen Glanzpunkt bildet.

Waren bislang die inneren Raumstrukturen, wie zum Beispiel Stube und Kammer, über die unterschiedlichen Fenstergestaltungen und Platzierungen auch an der Fassade ablesbar, so bestimmt von nun an die bis dahin nur in Ausnahmefällen praktizierte Fassadensymmetrie das äußere Erscheinungsbild. Fensterachsen exakt übereinander und in einem gleich bleibenden Rhythmus nebeneinander angeordnet, werden zum architektonischen Leitfaden nahezu aller Straßenfassaden. In diesem Zuge erhalten die mittelalterlichen und frühneuzeitlichen Straßenwände entweder ihre neue und von nun an einheitliche Durchfensterung, oder sie werden für diese Vorhaben gänzlich ersetzt. Spätestens in diesem auf breiter Front vollzogenen Veränderungsprozess werden auch die gestaffelten Fassadenfluchten ausgeglichen. Nach der Modernisierung einzelner Fassaden folgt die Vereinheitlichung mehrerer Straßenfassaden nebeneinander.

Abb. 24: Dendrochronologisch datierte Bauphasen, nach 1710.

Doch nicht nur das äußere Erscheinungsbild erfährt einen grundlegenden Wandel. Großzügige Treppenhäuser führen in neu gegliederte Wohnebenen, die sich nun auch auf die oberen Etagen ausdehnen. Nicht selten war mit diesen gravierenden Eingriffen auch die Abzimmerung eines neuen Dachwerks verbunden. Mit dem neuen Dach und dem damit verbundenen Wegfall des alten Drempels rückte die Traufe nach oben, während der Bereich darunter durch ein schmuckhaft ausgeführtes Dachgesims geschlossen wurde.

Die Anfänge dieses nachhaltigen Umwandlungsprozesses sind schwerlich auszumachen. Nach den dendrochronologischen Daten gehören die Häuser am Rathausplatz mit zur ersten Generation dieser nun modernen Stadtbauten, allen voran das Haus Hauptstraße 58, das analog zu den Nachbarhäusern Nr. 55 und 56 um 1770 dem Rathausplatz seinen barocken Stempel aufdrückt.

Ihnen schließt sich in dichter Abfolge die Masse der städtischen Hausbauten an. Dabei erstreckt sich der zeitliche Rahmen bis weit in das 19. Jahrhundert, sei es als Neubau im alten Siedlungskern oder als Umbau eines alten Kernbaus mit neuer Schale an der Hauptstraße.

Literatur

Fischer/Schöttler 2000	Magda Fischer/Pitty Schöttler: Staufen und die Schauenburger. Staufen 2000.
Kaiser u. a. 2002	Wolfgang Kaiser/Gitta Reinhardt-Fehrenbach/Bertram Jenisch/Verena Nübling: Landkreis Breisgau-Hochschwarzwald – Stadt Staufen, Münstertal/Schwarzwald. Landesdenkmalamt Baden-Württemberg, Denkmaltopographie Baden-Württemberg III.1.1. Stuttgart 2002.
Schmidt-Thomé/Wesselkamp 1989	Peter Schmidt-Thomé/Gerhard Wesselkamp: Neue Ergebnisse zur Baugeschichte der St.-Martins-Kirche in Staufen, Kreis Breisgau-Hochschwarzwald. In: Archäologische Ausgrabungen in Baden-Württemberg 1989, 256–259.
Vorindustrieller Holzbau 2012/2022	Thomas Eißing/Benno Furrer/Stefan King/Ulrich Knapp/Anja Krämer/Burghard Lohrum/Tilmann Marstaller/Claudia Mohn/Heinz Pantli/Daniel Reicke: Vorindustrieller Holzbau. Terminologie und Systematik. Südwestdeutsche Beiträge zur historischen Bauforschung, Sonderband. Esslingen 2012; 2., überarbeitete Auflage 2022, DOI: https://doi.org/10.11588/sbhbf.2023.1

Katalog der untersuchten Gebäude

Abb. 25: Adlergasse 1, Ansicht Straßentraufe. Im 1. Obergeschoss noch die ältere Fenstergruppe der Stube.

Adlergasse 1

Südlich an das Eckgebäude Kirchstraße 4 angrenzend, besitzt der dreigeschossige Massivbau ein zur Gasse traufständig ausgerichtetes Satteldach. Neben der stark verformten Gassenwand gibt auch die mit Holzbrettern eingefasste Fenstergruppe einen Hinweis darauf, dass es sich um ein altes Gebäude handelt (Abb. 25). Derartige in der Mitte überhöhte Gruppenfenster gehören zu den üblichen Fensterausführungen des 16./17. Jahrhunderts und sind in Staufen an mehreren Gebäuden erhalten (u.a. Freihofgasse 3, Spitalstraße 33). Sie belichteten in aller Regel die Stube, die demnach in diesem Fall im 1. Obergeschoss vermutet werden kann.

Von dem Gebäude konnten im Jahr 1996 das Dach und im Jahr 1998 der Keller untersucht werden.

Die Untersuchung des Dachwerks beschränkte sich auf das 2. Dachgeschoss, da die im ausgebauten 1. Dachgeschoss verkleidete Dachkonstruktion nicht zugänglich war. Danach besteht das obere Dachgerüst aus zwei stehenden Längsbünden, die in der Kombination mit den Querachsen einen stehenden Stuhl ausbilden (Abb. 26). Auf den zugehörigen Rähmhölzern entlasten sich die mit verzapften Kehlbalken

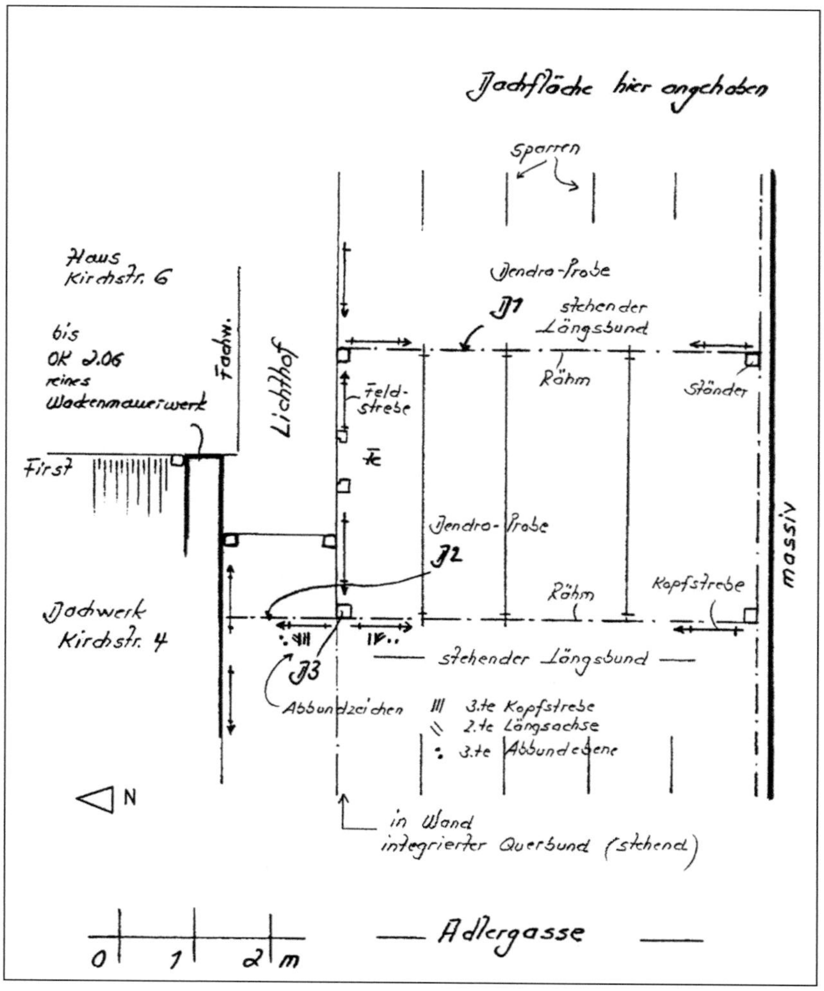

Abb. 26: Adlergasse 1, Grundriss 2. Dachgeschoss, 1700(d).

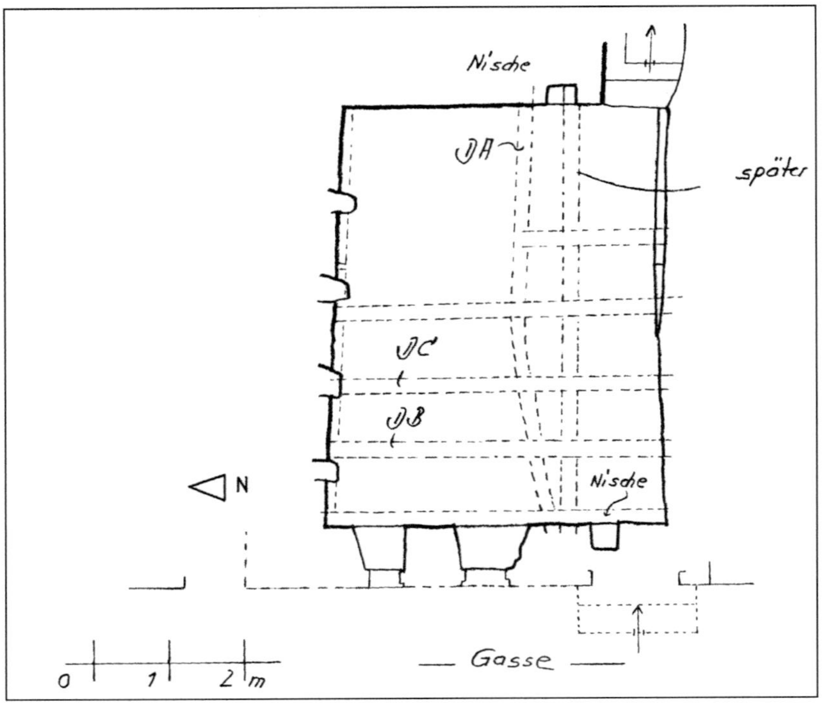

Abb. 27: Adlergasse 1, Grundriss Keller, 1700(d).

ausgestatteten Sparrenpaare. Das Dachwerk erstreckt sich zwischen zwei massiven Giebelscheiben, von denen die nördliche, zum Haus Kirchstraße 4 gehörende Wand aus einem reinen Wackenmauerwerk besteht. Ausgehend vom Unterbau reicht es jedoch nur bis auf die Höhe des Dachansatzes und wird ab hier durch eine mit vielen Ziegelbruchsteinen durchmischte Aufmauerung abgelöst. In Anlehnung an diesen vergleichsweise jungen Mauerzug springt das Dachwerk etwas zurück und lässt so zum Nachbargebäude Kirchstraße 4 Platz für einen schmalen Lichtschacht. Über ihn und eine Fensteröffnung im Fachwerkgiebel ist eine Belichtung des Dachraumes möglich.

Nach der dendrochronologischen Auswertung von drei Dachhölzern erfolgte die Abzimmerung des Dachwerks, wie auch die der vor der nördlichen Massivwand stehenden Fachwerkwand, um 1699/1700(d).

Dass sich dieses Datum wohl auf einen umfassenden Umbau des gesamten Gebäudes bezieht, kann durch die anlässlich der Kelleruntersuchung erzielten Ergebnisse als gesichert gelten (Abb. 27). Der kleine, mit Sicherheit mittelalterliche Keller liegt an der Straße, reicht aber nicht über die gesamte Gebäudetiefe. Die nördliche Kellerbegrenzung bildet eine Wackenwand mit eingemauerten Natursteinkonsolen. Auf den Konsolen liegt parallel zur Kellerwand ein Streichbalken, der das eigentliche Auflager für die vorhandenen Kellerbalken bildet. Bei den genannten Hölzern handelt es sich um Tannenbalken, die wie die Bauhölzer des Dachwerks im Winter 1699/1700 gefällt wurden und eine ältere Situation gleicher Machart ersetzen. Bemerkenswerterweise lässt der Keller zum Gebäude Kirchstraßev4 eine Lücke, die sich im Erdgeschoss wiederholt, aber in den darauf folgenden Nutzungsebenen einschließlich des Daches überbaut ist.

Nachweis: Dendrochronologische Datierung, 1996 und 1998.

Adlergasse 3

Es handelt sich um einen dreigeschossigen Massivbau, flankiert von den Nachbarhäusern Nr. 1 im Norden und Nr. 5 im Süden (Abb. 28). Teilweise unterkellert, besitzt das Gebäude ein zweigeschossiges Satteldach mit traufseitiger Ausrichtung zur Adlergasse. Von der Gasse, in Anlehnung an die Brandwand von Haus Nr. 5 über ein Rundbogenportal zugänglich, bietet sich über die Kirchgasse die Möglichkeit einer Zufahrt auf die rückwärtige Hoffläche.

An der Adlergasse ist die Fassade umfassend verputzt, während die Rücktraufe größtenteils steinsichtig ist. An Letzterer befindet sich im 1. Obergeschoss eine kurze Galerie mit Abtritt und im 1. Dachgeschoss ein Ladegiebel. Ein schmaler, an die Rückwand des Haupthauses

Abb. 28: Adlergasse 3, Ansicht Straßentraufe.

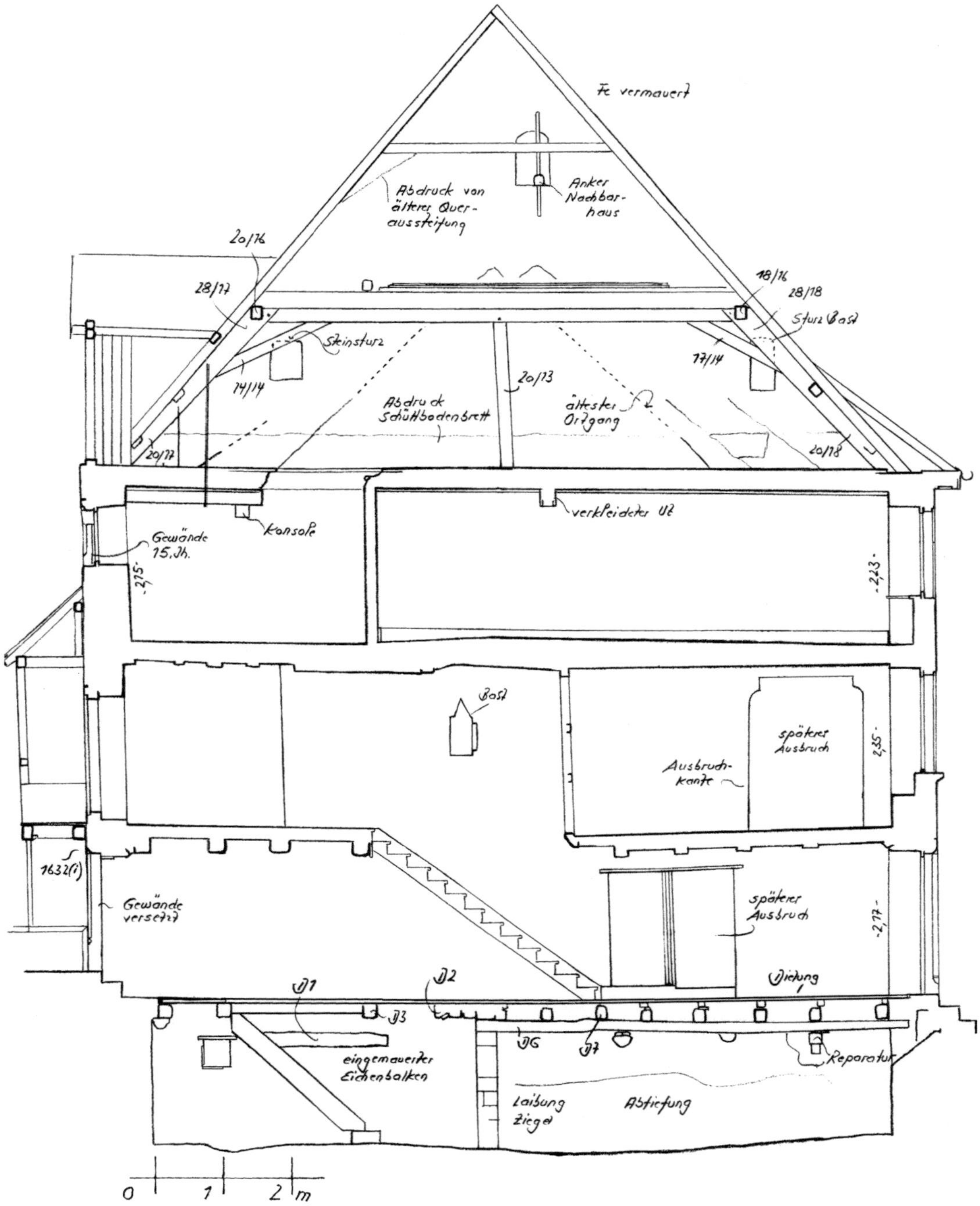

Abb. 29: Adlergasse 3, Querschnitt. Blick auf den Nachbargiebel von Haus Nr. 5.

angebauter und sich entlang der Parzellenwand ausdehnender Lagerschuppen vervollständigt den baulichen Bestand der Hofstelle.

Nach der dendrochronologischen Untersuchung des Dachwerks im Jahr 1998, ergänzt durch eine umfangreiche Dokumentation des Gebäudes 2016, wurde das im Kern mittelalterliche Gebäude 1697 (d) umfassend umgebaut.

Bei den ältesten erkannten Bauteilen handelt es sich um die beiden mit den Nachbarhäusern gemeinsamen Brand- bzw. Parzellenwände. Ihr hohes Alter war im angetroffenen Zustand allerdings nur an der südlichen Brandwand nachvollziehbar (Abb. 29).

Über die dort aufgenommenen Befunde kann folgender Bauablauf skizziert werden:

Ausgangspunkt der baulichen Entwicklung ist ein zweigeschossiger, an der Adlergasse stehender und zu dieser traufständig ausgerichteter Massivbau. Auf der Nachbarparzelle Adlergasse 5 stehend, besitzt sein ehemaliges Giebelprofil eine Dachneigung von etwa 45 Grad, wobei der zugehörige Firstpunkt knapp über der Kehlbalkenlage des Dachwerkes von Haus Nr. 3 liegt. Offenbar ohne erkennbare Fensteröffnungen aufgemauert, impliziert das geschlossene Giebeldreieck einen zeitgleichen Nachbarbau auf der Parzelle Adlergasse 3, ohne dass dieser

Abb. 30: Adlergasse 3, Nordgiebel. Die Putzgrenze zeichnet die Kontur eines ehemaligen, vor dem Giebel verzimmerten Dachholzes nach.

zum jetzigen Zeitpunkt am nördlichen Gegengiebel näher belegt werden kann. Orientiert an der ablesbaren Dachneigung des Altgiebels und in Anlehnung an die späteren, unten aufgeführten Umbauphasen, ist für beide Kernbauten eine zeitliche Einordnung in die erste Hälfte des 14. Jahrhunderts wahrscheinlich. In diese Zeitebene sind dann auch das straßenseitige Eingangsportal und das im 1. Obergeschoss verlaufende Gesimsband zu datieren (Abb. 28). Während Ersteres den ältesten Hauszugang fixiert, deutet das Gesimsband mit seinen erhaltenen Ansätzen für die Einfassung einer ehemaligen, in Stein gesetzten Fensteraufreihung auf eine im Obergeschoss angelegte Stube hin.

Auch die ersten Umbauten des Hauses, Veränderungen seiner Vertikalstruktur, lassen sich an der Brand- bzw. Giebelwand zum Nachbargebäude Nr. 5 ablesen, ohne dass die Abfolge und der Verlauf der einzelnen Dachanhebungen und die damit verbundenen Giebelaufmauerungen genauer beschrieben werden können (Abb. 29).

Bauliche Veränderungen am Haus Adlergasse 3 sind erst für das 15. Jahrhundert fassbar. In diesem Fall haben sich die Spuren des Umbaus an beiden massiven Brandwänden erhalten. Es handelt sich um Putzgrenzen, die die Konturen ehemaliger, vor den Brandwänden verzimmerter Dachhölzer nachzeichnen. Danach wurde der Kernbau von Haus Nr. 3, analog zum vorangegangenen Umbau von Haus Nr. 5, ebenfalls um eine Etage erhöht und mit einem neuen, heute nicht mehr vorhandenen Dach eingedeckt. Dessen tragendes Dachgerüst bildeten offenbar abgesprengte Querbünde in zwei Dachgeschossen, wobei sich die besagten Putzgrenzen auf deren durch Kopfstreben gebildete Queraussteifung beziehen (Abb. 30). Da das Dachwerk im Vergleich zum heutigen Dachprofil eine etwas steilere Dachneigung erhielt, mussten die alten Massivgiebel aufgemauert und mit der Abzimmerung des Nachfolgedaches im späten 17. Jahrhundert wieder deutlich reduziert werden. Aus diesem Grund liegt die damals unter dem nördlichen Firstpunkt angelegte Fensteröffnung nicht mehr innerhalb des heutigen Dachprofils, während die unteren Fenster noch in vollem Umfang erhalten sind. Über dem Ortgang des Nachbarhauses liegend oder diesem aufgesetzt, ermöglichten sie vorübergehend die Belichtung des Dachraumes, bevor sie durch erneute Baumaßnahmen auf den Nachbargrundstücken vermauert wurden (Abb. 31).

In Anlehnung an die aus zwei wiederverwendeten Kellerbalken gewonnenen dendrochronologischen Daten datiert die Abzimmerung des Daches möglicherweise in die zweite Hälfte des 15. Jahrhunderts. Dieser Zeit sind dann auch einzelne erhaltene Werksteingewände innerhalb der rückwärtigen Traufwand zuzuordnen, so zum Beispiel das Gewände einer großen Fensteröffnung im 1. Obergeschoss oder der Rest einer später erhöhten Fenstereinfassung im 2. Obergeschoss.

Eine um das Jahr 1632 erfolgte Baumaßnahme ist über eine inschriftliche Datierung bekannt und bezieht sich auf den Einbau einer ehemals größeren Türöffnung im Erdgeschoss der Rücktraufe. Wenige Jahrzehnte zuvor, um 1600, wird an den beiden Kellern gebaut. Während es sich bei dem vorderen Keller mit hoher Wahrscheinlichkeit um eine Abtiefung zur Nutzbarkeit des bauzeitlichen Kriechkellers handelt, sind der Aushub und die Abmauerung des rückwärtigen Kellers als Neubaumaßnahmen zu bezeichnen (Abb. 32).

Die eigentliche, die heutige Innenstruktur und das Fassadenbild bestimmende Umbauphase datiert in die Jahre um 1697 (d). Zu diesem Zeitpunkt wurde das gesamte Gebäude entkernt, mit einem neuen Deckengebälk ausgestattet und mit der vorhandenen Dachwerkkonstruktion überdacht (Abb. 31). Bestätigt wird

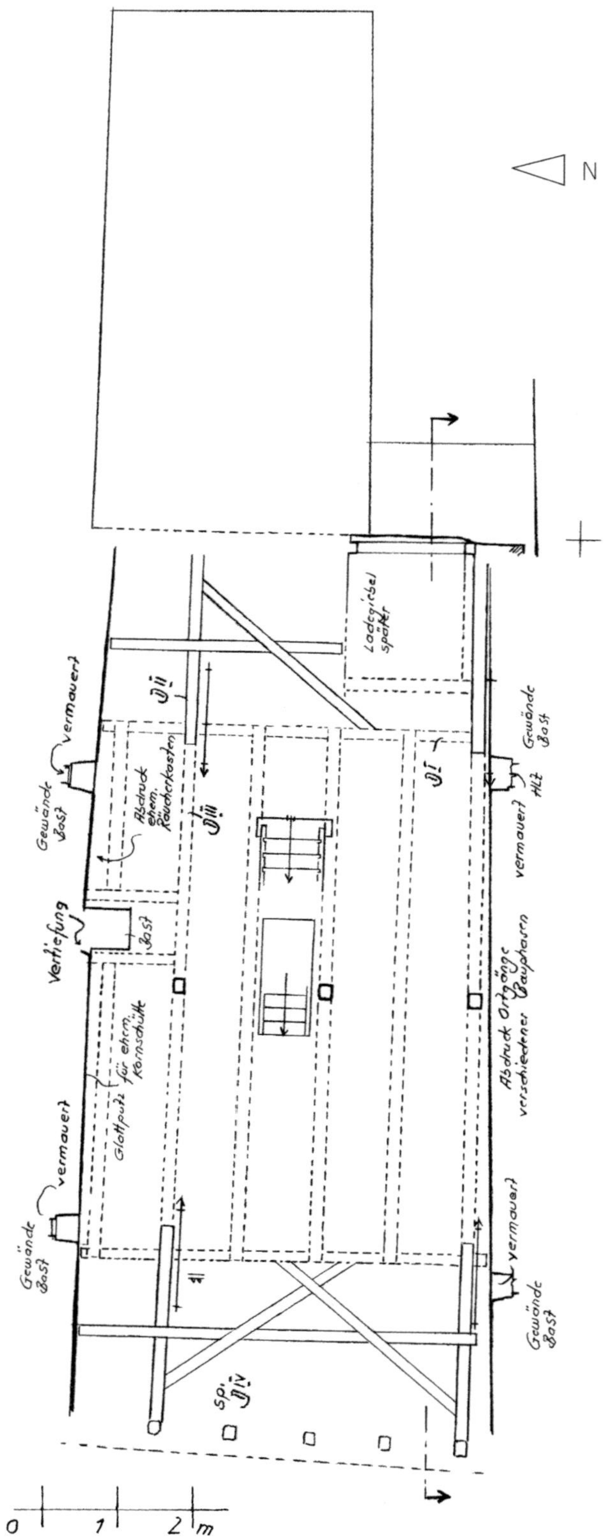

Abb. 31: Adlergasse 3, Grundriss 1. Dachgeschoss.

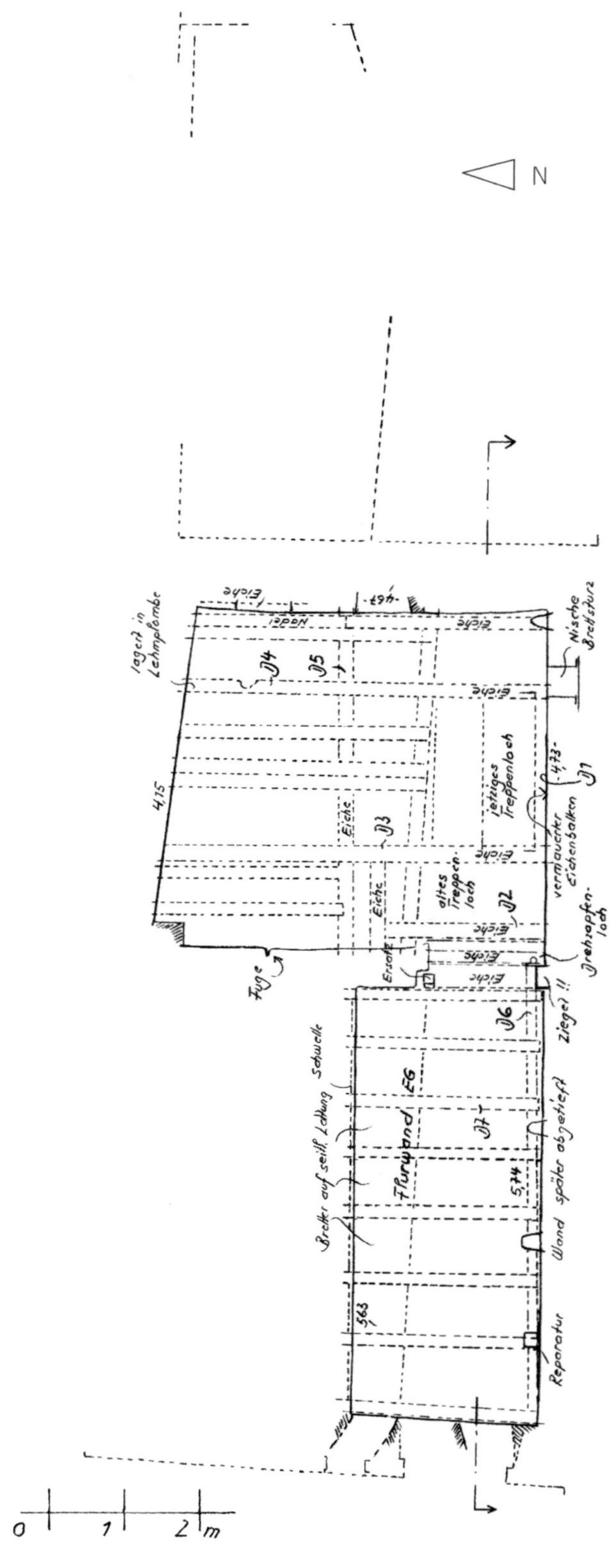

Abb. 32: Adlergasse 3, Grundriss Keller.

dieses durch dendrochronologische Untersuchungen ermittelte Datum durch eine im Dachraum aufbewahrte Giebelzier. Aus Ton gebrannt, trägt sie die Jahreszahl 1698 und war ursprünglich der nördlichen Firstspitze aufgesetzt (Abb. 33). Wann das Nachbargebäude Nr. 5 konstruktiv mit Haus Nr. 3 verklammert wurde, ist nicht bekannt (Abb. 34).

Die um das Jahr 1698 ausgeführte Grundrissgliederung ist im Erdgeschoss später weit-

Abb. 33: Adlergasse 3, Firstzier. Inschriftlich datiert 1698.

Abb. 34: Adlergasse 3, Südgiebel, 2. Dachgeschoss. Verklammerung mit Haus Nr. 5.

gehend erneuert worden (Abb. 35). Erhalten hat sich noch eine massive Innenwand, während die daran anstoßenden Fachwerkwände späteren Umbauten zuzuordnen sind. Im späten 17. Jahrhundert lag der Treppenaufgang in das 1. Obergeschoss noch an der Rücktraufe und der Herdraum war noch nicht unterteilt.

Im Vergleich zum Erdgeschoss reflektiert der Grundriss im 1. Obergeschoss trotz seiner jüngeren Einbauten noch weitgehend die um 1700 vorgenommene Grundrissgliederung (Abb. 36). Beginnend mit der straßenseitigen Stube, schloss sich daran die kleine Küche an, während die verbleibende Grundrissfläche als offener Flurraum mit Treppenanlage genutzt wurde.

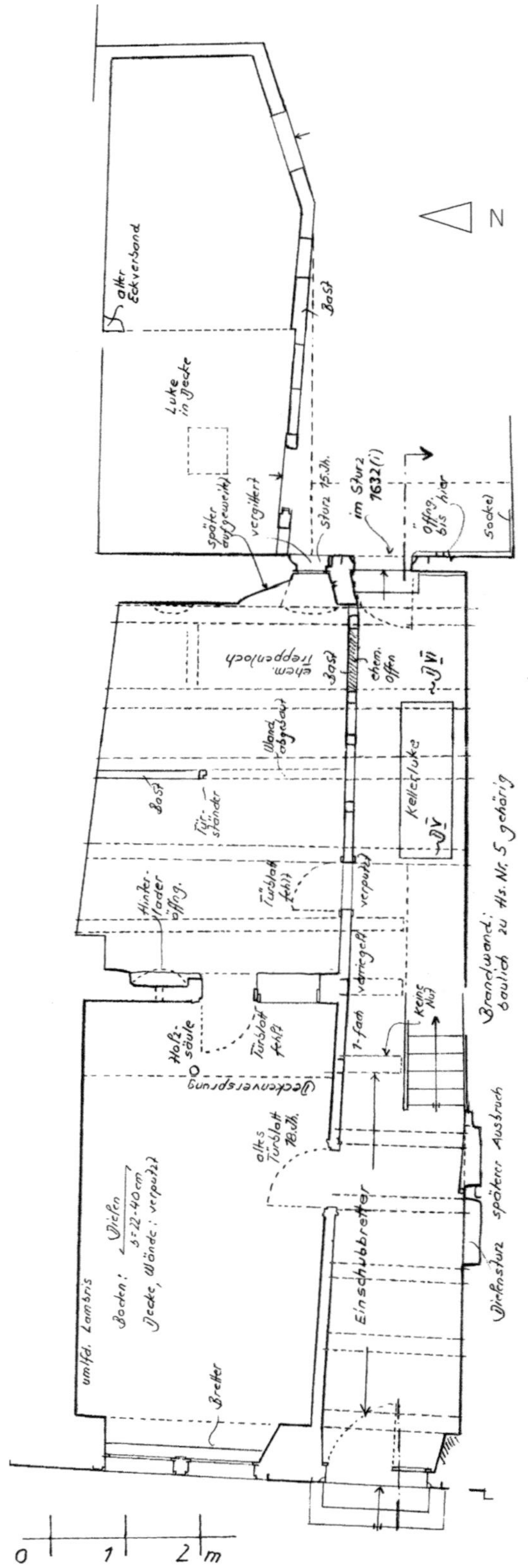

Abb. 35: Adlergasse 3, Grundriss Erdgeschoss.

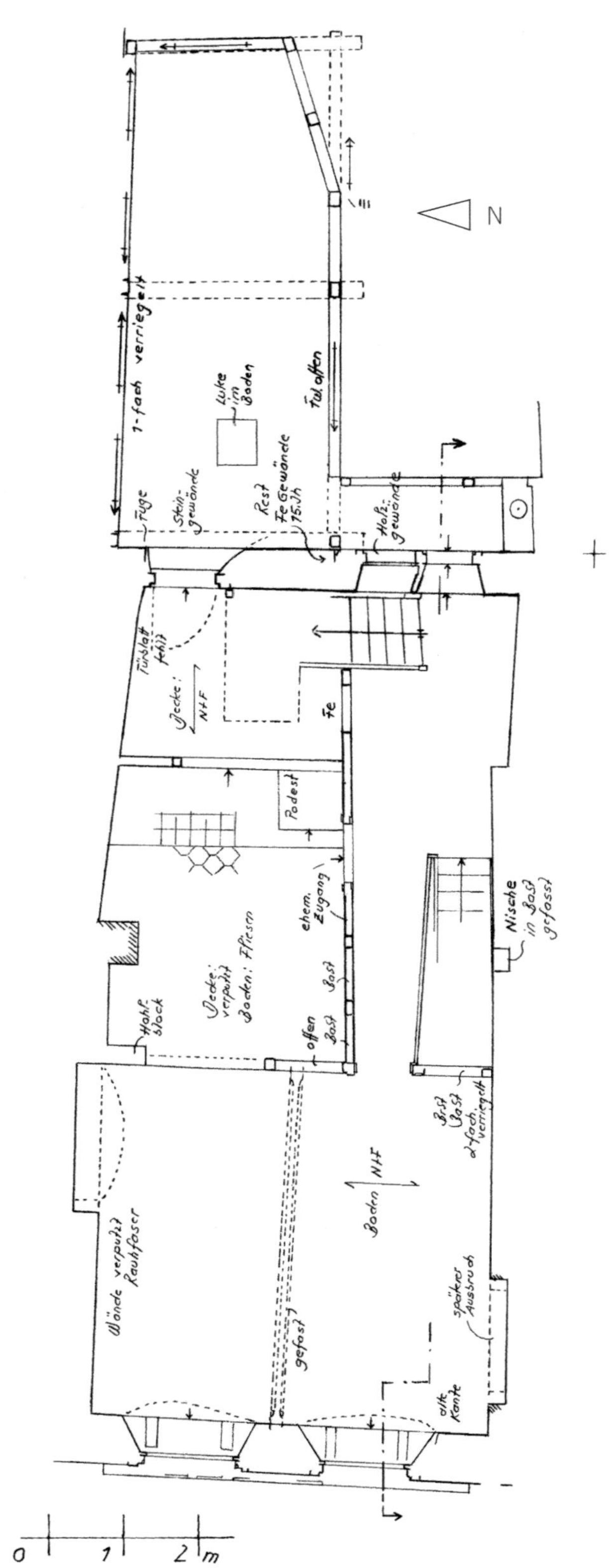

Abb. 36: Adlergasse 3, Grundriss 1. Obergeschoss.

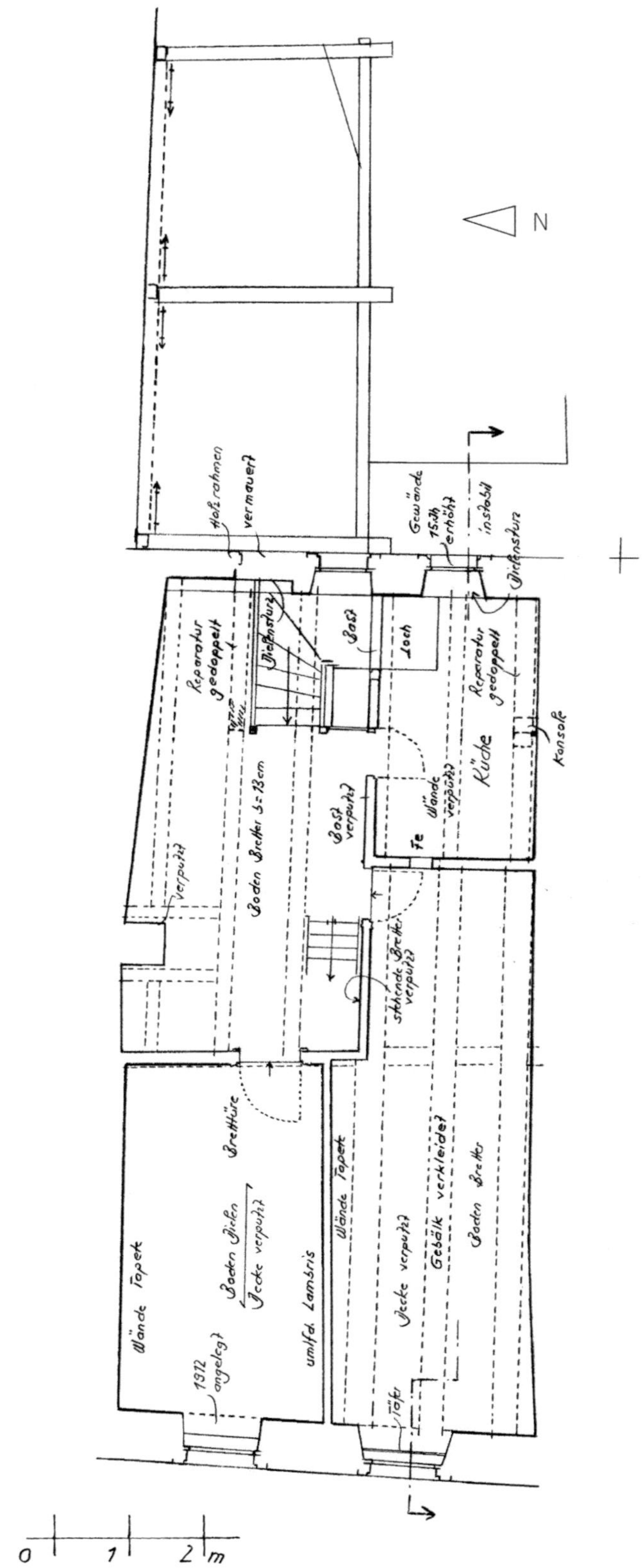

Abb. 37: Adlergasse 3, Grundriss 2. Obergeschoss.

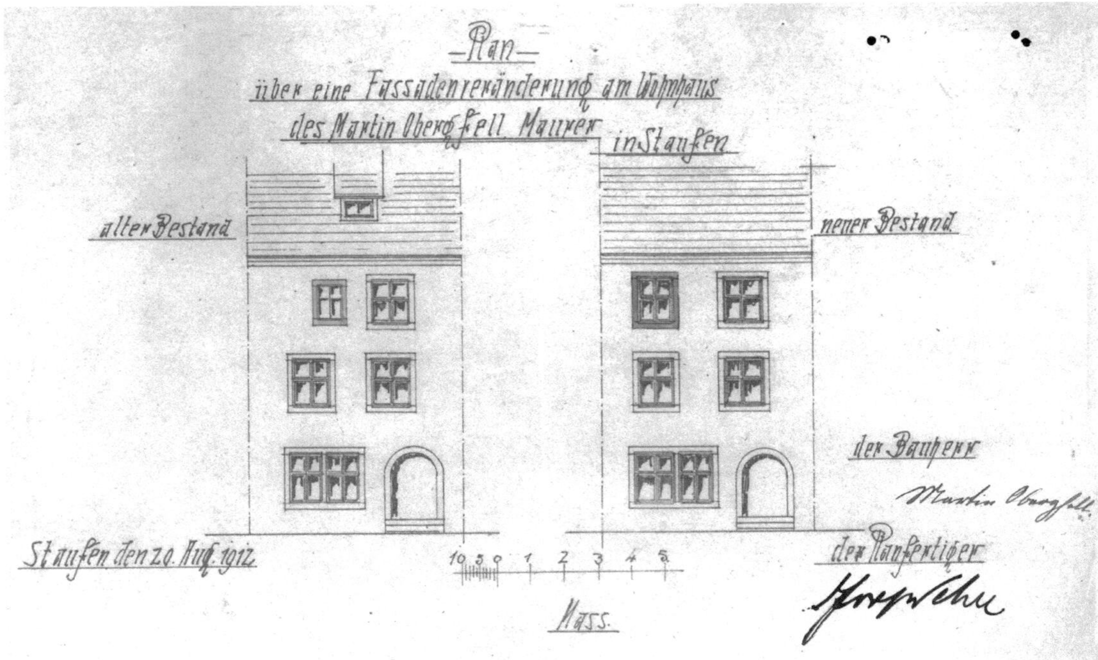

Abb. 38: Adlergasse 3, Bauplan von 1912.

Ähnlich verhielt es sich auch im 2. Obergeschoss (Abb. 37). Dort waren von dem ansonsten offenen Flurraum lediglich zwei straßenseitige Kammerräume abgetrennt.

Mit Ausnahme des rückwärtigen Schuppenanbaus, dem Aufsatz des Ladegiebels und dem Anbau der Abtrittgalerie wurden in den kommenden Jahrhunderten keine nennenswerten Baumaßnahmen mehr durchgeführt. Die Veränderungen dieser Zeit beschränkten sich auf die Unterteilung älterer Raumeinheiten oder auf die Schaffung größerer Raumeinheiten, wie zum Beispiel im 2. Obergeschoss.

Zu diesen lokalen Veränderungen gehören dann auch die Einbauten der Treppen und Böden sowie die Neufertigung vieler Türblätter, aber auch die Veränderung der straßenseitigen Durchfensterung, wie sie aus einem Bauplan des Jahres 1912 ersichtlich ist (Abb. 38).

Nachweis: Dendrochronologische Datierung, September 1998; bauhistorische Dokumentation, März 2016, im Auftrag der Bauherrschaft.

Adlergasse 4

Der dreigeschossige Massivbau, eingedeckt mit einem traufständig zur Gasse ausgerichteten Dachwerk, besitzt mit dem nördlich angrenzenden Nachbarbau Nr. 2 eine gemeinsame, bis in den Keller reichende Brandwand (Abb. 39).

Nach den angetroffenen Befunden besaß der Keller eine parallel zur Gasse ausgerichtete Balkendecke. Deren zugehöriges Auflager, bestehend aus vermauerten Konsolsteinen und ehemals darauf verlegten Streichbalken, ist an der Brandwand noch erkennbar.

Entlang dieser Wand verläuft im Erdgeschoss der ebenerdige Hausgang, der durch ein parallel zur Gasse verlegtes Gebälk eingedeckt ist. Es lagert auf einem kräftigen Streichbalken, der wiederum von vermauerten Wackenkonsolen getragen wird (Abb. 40).

Anders verhält es sich am Gegengiebel. Zum einen sind hier die Balken in das Mauerwerk des

Abb. 39: Adlergasse 4, Ansicht Straßentraufe.

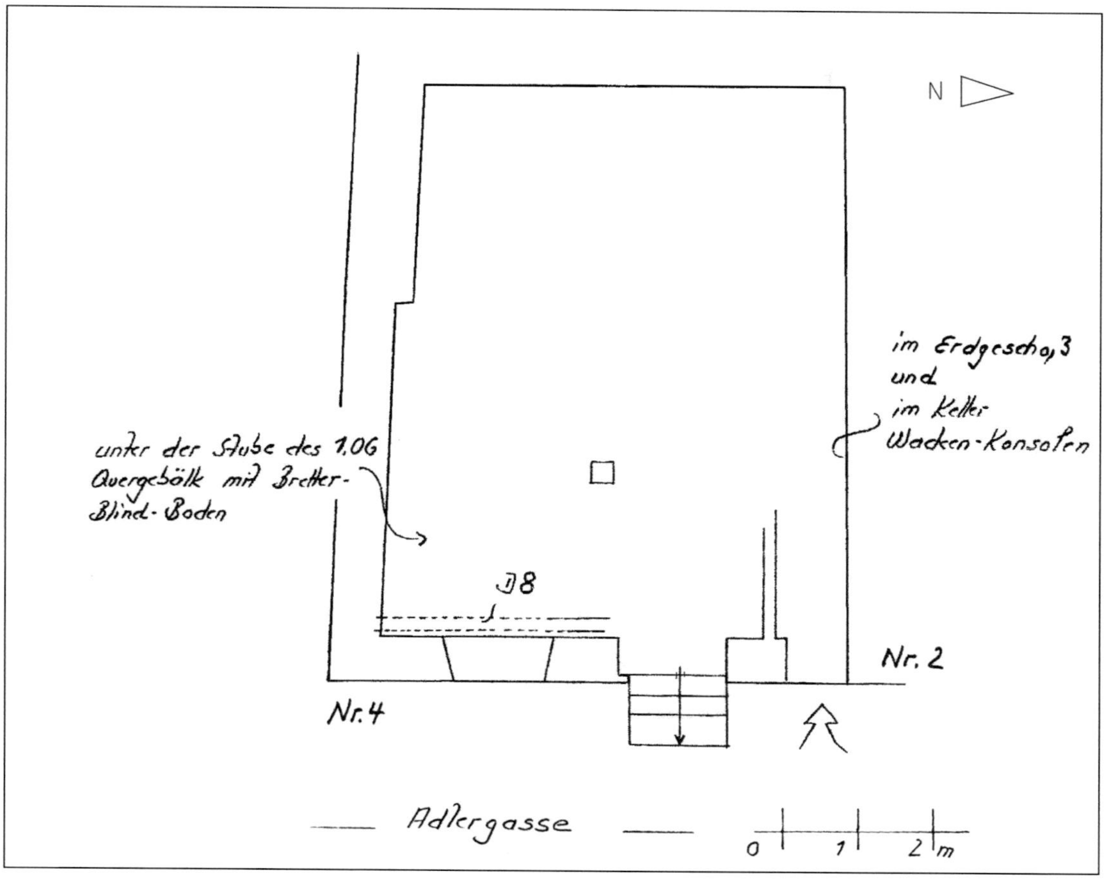

Abb. 40: Adlergasse 4, Grundriss Erdgeschoss, Ausschnitt.

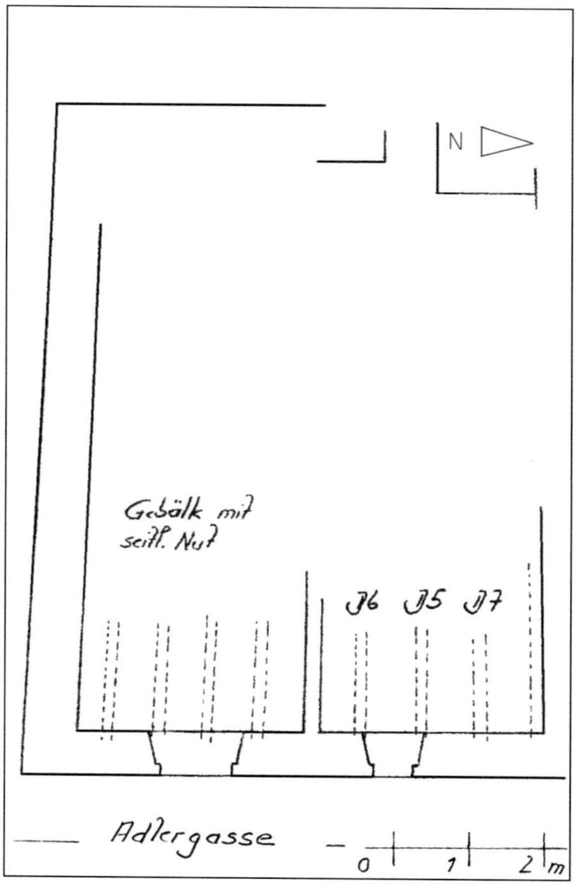

Abb. 41: Adlergasse 4, Grundriss 1. Obergeschoss, Ausschnitt.

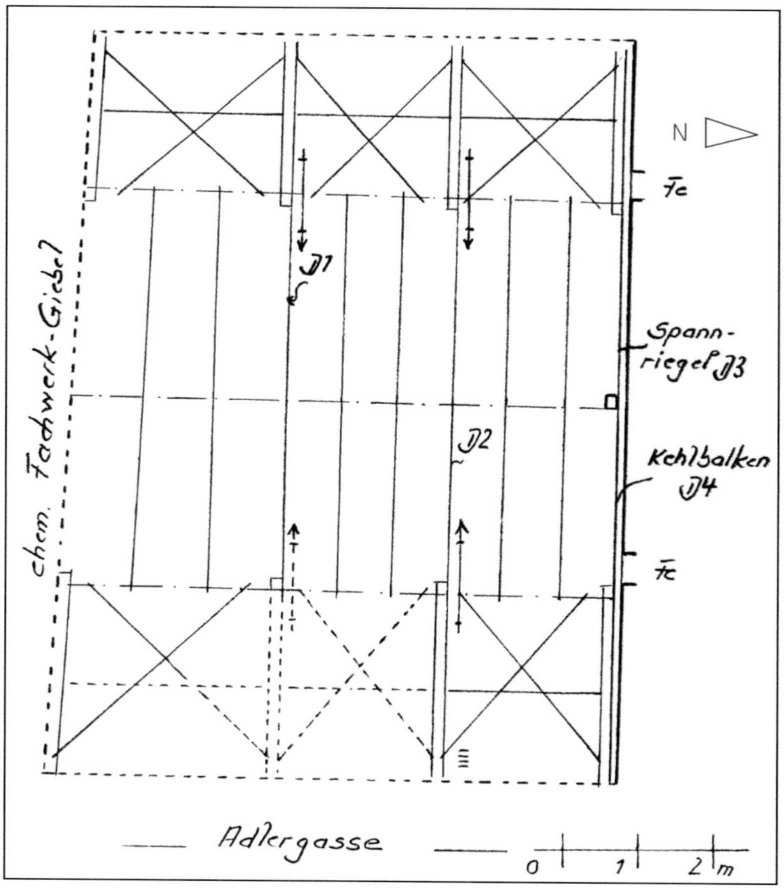

Abb. 42: Adlergasse 4, Grundriss 1. Dachgeschoss.

Giebels eingebunden, zum anderen handelt es sich bei diesem Giebel nicht um eine Brandwand. Er steht mit einem Abstand von ca. 25 cm vor dem Nachbargebäude Nr. 6 und ist somit alleiniger Bestandteil des untersuchten Gebäudes. Die Durchfensterung der Gassentraufe ist sehr uneinheitlich und vermittelt den Eindruck, als wären neben den hölzernen Einfassungen viele Spolien älterer Fenstergewände in überarbeiteter Form wiederverwendet worden.

Erste sichere Anhaltspunkte über das Baualter ergab das Gebälk über dem 1. Obergeschoss (Abb. 41). Im Gegensatz zum Erdgeschoss verläuft es rechtwinklig zum Gassenverlauf und besitzt über der in der Südostecke liegenden Stube seitliche Nuten für den Einschub einer ehemaligen Bretterdecke. Nach der dendrochronologischen Untersuchung von drei Deckenbalken wurden diese im Winter 1533/34 (d) gefällt.

Der gleichen Zeitstellung ist das traufständig zur Gasse ausgerichtete Dachwerk zuzuordnen (Abb. 42). Während es sich bei dem nördlichen Dachabschluss um die schon oben erwähnte Brandwand handelt, war der Gegengiebel in Fachwerk ausgeführt. Bemerkenswert ist die Beobachtung, dass der Massivgiebel im Dachspitz eine und im 1. Dachgeschoss zwei bauzeitliche, nach Norden ausgerichtete Fensteröffnungen aufweist.

Das unterstützende Gerüst für die mit zwei verzapften Kehlbalken ausgestatteten Sparrendreiecke bilden abgesprengte, ehemals in vier Achsen angeordnete Querbünde. Die in die Dachbalken zapfenden Bundstreben tragen kopfzonig zwei in Firstrichtung verlaufende Stuhlrähme. Ein weiteres, die untere Kehlbalkenlage mittig unterstützendes Längsholz lagert auf den abgesetzten Druckriegeln der Querbünde, wobei die Winkel zwischen dem Druckriegel und den Kopfenden der Bundstreben durch beidseitig verzapfte Kopfstreben gesichert werden. Hinsichtlich der Längsaussteifung des Daches sind die Bundstreben Bestandteil zweier geneigter, unter den Dachschrägen ausgeführter Stuhlstrebenlängsbünde, die mit einer Riegelfolge und diese überkreuzenden Andreaskreuzen abgezimmert wurden. Das Dachwerk besteht ausschließlich aus Tannenholz.

Nachweis: Dendrochronologische Datierung, 1992.

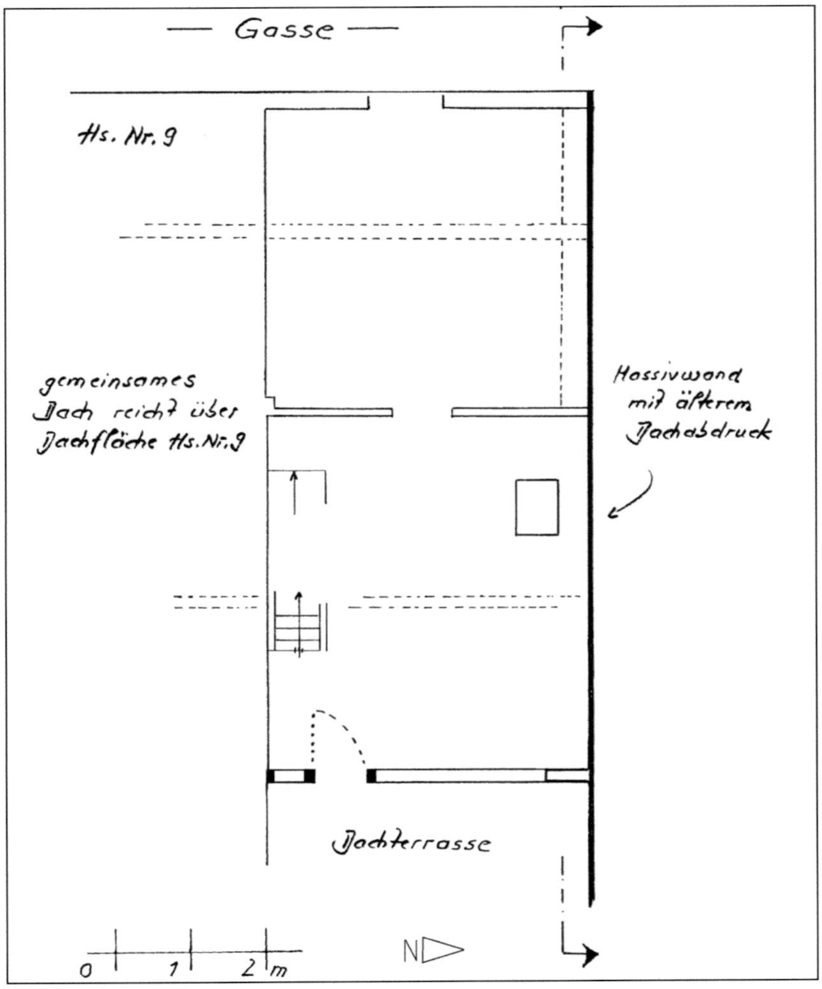

Abb. 43: Adlergasse 7/9.

Abb. 44: Adlergasse 7/9, Grundriss 1. Dachgeschoss, Ausschnitt.

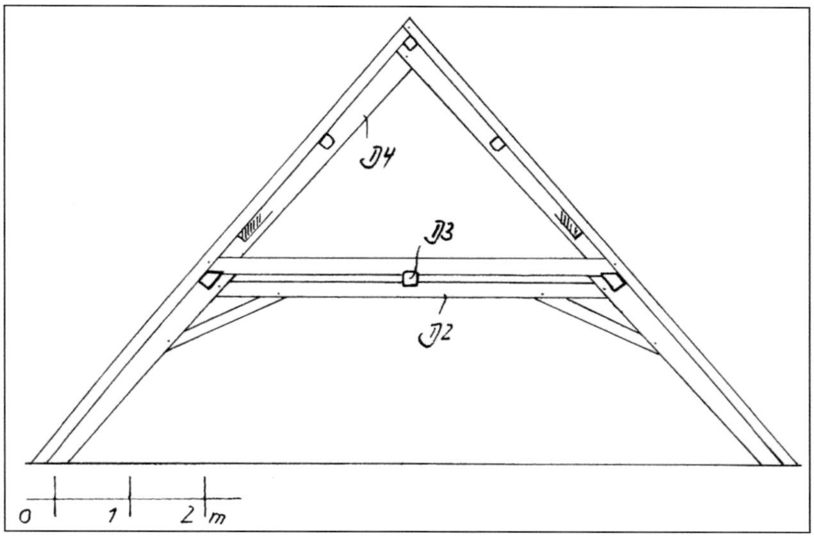

Abb. 45: Adlergasse 7/9, Querschnitt Dachwerk, Binderquerachse, 1799 (d).

Adlergasse 7/9

Das mit seinem Dachwerk traufständig zur Gasse ausgerichtete Doppelhaus besitzt ein über das Gassenniveau anstehendes Sockelgeschoss (Abb. 43). Darüber liegt das Erdgeschoss, das durch zwei seitlich der mittigen Trennwand liegende Außentreppen erschlossen ist.
Die Untersuchung des zweigeschossigen Gebäudekomplexes beschränkte sich auf den Dachbereich des nördlichen Hauses Nr. 7. Das hier angetroffene Dachwerk ist Teil einer gemeinsamen, auch über den Hausbereich Nr. 9 in den Jahren 1799/ 1800 (d) abgezimmerten Dachkonstruktion (Abb. 44; 45).
Die die Sparrenpare unterstützenden Gerüste bilden in beiden Dachgeschossen abgesprengte, vertikal übereinander angeordnete Querbünde in unterschiedlicher Ausführung. Im 1. Dachgeschoss tragen sie drei Längshölzer, während im 2. Dachgeschoss nur ein Firsträhm verbaut ist. Im aufgenommenen Bereich ist die erste Querbundachse direkt vor dem hoch aufragenden Massivgiebel des Hauses Nr. 5 angeordnet. An dieser Brandwand, ursprünglich Bestandteil des Nachbarhauses, sind im Dachspitz des untersuchten Hauses die Anschlussspuren eines älteren und tiefer liegenden Satteldaches erkennbar.
An der Gegenseite wird von außen deutlich, dass der Südgiebel des Gebäudeteiles Nr. 9 Bestandteil des Doppelhauses ist. An diese Brandwand lehnt sich das tiefer liegende Dach des Nachbarhauses Nr. 11 an.
Nachweis: Dendrochronologische Datierung, 1993.

Albert-Hugard-Straße 3
Siehe Spitalstraße 4.

Auf dem Graben 12

Der Baukomplex, bestehend aus dem südlichen Kernbau, einem daran in östlicher Richtung angesetzten Winkelbau sowie einem an den Kernbau anschließenden Nordbau, wird durch einen nach Osten orientierten Schuppen vervollständigt (Abb. 46).

Abb. 46: Auf dem Graben 12.

Abb. 47: Auf dem Graben 12,
Blick in das um 1672 (d) abgezimmerte Dachwerk des Kernbaus.

Zurückgesetzt von der heutigen Straße, ist im Inneren des Kernbaus der Verlauf des ehemaligen Gewerbekanals noch ablesbar.
Nach den dendrochronologischen Daten stammt der im Unterbau massive Kernbau mit aufgesetztem Fachwerkstock und abschließendem Satteldach (Abb. 47) aus den Jahren um 1672 (d).
In der ersten Hälfte des 19. Jahrhunderts erfolgte die kontinuierliche Erweiterung bis zum heutigen Bestand. Den Anfang machte dabei der um 1837 (d) angebaute Nordbau, dem um 1839 (d) der Winkelbau und um 1843 (d) der Schuppen folgte.
Nachweis: Dendrochronologische Datierung, 2012.

Auf dem Graben 44/46

Der zweigeschossige Massivbau besitzt ein traufständig zur Straße ausgerichtetes Satteldach, wobei das hohe Alter des Gebäudekerns schon von außen erkennbar ist (Abb. 48). So datiert zum Beispiel das nördliche Fenstergewände im Obergeschoss, heute Bestandteil einer im 19. und 20. Jahrhundert modernisierten Fassade, in das ausgehende Mittelalter. In diese Zeitebene ist auch der Südgiebel einzuordnen. Teilweise verdeckt durch das angrenzende Haus Nr. 48 ist von der Straße ein treppenartig abgestufter, als mittelalterlich zu datierender Abschluss zu sehen (Abb. 49).
Unter dem Gebäude befinden sich zwei Keller, von denen der im Anschluss an die nördliche Giebelwand gelegene baugeschichtlich älter ist. Dessen südlicher Abschluss wird durch den zweiten und tieferen Keller gestört (Abb. 50). Bei dem älteren Keller handelt es sich im Kern um einen Balkenkeller, dessen Auflager im Norden ein Streichbalken und im Süden ein Stahlträger bildet. Der Streichbalken selbst lagert unter anderem auf einer Wackenkonsole, die im Giebelmauerwerk vermauert ist. Zwei dendrochronologisch untersuchte Kellerbalken datieren in die Jahre um 1470.
Weitaus jünger ist das Dachwerk. Dieses ist im 1. Dachgeschoss umfassend ausgebaut. Trotzdem lassen zwei im Südgiebel vorhandene Nischen mit ihren schräg nach außen verlaufenden Laibungen vermuten, dass es sich hierbei um zwei ehemalige Fensteröffnungen handelt. Dieser Befund wiederholt sich im 2. Dachgeschoss. Hier kann die später vermauerte Öffnung klar als ehemaliges Fenster angesprochen werden. Auf dieser Ebene liegt dann auch die abgezimmerte Dachkonstruktion offen (Abb. 51). Deren tragendes Gerüst bilden drei abgesprengte Querbünde, von denen die beiden äußeren Traggerüste unmittelbar vor den massiven Giebelscheiben angeordnet sind. Das

Abb. 48: Auf dem Graben 44/46.

Abb. 49 (rechts): Auf dem Graben 44/46, Treppengiebel.

Dachwerk datiert in die Jahre 1780/81 (d) und ersetzt als Nachfolgedach das nicht mehr vorhandene, zum Staffelgiebel gehörige Altdach. Dieses überdachte offensichtlich ein Gebäude, dessen repräsentativ gestalteter und rot gefasster Staffelgiebel zeitweise frei stand und zu einem späteren Zeitpunkt vom Nachbarhaus Nr. 48 überbaut wurde.

Nachweis: Dendrochronologische Datierung, 1995.

Auf dem Graben 48

Das im Vergleich zur nördlich angrenzenden Nachbarbebauung deutlich höhere Gebäude besitzt auf seinem dreigeschossigen Unterbau ein zur Straße traufständig ausgerichtetes Satteldach (Abb. 52). Von außen ohne bauhistorisch relevante Befunde, beschränken sich die Aussagen zur ältesten Baugeschichte auf die im Dachwerk freiliegenden Massivgiebel.

So ist im Norden der in roter Farbe gefasste Staffelgiebel des Nachbarhauses einsehbar, während am Südgiebel die Bauabfolge von Haus Nr. 48 und des Nachbarhauses Nr. 50 ablesbar ist.

Danach fixiert das untere, mit Dachlattenresten erhaltene Giebeldreieck die ursprüngliche Firstspitze des ehemals zweigeschossigen Hauses Nr. 48. Da der einsehbare Bereich keine

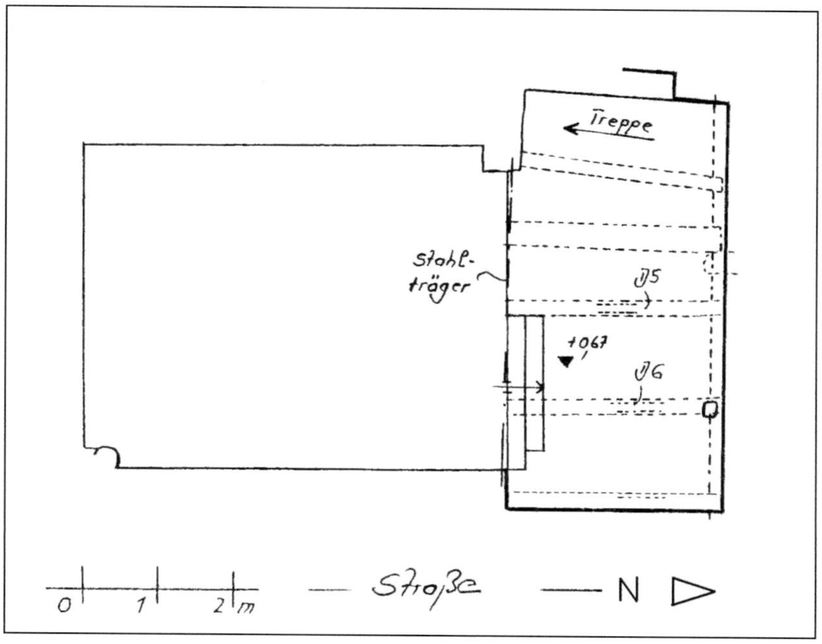

Abb.50: Auf dem Graben 44/46, Grundriss Keller, um 1470.

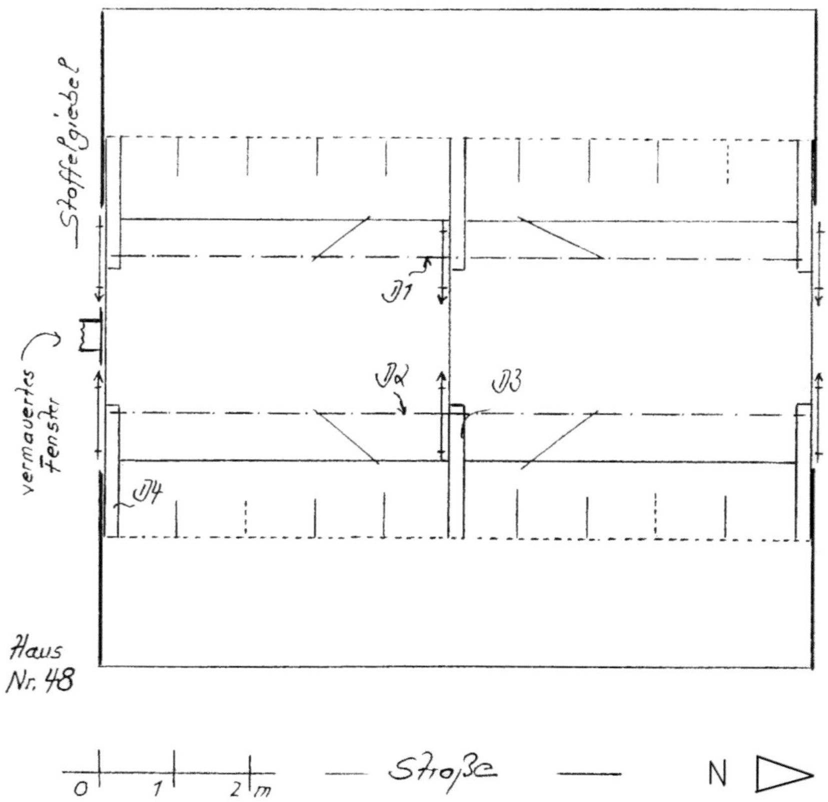

Abb. 51: Auf dem Graben 44/46, Grundriss 2. Dachgeschoss, 1781.

Abb. 52: Auf dem Graben 48.

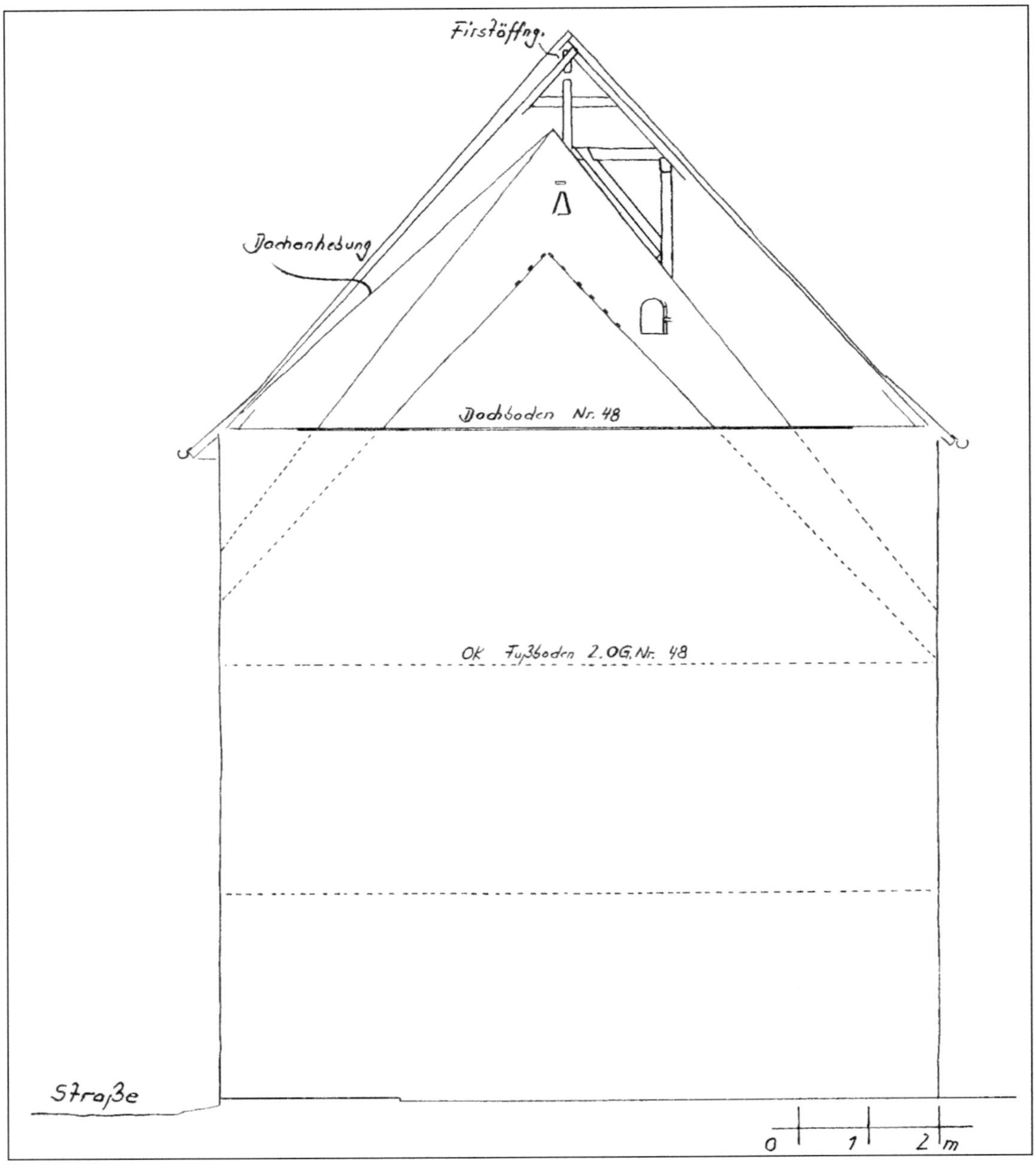

Abb. 53: Auf dem Graben 48, Querschnitt mit Blick auf den südlichen Dachgiebel.

Fensteröffnung aufweist, ist davon auszugehen, dass der Giebel auch als bauzeitliche Trennwand zum südlichen Kernbau Nr. 50 zu werten ist (Abb. 53). Dieser nachbarliche Kernbau entwickelte sich entweder schon zur Bauzeit des Giebels über das untere Giebelprofil hinaus, oder er wurde zu einem späteren Zeitpunkt erhöht und setzte sich erst in diesem Zusammenhang auf den gemeinsamen Giebel. Ungeachtet der zeitlichen Abfolge wurde dabei die Möglichkeit wahrgenommen, mit zwei Öffnungen den eigenen Dachraum zu belichten. Die deutlich höhere Firstlage des südlichen Nachbarn deckt sich annähernd mit der Höhenausdehnung des nördlichen Staffelgiebels, ohne dass an diesem der Anschluss des tiefer liegenden Kerndaches zu beobachten ist. Somit ist wohl davon auszugehen, dass der Kernbau von Haus Nr. 48 ursprünglich kürzer war und die entsprechende Lücke eventuell für eine Hofeinfahrt genutzt wurde. Diese Aussage kann durch die vermauerten Fensteröffnungen innerhalb des Staffelgiebels unterstrichen werden.

Auch für die darauf folgende Zeit bleiben die südlichen Nachbarn baulich aktiv. So erfolgt unter der Beibehaltung des Firstes zuerst eine straßenseitige Dachanhebung, bevor diese in einem zweiten Schritt durch eine neuerliche, auf die gesamte Gebäudetiefe bezogene Erhöhung überbaut wird. Die entstandene Lücke wird durch Fachwerk geschlossen, wobei unmittelbar unter dem neuen First eine kleine Belichtungsöffnung angelegt wird.

Abb. 54: Freihofgasse 1.

Abb. 55 (unten links): Freihofgasse 1, Grundriss 1. Dachgeschoss, 1813 (d).

Abb. 56: Freihofgasse 1, Querschnitt Dachwerk, Binderquerachse, 1813 (d).

Lange wird sie wohl nicht offen gelegen haben. Mit der heutigen Höhe des Hauses Nr. 48 gleicht sich dieses an den südlichen Nachbarbau an und verdeckt dessen Firstöffnung. *Nachweis:* Begehung und Kurzdokumentation, Januar 1994.

Auf dem Graben 50

Siehe Auf dem Graben 48.

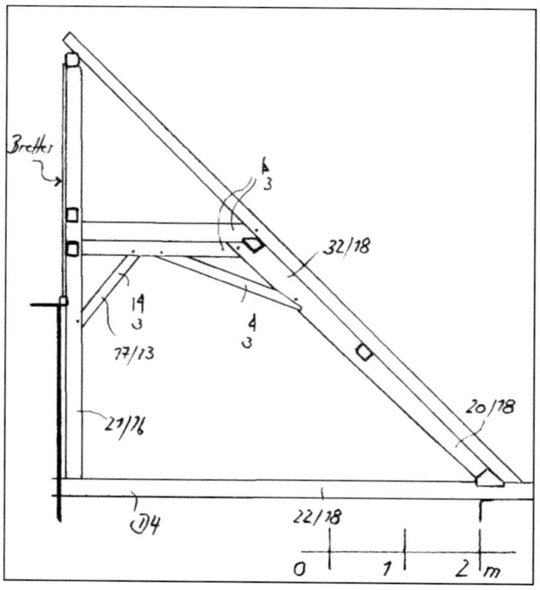

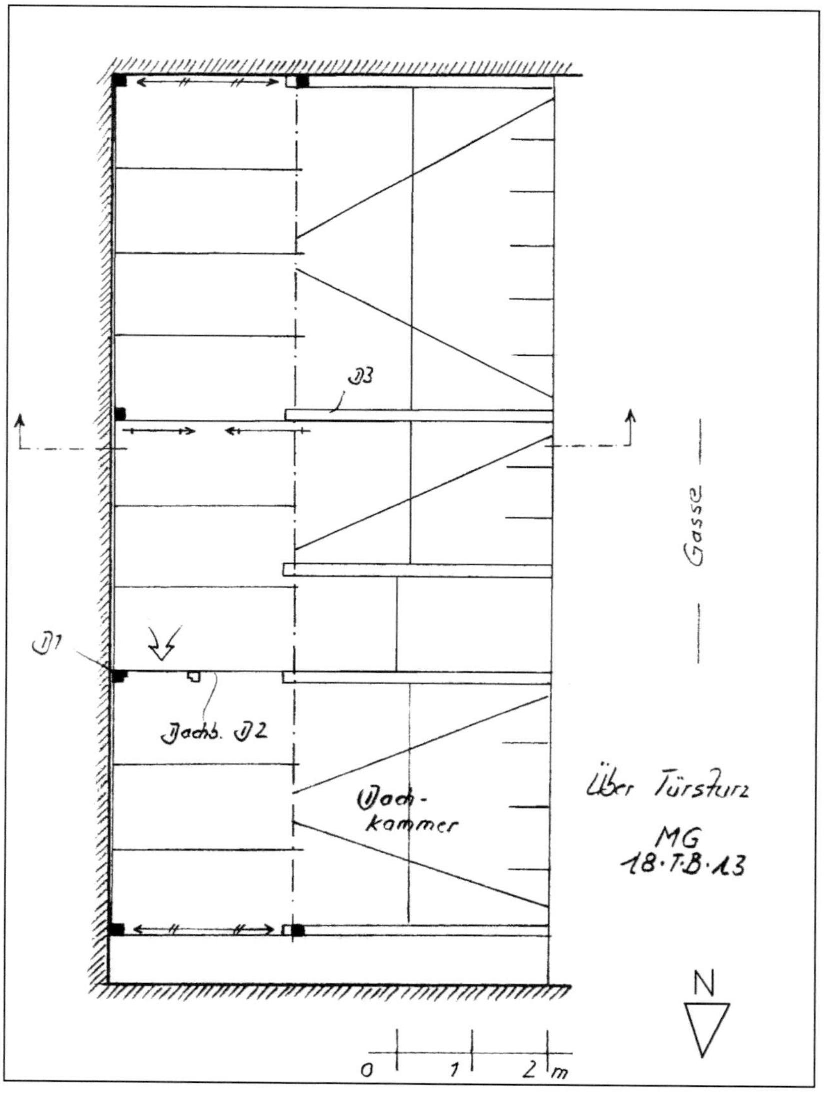

Abb. 57: Freihofgasse 1, südlicher Abschluss hinter der abgetreppten Traufwand von Haus Nr. 5.

Freihofgasse 1

Zurückgesetzt von der heutigen Gassenflucht, besitzt das Gebäude im Unterbau zwei Nutzungsebenen (Abb. 54). Darauf ist ein zur Gasse traufständiges Pultdach abgezimmert. Einen zeitlichen Anhalt für die Errichtung des Gebäudes gibt eine inschriftliche Datierung. Sie befindet sich über dem Türsturz und zeigt neben den Initialen MG und TB auch die Jahreszahl 1813. Dieser Zeitstellung ist offenbar der gesamte Baukörper zuzuordnen.

So stammt auch das einheitliche Pultdach mit seinen vier abgesprengten Querbünden aus dem Jahr 1813 (Abb. 55; 56).

Bemerkenswert ist die heutige Anbindung an das südlich angrenzende Nachbarhaus Nr. 3 (Abb. 57). Hier deutet der abgestufte, in der Gassenflucht des Nachbarhauses verlaufende Mauerfortsatz eine ältere, vor 1813 bestehende Gassenflucht an. Diese Vermutung findet durch die älteste Kellerlage des Hauses Hauptstraße 57 eine gewisse Bestätigung.

Nachweis: Dendrochronologische Datierung, März 1997.

Abb. 58: Freihofgasse 6, Aufnahme von Rudolf Hugard, datiert 16. 7. 1919

Freihofgasse 6

Das annähernd in Süd-Nord-Richtung orientierte Gebäude begrenzt im Westen eine große unbebaute Hoffläche und ist insofern nicht in die städtische Reihenbebauung eingebunden (Abb. 58). Ursprünglich verlief im Bereich des südwestlichen Giebels die ehemalige Stadtmauer. Ob sich davon im Kellerbereich noch bauliche Reste erhalten haben, ist nicht gesichert.

Seit der zweiten Hälfte des 17. Jahrhunderts Stadthaus des Klosters St. Trudpert, geht der heutige Zustand auf einen von Abt Paul Erhard veranlassten Umbau zurück.[4] Der zweigeschos-

4 Fischer/Schöttler 2000.

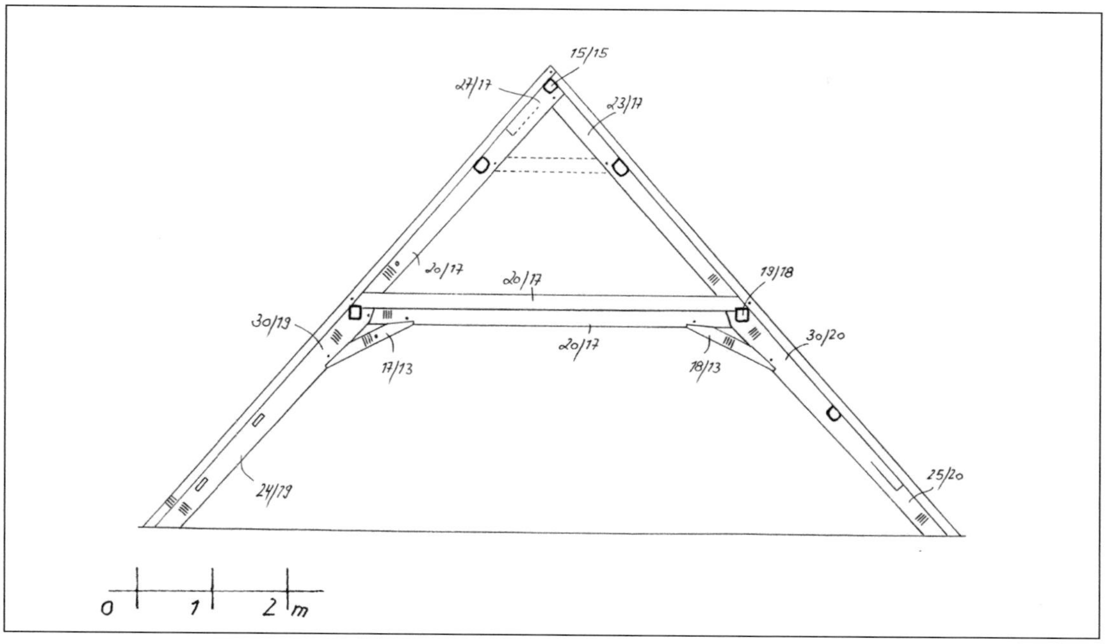

Abb. 59: Freihofgasse 6, Querschnitt Dachwerk, Binderqueerachse, 1772 (d).

sige Massivbau erhebt sich über einem halb eingetieften Kellersockel und schließt mit einem beidseitigen Vollwalmdach ab. Das unterstützende Gerüst für die mit einem verzapften Kehlbalken abgezimmerten Sparrenpaare bilden abgesprengte, liegende Stühle ausbildende Quer- und Längsbünde. Im 2. Dachgeschoss reichen die Stuhlstreben bis zum Firstpunkt und tragen dort das Firsträhm (Abb. 59). Das Dachwerk und wohl auch der Unterbau datieren in die Jahre 1771/72 (d). Geringfügig später wurde an der Gartentraufe das Treppenhaus angebaut.
Nachweis: Dendrochronologische Datierung, April 2004.

Hauptstraße, Bodenfunde

Im nördlichen Bereich der Hauptstraße, nordöstlich des Hauses Nr. 10, wurden 1990 bei Straßenarbeiten Reste einer hölzernen Konstruktion angeschnitten.
Annähernd 2 m unter dem heutigen Straßenniveau gegründet, handelte es sich um den Restbestand eines in Süd-Nord-Richtung verlaufenden Schwellholzes. Auf dem südlichen Ende stand ein Ständer, der über eine Höhe von knapp 90 cm erhalten war. Eine in die Schwelle und den Ständer zapfende Strebe steifte den Winkel zwischen den beiden Hölzern aus. Bei dem angetroffenen Befund handelte es sich offensichtlich um den südwestlichen Eckpunkt einer ehemals senkrecht aufsteigenden, ansonsten in ihren Ausmaßen nicht näher zu beschreibenden Holzkonstruktion. Ausgehend von Lage und Konstruktion ist es sehr wahrscheinlich, dass es sich um die Reste einer ehemals über den Stadtgraben führenden Holzbrücke handelt.
Da alle drei Eichenhölzer keine für die jahrgenaue Datierung notwendige Waldkante aufwiesen, kann für die Verbauung nur eine Zeitspanne zwischen den Jahren 1500 und 1520 (d) angegeben werden.
Zwei Jahre später, im Jahr 1992, wurden in unmittelbarer Nähe weitere Hölzer aufgedeckt. Die Lage der Bauhölzer wie auch der konstruktive Zusammenhang wurden nicht dokumentiert. Zwei der ausgelagerten und zur Datierung übergebenen Hölzer wurden im Winter 1457/1458 (d) gefällt.
Nachweis: Dendrochronologische Datierung, 1990 und 1992.

Hauptstraße 11, Unteres Schloss

Bei dem zweigeschossigen Flügelbau mit dem an der nördlichen Schnittstelle stehenden Treppenturm handelt es sich um das ehemalige Stadtschloss der Herren von Staufen (Abb. 60).[5]
In deren Besitz blieb das Gebäude bis zu Beginn des 17. Jahrhunderts. Nach dem Aussterben der Herren von Staufen wechselten sich mehrere Eigentümer ab. Ab 1606 war es in vorderösterreichischem Besitz, um dann im Jahr 1628 von den Schauenburgern übernommen zu werden. Im Jahr 1738 wurde es zum Amtshaus des Klosters

5 Kaiser u. a. 2002.

Abb. 60: Hauptstraße 11, Unteres Schloss mit Treppenturm und Buckelquaderecke über abgeschrägter Eckausbildung.

St. Blasien, bis es dann von 1806 bis 1936 als Bezirksamt diente.

Der heutige, unter anderem vom staatlichen Forstamt genutzte Baukomplex ist das Ergebnis zeitlich unterschiedlicher Baumaßnahmen, wobei die im Jahr 2000 durchgeführte Kurzuntersuchung nicht den Anspruch erhebt, sowohl deren Anfänge wie auch deren chronologische Abfolge umfassend darstellen zu können. Nach Auswertung der aufgenommenen Befunde und der dendrochronologischen Daten kann folgender Bauablauf skizziert werden:

Den ältesten erkannten Bauteil bildet ein in West-Ost-Richtung verlaufender Keller (Abb. 61). Während seine ehemalige Längenausdehnung wohl mit der des heutigen Tiefkellers identisch ist, besteht bei der Festlegung der ursprünglichen Breite eine gewisse Unsicherheit.

Zu den ältesten Mauerstrukturen dieses ersten Bauabschnittes gehört die Nordwand. Die aus Bruch- und Wackensteinen gemauerte Wand ist ca. 1 m stark und erstreckt sich über die gesamte Kellerlänge. Auf dieser Strecke sind insgesamt acht zum Teil abgeschlagene Wackenkonsolen vermauert. Sie sitzen etwa auf halber Wandhöhe des heutigen Kellers und sind als Auflagersteine für einen ehemals parallel zur Kellerwand verlaufenden Streichbalken zu interpretieren. Dieser Streichbalken diente als Auflager für ein in Nord-Süd-Richtung verlegtes Deckengebälk. Dessen durch die Wackenkonsolen vorgegebene Höhenlage bezieht sich ausreichend genau auf die Oberkante eines im Zuge der Südwand verlaufenden Mauerrücksprungs. In ihrer Ost- West-Ausrichtung verläuft diese Mauerstruktur nicht parallel zur Nordwand, sondern weicht in Richtung Osten deutlich nach Süden aus.

Knapp unterhalb des Mauerrücksprungs sind die Ansätze von drei ehemals nach oben aufsteigenden, nicht mehr vorhandenen Belichtungsöffnungen erhalten. Mehrere Entwässerungsöffnungen und eine Nische sind bauzeitliche Bestandteile der offenbar gegen das anstehende Gelände gesetzten Kellerwand. Wackensteine wie an der gegenüberliegenden Nordwand sind in dieser Mauer nicht vorhanden.

Sowohl die von der Nordwand abweichende Flucht der Südwand wie auch die unterschiedlichen Mauerstrukturen deuten somit eine unterschiedliche Zeitstellung der beiden Mauerzüge an. Nimmt man für die zeitliche Einordnung der beiden Mauern die lokalen, im städtischen Bereich angetroffenen Mauerwerksstrukturen zu Hilfe, so muss der Nordwand ein prinzipiell älteres Datum zugestanden werden.

In diesem Zusammenhang kann auch die unterschiedliche Längenausdehnung der beiden Mauerzüge gesehen werden. So endet die Südwand auffallend weit vor der östlichen Schmalseite, um dann erst nach einem deutlichen

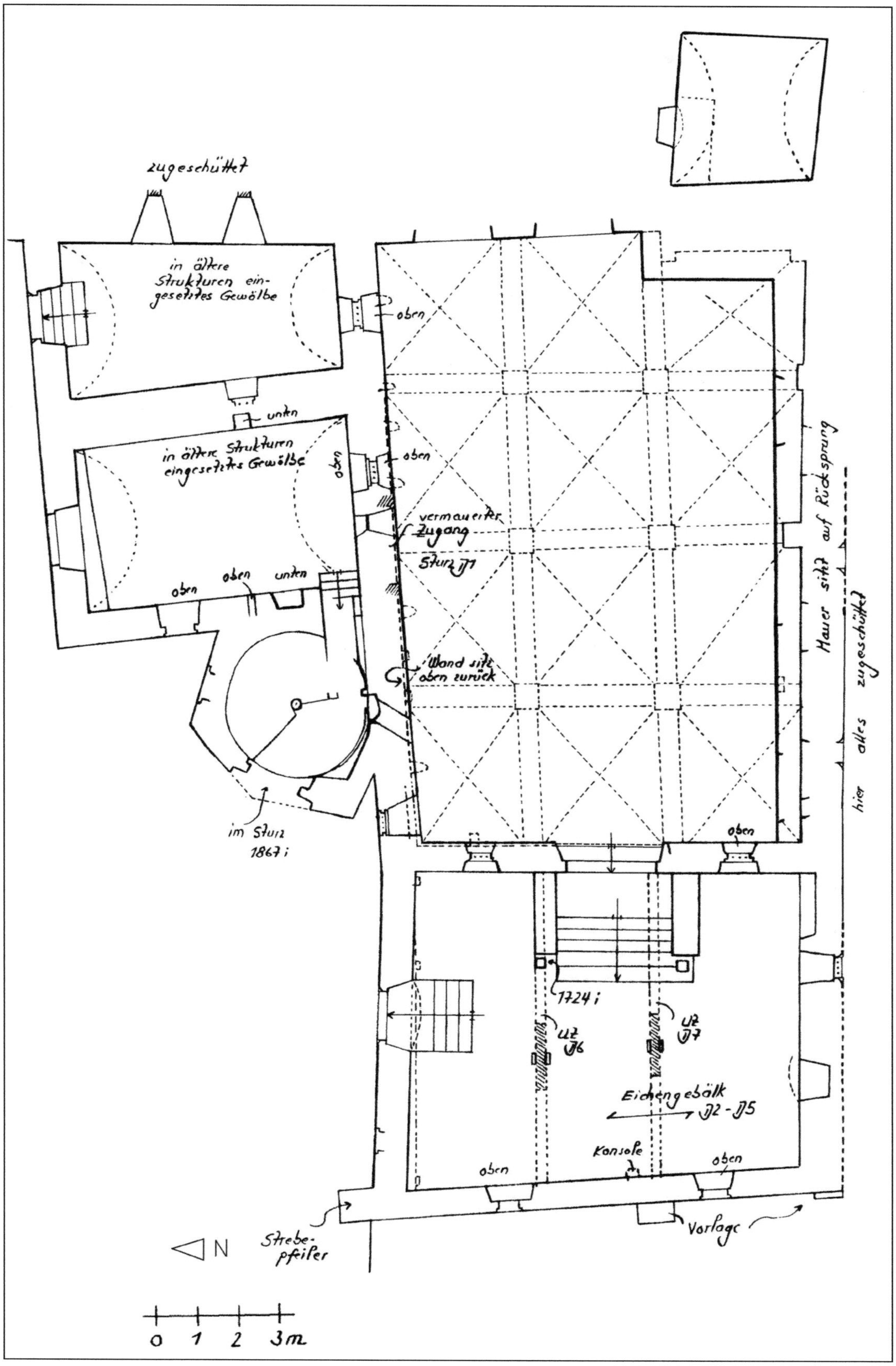

Abb. 61: Hauptstraße 11, Grundriss Keller- und Sockelgeschoss, M. 1:150.

Versprung wieder zur Ostwand abzuwinkeln. Die bauliche Begründung für diesen Absatz ist unbekannt, zumal er sich im Erdgeschoss nicht weiter fortsetzt und es sich bei dem angrenzenden Gewölbekeller um einen späteren Anbau handelt. Nicht auszuschließen ist jedoch die Möglichkeit, dass der sich nach dem Versprung fortsetzende Mauerzug den Rest der ursprüng-

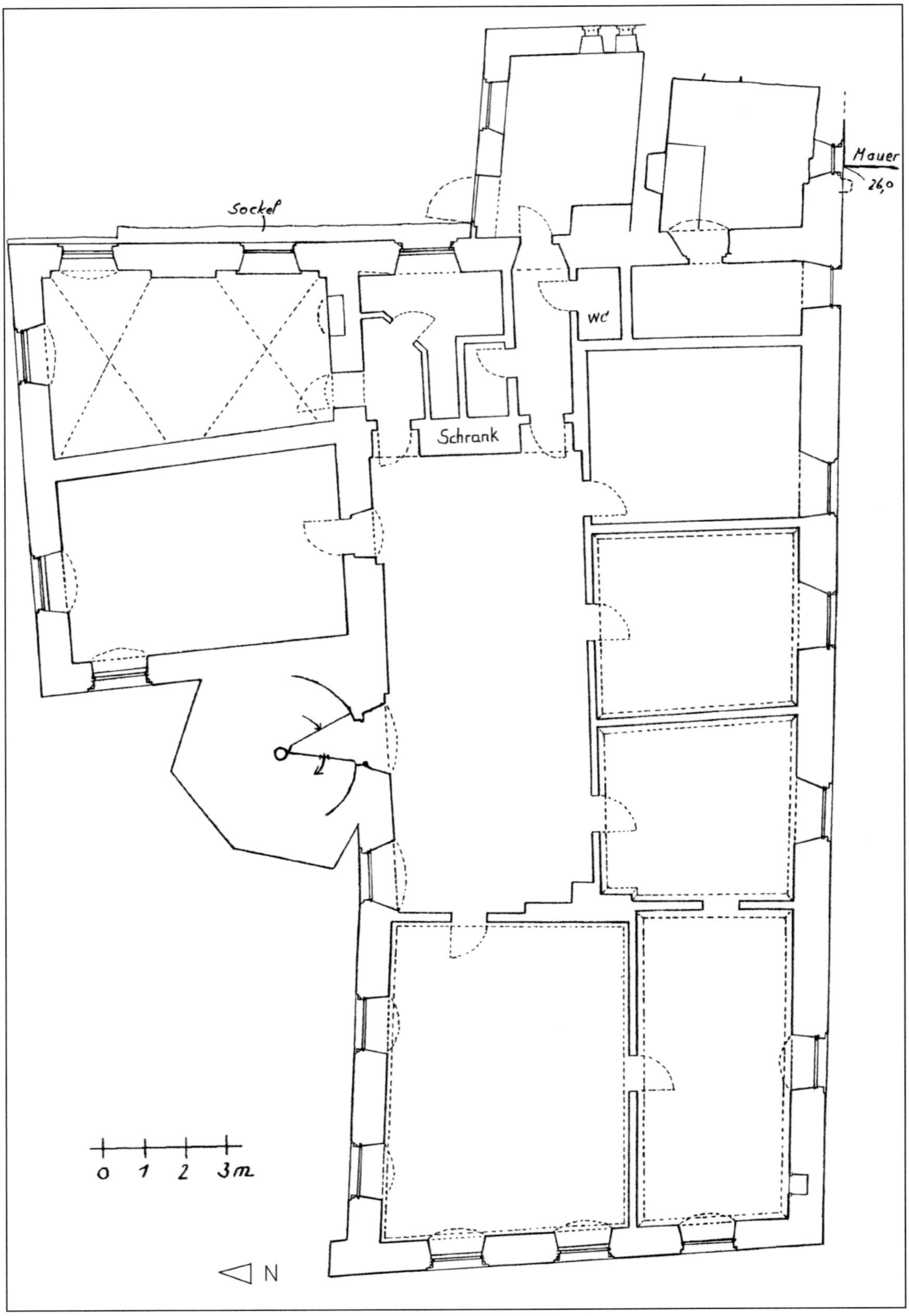

Abb. 62: Hauptstraße 11, Grundriss Erdgeschoss, M. 1:150.

lichen Kellersüdwand darstellt. Demnach hätte der erste Keller eine um etwa ein Drittel geringere Breite als der heutige Tiefkeller besessen. Die ursprüngliche Erschließung dieser ältesten Kelleranlage konnte innerhalb der Nordwand erkannt werden. Den Auslöser dazu gab die Aufreihung der schon oben angesprochenen Wackenkonsolen. Sie ist nicht durchlaufend, sondern lässt mit einer deutlichen Lücke Platz für eine mittig in der Nordwand liegende Öffnung. Diese Öffnung, die wohl als älterer Zugang zu werten ist, wurde später vermauert,

zeichnet sich aber innerhalb der Mauer durch einen Eichensturz und die beiden seitlichen Vertikalbegrenzungen ab. Darüber hinaus deutet eine an der Mauergegenseite vorhandene Putzfläche die Überputzung des zugehörigen Rundbogenportals an.
Die dendrochronologische Untersuchung des eichenen Holzsturzes ergab, dass der zugehörige Baum in den Jahren 1424 ±10 gefällt wurde. Bedingt durch die tiefe Lage des Zuganges muss im Norden ein bauzeitlicher Kellervorraum vermutet werden. Entsprechende Reste des als Kellerabgang genutzten Vorbaus haben sich möglicherweise im westlichen Teil der beiden im Norden vorgelagerten Kellerräume erhalten.
Der bislang beschriebene Keller wie auch das darüber zu vermutende Gebäude wurde in einem folgenden Schritt in Richtung Süden aufgeweitet. Mit seiner neuen Breite reichte nun der Keller bis zu dem vorspringenden Mauerbereich der heutigen Südwand. Überlagert durch nachfolgende Umbauten, haben sich offenbar von diesem Erweiterungsbau keine Baustrukturen mehr im Überbau erhalten.
Eine dieser jüngeren Baumaßnahmen bezieht sich auf den oberirdischen Abbruch der Südwand, deren Ersatz und die Verlängerung nach Westen. Die dabei ausgeführte Erweiterung kann im Kellerbereich anschaulich nachvollzogen werden. Der im Westen angebaute Keller nimmt innerhalb des Gesamtgrundrisses die zweitgrößte Fläche ein, wobei dieser Abschnitt im Vergleich zum Altkeller nur bedingt als Keller anzusprechen ist. Deutlich geringer in das Erdreich eingetieft, handelt es sich um ein hohes, weit über das Außengelände anstehendes Sockelgeschoss. Dessen Nordwand knickt im Vergleich zum östlich gelegenen Keller nach Norden hin ab, während die Südwand die im Osten vorgegebene Flucht einhält.
Neben seinem höheren Gründungsniveau grenzt sich der westliche Anbau auch durch die geringeren Mauerstärken vom älteren Baubestand im Osten ab. Hauptsächlich der zuletzt genannte Aspekt ist aber im aufgehenden Überbau nicht mehr zu beobachten (Abb. 62). Anstelle unterschiedlich starker Außenmauern dominieren hier einheitliche Mauerstärken, die möglicherweise einer gemeinsamen Baumaßnahme angehören und auf eine grundlegende Neugestaltung oder Überformung des Überbaus hinweisen. Ein zeitlicher Ansatz für diesen umfassenden Neubau ergibt sich aus den Ergebnissen der dendrochronologischen Untersuchungen. So datieren sowohl die Deckenbalken über dem Sockelgeschoss wie auch der Turmhelm des an der Nordseite stehenden Treppenturmes in die Jahre 1569/70 (d).
Ein weiterer Bestandteil dieser Baumaßnahme ist die Überbauung des ursprünglichen Kellerabgangs und die damit verbundene Aufweitung zu einem östlich des Treppenturmes gelegenen Seitenflügel. Ob auch die unteren Mauerteile des in der Südostecke stehenden Türmchens dieser Umbauphase zuzuordnen sind, muss vorerst offenbleiben.
In den Jahren 1668/69 (d) erhielt der Flügelbau sein heute vorhandenes Dachwerk, wobei der ehemalige Westabschluss als Steilgiebel ausgeführt wurde. In Anlehnung an diesen Giebel war an der Nordtraufe ein bauzeitliches Querhaus abgezimmert. Dieses Querhaus diente wohl als Ladegiebel und nahm im 1. Dachgeschoss einen mit Fachwerkwänden geschlossenen Raum auf. Das die Sparren unterstützende Gerüst des Dachwerks bilden abgesprengte, einen verzapften liegenden Stuhl ausbildende Quer- und Längsbünde. Eingebunden in die Querbünde sind seitlich angeordnete Zughölzer einer Hängekonstruktion. Letztere dienten in aller Regel zur Anlage größerer Saaleinheiten, die aber im angetroffenen Zustand des 1. Obergeschosses nicht mehr ablesbar waren. In welchem Umfang sich die um 1669 erfolgte Dachwerkerneuerung auf eine Neugestaltung des Unterbaus auswirkte, ist unbekannt.
Die nächstjüngeren Umbauten datieren in die erste Hälfte des 18. Jahrhunderts. So erhielt das Gebälk über dem Sockelgeschoss in den Jahren 1714/15 (d) eine veränderte Unterstützung. Zuvor nur durch einen Unterzug getragen, entlastet sich das alte Gebälk seither auf zwei Unterzügen. Diese Maßnahme steht offensichtlich in einem engen Zusammenhang mit der Einwölbung des Ostkellers. Die dort in dieser Zeit eingebauten Kreuzgewölbe bedingten innerhalb der Westwand eine auf den Gewölbeschub reagierende Gegenmaßnahme. In diesem Sinne sind dann auch die beiden Strebepfeiler zu sehen, die nach einer inschriftlichen Datierung am nördlichen Zusatzständer im Jahr 1724 neben den inneren Kellerzugang gesetzt wurden.
Weitere Umbauten beziehen sich auf die Neugestaltung der Dachwerkabschlüsse, den Einbau eines Überzuges über dem westlichen Dachboden in den Jahren 1886/87 (d) und auf die Veränderungen innerhalb der beiden Wohngeschosse. Letztere waren infolge des bewohnten Zustandes nicht näher zu differen-

Abb. 63: Hauptstraße 15, Schäfer-Paula-Haus.

zieren, so dass sie im Rahmen dieser Ausführungen ausgeklammert werden.
Nachweis: Dendrochronologische Datierung, 1995; bauhistorische Kurzanalyse, 2000.

Hauptstraße 15

Mit der Untersuchung des im Jahr 1984 abgebrochenen Gebäudes ist in Staufen die erste dendrochronlogische Datierung eines Wohnhauses verbunden. Obwohl das ermittelte Baujahr 1491 für alle Beteiligten eine Überraschung darstellte, waren Abriss und Neubau nicht mehr aufzuhalten. Die im Rahmen der Untersuchung angefertigten Skizzen gehören somit zu den wenigen erhaltenen Quellen über das ehemals mittelalterliche Gebäude.
Der zweigeschossige Massivbau mit einem zusätzlichen, ehemals an den Straßenseiten auskragenden Fachwerkstock besaß ein zur Straße traufständig ausgerichtetes Satteldach

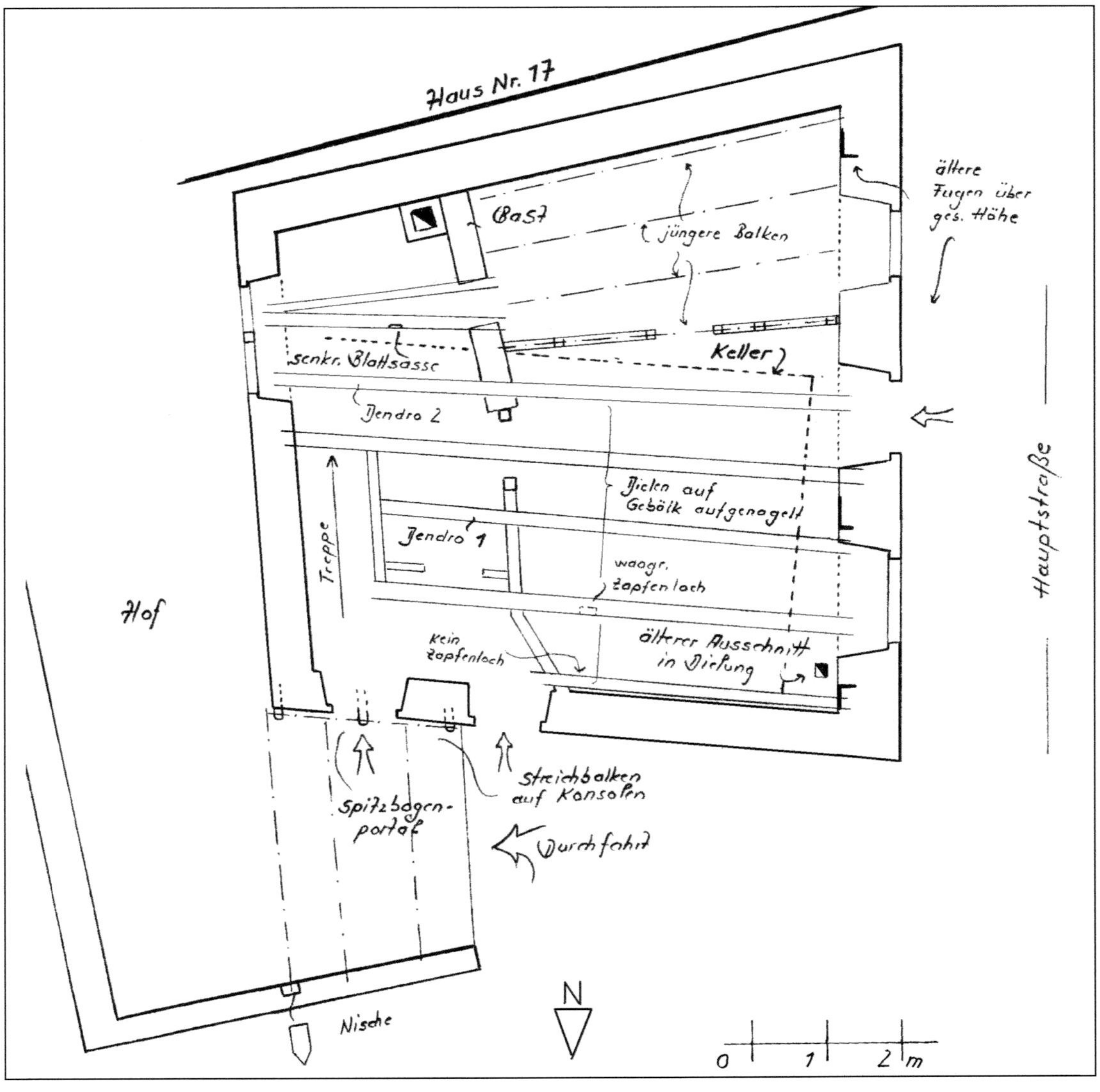

Abb. 64: Hauptstraße 15, Grundriss Erdgeschoss.

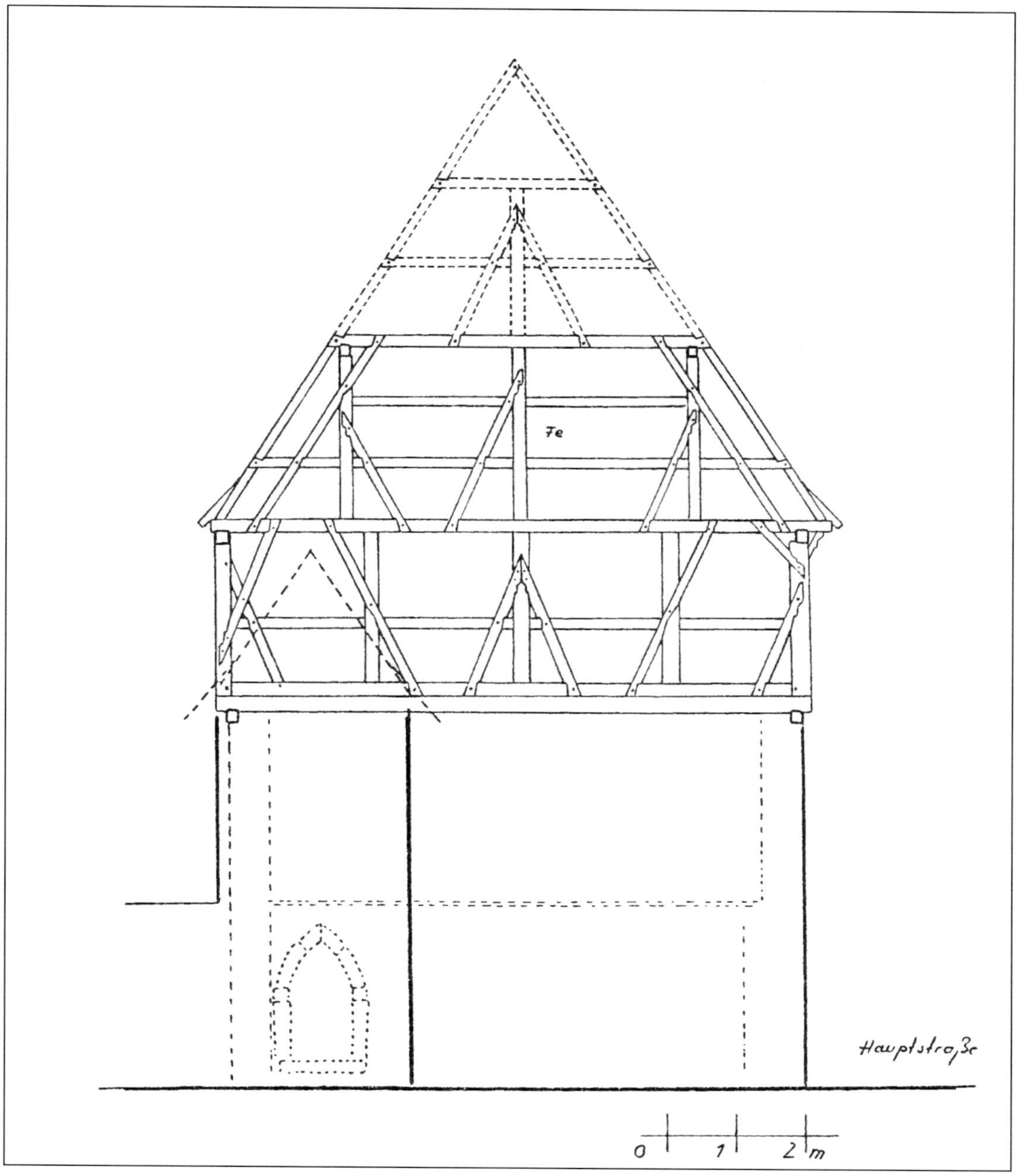

Abb. 65: Hauptstraße 15, Ansicht von Nord, 1491 (d).

(Abb. 63). Nicht auf der gesamten Grundrissfläche unterkellert, wies der angetroffene Balkenkeller mit einem Unterzug aus den Jahren 1564/65 (d) eine von der Straßentraufe abweichende Ausrichtung auf, so dass er sich wohl einer älteren Bebauungssituation zuordnen lässt. Mit seinem schiefwinkligen Grundriss orientierte sich der Überbau an der südlich stehenden Nachbarbebauung, ohne jedoch an diese anzuschließen (Abb. 64). Der östlich des Gebäudes liegende Hofraum war über ein kleines, zurückgesetztes Torhaus befahrbar. Innerhalb des Torhauses lag auch ein Zugang zum Wohnhaus (Abb. 65).

Gesicherte Aussagen zur Gliederung des Erdgeschosses waren kaum noch möglich. Das alte, rechtwinklig zur Straßentraufe verlegte Gebälk wie auch die mit Holznägeln befestigte Dielung waren rauchschwarz und deuteten so eine ehemals untergeordnete Nutzung, bestehend aus Lagerräumen, Werkstatt oder Verkaufsräumen an. Einzig die im Eingangsbereich zu vermutende Treppe in das 1. Obergeschoss schien noch den bauzeitlichen Zusammenhang widerzuspiegeln.

Im 1. Obergeschoss war die aufgenommene Befundlage aufschlussreicher (Abb. 66). Danach konnten seitlich des geräumigen Treppenhauses zwei straßenseitige, unterschiedlich große Räume erschlossen werden. Bei einem Vergleich der beiden Zimmer kommt dem großen, im Süden liegenden und aufwendig belichteten

Raum die Funktion einer Stube zu. Wohl von Anfang an erwärmbar, kann in ihrer unmittelbaren Nachbarschaft eine Küche mit Herdstelle beziehungsweise Hinterladeröffnung vermutet werden. Gleichfalls an der Straßenseite lag der kleinere Raum. Ausgehend von seiner Lage und Größe ist er üblicherweise als Schlafraum oder Nebenkammer anzusprechen. Die inneren Wände der beiden Räume bestanden aus senkrechten Bretter-Kantholz-Füllungen, deren konstruktive Basis in kurzen Abständen aufgestellte Holzständer bildeten. Nuten in den Ständern und an der Unterseite der Unterzüge dienten zur Verankerung von senkrechten, zwischen den Balken aufgestellten Brettern. Beide Räume besaßen gefaste Balkendecken mit Bretteinschub und profilierten Deckleisten.

Gibt es auf die Frage, ob die erwähnte Küche offen in das Treppenhaus integriert oder von diesem räumlich abgetrennt war, keine eindeutige Antwort, so bestehen für die ursprüngliche Raumanordnung im ehemaligen Fachwerkstock keine Zweifel (Abb. 67).

Nahezu vier gleich große Raumeinheiten untergliederten den Grundriss. Einschließlich des Treppenhauses waren dies zwei Kammern an der Straßenseite und eine Art Rauchkammer im verbleibenden Winkel. Wie im Geschoss darunter muss dem Raum in der Südwestecke die größte Bedeutung zugeschrieben werden. Während die Decken der übrigen Raumeinheiten mit einem aufgelegten Dielenboden abschlossen, war hier zusätzlich zu den rot gefassten Balken ein auf seitlichen Leisten aufgelegter Bretterblindboden ausgeführt. Profilierte Leisten überdeckten die Bretterfugen.

Das zweigeschossige, ebenfalls aus dem Jahr 1491 stammende Dachwerk besaß drei stehende Querbünde, die in der Kombination mit zwei stehenden Längsbünden ein zweifach stehendes Stuhlgerüst ausbildeten (Abb. 68). Die Queraussteifung gewährleisteten hoch

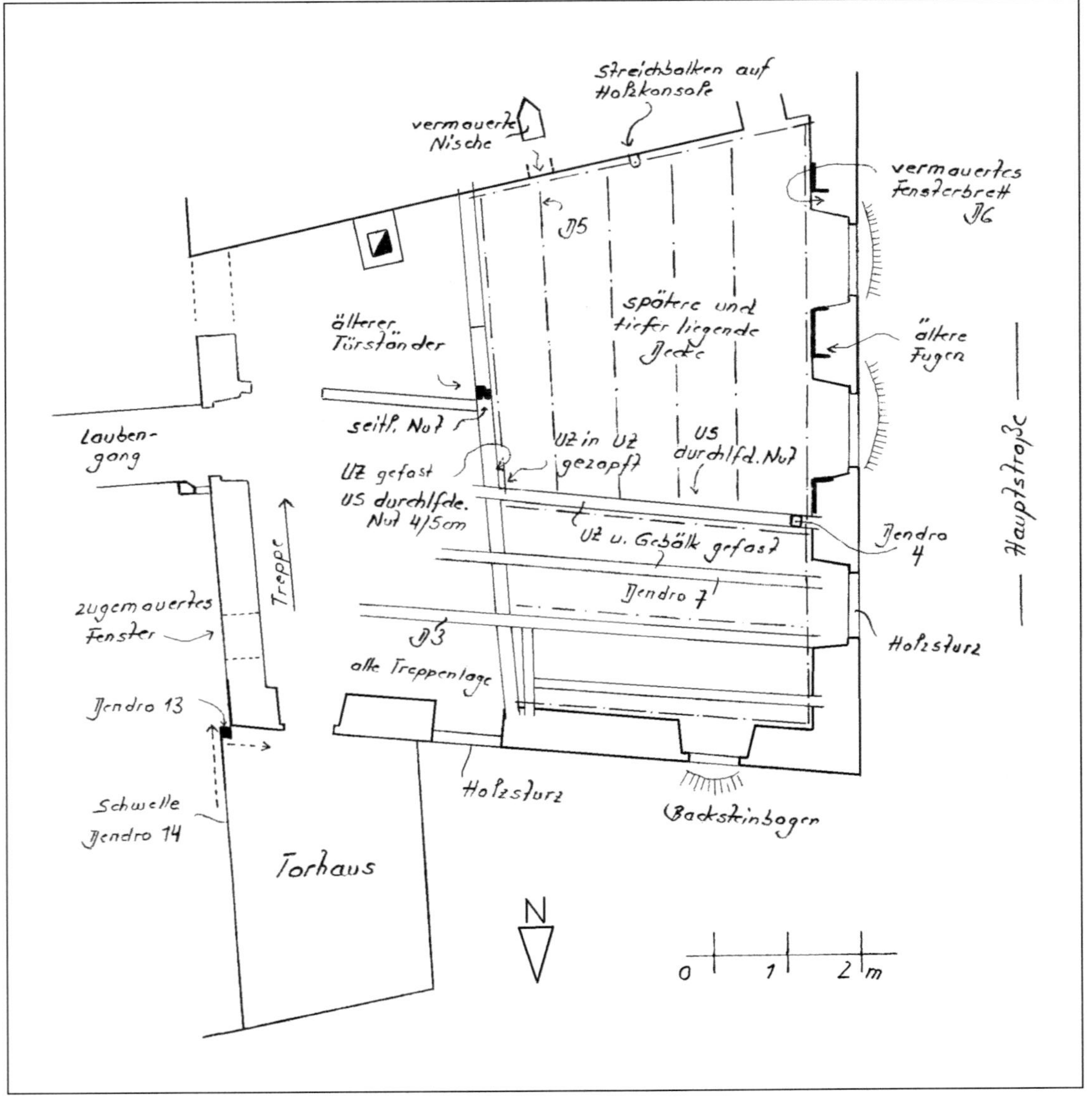

Abb. 66: Hauptstraße 15, Grundriss 1. Obergeschoss.

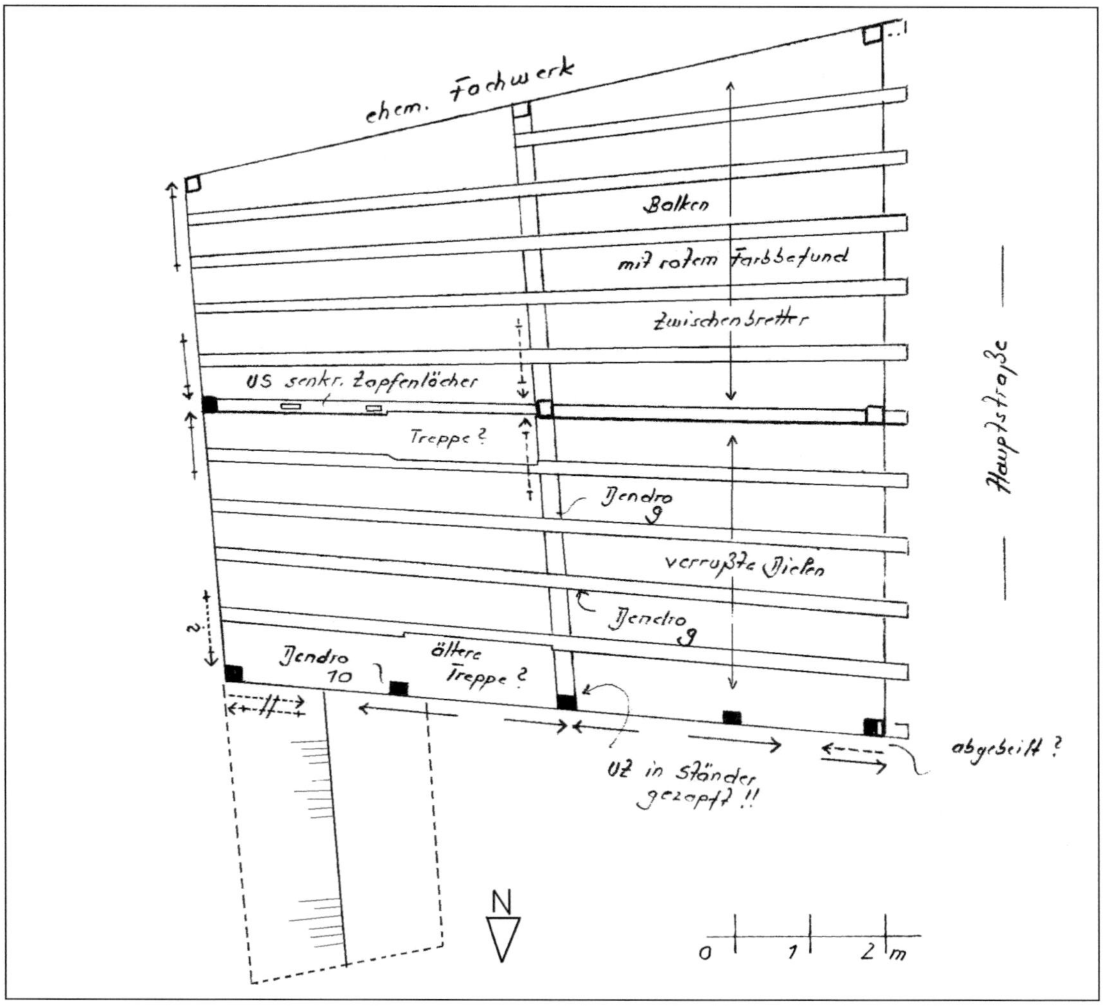

Abb. 67: Hauptstraße 15, Grundriss 2. Obergeschoss.

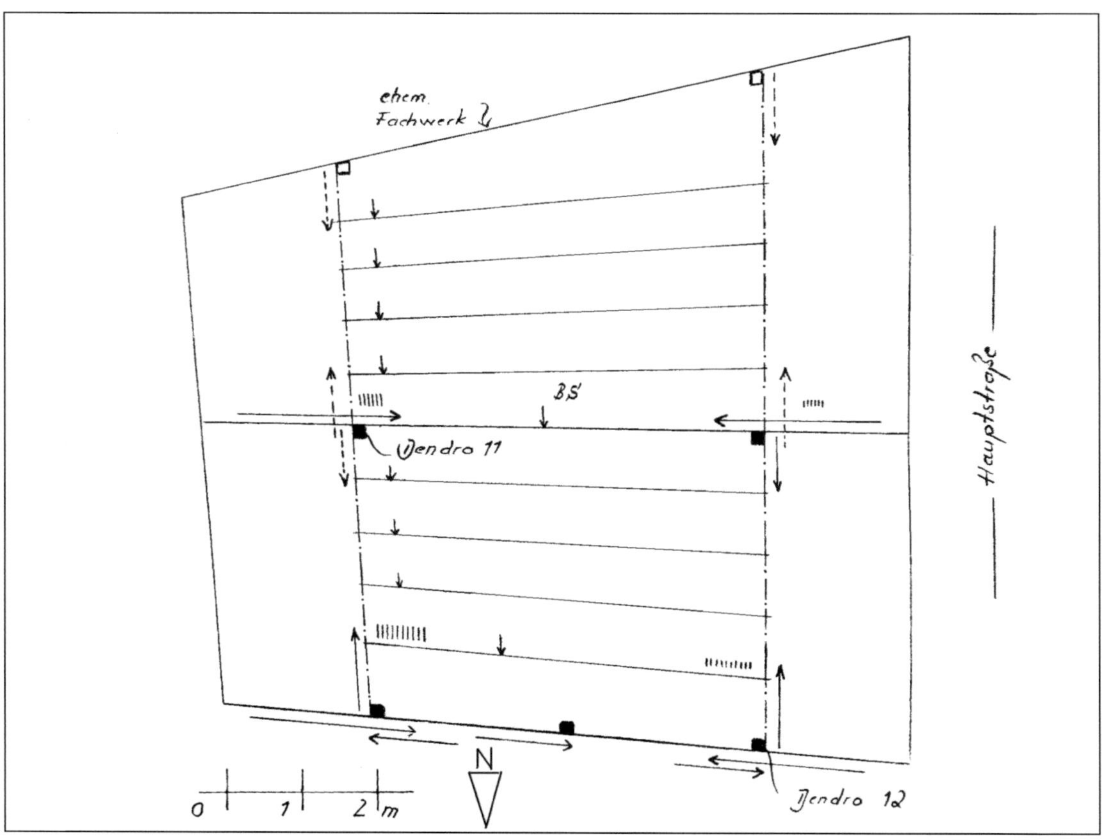

Abb. 68: Hauptstraße 15, Grundriss 1. Dachgeschoss.

Abb. 69: Blick von Süden in den nördlichen Bereich der Hauptstraße. Bei dem Gebäude mit dem Vollwalm (2. von links) handelt es sich um das Haus Nr. 17. Aufnahme von Rudolf Hugard, um 1910.

ansetzende Steigbänder, während die Winkelsicherung in Firstrichtung ausschließlich von Kopfbändern übernommen wurde. Der nach Norden frei stehende Fachwerkgiebel war bis zum First als Steilgiebel ausgebildet und beherrschte so als Kontrast zu den benachbarten Steinbauten das lokale Stadtbild.

Diese architektonische Wirkung wurde spätestens in den Jahren um 1770 aufgegeben. In dieser Zeit erfolgte ein gravierender Umbau, bei dem neben der neuen Gestaltung der nun abgehängten Stubendecke wohl auch die Aufstockung des Torhäuschens erfolgte. In diesem Zusammenhang wurde die straßenseitige Auskragung des Fachwerkstockwerks beseitigt und das Gebäude erhielt eine neue, verputzte Fassade.

Nachweis: Dendrochronologische Datierung, 1984.

Hauptstraße 17

Das dreigeschossige Gebäude steht in Ecklage zur Jägergasse, wobei der abgewalmte Dachabschluss zur Hauptstraße ausgerichtet ist (Abb. 69). An der zur Jägergasse ausgerichteten Fassade deutet das breite, zwischen den Fenstergruppen liegende Wandfeld eine ehemalige Unterteilung in zwei eigenständige Gebäude an (Abb. 70). Zum nördlich angrenzenden Nachbargebäude Nr. 15 besteht eine Lücke, so dass der vorgestellte Bau ausweislich der am Ostgiebel angetroffenen Befunde im Gegensatz zur heutigen Situation nicht an vier, sondern nur an drei Seiten frei zum Stehen kam. So kann in Anlehnung an den massiven, mehrfach nach Osten abgestuften Giebel die ehemalige Fortsetzung der Gassenbebauung angenommen werden (Abb. 71). Dieser nachbarlichen Bebauung ist offensichtlich dann auch die vorhandene Brandwand zuzuordnen, die nach dem Abbruch der angrenzenden Gebäude als östliche Begrenzung erhalten blieb.

Abb. 70: Hauptstraße 17.

Abb. 71: Hauptstraße 17, Ansicht von Ost.

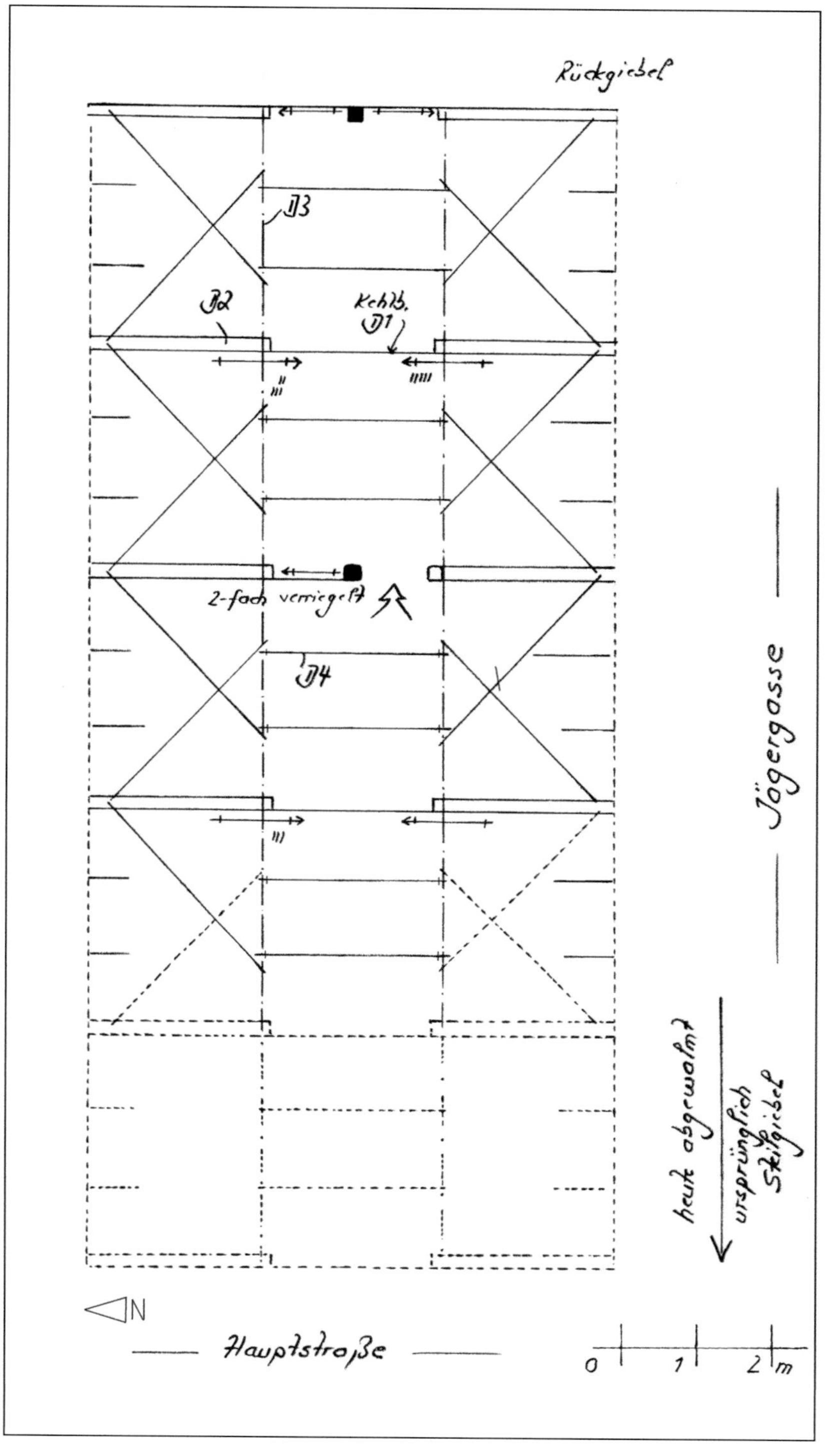

Abb. 72: Hauptstraße 17, Grundriss 2. Dachgeschoss, 1699 (d).

Nach einer historischen Aufnahme aus den Jahren um 1910 ist die freie Gebäudeecke im Winkel von Hauptstraße und Jägergasse durch eine Sockelabschrägung und einen Eckverband aus Buckelquadern betont (siehe Abb. 69). Beide Gestaltungselemente weisen auf eine herrschaftliche Bauherrschaft hin.

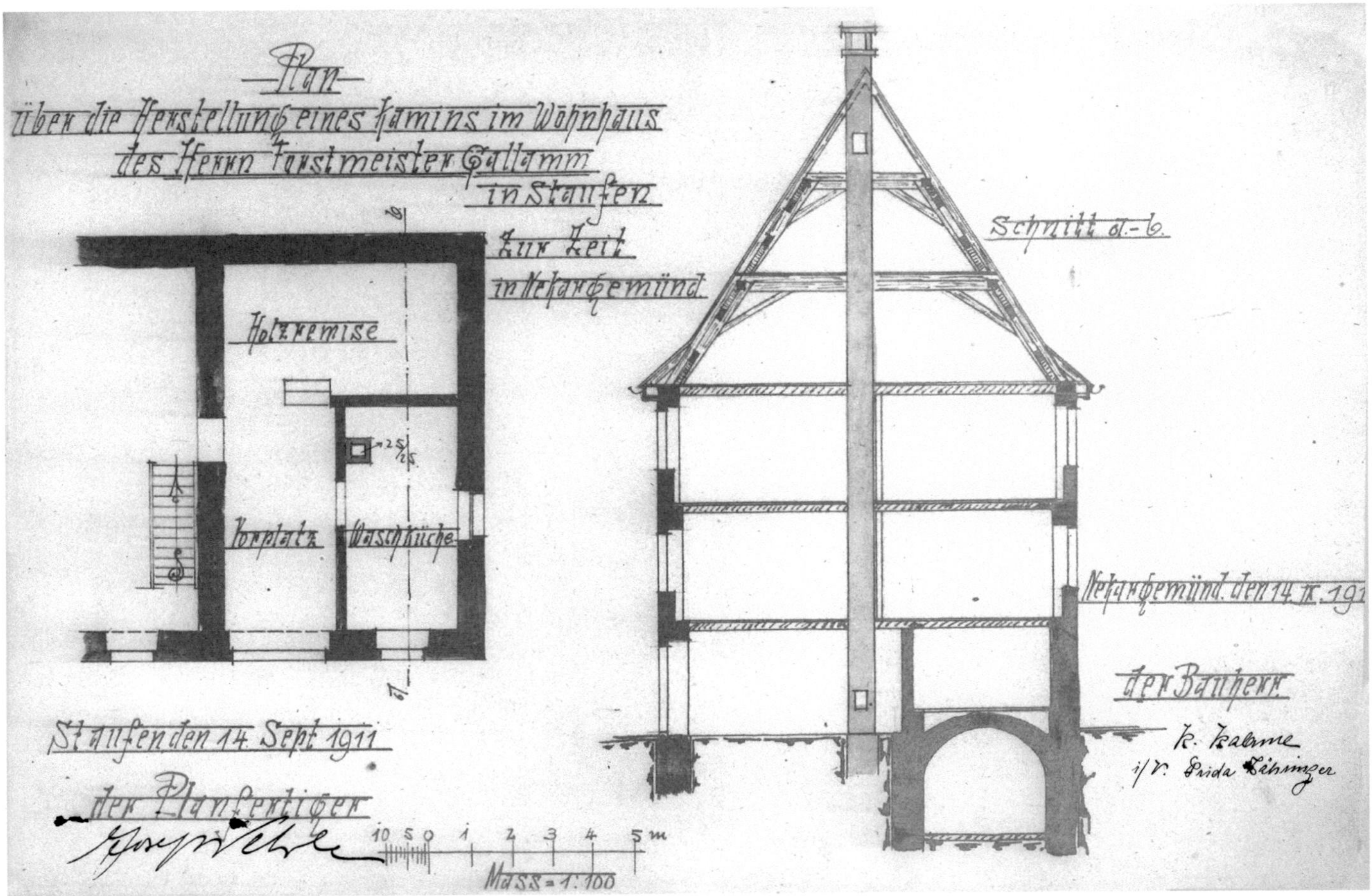

Abb. 73: Hauptstraße 17, Bauplan von 1911.

Auf dem Eckgebäude ist ein zur Gasse traufständig ausgerichtetes und in den Jahren 1699/1700 (d) abgezimmertes Dachwerk vorhanden. Das 1. Dachgeschoss ist vollständig ausgebaut, so dass die abgezimmerte Konstruktion nur partiell erkennbar ist. Im 2. Dachgeschoss liegt sie offen und ermöglichte so eine Skizzierung (Abb. 72).

Nach den aufgenommenen Befunden handelte es sich um eine einheitliche, das gesamte Gebäude eindeckende Konstruktion. Sie war ursprünglich, ausgehend von der straßenseitigen Giebelseite, in fünf Dachzonen gegliedert. Die vorderen beiden Abschnitte sind nicht mehr erhalten und wurden durch den vorhandenen Vollwalm ersetzt. Zum Zeitpunkt der Dachwerksabzimmerung war der Straßengiebel als hoch aufragender Steilgiebel ausgeführt.

Das die Sparrenpaare unterstützende Gerüst bilden abgesprengte Querbünde, von denen eine Querachse in einem Baueingabeplan aus dem Jahr 1911 aufgenommen ist (Abb. 73). Damit sich die Querbünde nicht verschieben, wurden sie in Firstrichtung mit geneigten, unter den Dachschrägen angeordneten Längsbünden kombiniert. Deren konstruktive Bestandteile bilden sich überkreuzende Andreaskreuze, die von den Stuhlstreben aufsteigend am Stuhlrähm enden.

Einer der abgesprengten Querbünde ist in eine Fachwerkwand eingebunden und trennt das Dachwerk in zwei unterschiedlich große Dachräume, wobei sich die Lage wohl an der differenzierten Nutzung des Unterbaus orientiert.

Ursprünglich war das östliche Giebeldreieck ohne ein bauzeitliches Fenster ausgeführt und unterstreicht so die Vermutung, dass sich in Richtung Osten eine ehemals direkt anstehende Nachbarbebauung anschloss.

Nachweis: Dendrochronologische Datierung, September 1999.

Hauptstraße 18

Das im Grundriss stark schiefwinklige Gebäude steht gegenüber der Einmündung der Jägergasse. Mit seiner massiven Straßentraufe erhebt es sich über drei Geschosse. Darauf ist ein zur Hauptstraße traufständig ausgerichtetes Satteldach aufgeschlagen (Abb. 74).

Im Norden lehnt sich das Gebäude an den massiven Giebel des Nachbarhauses Nr. 16 an.

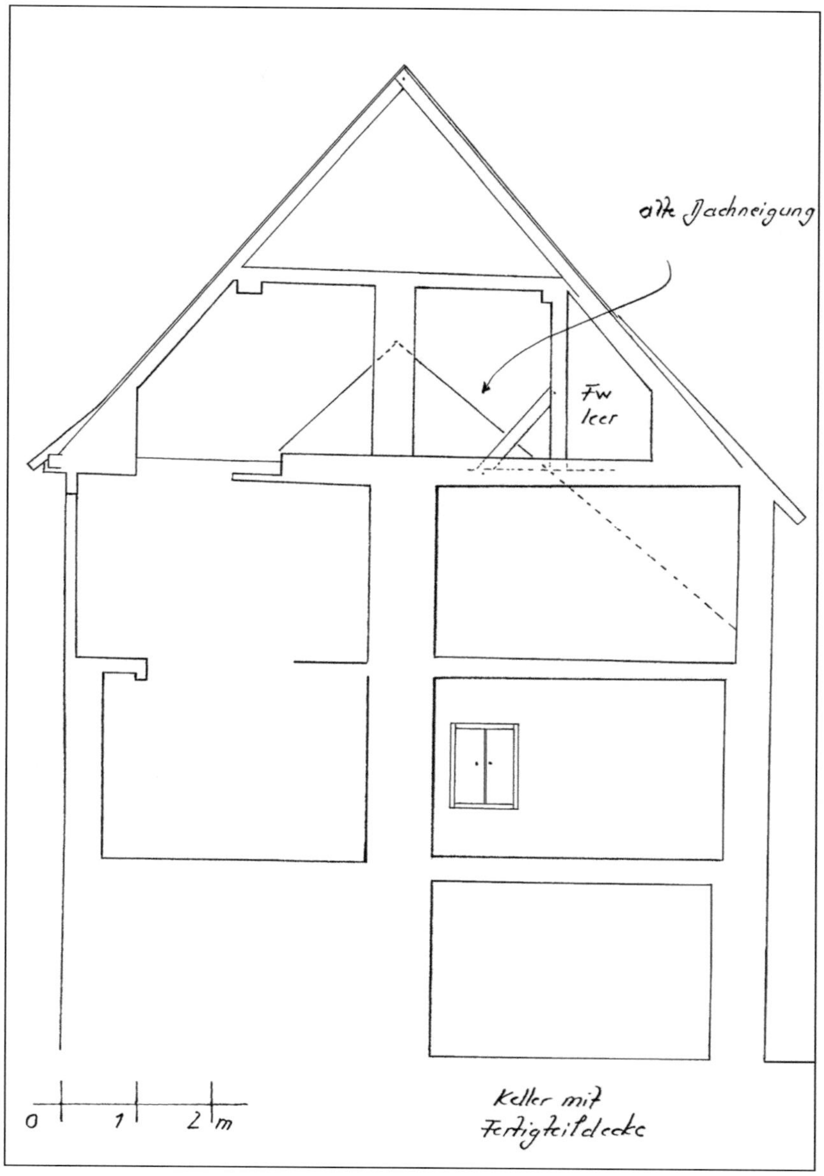

Abb. 74 (oben links): Hauptstraße 18.

Abb. 75: Hauptstraße 18, Querschnitt, Ausschnitt.

Dieser lag im 1. Dachgeschoss frei, da das Satteldach des untersuchten Gebäudes mit einem zweifach stehenden Stuhlgerüst ohne eigene Wandfüllung vor dem Giebel abschließt (Abb. 75). Der Nachbargiebel gehört im Kern zu einem zweigeschossigen Unterbau, der noch vor der Errichtung des Hauses Nr. 18 um eine Etage erhöht wurde.

Anders an der Südseite. Hier wird das untersuchte Gebäude sowohl im Dachbereich wie auch im 2. Obergeschoss durch einen geschlossenen Fachwerkgiebel begrenzt. Darunter besteht die Giebelwand aus einer Wackenmauer (Abb. 76).

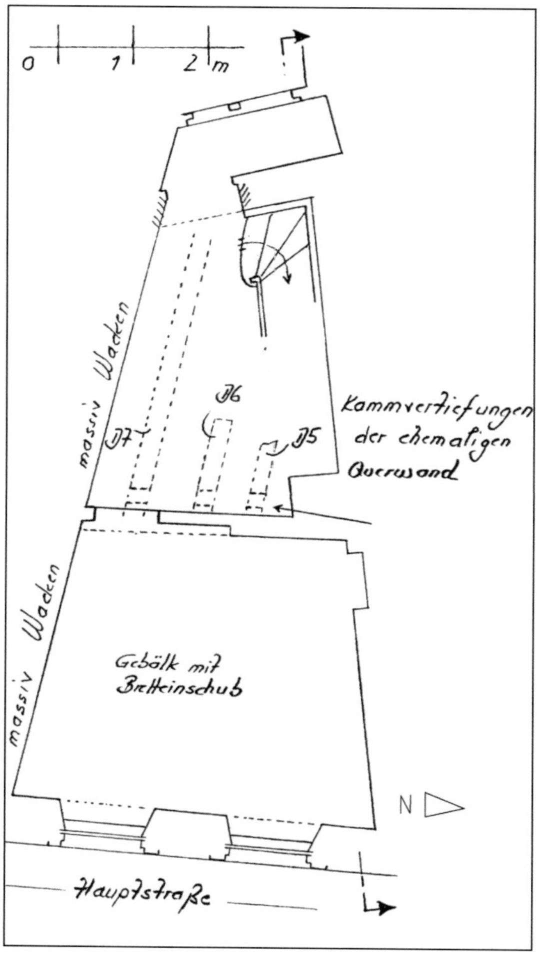

Abb. 76: Hauptstraße 18, Grundriss 1. Obergeschoss.

Abb. 77: Hauptstraße 21.

Die aus dem Giebelfachwerk, aus dem Fachwerk im 2. Obergeschoss und aus den beiden unteren Gebälklagen entnommenen Holzproben datieren einheitlich in das Jahr 1736 (d). *Nachweis:* Dendrochronologische Datierung, Februar 1998.

Hauptstraße 21

Die Erschließung des dreigeschossigen Gebäudes erfolgt über den an der südlichen Brandwand liegenden Rundbogeneingang (Abb. 77). Nach einem alten Foto des Besitzers sitzt er in einem ehemaligen Einfahrtsportal. An das Hauptgebäude schließen sich der Hof und das die Parzelle begrenzende Rückgebäude an. Über den veränderten Zugang an der Straßenseite sind sowohl der obere Hausbereich wie auch das nördlich des Hausflures liegende Ladenlokal erreichbar (Abb. 78). Bis zu dessen Modernisierung im Jahr 2001 war zwischen zwei Schaufenstern eine Steinsäule aufgestellt. Hierbei handelte es sich um eine im 19./20. Jahrhundert wiederverwendete Spolie des 17. Jahrhunderts, die heute das moderne Schaufenster gliedert. Innerhalb der nördlichen Brandwand konnte eine ehemalige, in das Haus Nr. 19 führende, später vermauerte Türöffnung aufgenommen werden.

Über dem Erdgeschoss ist älteres Gebälk nur noch im straßenseitigen Bereich erhalten. Es ist parallel zum Straßenverlauf verlegt und lagert im Norden auf einem von Werksteinkonsolen getragenen Streichbalken.

Während der Umbauarbeiten im Jahr 1992 konnte im rückwärtigen Grundrissbereich des 1. und 2. Obergeschosses das freiliegende, senkrecht zum Straßenverlauf gespannte Decken- beziehungsweise Dachgebälk untersucht werden. Die Balken datieren in die Jahre 1581/82 (d) und sind zeitgleich mit dem Dachwerk. Damit bestätigt sich die Jahreszahl 1582, die im Sturz der straßenseitigen Fenstergruppe des 1. Obergeschosses eingemeißelt ist (Abb. 79). Das tragende Gerüst des nicht näher dokumentierten Dachwerks bilden liegende, verzapfte Stühle.

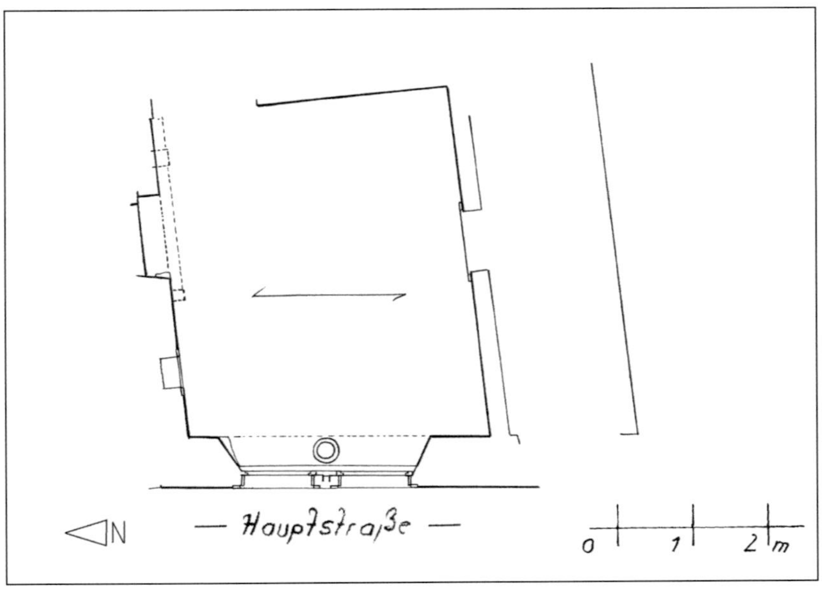

Abb. 78: Hauptstraße 21, Grundriss Erdgeschoss, Ausschnitt Laden.

Abb. 79: Hauptstraße 21, Gruppenfenster von 1582 im 1. Obergeschoss an der Straßenseite.

Abb. 80: Hauptstraße 21, Querschnitt.

Über dem ausgebauten 1. Dachgeschoss zeigen die im Dachspitz einsichtigen Massivgiebel verschiedene später vermauerte Fensteröffnungen. Von besonderem Interesse ist der Südgiebel (Abb. 80). Hier ist über dem Kehlgebälk des 1. Dachgeschosses das Dreiecksprofil eines älteren Hausgiebels erkennbar. Auf der Mauerkrone des ehemaligen Ortgangs liegen noch einige alte Dachlatten, die nach der Erhöhung des Hauses eingemauert wurden. Für die Bestimmung des Fällungszeitraumes wurden drei Latten entnommen, von denen eine in die Jahre um 1375 (d) datiert werden konnte.

Im zugehörigen Giebeldreieck sitzt eine in Backstein gefasste Öffnung. Sie belichtete das ehemalige Vorgängerdach, bevor es infolge einer Erhöhung des südlichen Nachbarbaus vermauert wurde. Dieser Vorgang wiederholte sich nach dem Jahr 1582 ein weiteres Mal und führte zur Vermauerung der beiden oberen Fenster.

Nachweis: Dendrochronologische Datierung, 1992; bauhistorische Kurzdokumentation, Februar 2001.

Abb. 81: Hauptstraße 22.

Hauptstraße 22

Die Erschließung des dreigeschossigen Massivbaus erfolgt über ein flach gewölbtes Einfahrtsportal mit Gewänden des 16. Jahrhunderts (Abb. 81). Aus dem Jahr 1895 sind eine Ansicht (Abb. 82) und eine Querschnittzeichnung erhalten. Die in den rückwärtigen Hofbereich führende Durchfahrt verläuft entlang der südlichen Brandwand und wird durch ein parallel zur Hauptstraße verlegtes Gebälk eingedeckt. Beide Balkenenden lagern auf von Konsolen getragenen Streichbalken, wobei es sich mit Ausnahme einer straßenseitigen Werksteinkonsole um Wackenkonsolen handelt (Abb. 83).

Vier entnommene Holzproben (01-04) datieren in die Jahre 1523/24 (d).

Die tragenden Querbinderachsen des Dachwerks sind vor den Giebelscheiben ohne Wandfüllungen abgezimmert. So ist im Dachspitz der Blick frei auf die beiden Massivgiebel. Dort konnte jeweils eine zu einem späteren Zeitpunkt zugemauerte Fensteröffnung aufgenommen werden. Bei der nördlichen Öffnung handelt es sich um ein Fenster des untersuchten Gebäudes, während das südliche, in das 16. Jahrhundert zu datierende Fenstergewände dem Nachbarhaus Nr. 24 zuzuschreiben ist.

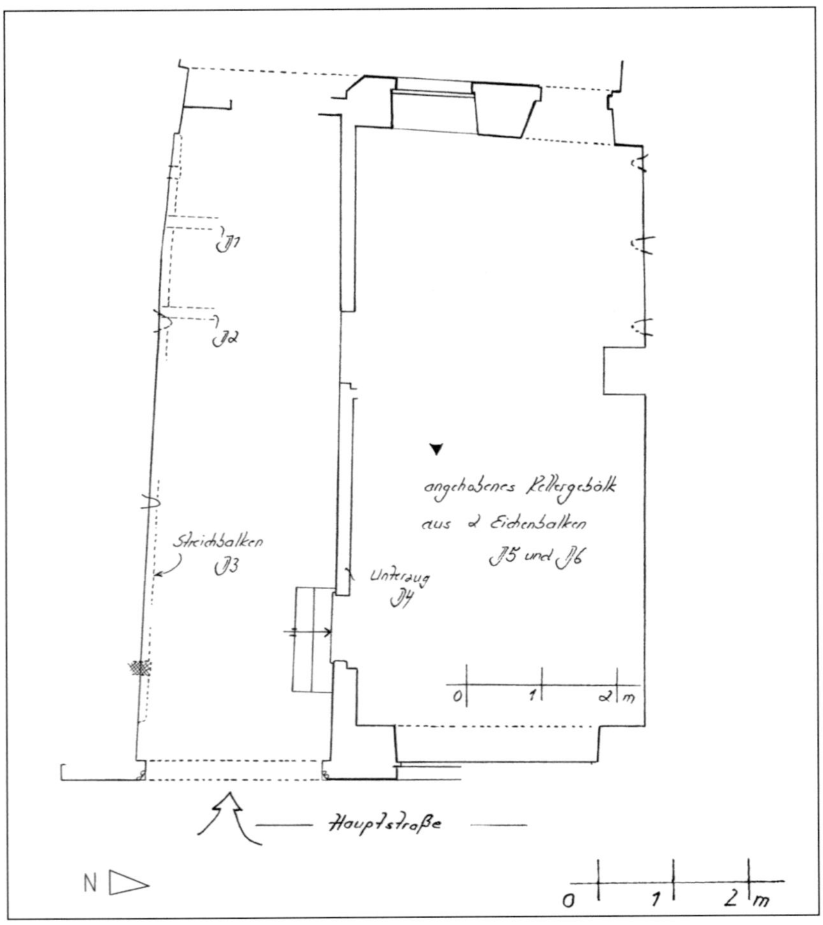

Abb. 83: Hauptstraße 22, Grundriss Erdgeschoss, Ausschnitt.

Abb. 82: Hauptstraße 22, Ansicht von 1895.

Nachweis: Dendrochronologische Datierung, August 1998.

Abb. 84: Hauptstraße 24.

Hauptstraße 24

Wie die Nachbarbauten besitzt auch dieses Gebäude im Unterbau drei Nutzungsebenen. Darauf ist, wie in Staufen üblich, ein traufständig zur Straße ausgerichtetes Dachwerk aufgeschlagen (Abb. 84).

Die Erschließung des Gebäudes erfolgt über einen die gesamte Haustiefe durchziehenden Flur. Er verläuft parallel zur nördlichen Giebelwand und wird von einem parallel zum Straßenverlauf gespannten Gebälk eingedeckt. Während die straßenseitigen Balken gefast sind und in den Balkenfeldern einen Blindboden besitzen, ist den rückwärtigen Balken nur ein Dielenbelag aufgelegt. Die Ausführung des isolierenden Deckenaufbaus im straßenseitigen Abschnitt deckt sich mit der im 1. Obergeschoss angetroffenen Nutzung. So kann dort über das gefaste Deckengebälk sowohl die alte Ausdehnung der Stube wie auch die der benachbarten Kammer abgelesen werden. Erstere liegt an der nördlichen Brandwand, in direkter Nachbarschaft zu Haus Nr. 22. An dieser Wand ist dann auch im rückwärtigen Hausbereich die Lage eines Kamins ablesbar. Gegenüber, in der Brandwand zu Haus Nr. 26, sind Konsolen verbaut. Sie tragen den für das Gebälk notwendigen Auflagerbalken.

Die eigentliche Untersuchung des Hauses bezog sich auf das Dachwerk, genauer auf das unausgebaute 2. Dachgeschoss. Nach der dendrochronologischen Auswertung von drei Dachhölzern datiert die liegende und verzapfte Stuhlkonstruktion in die Jahre 1611/12 (d).

Nachweis: Dendrochronologische Datierung, Januar 2002; Begehung 2008.

Abb. 85: Hauptstraße 28.

Hauptstraße 28

Von dem dreigeschossigen Massivbau (Abb. 85) wurde nur das rechtwinklig zur Straße verlegte Dachgebälk untersucht. Es bildet die konstruktive Basis für das traufständig zur Straße ausgerichtete Satteldach. Abgezimmert mit einem liegenden und verzapften Stuhlgerüst, ist es zwischen zwei massiven Wandscheiben aufgeschlagen. Während es sich bei dem südlichen Giebel um eine alte Wackenwand handelt, ist die nördliche Begrenzung modern aufgemauert.

Beginnend an der Wackenwand besitzen die straßenseitigen Dachbalkenabschnitte seitliche Nuten für einen ehemaligen Bretteinschub. Die daraus resultierende Vermutung, dass sich in diesem Hausbereich die ehemalige Stube befand, wird durch den rückwärtigen, vor der

Wackenwand stehenden Kamin unterstrichen. Im weiteren Verlauf sind zwischen den folgenden Dachbalken Lehmwickel auf seitlichen Latten verbaut. Im rückwärtigen Hausbereich fehlt eine Isolierung und den Balken ist nur ein Dielenboden aufgelegt.
Nach der dendrochronologische Untersuchung von sechs Dachbalken wurde das Dachwerk in den Jahren 1663/64 (d) abgezimmert.
Nachweis: Dendrochronologische Datierung, Dezember 1990.

Hauptstraße 29

Unter dieser Hausnummer wird heute der nördliche Hausteil eines ehemals bis zur Meiergasse reichenden und zur Hauptstraße traufständig ausgerichteten Kernbaus geführt (Abb. 86).
Der südliche Bauteil dieses Kernbaus, Haus Nr. 31 (siehe unten), wurde im Jahr 1990 untersucht, während das Keller- und das Erdgeschoss des restlichen Baukörpers im Jahr 2001 aufnehmbar waren.

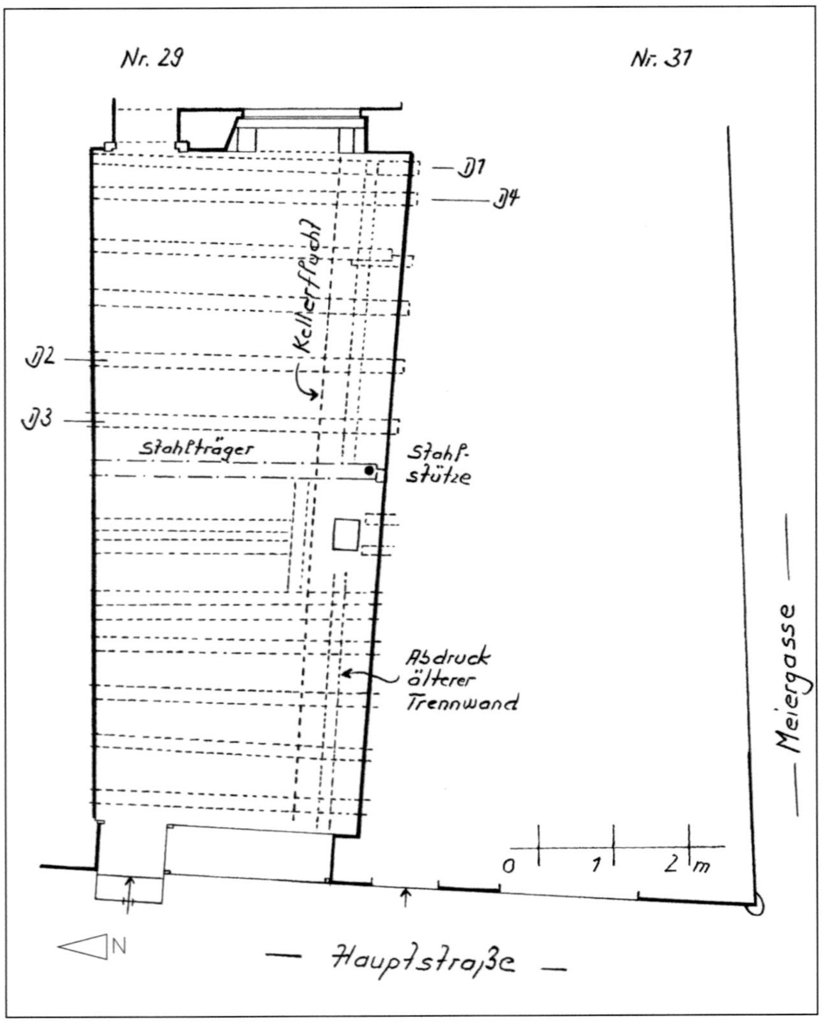

Abb. 87: Hauptstraße 29, Grundriss Erdgeschoss.

Abb. 86: Hauptstraße 29 und 31.

Der Keller verläuft in Anlehnung an die nördliche Brandwand und nimmt die gesamte Gebäudetiefe ein. In seinen Ausmaßen deutlich schmaler als die Breite des Erdgeschosses, war er zum Zeitpunkt der Untersuchung durch ein parallel zur Straßentraufe verlegtes Gebälk eingedeckt. Hierbei handelte es sich um ein in den Jahren 1805/06 (d) verbautes Ersatzgebälk. Die ursprünglichen Kellerbalken lagerten auf einem von Wackenkonsolen getragenen Streichbalken. Reste der zum Teil abgeschlagenen Konsolen sind noch heute in der nördlichen Brandwand vermauert.
In Anlehnung an die Nordwand sitzt im Erdgeschoss das Gewände einer ehemaligen Türöffnung. Im Sturzbogen ist die Jahreszahl 1590 eingemeißelt. Wie über dem Keller verläuft auch das Erdgeschossgebälk parallel zur Straßentraufe. Die Balken liegen nicht waagerecht, sondern neigen sich stark in Richtung Süden. Während die Balken im rückwärtigen Grundrissbereich über der heutigen Trennwand gekürzt sind, scheinen sie an der Straße in den südlichen Hausbereich hineinzureichen und durchziehen möglicherweise noch den gesamten Kernbau (Abb. 87). Vier aus den alten Balken entnommene Bohrproben datieren die

Abb. 88: Blick von Süden in den nördlichen Bereich der Hauptstraße. Im Hintergrund der Schlossberg, links im Vordergrund das Gasthaus Krone. Aufnahme von Rudolf Hugard, um 1910.

Gebälklage in die Jahre um 1360(d). Parallel zur heutigen Trennwand und der Kellerwand ist an der Deckenunterseite der Abdruck einer ehemaligen älteren Trennwand erkennbar.
Nachweis: Dendrochronologische Datierung, 2001.

Hauptstraße 30, Gasthaus Krone, Bodenhölzer im Hof

Im rückwärtigen Hofbereich des Gasthauses Krone (Abb. 88; 89), unmittelbar nach dem mit der Jahreszahl 1786 versehenen Torbogen und

Abb. 89 (links): Hauptstraße 30, Gasthaus Krone.

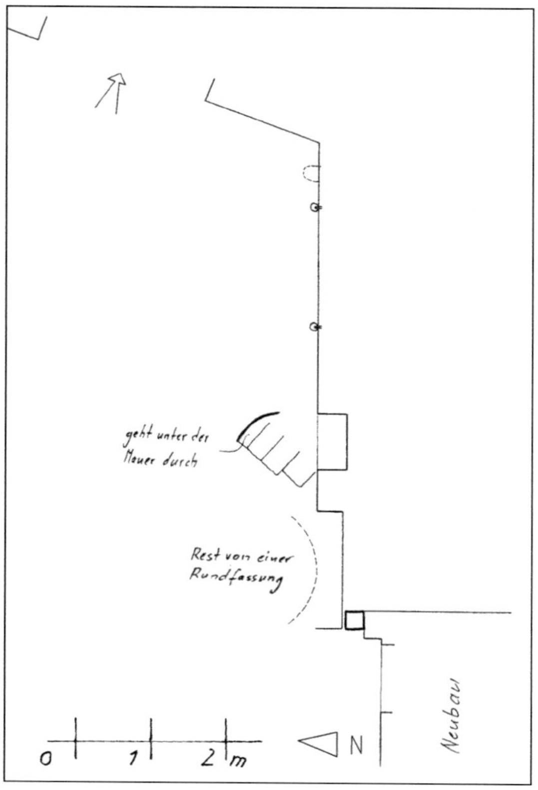

Abb. 90 (rechts): Hauptstraße 30, Hinterhof, Bodenhölzer.

überbaut durch die rückwärtige Hauswand des Haupthauses, wurden im Mai 1990 die Reste eines eichenen Holzbodens angeschnitten (Abb. 90). Sie lagerten auf einer ca. 7 cm dicken Kalkmörtelschicht und bildeten den Boden eines runden Fasses. Die letzten erhaltenen Jahrringe von vier untersuchten Brettern datieren ohne Splint und Waldkante in die Jahre 1699, 1686, 1676 und 1540.
Nachweis: Dendrochronologische Datierung, 1990.

Hauptstraße 31

Der ehemals mit dem nördlichen Nachbarhaus Nr. 29 eine Einheit bildende Bauteil steht im Winkel von Hauptstraße und Meiergasse (siehe Abb. 86). Während die Dachtraufe parallel zur Hauptstraße verläuft, zeigt der im 2. Dachgeschoss abgewalmte Giebel zur Meiergasse.
Von dem Gebäude ist ein umfangreicher Planbestand erhalten, der den Baubestand des Jahres 1937 wiedergibt (Abb. 91–94). Nach diesen Plänen, ergänzt durch die Untersuchungen des Jahres 1990, ist im rückwärtigen Grundrissbereich des 2. Obergeschosses und in Anlehnung an die Trennwand zum Nachbarteil der Restbestand eines parallel zur Hauptstraße verlaufenden Deckengebälks erhalten (Abb. 95). Die über dem Nordteil verlegten Balken sind im Bereich der Trennwand zu Haus Nr. 29 abgesägt und lagern auf einem senkrecht zur Straße gespannten Unterzug. Gebälk und Unterzug datieren in die Jahre 1361/62 (d).
Im untersuchten Bauteil sind auf dieser Ebene offenbar alle erhaltenen Deckenbalken jünger. Sie sind das Ergebnis einer in den Jahren 1602/03 (d) erfolgten, beide Gebäudeteile umfassenden Modernisierung. So wurde neben dem Gebälkersatz im 1. Obergeschoss auch im 2. Obergeschoss umgebaut. Über dem alten Unterzug wurde unter anderem eine Fachwerkwand errichtet. Sie durchzieht die gesamte Gebäudetiefe und besitzt zwei später vermauerte Türöffnungen. Dieser Umbauphase gehört auch die Trennwand zwischen der rückwärtigen Küche und dem straßenseitigen Eckraum an. In dem zuletzt genannten Raum hat sich in der Giebelwand zur Meiergasse der Rest einer älteren Nischenöffnung erhalten. Sie wird von einem profilierten Eichensturz überspannt und ist im angetroffenen Zustand durch eine seitlich versetzte, später vermauerte Öffnung gestört.
In die Jahre 1803/04 (d) datiert das über dem Südteil aufgenommene Dachwerk (Abb. 96). Nur durch eine Bretterwand vom Nachbarraum abgetrennt, reicht es weiter nach Norden und überdacht so den gesamten Kernbau. Der zur Meiergasse ausgeführte Walm gehört zum Kernbestand der Dachkonstruktion. Im Zusammenhang mit dem zwei Jahre jüngeren Einbau des Kellergebälks im Nordteil deutet die nahezu zeitgleiche Dachabzimmerung an, dass der mittelalterliche Kernbau im frühen 19. Jahrhundert in zwei Bauteile unterteilt wurde.
Im gassenseitigen Giebel haben sich Fensteröffnungen verschiedener Zeitstellungen erhalten. Während das östliche Fenster wohl der Zeit um 1602 zuzuordnen ist, hat sich unterhalb des südlichen Fensters eine Fensternische aus der Erbauungszeit erhalten. Sie wird von einem profilierten Eichensturz aus den Jahren 1361/1362 (d) überspannt. Der Sturzbalken liegt ca. 45 cm über dem heutigen Dachgebälk und deutet so im Vergleich zur heutigen Vertikalstruktur eine ursprünglich andere Höhenentwicklung an.
Nachweis: Dendrochronologische Datierung, April und September 1990.

Hauptstraße 32

Zusammen mit dem Nachbarbau Nr. 30 begrenzt die südliche Traufe des dreigeschossigen Massivbaus eine platzartige Aufweitung der Hauptstraße (Abb. 97). Der stattliche Bau ist nicht in die städtische Reihenbebauung eingebunden und besitzt so vier eigene, ehemals wohl frei stehende Umfassungswände. Am Westgiebel grenzt heute ein jüngerer Anbau mit einer in das Jahr 1717 datierten Durchfahrt an. An der Südseite führt eine kurze Außentreppe in das teilweise unterkellerte Erdgeschoss (Abb. 98). Westlich des Eingangs, in Anlehnung an die Giebelwand, ermöglichte ein Rundbogenportal mit der Jahreszahl 1807 die ehemalige Gebäudeeinfahrt. Heute ist das Portal zum Schaufenster umgebaut.
Während über der ehemaligen Einfahrt ein in Firstrichtung gespanntes, in den Jahren um 1797/98 (d) gefälltes Gebälk verbaut ist, stammen die Deckenbalken über dem östlichen Erdgeschossbereich aus der zweiten Hälfte des 16. Jahrhunderts und sind quer zum Firstverlauf verlegt. Der im Westen liegende Balken besitzt an seiner Unterseite Zapfenlöcher für einen ehemaligen Wandverlauf, so dass die ehemalige

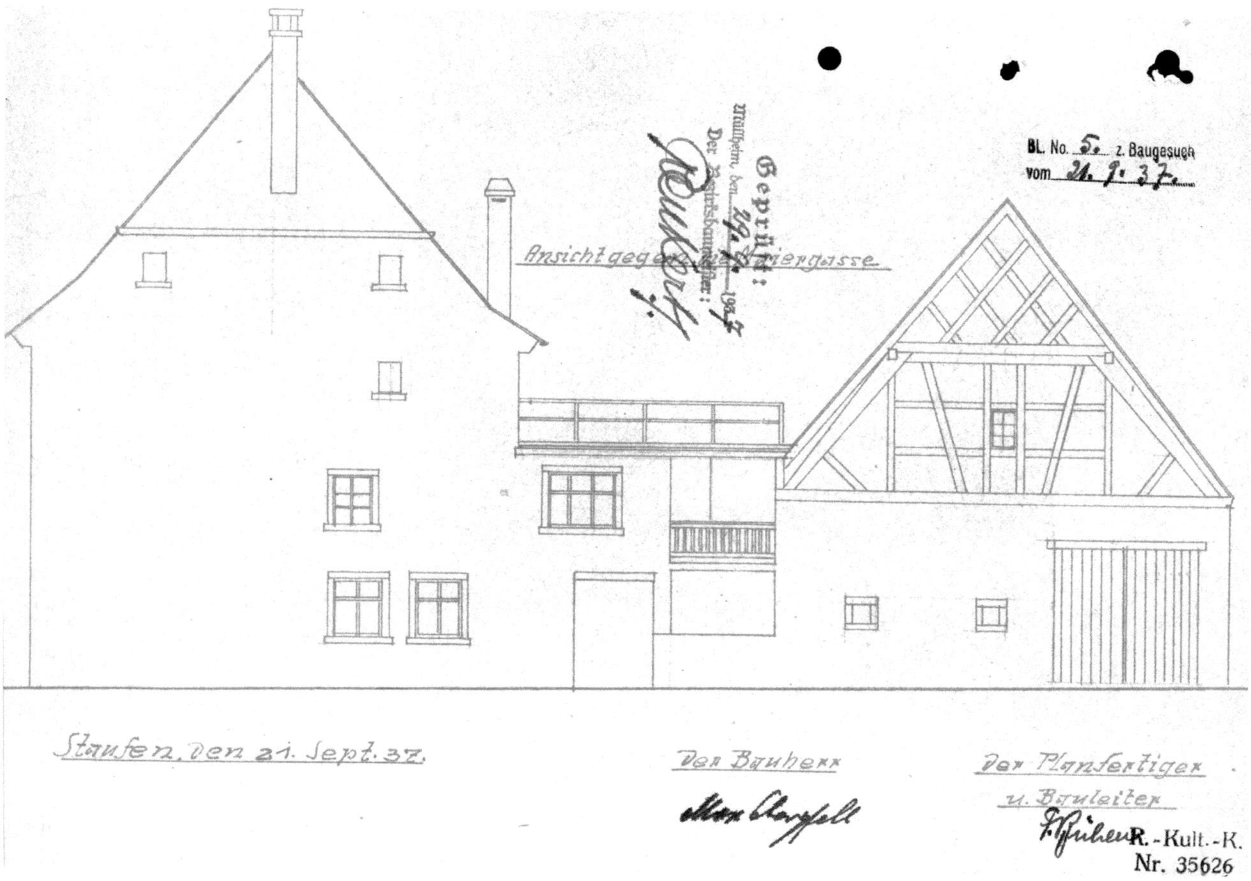

Abb. 91: Hauptstraße 31, Ansicht von 1937.

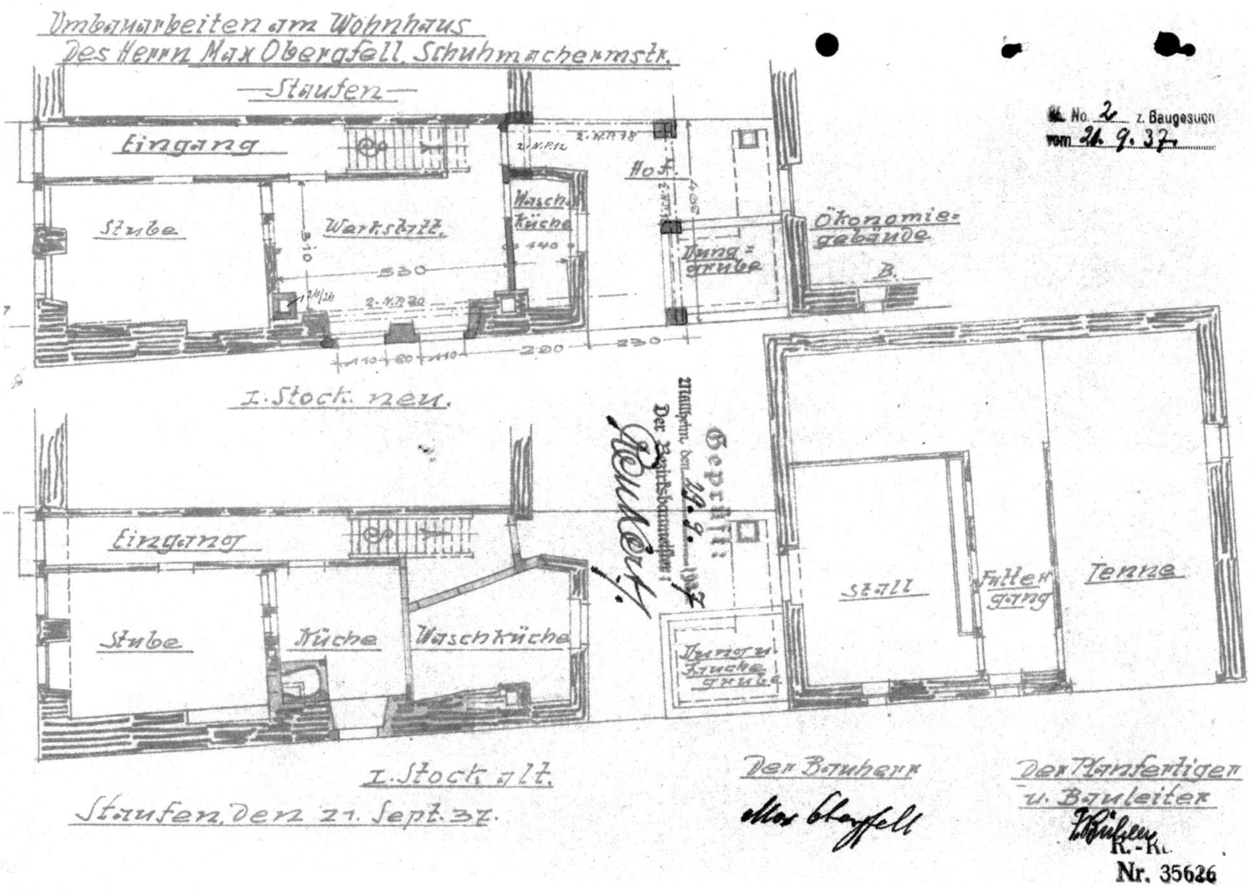

Abb. 92: Hauptstraße 31, Grundriss Erdgeschoss, Zustand und Neuplanung von 1937.

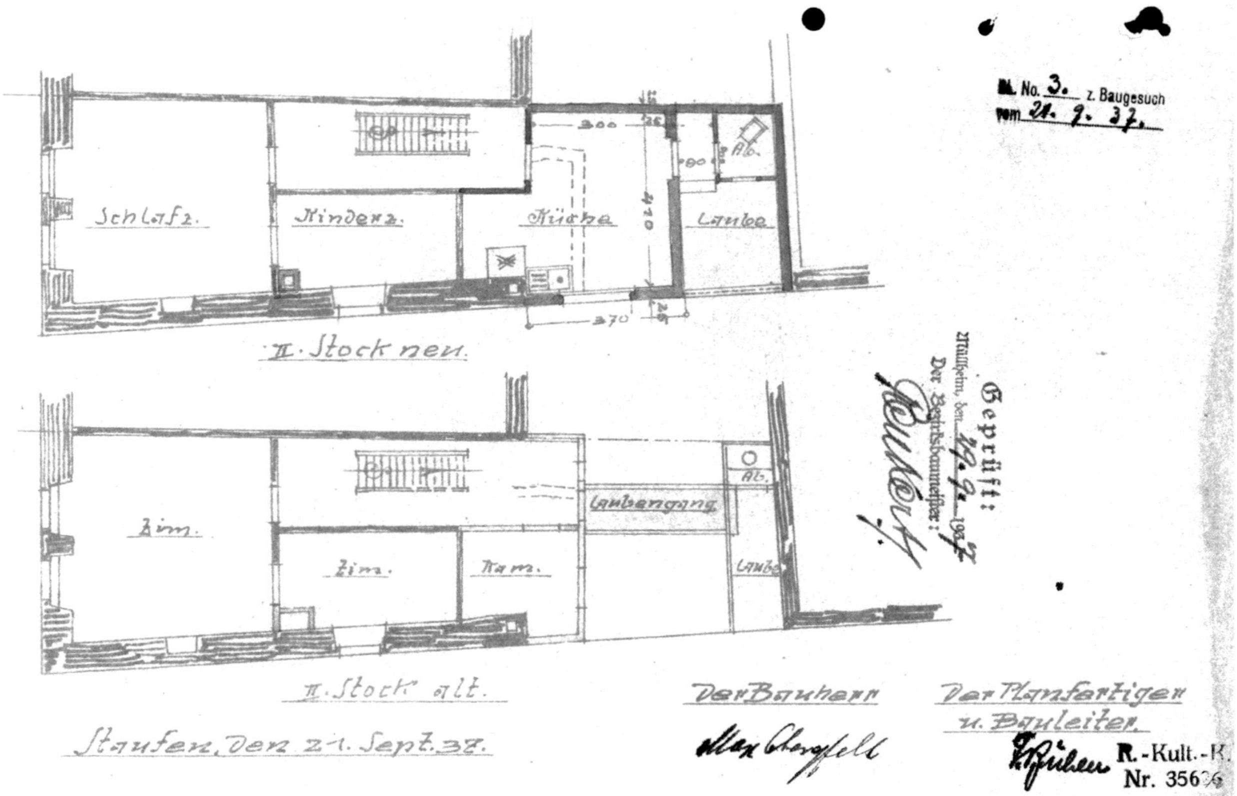

Abb. 93: Hauptstraße 31, Grundriss 1. Obergeschoss, Zustand und Neuplanung von 1937.

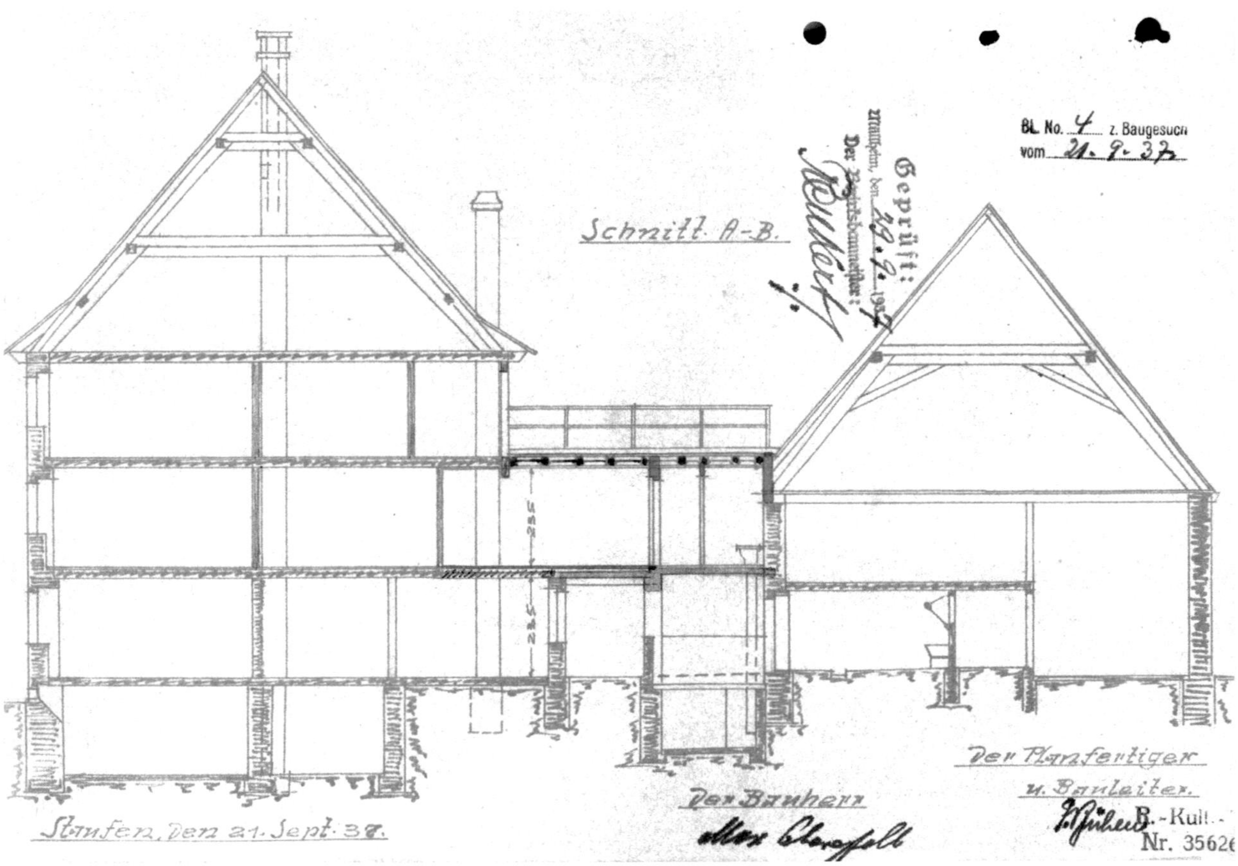

Abb. 94: Hauptstraße 31, Querschnitt von 1937.

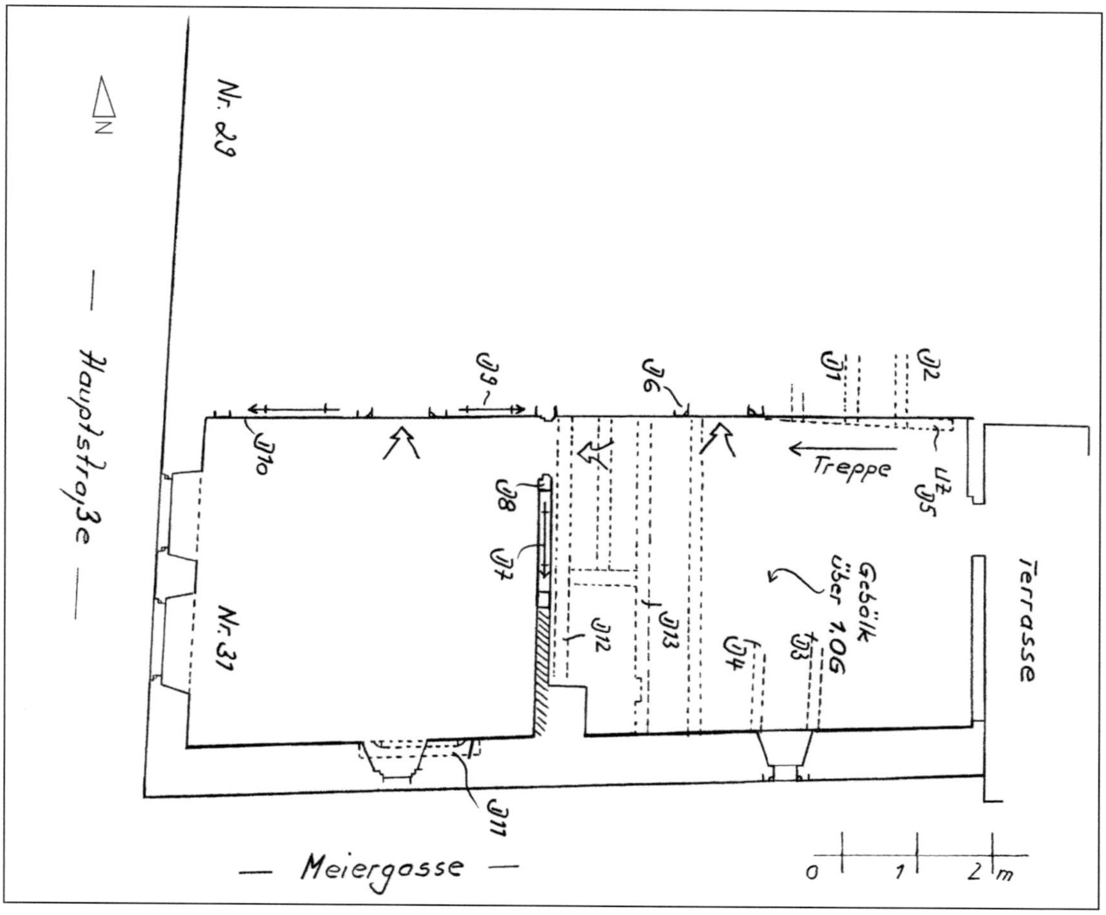

Abb. 95: Hauptstraße 31, Grundriss 2. Obergeschoss mit Eintragung des Gebälks über dem 1. Obergeschoss.

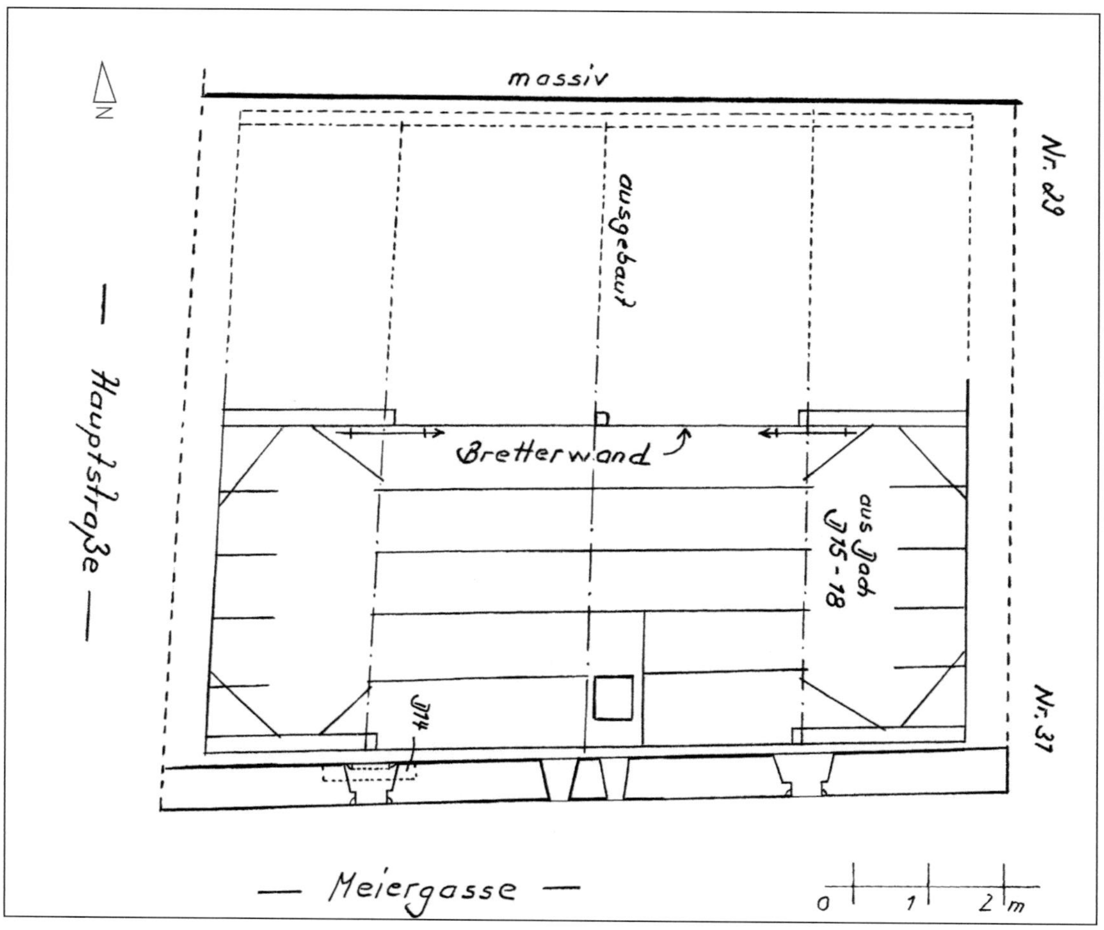

Abb. 96: Hauptstraße 31, Grundriss 1. Dachgeschoss.

Abb. 97: Hauptstraße 32.

Durchfahrt wohl dem Kernbestand des Gebäudes zuzuordnen ist.

Die gleiche Differenzierung bei der Gebälkausrichtung wurde auch über dem 1. Obergeschoss aufgenommen (Abb. 99). Hier datieren die westlichen Deckenbalken in die Jahre um 1790/91 (d) beziehungsweise 1805/06 (d). Eine ähnliche Streuung der Daten wurde auch bei den Deckenbalken im Osten ermittelt. So erfolgte die jüngste Fällung der quer zum First verlegten Balken in den Jahren 1597/98 (d).

Die Vermutung, dass den verbauten Bauhölzern kein einheitliches Fälldatum zugrunde liegt, bestätigte sich auch im 2. Obergeschoss. Die hier untersuchten Deckenbalken sind nun alle quer zum First verlegt und enden mit ihren letzten erhaltenen Jahresringen in den Jahren zwischen 1581 und 1587 (Abb. 100).

Das hohe Alter des Gebäudes wird auch durch architektonische Details unterstrichen. Viele Fenstergewände besitzen neuzeitliche Abfasungen, die ohne Zweifel in die zweite Hälfte des 16. Jahrhunderts zu datieren sind (Abb. 101).

Die im 2. Obergeschoss aufgenommenen Balkenenden sind unterschiedlich gestaltet und

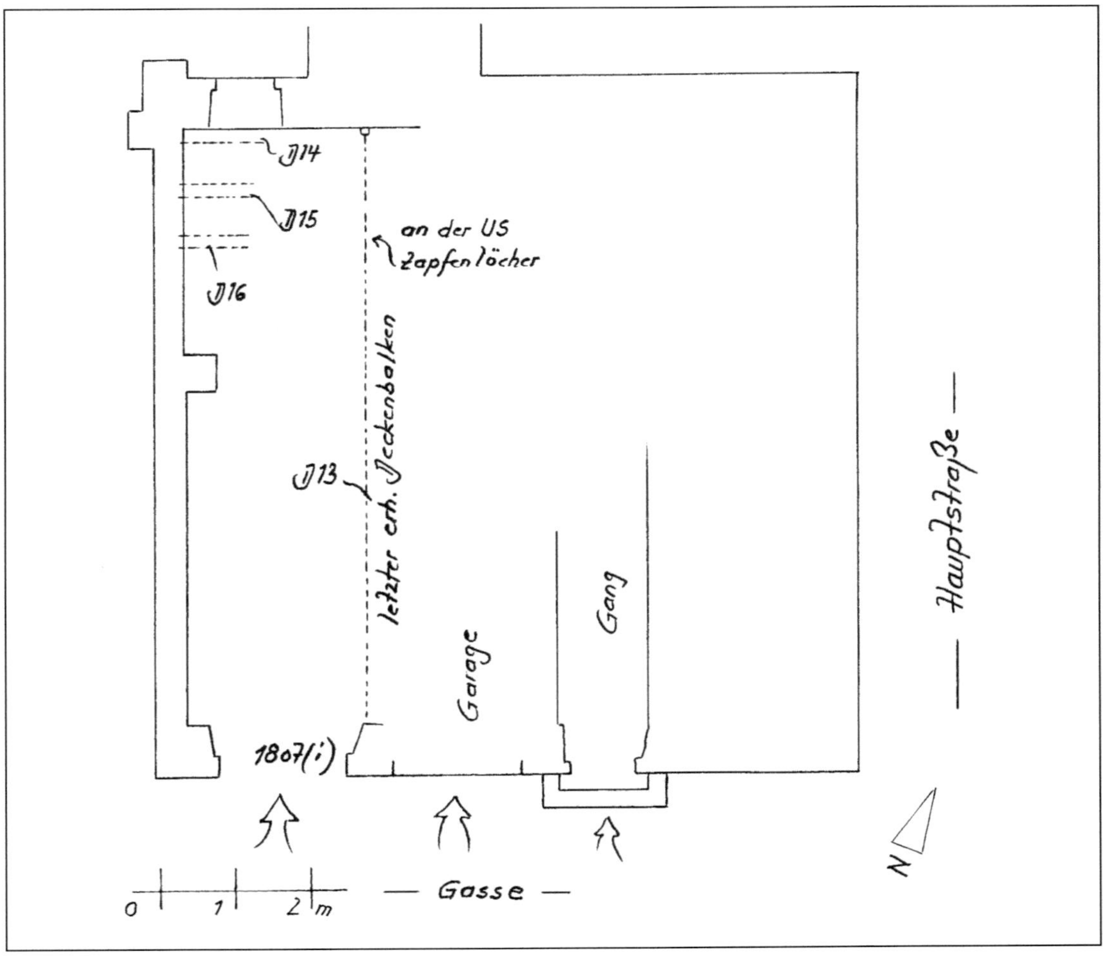

Abb. 98: Hauptstraße 32, Grundriss Erdgeschoss, Ausschnitt.

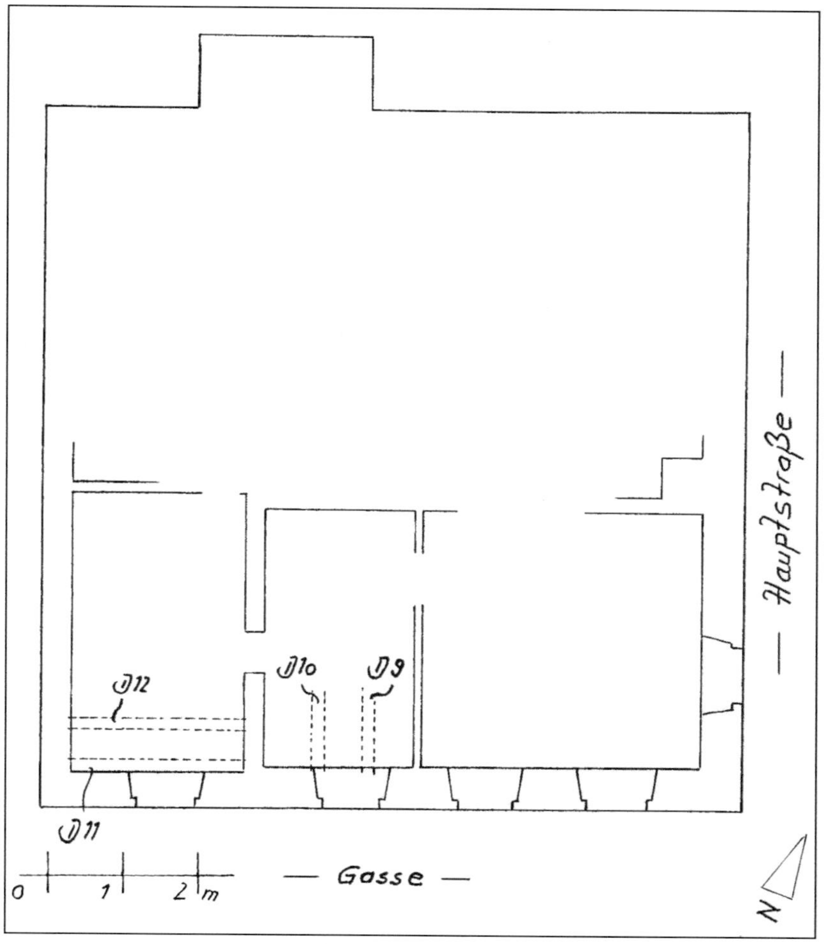

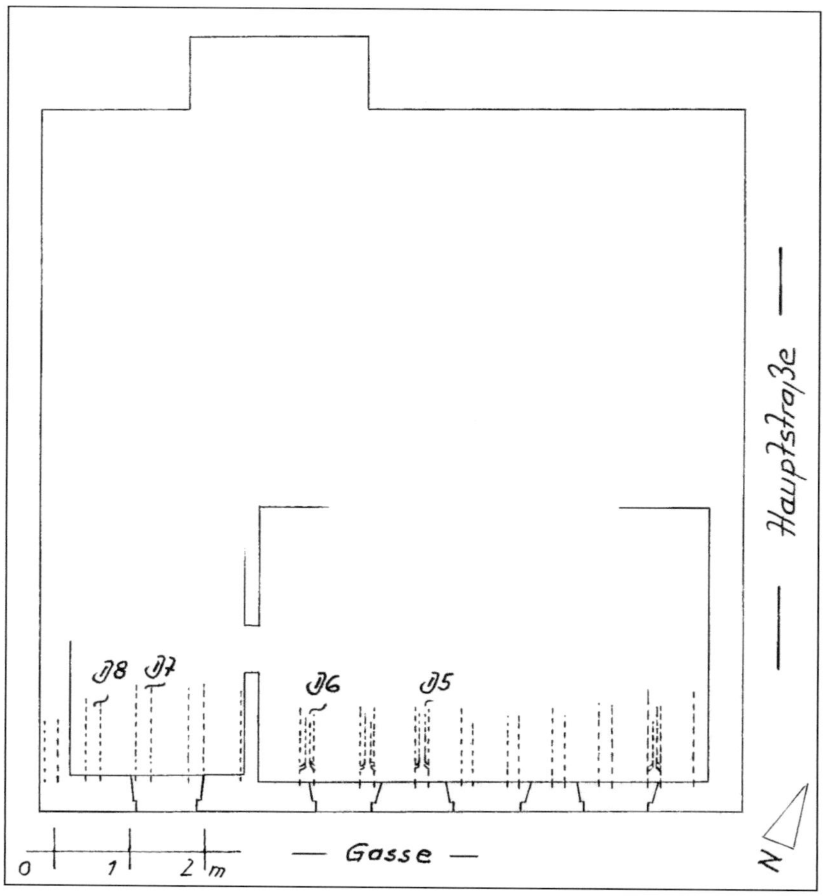

Abb. 99 (rechts): Hauptstraße 32, Grundriss 1. Obergeschoss, Ausschnitt.

Abb. 100 (unten): Hauptstraße 32, Grundriss 2. Obergeschoss, Ausschnitt.

Abb. 101 (oben): Hauptstraße 32, unterschiedliche Fenstergewände. Links zweite Hälfte 16. Jh., rechts 19. Jh.

lassen für diese Ebene eine unterschiedliche Raumnutzung festlegen. So belegen die abgefasten Balken über dem südöstlichen Raum eine stubenartige Nutzung, während die unbearbeiteten Balken im Westen eine untergeordnete Kammernutzung vermuten lassen.
Das Dachwerk mit seinem liegenden, verzapften Stuhlgerüst wurde in den Jahren 1597/98 (d) abgezimmert (Abb. 102).
Nachweis: Dendrochronologische Datierungen, 1995.

Hauptstraße 33

Der in Ecklage zur Meiergasse stehende Gebäudekomplex reicht weit vor die Bebauungsflucht des nördlichen Hauptstraßenbereiches und ermöglichte so den ungestörten Überblick bis zum ehemals nördlichen Stadttor (Abb. 103). Wie schon durch die Abwinklung der Straßenfassade angezeigt, setzt sich der untersuchte Baukomplex aus mehreren Bauteilen zusammen, wobei sich die nachfolgenden Informationen zur baugeschichtlichen Entwicklung ausschließlich auf die Bebauung im Winkel der beiden Gassen beziehen werden.
Dem im Eckbereich stehenden Gebäude sind zwei verschiedene Dachkonstruktionen zuzuordnen.
Bei dem ältesten, um 1773/74 (d) errichteten Dachwerk handelt es sich im Kern um ein zur Meiergasse geneigtes Pultdach, das im Einmündungsbereich zur Hauptstraße mittels eines diagonal geführten Grates über die Gebäudeecke

Abb. 102: Hauptstraße 32, Grundriss 1. Dachgeschoss, Ausschnitt.

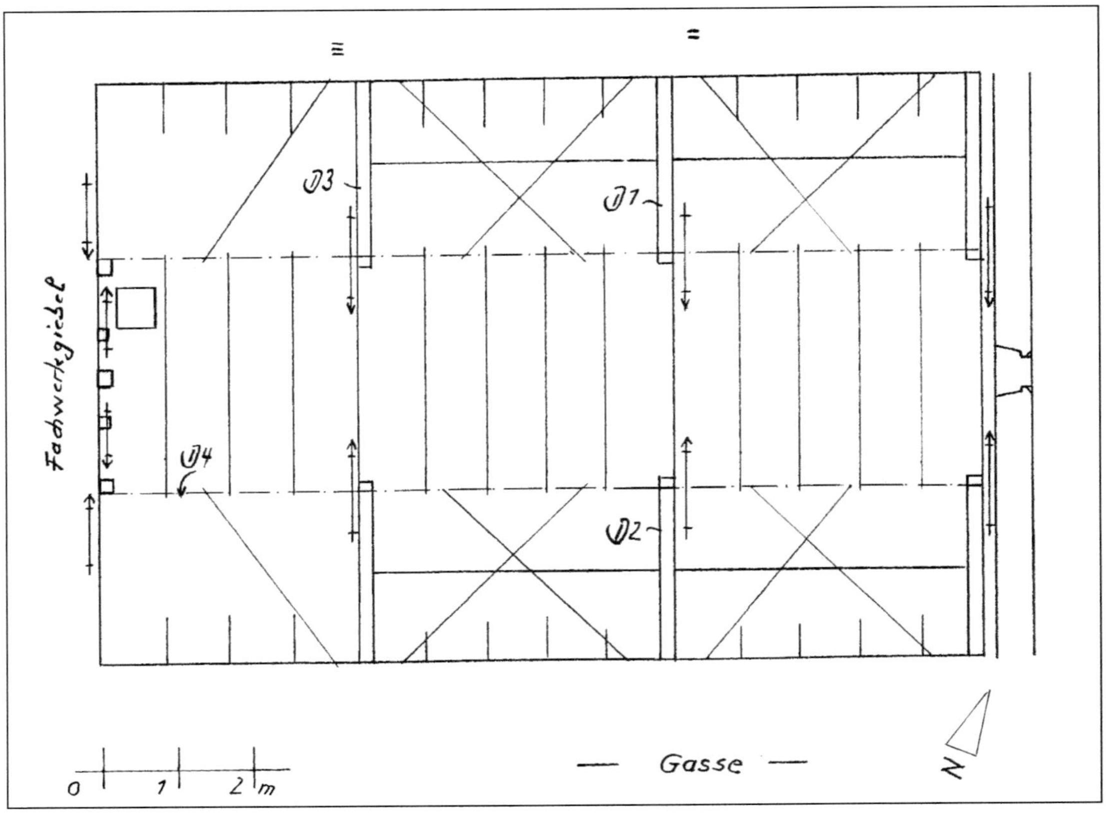

Abb. 103: Hauptstraße 33.

abgewalmt ist und danach noch ein Stück entlang der Hauptstraße verläuft. Mit der Abwinklung nimmt es die Dachneigung der zweiten Dachkonstruktion auf. Diese schließt mit der westlichen Satteldachhälfte an das Dach des 18. Jahrhunderts an und überdacht den südlichen Teil des Eckgebäudes. An der Nahtstelle beider Dachwerksabschnitte trennt eine bis zum First aufgemauerte Wand die beiden Dachräume. Das Pultdach entwickelt sich entlang der Meiergasse nach Osten, während das Satteldach an der Brandwand des Hauses Nr. 35 anschlägt.

Die beschriebene Situation löst mehrere Vorgängerdächer ab, die gleichfalls in der angetroffenen oder in einer leicht abgewandelten Form angelegt waren. So haben sich an der Nordseite der massiven Trennwand zwei übereinanderliegende, horizontal verlaufende Putznasen erhalten (Abb. 104). Der untere Abdruck verläuft ca. 1,05 m über dem heutigen Dachfußboden, während die obere Anputzspur nur 30 cm über der unteren Putznase liegt. Bei den Abdrücken handelt es sich um die kurzen Firstlinien von zwei älteren, zur Meiergasse geneigten Pultdächern, deren Formen entweder dem heutigen Dachprofil ähnelten oder die als reine Pultdächer bis zur Straßenflucht ausgeführt waren. Im Gegensatz zum angetroffenen Dach waren die Vorgängerdächer wohl kürzer. Die ehemaligen Ansätze ihres

Ostabschlusses sind am östlichen Ende im Bereich der Backsteinvorlage ablesbar.

Über der obersten Firstlinie, im verputzten Abschnitt, aber noch unterhalb des heutigen Firstes, ist eine inzwischen funktionslose Fensteröffnung erhalten. Sie belichtete ursprünglich den südlichen, an der Hauptstraße liegenden Dachraum. Wie schon erwähnt erstreckt er sich von der gemeinsamen Trennwand bis zur Brandwand des Hauses Nr. 35. Die vorhandene, die ältere Situation ersetzende Dachkonstruktion datiert in die Jahre 1870/71 (d), besteht aus zwei abgestrebten Querbundachsen und überdacht wohl einen ehemals eigenständigen Bauteil.

Dessen baugeschichtliche Abfolge kann über diverse Spuren, die in oder an der Brandwand zum Nachbarbau Hauptstraße 35 erkennbar sind, zumindest skizzenhaft nachvollzogen werden (Abb. 105). Bei den sichtbaren Befunden handelt es sich um gemauerte Giebeldreiecke, deren schräg ansteigende Mauerkronen (Ortgänge) ablesbar sind und an denen sich zudem die Anschlussspuren ehemals daran angelehnter Dächer erhalten haben.

Ausgehend von diesen Befunden, gehört der obere der beiden im 2. Dachgeschoss aufgenommenen Firstpunkte zu einem zu Haus Nr. 35 gehörigen Giebeldreieck, auf dessen beiden Ortgängen noch die eingemörtelten, ca. 38–40 cm langen Hohlziegel liegen (Abb. 106). Das zugehörige Dachprofil ist das Ergebnis einer Aufmauerung, bei dem die Maurer schon auf ein im Norden anstehendes Dachprofil reagierten. Dessen First lag auf der Höhe der heutigen Kehlbalkenlage. Das zugehörige Dachwerk besaß als Abschluss jeweils ein in der Giebelschräge verlaufendes, die Dachlatten tragendes Dachholz, entweder einen Sparren oder einen Rofen. Beide Dachhölzer waren bei der Giebelaufmauerung vorhanden und bilden sich heute zusammen mit den Dachlattenvertiefungen als Negative in der Brandwand ab (Abb. 107). Nach dem aufgenommenen Befund beträgt der Dachlattenabstand 34–36 cm.

Abb. 104: Hauptstraße 33, innere West-Ost-Wand, nördliche Wandseite im 1. Dachgeschoss.

Für die älteste bekannte Bauphase kann demnach folgende Bebauungssituation rekonstruiert werden: An der Hauptstraße standen zwei unterschiedlich hohe, traufständig zur Straße ausgerichtete Gebäude, im Norden der südliche Bau des Hauses Nr. 33 und im Süden das Haus Nr. 35. Sie waren das Ergebnis eines zeitgleichen und aufeinander abgestimmten Bauvorganges und erhielten eine gemeinsame Brandwand.

Während sich der südliche Nachbar (Haus Nr. 35) schon mit seinem ersten erkennbaren Dach tief in den Hofraum erstreckte, erreichte der nördliche eine ähnliche Ausdehnung erst nach zwei weiteren Bauabschnitten. Ablesbar

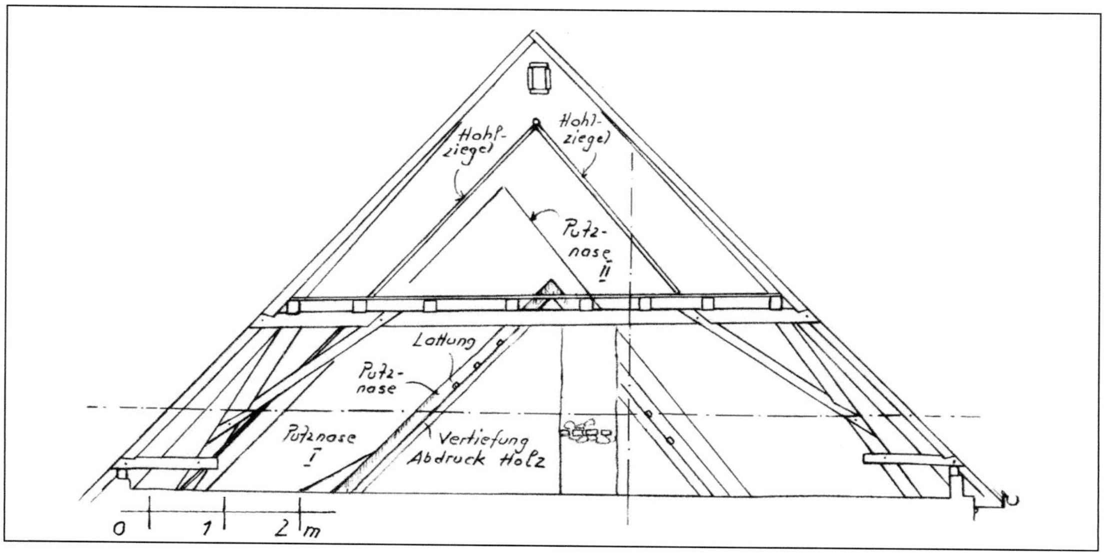

Abb. 105: Hauptstraße 33, Ansicht des Giebels zu Haus Nr. 35.

Abb. 106: Hauptstraße 33, südlicher Hausteil, Blick auf die Südwand im 2. Dachgeschoss.

Abb. 107: Hauptstraße 33, südlicher Hausteil, Blick auf die Südwand im 1. Dachgeschoss.

sind diese Baumaßnahmen an den am ältesten Giebel erhaltenen Putznasen. Die älteste Putznase (vgl. Abb. 105, Putznase I) setzt am Altdach an und gehörte wohl zu einer über einem rückwärtigen Anbau abgeschleppten Dachfläche (Abb. 107). Dieser Anbau musste in einem folgenden Schritt entweder einem vergrößerten Neubau des straßenseitigen Kernbaus weichen oder er erhielt ein neues, nun die gesamte Tiefe überspannendes Dachwerk (vgl. Abb. 105, Putznase II).

Aber auch der Besitzer des Hauses Nr. 35 blieb nicht untätig. Mit einer Aufmauerung auf den alten Giebel erhöhte er seinen Baukörper und legte über seiner alten Dachspitze eine kleine Fensteröffnung an. Diese wurde wohl wenig später vom nördlichen Nachbarn infolge einer zwischenzeitlich durchgeführten Dachangleichung verschlossen. Zu welchen Zeitpunkten diese Umbaumaßnahmen geschahen, ist nicht bekannt. Sicher ist jedoch, dass sie vor dem Jahr 1605 erfolgten. Um diese Zeit erhöhte der südliche Nachbar sein Gebäude ein zweites und letztes Mal, wobei die damals abgezimmerte Dachkonstruktion die noch heute erhalten ist.

Nachweis: Dendrochronologische Datierung, Dezember 1994.

Hauptstraße 34

Der außerordentlich große Geschosshöhen aufweisende Massivbau sitzt mit seiner rückwärtigen Traufwand der Stadtmauer auf (Abb. 108). An der Gegenseite, rechtwinklig an die Hauswand anschließend, spannt sich ein mit der Jahreszahl 1717 versehener Torbogen. Deutlich vom südlichen Giebel abgesetzt, gelangt man über ihn sowohl in den nördlich des Hauses angrenzenden Hofbereich wie auch zum Hauseingang. Wie das Gebäude, so datiert auch das Gewände des spitzbogigen Eingangsportals in die Jahre vor 1500 (Abb. 109).

Das Gebäude überbaut zwei Keller, die über einen Treppenabgang am nördlichen Giebel erschlossen sind (Abb. 110). Dieser führt in den kleineren Keller, der mit einem parallel zum Firstverlauf gespannten Deckengebälk eingedeckt ist. Von hier gelangt man in den großen, den verbleibenden Hausgrundriss einnehmenden Keller. Er liegt geringfügig tiefer und besitzt eine quer verlegte Balkenlage. Das westliche Auflager bildet eine Massivmauer, die offensichtlich der Stadtmauer vorgemauert wurde. Zwei eingewölbte Nischen sind als Sparbögen zu bewerten. In der südlichen Nische wurde zu einem späteren Zeitpunkt die etwa 1,75 m dicke Stadtmauer durchbrochen. Um eine Vormauerung handelt es sich wohl auch bei der an der Ostseite verlaufenden Auflagerwand. In ihr sind gleichfalls zwei Sparbögen ausgeführt.

Die letzten erhaltenen Jahresringe von vier aus den eichenen Balken entnommenen Bohrproben enden mit Splint, aber ohne Waldkante zwischen den Jahren 1480 und 1487.

Auf dem Gebäude ist ein zweigeschossiges Satteldach mit zusätzlichem Spitzboden abgezim-

Abb. 108: Hauptstraße 34.

Abb. 109: Hauptstraße 34, Eingangsportal, vor 1500.

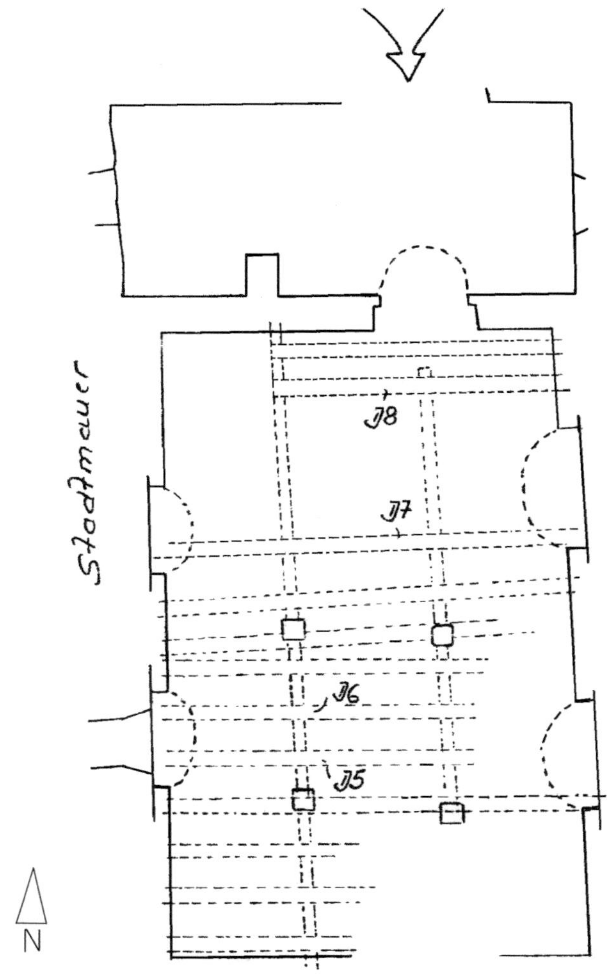

Abb. 110: Hauptstraße 34, Grundriss Keller (unmaßstäbliche Skizze).

mert. Es ist im 1. Dachgeschoss vollständig und im 2. Dachgeschoss nur im südlichen Bereich ausgebaut. Das im oberen Dachbereich aufgenommene Dachgerüst besteht aus einem liegenden und verblatteten Stuhl mit insgesamt sieben Querbünden (Abb. 111; 112). Besondere Beachtung verdient der nach Süden ausgerichtete Drittelwalm (Abb. 113). Ausgestattet mit einem bis in den Firstpunkt reichenden Spitzständer, bildet dieser die konstruktive Basis für eine schon zur Erbauungszeit vorhandene Firstbekrönung. Bei diesem Schmuckelement handelte es sich um das weithin sichtbare Erkennungsmerkmal ausschließlich herrschaftlich genutzter Bauwerke.

Im Gegensatz zum Keller lieferte die dendrochronologische Untersuchung des Dachwerks ein jahrgenaues Datum. So wurden die für das Dachwerk geschlagenen Tannenhölzer im Winter 1496/97 gefällt.

Nachweis: Dendrochronologische Datierung, 1992.

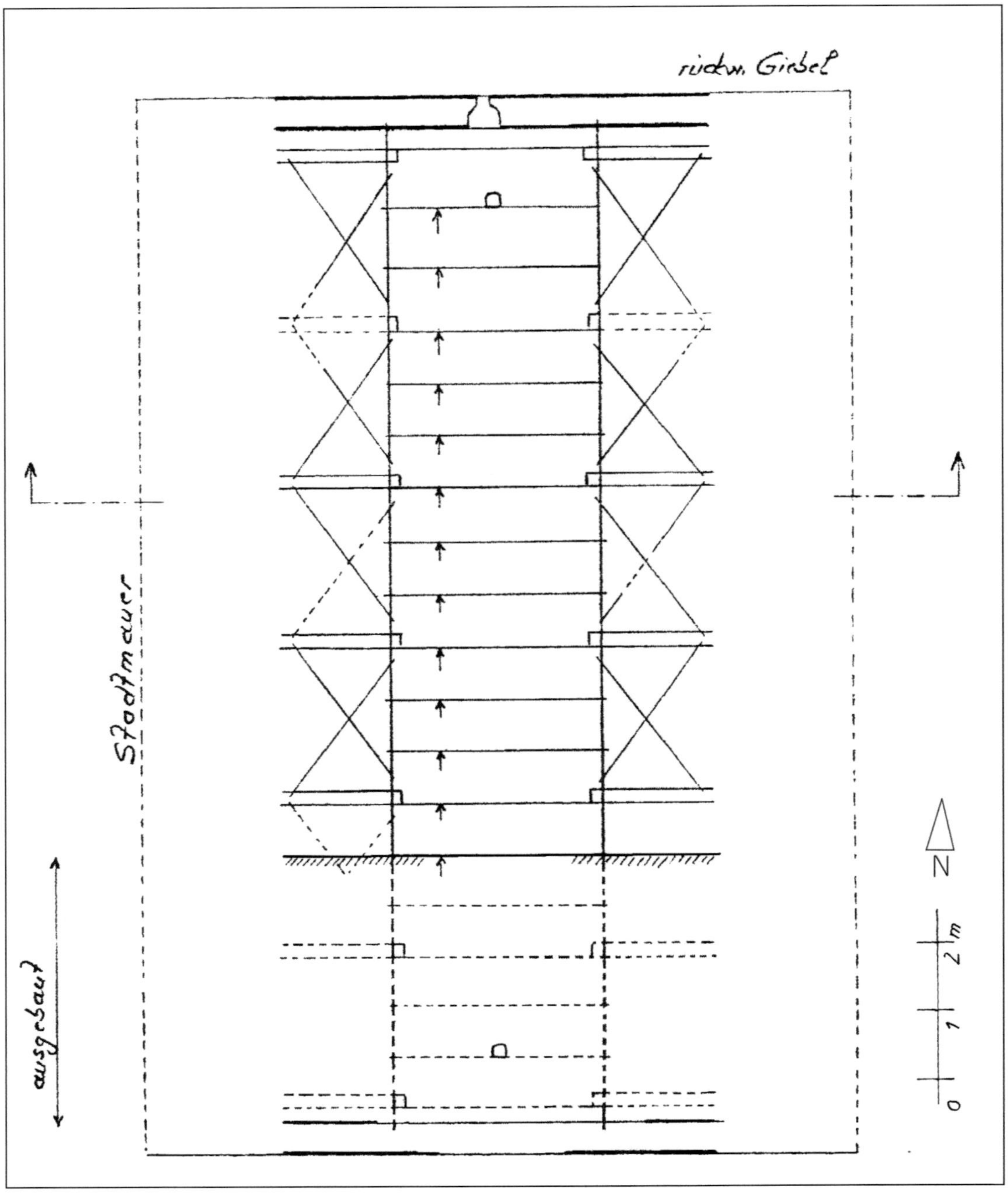

Abb. 111: Hauptstraße 34, Grundriss 1. Dachgeschoss.

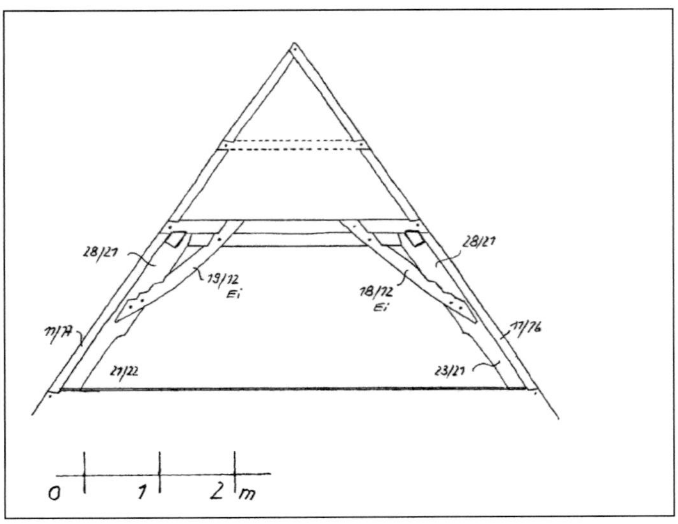

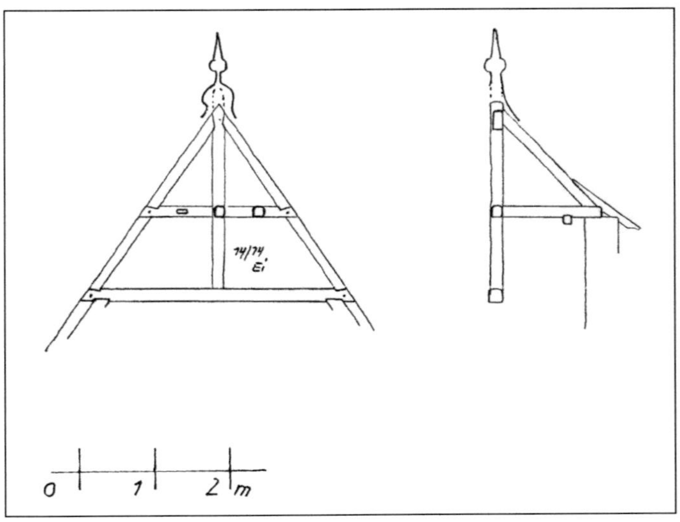

Abb. 112 (links): Hauptstraße 34, Querschnitt Dachwerk, Ausschnitt 2. Dachgeschoss.

Abb. 113 (rechts): Hauptstraße 34, Detail Drittelwalm.

Hauptstraße 35

Unter dieser Hausnummer erstreckt sich ausgehend von der Hauptstraße eine weit nach Osten reichende und mit verschiedenen Gebäuden bebaute Parzelle (Abb. 114). Die südliche Parzellengrenze orientiert sich an der durch die Nachbarbebauung vorgegebenen Flucht, während die nördliche Begrenzung nach etwa der halben Tiefe in nördlicher Richtung zur Meiergasse abknickt, um dann im weiteren Verlauf die Gassenbegrenzung zu bilden (Abb. 115).

Das Hauptgebäude steht traufständig an der Hauptstraße und nimmt die gesamte Parzellenbreite ein. Ein an der nördlichen Nachbarbebauung angelehnter Hausdurchgang führt direkt zu dem an der Hoftraufe stehenden Treppenturm. Im Hofraum selbst befindet sich ein an die südliche Parzellenwand angebautes und vom Hauptgebäude abgesetztes Nebengebäude. Weitaus größer ist das zweite Nebengebäude. Hierbei handelt es sich um einen Scheunenbau, dessen Südwand die nördliche Brandwandflucht des Straßenbaus aufnimmt, aber mit seinem Baukörper nördlich dieser Parzellenflucht angeordnet ist und bis zur Meiergasse reicht.

Der älteste auf dieser Parzelle erkannte Bauteil ist die südliche Brandwand des Hauptgebäudes. Hier hat sich auf der Höhe des 2. Dachgeschosses des angetroffenen und in den Jahren 1605/06 (d) abgezimmerten Dachwerks der Firstpunkt eines zu Haus Nr. 37 gehörenden Massivgiebels erhalten. Etwa 75 cm darunter konnten die Spuren eines weiteren Firstpunktes wie auch die beiden davon abfallenden Dachflächen aufgenommen werden. Diese Spuren entstanden, als das flache Vorgängerdach des untersuchten Gebäudes Nr. 35 an den vorhandenen Massivgiebel angeschlossen wurde und die Nahtstelle einen abdichtenden Putzauftrag erhielt. Die erkennbare Dachneigung lässt für diese Baumaßnahme einen dreigeschossigen, im Vergleich zum heutigen Gebäude wohl kaum niedrigeren Baukörper rekonstruieren. Dass es sich hierbei nicht um den ältesten Bau an dieser Stelle handelt, ergaben die Untersuchungen am Haus Nr. 33. Danach ging dem dreigeschossigen Gebäude ein zweigeschossiger Vorgängerbau voraus. Vervollständigt werden die an der Brandwand ablesbaren Baumaßnahmen durch zwei weitere Bauphasen. Der erste Umbau bezieht sich auf die Erhöhung des südlichen Nachbarn, bevor diese mit dem Dach von 1605/06 (d) überlagert wurde.

Abb. 114: Hauptstraße 35, Haupthaus.

Abgesehen von dieser differenzierten Bauabfolge besitzt das Hauptgebäude einige bemerkenswerte Baudetails des frühen 17. Jahrhunderts. In dieser Zeit erfolgte eine durchgreifende Modernisierung des Hauptgebäudes. Die ehemals wohl als Durchfahrt angelegte Erschließung wird zum Gang und führt zu dem neu angelegten Treppenturm an der Hoftraufe.

Dass das Gebäude einer gehobenen Nutzerschicht zuzuordnen ist, dafür spricht auch das im Erdgeschoss ausgeführte Kreuzgewölbe. Im angetroffenen Zustand ist es offensichtlich gekürzt und könnte sich zum Zeitpunkt seiner Erbauung über die gesamte Gebäudetiefe erstreckt haben. Auch im 1. Obergeschoss sind noch viele Ausbaudetails dem frühen 17. Jahrhundert zuzuordnen (Abb. 116). So lagern die parallel zur Hauptstraße verlegten und gefasten Deckenbalken auf gleichfalls gefasten Streichbalken, die von vermauerten Werksteinkonsolen getragen werden. An der Straße liegt im Süden die bauzeitliche Stube, die zur nachbarlichen Kammer durch eine Fachwerkwand mit integriertem Wandschrank abgetrennt ist. Den rückwärtige Grundrissbereich nahm ein großer Freiraum mit integrierter Herdstelle und Resten des alten Rauchfangs ein. Eine analoge Grundrissgliederung war auch im 2. Obergeschoss ausgeführt. Hier sind die Fenster der Straßentraufe mit alten, unterschiedlich bearbeiteten Gewänden gefasst.

Der Treppenturm, ursprünglich um eine Etage niedriger, übernahm nach der Erhöhung in den

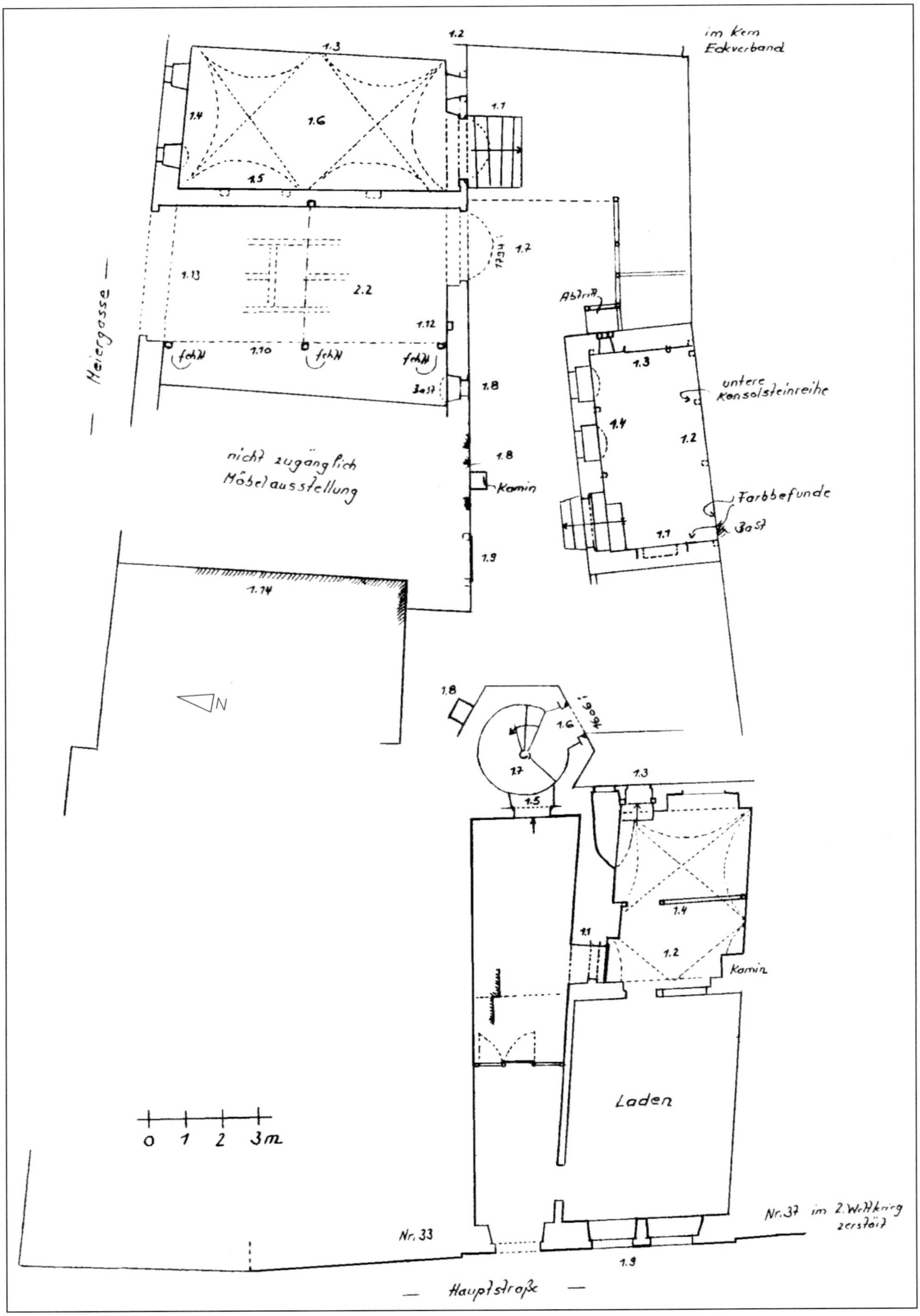

Abb. 115: Hauptstraße 35, Grundriss Erdgeschoss, M. 1:150.

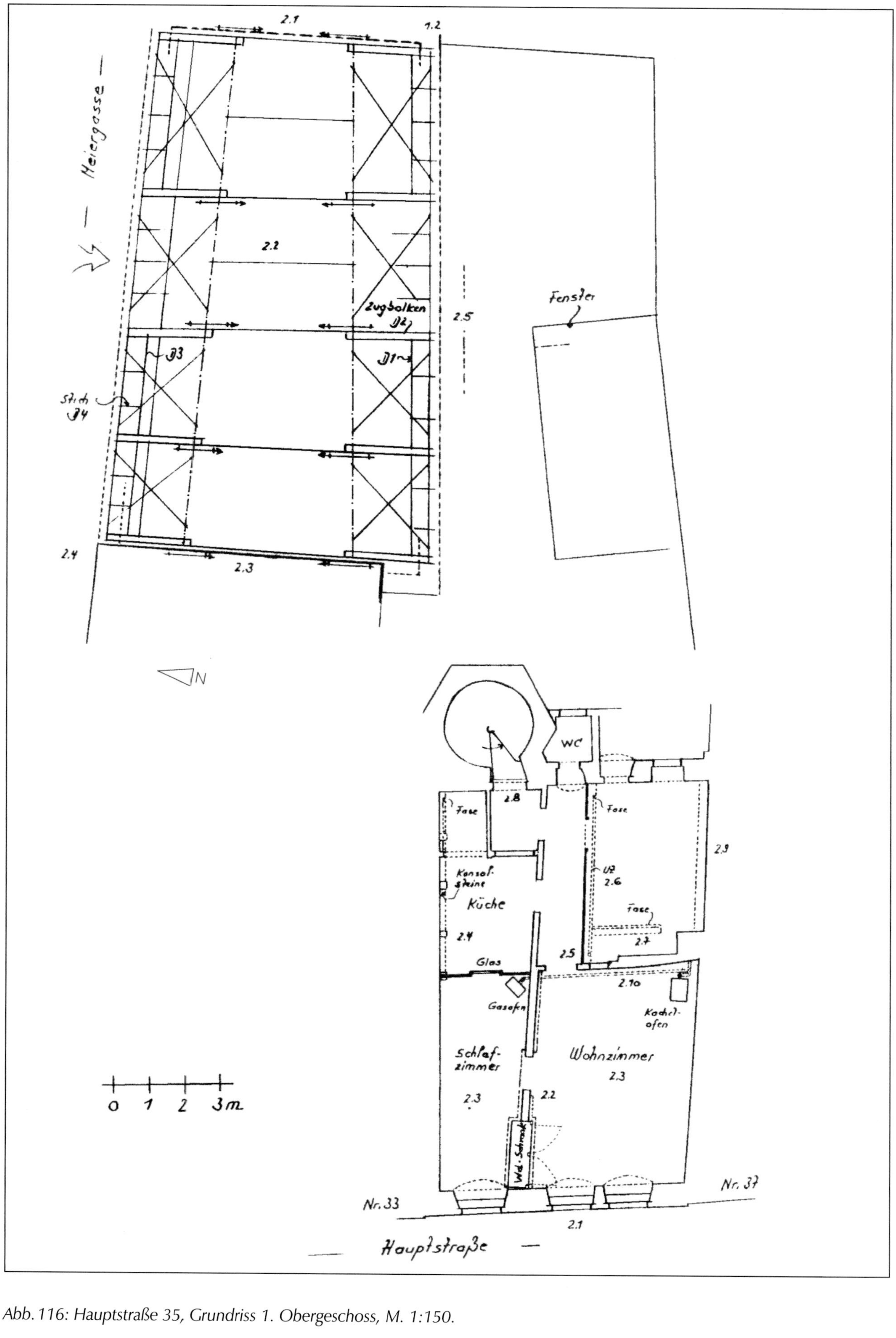

Abb. 116: Hauptstraße 35, Grundriss 1. Obergeschoss, M. 1:150.

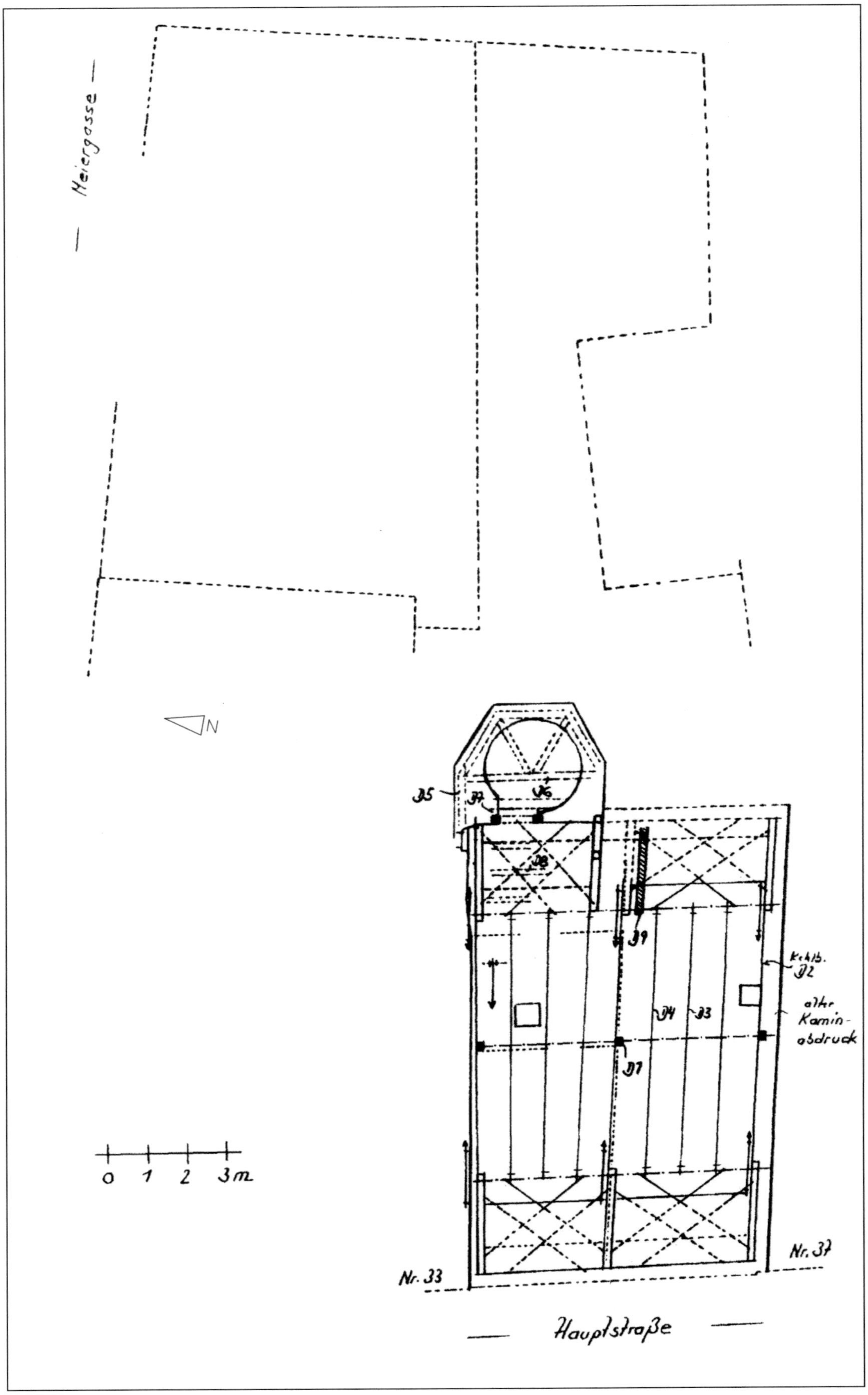

Abb. 117: Hauptstraße 35, Grundriss 1. Dachgeschoss, M. 1:150.

Abb. 118: Platzartige Aufweitung der Hauptstraße mit Stadtmauerdurchlass im Hintergrund. Im Vordergrund links Haus Nr. 38, rechts Nr. 30, Gasthaus Krone. Um 1850.

Jahren 1753/54 (d) auch die Vertikalerschließung bis in das Dach (Abb. 117).
Zu den ältesten Bauteilen auf dem Grundstück gehören auch partielle Abschnitte der beiden rückwärtigen Parzellenmauern. Diese ältesten Wackenmauerstrukturen sind im Bereich des kleinen Rückgebäudes und im Bereich der südostwärtigen Scheunenecke zu lokalisieren. Im zuerst genannten Fall zeigt der bauliche Zusammenhang, dass das Nebengebäude an die bestehende Parzellenwand angebaut wurde. Bei diesem Anbau handelt es sich um einen Nachfolgebau, dessen Deckengebälk auf einem von Konsolen getragenen Streichbalken lagert. Eine analoge Ausführung besaß auch der Vorgängerbau, dessen Wackenkonsolen funktionslos und deutlich tiefer sitzend in der Parzellenwand erhalten sind.
Ähnlich alte Mauerstrukturen wurden auch im Bereich des ostwärtigen Scheunenabschlusses aufgenommen. So ist die Scheunenhofwand im Kern mit der Ostwand verzahnt, während sich die Fortsetzung des westlich verlaufenden Mauerwerks deutlich als erneuerte Mauer zu erkennen gibt. Sie gehört zu der um 1575/76 (d) errichteten und mit einem bauzeitlichen Dachwerk abgeschlossenen Scheune. Ob erst mit dieser Baumaßnahme die winkelförmige Vergrößerung der alten „Handtuchparzelle" in Richtung Meiergasse erfolgte, ist ungewiss. Sicher ist, dass im Zusammenhang mit der Bautätigkeit ältere, zur Meiergasse orientierte Mauerstrukturen überbaut wurden. Entsprechende Befunde einer älteren Giebelscheibe haben sich sowohl im Ostgiebel wie auch im Westgiebel erhalten. Der eingewölbte Kellerbereich wird von einem bauzeitlichen Portal erschlossen und dokumentiert so die Zugehörigkeit der Scheune zu dem zur Hauptstraße ausgerichteten Grundstück. Die ursprüngliche Scheunenzufahrt wird an der Meiergasse vermutet.
Nachweis: Bauhistorische Kurzanalyse, Februar 1993; ergänzende dendrochronologische Datierung, Dezember 1994.

Hauptstraße 38

Das Gebäude schließt die westliche Reihenbebauung der südlichen Hauptstraße ab. Mit seiner Schmalseite steht es an der Straße, während die nördliche Außenwand die nach Westen, zur

Abb. 119: Hauptstraße 38, Gesamtansicht des Eckhauses.

Stadtmauer ausgerichtete Platzaufweitung begrenzt (Abb. 118).

Dass diese Situation wohl bis in die städtische Gründungszeit zurückreicht, lässt sich an der nordöstlichen Gebäudeecke ablesen. Dort hat sich im unteren Bereich der Rest eines Eckverbandes aus sorgfältig zugearbeiteten Quadern erhalten (Abb. 119; vgl. Abb. 18). Mit diesem Befund, der sich in ähnlicher Weise am Gebäude Hauptstraße 58 über die gesamte Wandhöhe nachvollziehen lässt, kann die freie Ecklage des ansonsten nicht näher untersuchten Gebäudes mit hoher Sicherheit in das 14. Jahrhundert datiert werden.

Nachweis: Außenaufnahme, 2012.

Hauptstraße 41

Der dreigeschossige, an der Hauptstraße stehende Massivbau besitzt das in Staufen übliche, zur Straße traufständig ausgerichtete Satteldach (Abb. 120). Sein vertikaler Aufbau ist zusammen mit dem rückwärtigen Treppenturm und einem daran anschließenden Hofgebäude in einer undatierten Querschnittszeichnung aufgenommen (Abb. 121).

Eine direkte Erschließung der Wohnebenen von der Straße ist heute nicht möglich, sondern bedingt die Benutzung einer entlang der südlichen Brandwand angelegten Durchfahrt. Der eigentliche Zugang erfolgt über einen an der Hoftraufe vorhandenen und inschriftlich in das Jahr 1603 datierten Treppenturm. Über diesen Turm war ursprünglich noch ein weiteres Gebäude erreichbar. Die zugehörige Turmtür ist heute vermauert und befindet sich auf der Höhe des 1. Obergeschosses. Sie führte in ein sich entlang der nördlichen Parzellenwand erstreckendes, auf dem historischen Bauplan wiedergegebenes Hofgebäude.

Der Grundriss des Vorderhauses wurde von einem in den Jahren 1773/74 (d) abgezimmerten Satteldach überdacht (Abb. 122). Es ist nach einem Brand im Jahr 1998 nur noch in Resten erhalten. Ein im Kontext der südlichen Brandwand vorhandener, vom Nachbardach Nr. 43 sichtbarer Staffelgiebel ist vom untersuchten Dachraum aus nicht einsehbar.

Das tragende Gerüst der alten Dachkonstruktion bildeten abgesprengte und verzapfte Bünde in drei Querachsen. Besondere Beachtung verdient der mittige Querbund. Im Gegensatz zu den beiden benachbarten Konstruktionen war er mit einem mittigen Hängeholz ausgeführt (Abb. 123). Dieses Holz entlastete offenbar einen straßenparallel verlaufenden Unterzug und ermöglichte so im 18. Jahrhundert die Anlage einer offenen und ungeteilten Fläche im 2. Obergeschoss. Die auf dieser Ebene angetroffene Raumaufteilung wird daher als eine spätere Umbaumaßnahme anzusprechen sein (Abb. 124). Diese Aussage trifft auch auf die straßenseitige Fenstergestaltung zu. Die hier ausgeführten

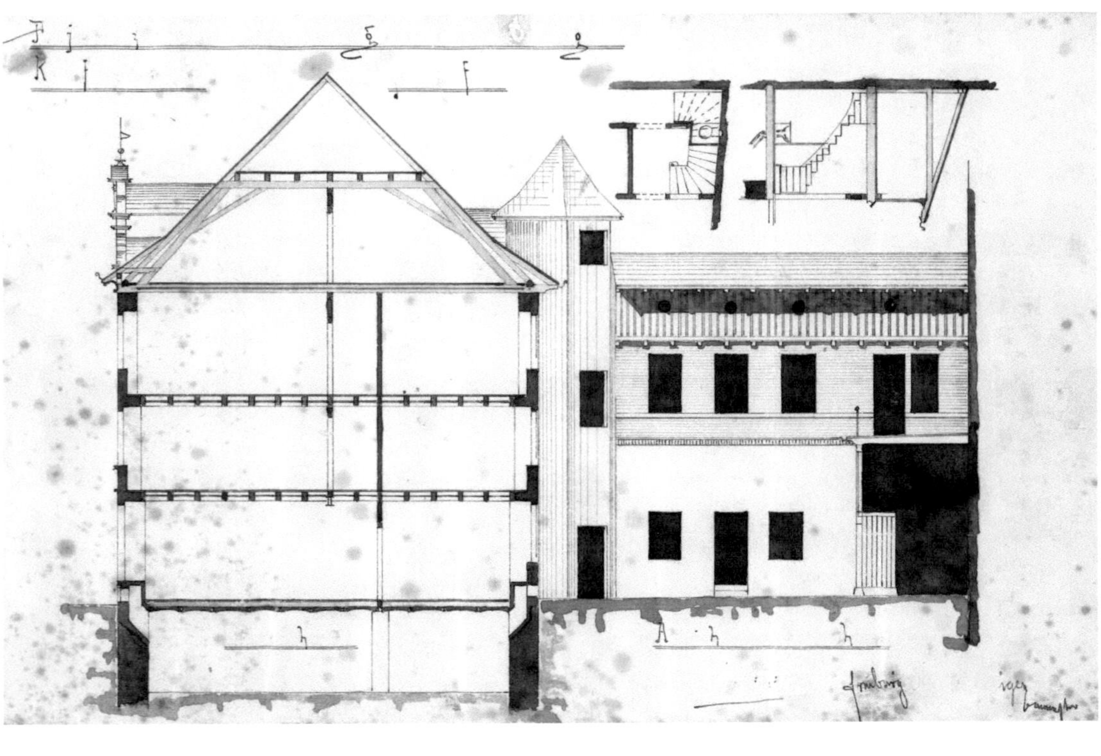

Abb. 121: Hauptstraße 41, Querschnitt, nicht datiert.

Abb. 120: Hauptstraße 41.

Gewände orientieren sich an den älteren Vorgaben im 1. Obergeschoss und sind das Ergebnis einer modernen Fassadenvereinheitlichung auf Veranlassung der Denkmalpflege.

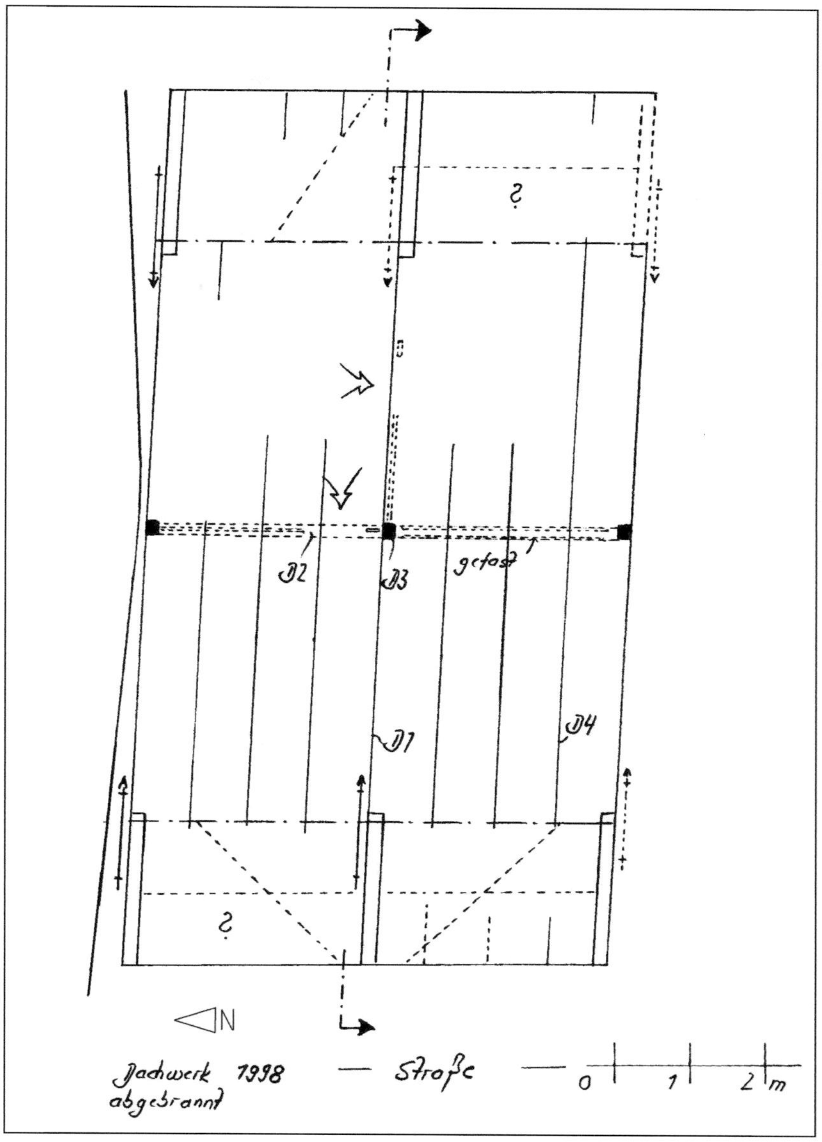

Abb. 122: Hauptstraße 41, Grundriss 1. Dachgeschoss.

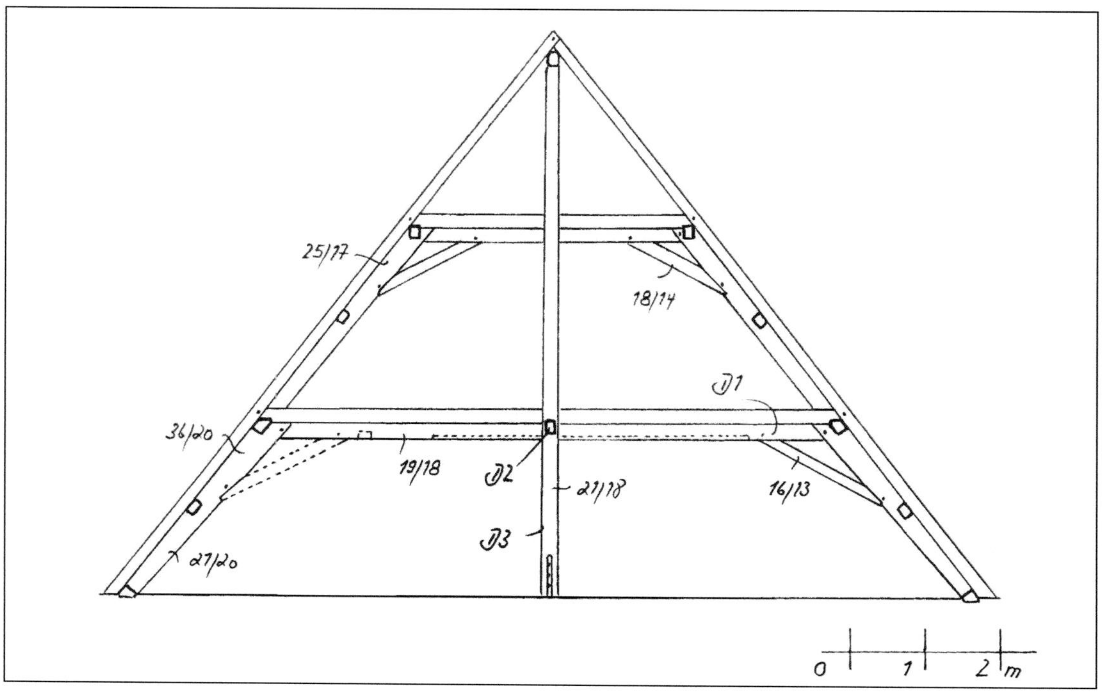

Abb. 123: Hauptstraße 41, Querschnitt Dachwerk.

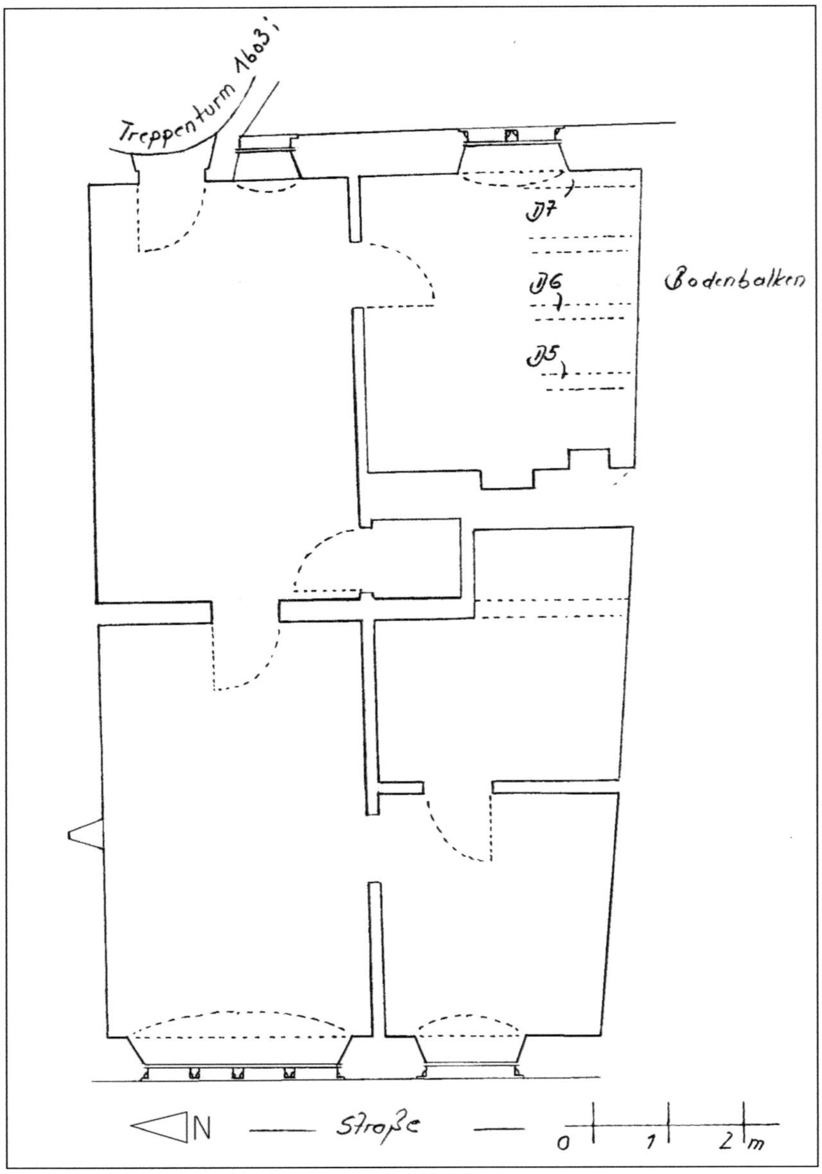

Abb. 124: Hauptstraße 41, Grundriss 2. Obergeschoss.

Im Gegensatz zum Gebälk über dem 2. Obergeschoss sind die Deckenbalken über dem 1. Obergeschoss parallel zur Straßentraufe verlegt. Nach der dendrochronologischen Untersuchung datieren sie in die Jahre 1603/04 (d) und können in Verbindung mit den am Nachbargebäude Nr. 43 gewonnenen Ergebnissen einer grundlegenden Modernisierung älterer, in die Jahre um 1367 (d) zu datierender Bausubstanz zugeordnet werden (siehe Hauptstraße 43). In die Modernisierungsphase des frühen 17. Jahrhunderts gehört auch der Kernbestand des vierteiligen Gruppenfensters im 1. Obergeschoss an der Straßentraufe.

Nachweis: Dendrochronologische Datierung, November 1998.

Abb. 125: Hauptstraße 42.

Hauptstraße 42

Die Parzellenbebauung besteht aus einem dreigeschossigen Massivbau an der Hauptstraße und einem abschließenden, die ehemalige Stadtmauer überbauenden Rückgebäude (Abb. 125). Dazwischen liegt ein Hof, über dessen Tiefe die beiden Gebäude durch einen parallel zur südlichen Parzellenwand verlaufenden Laubenbau verbunden werden.

Das Haupthaus ist etwa zur Hälfte unterkellert. Es handelt sich um einen Balkenkeller, der sich entlang der nördlichen Parzellenwand über die gesamte Gebäudetiefe erstreckt. In der Nordwand vermauerte Wacken- beziehungsweise Werksteinkonsolen bilden die Auflager für Streichbalken, auf denen das parallel zum Straßenverlauf verlegte Kellergebälk lagert. Auf der Gegenseite ist es einem die Kellerwand abschließenden Mauerholz aufgekämmt. Bis zum ausgewechselten Treppenloch sind zwischen den Balken Lehmwickel verbaut, während danach, in dem etwas schmaleren Kellerabschnitt, in die Balken genutete Bretter den Deckenaufbau bilden.

Zwei Kellerzugänge sind nachweisbar. Die äußere Erschließung erfolgte über ein hofseitiges Rundbogenportal mit einem Gewände des 16./17. Jahrhunderts, während die innere

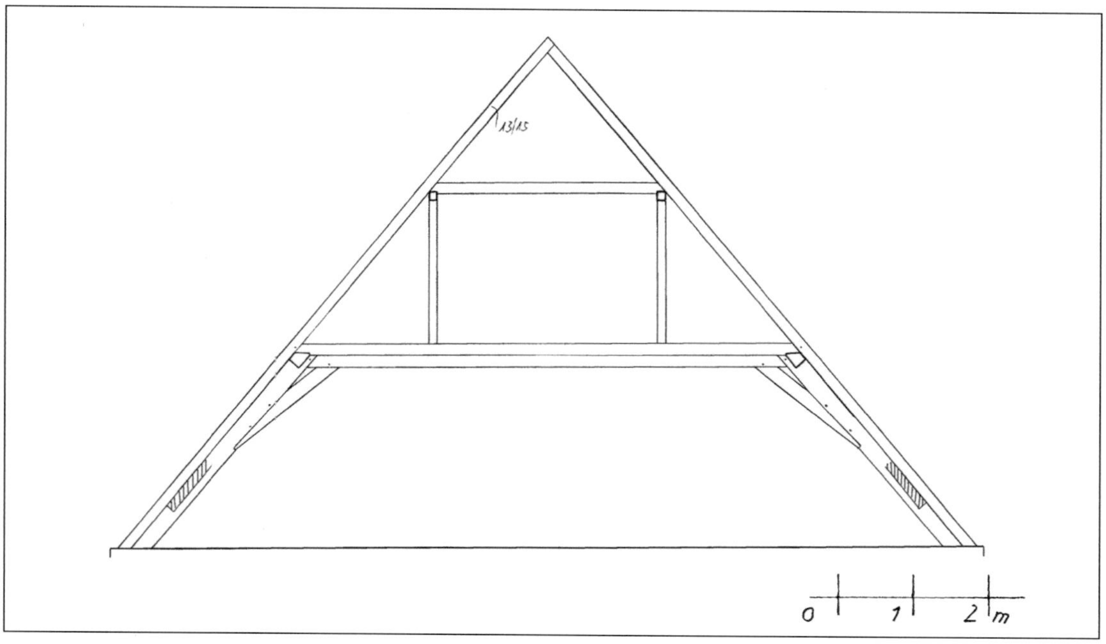

Abb. 126: Hauptstraße 42, Querschnitt Dachwerk.

Erschließung über einem Treppenloch an der Nordwand angelegt war. Eine, eventuell zwei in Backstein gefasste Öffnungen an der Straßenseite belichteten und belüfteten den Keller. Nach der dendrochronologischen Datierung datiert das eichene Kellergebälk in die Jahre um 1786/87 (d).

Auf dem Haupthaus ist ein traufständig zur Straße ausgerichtetes Satteldach abgezimmert. In einem ersten Datierungsversuch waren die Dachhölzer nicht exakt bestimmbar. Der zweite Anlauf ergab das Fällungsdatum Winter 1555/1556. Das unterstützende Gerüst für die geschwärzten Sparrenpaare bilden im 1. Dachgeschoss abgesprengte und im 2. Dachgeschoss stehende Querbünde. Diese Kombination ist zwischen den massiven Giebeln in zwei inneren Querachsen angeordnet (Abb. 126). Innerhalb der südlichen Giebelwand zeichnet sich ein älteres und tiefer liegendes Giebelprofil ab. Der zugehörige Firstpunkt ist knapp über der Kehlbalkenlage des 1. Dachgeschosses zu erkennen.

Das durch Kriegsschaden teilweise zerstörte Rückgebäude besitzt im Verlauf der hofseitigen Massivwand den Rest einer 1,80 m breiten Rundbogenöffnung. Ein weiterer, später vermauerter Zugang konnte südlich davon erkannt werden, während nördlich ein schmaler Zugang offen ist. Er führt in einen seitlich des Portals liegenden, in Fachwerk abgetrennten Raum. In dessen Verlängerung soll früher ein Durchgang durch die Stadtmauer möglich gewesen sein. Der heutige, innerhalb der ehemaligen Stadtmauer vorhandene Gebäudeabschluss ist modern. Die dendrochronologische Untersuchung von zwei Sturzhölzern in der hofseitigen Traufwand erbrachte kein Ergebnis.

Nachweis: Dendrochronologische Datierung, Dezember 1990.

Hauptstraße 43

Der dreigeschossige Massivbau besitzt ein zur Hauptstraße traufständig ausgerichtetes Sattel-

Abb. 127: Hauptstraße 43.

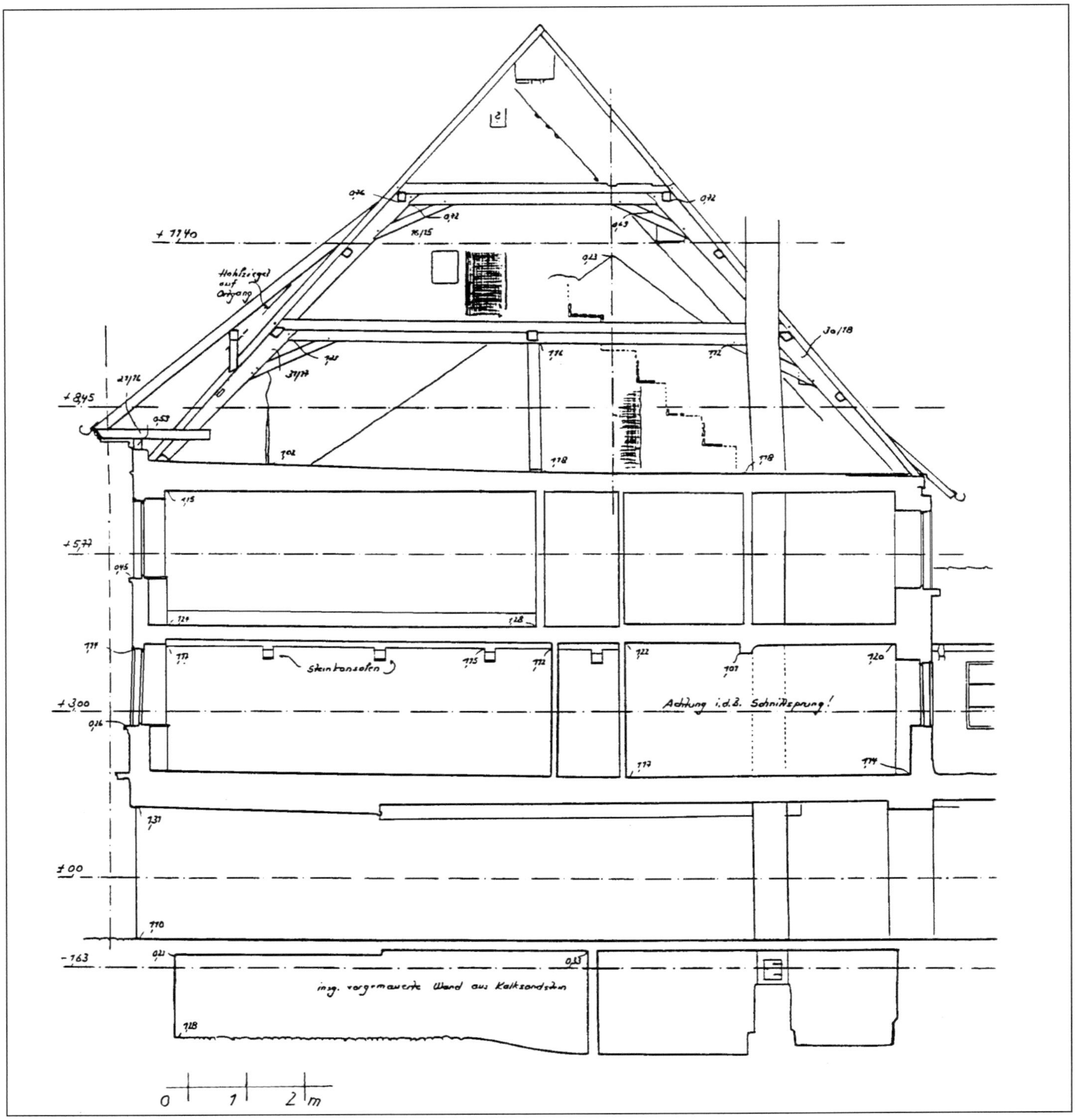

Abb. 128: Hauptstraße 43, Querschnitt.

dach (Abb. 127). Das tragende Gerüst bildet ein liegender und verzapfter Stuhl, dessen Bauhölzer nach der dendrochronologischen Datierung um die Jahre 1596/97 gefällt wurden. Im Zusammenhang mit der späteren Veränderung der Gassenfassade erfolgte die Anhebung der westlichen Dachtraufe.

Im Schutz des Dachwerks haben sich an der Brandwand zum nördlichen Nachbarhaus Nr. 41 aufschlussreiche Befunde zur lokalen Bauabfolge erhalten (Abb. 128). Danach stand auf der nördlichen Parzelle als ältestes erkanntes Gebäude ein Massivbau mit Staffelgiebel. Er besaß einen zweigeschossigen Unterbau und war wie die Nachfolgebauten traufständig zur Hauptstraße ausgerichtet.

An seinen Südgiebel lehnte sich zu einem späteren Zeitpunkt der älteste Vorgängerbau des untersuchten Gebäudes an. An der Straßenseite besaß er gleichfalls einen zweigeschossigen Unterbau, während sich die Rücktraufe um eine Etage höher entwickelte. Bei dem darüber

aufgeschlagenen Dachwerk handelte es sich um ein Satteldach mit asymmetrischem Profil oder auch um ein gebrochenes, in der Dachschräge gekapptes Pultdach. Der zu diesem Gebäude gehörige Kamin hat sich als Abdruck an der Staffelgiebelwand erhalten.
In einer zweiten Bauphase stockte der nördliche Nachbar um eine Ebene auf und errichtete darüber ein neues, den südlichen Nachbarbau überragendes Satteldach. Von dieser Bauphase haben sich am rückwärtigen Ortgang die Dachlatten und Reste der Hohlziegeleindeckung erhalten. Die zur Untersuchung entnommenen Latten datieren in das Jahr 1367 (d).
Eine unter dem Firstpunkt vorhandene und aus Backstein gesetzte Öffnung, möglicherweise auch ein zweites verputztes Fenster darunter belichteten den Dachraum. Mit der folgenden Baumaßnahme gleicht der Besitzer von Haus Nr. 43 das Dachprofil dem des Nachbarhauses an, womit dessen Öffnungen verschlossen werden.
In einer Reaktion darauf erreicht der Bauherr im Norden nochmals eine Steigerung und nimmt dies zum Anlass, auf dem rückwärtigen Ortgang der vom südlichen Nachbarn eingehaltenen Dachschräge drei große Giebelfenster anzulegen. Diese werden um 1597 mit der Abzimmerung des heutigen Daches vermauert.
Nachweis: Bauhistorische Kurzdokumentation, 1999.

Hauptstraße 44

Die Bebauungssituation dieser Parzelle gleicht dem Nachbargrundstück Nr. 42 und besteht ebenfalls aus einem straßenseitigen Haupthaus (Abb. 129), dem Hof und dem mit einem Laubengang verbundenen, infolge eines Kriegsschadens erneuerten Rückgebäude.
Das dreigeschossige Haupthaus besitzt unter der südlichen Haushälfte einen die gesamte Haustiefe durchziehenden Keller. Während der vordere Bereich noch mit Balken eingedeckt ist, wird die rückwärtige Kellerhälfte von einer Betondecke überspannt. Das erhaltene Eichengebälk ist parallel zum Straßenverlauf ausgerichtet und lagert im Süden auf einem Streichbalken. Er wird von Konsolen getragen, die mit Ausnahme des straßenseitigen Werksteines aus Wacken und Hausteinen bestehen. Die Konsolen sitzen in einer stark verformten Wackenwand, die als Parzellenwand anzusprechen ist. Das nördliche Gegenauflager bildet ein Mauerholz, das der Kellerwand aufgelegt ist. Der zu dieser Wand versetzt verlaufende Unterzug ist aus Nadelholz und als spätere Unterstützung zu bewerten.
Der Keller, sowohl an der Straßenseite wie auch an der Hofseite belichtet, wird durch eine hofseitige Treppe erschlossen. Ein weiterer, interner Zugang kann wohl im Bereich der Betondecke vermutet werden. In diesem Zusammenhang ist eventuell auch die in der nördlichen Kellerwand vorhandene Nische zu sehen. Sie besitzt schräg verlaufende Laibungen und wird heute durch das quer verlaufende Mauerholz überschnitten. Ehemals wohl höher und von zwei seitlich der Nische vorstehenden Steinen begrenzt, könnte es sich bei dieser Vertiefung um eine frühere Zugangssituation handeln. Sie wäre dann im Zusammenhang mit dem späteren Kellerumbau aufgegeben worden.
Das vorhandene Gebälk datiert in die Jahre 1544/45 (d).
Das auf dem Haupthaus in den Jahren 1666/67 (d) aufgeschlagene Satteldach ist traufständig zur Straße ausgerichtet (Abb. 130; 131). Drei abgesprengte und verzapfte Querbünde bilden im 1. Dachgeschoss das tragende Gerüst für die Sparrenpaare. Sie waren kombiniert mit einer firstparallelen Längswand, wodurch in der

Abb. 129: Hauptstraße 44.

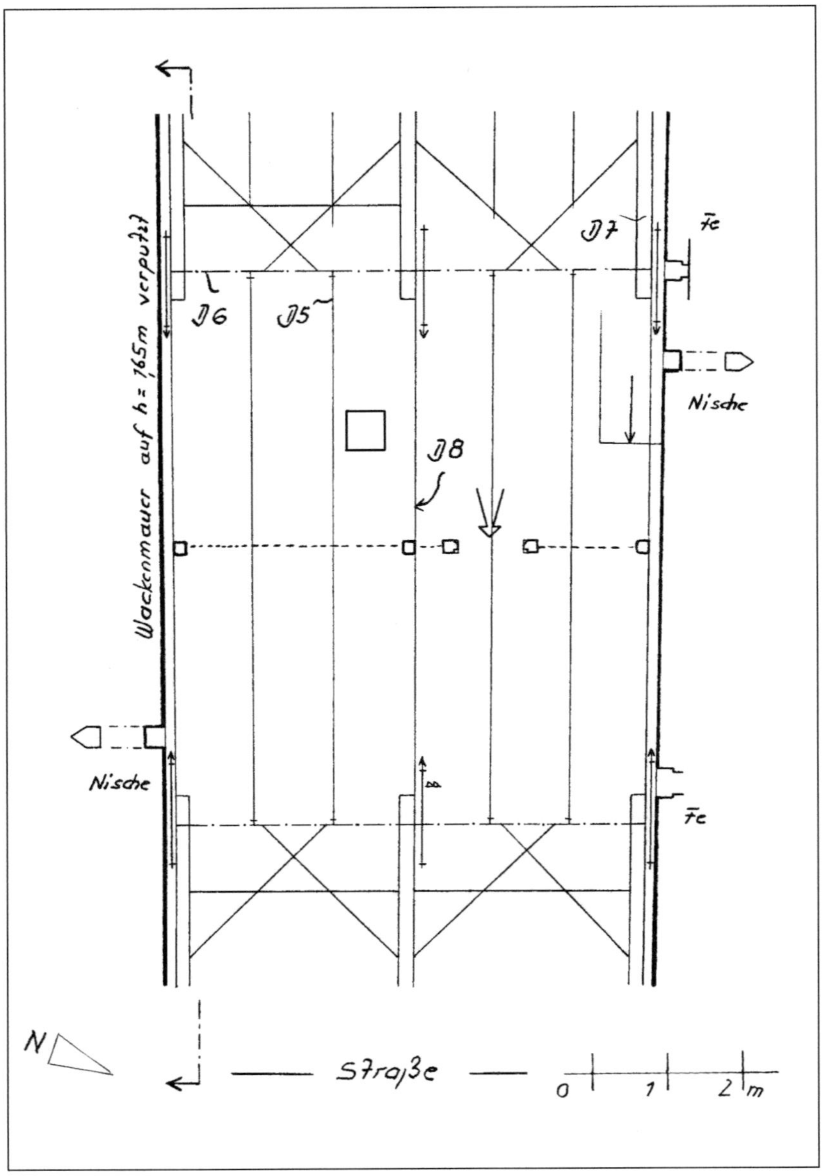

Abb. 130: Hauptstraße 44, Grundriss 1. Dachgeschoss.

straßenseitigen Dachhälfte eine Dachkammer abgetrennt wurde. Zwei im Nordgiebel angelegte Schlitzöffnungen sind heute vermauert und gehören, wie das schon im Jahr 1555 vorhandene Nachbardach belegt, einer älteren Vorgängersituation an. Der Südgiebel zeigt ein reines Wackenmauerwerk, das bis auf eine Höhe von 1,65 m verputzt ist. Auch hier sind Spuren einer Vorgängerbebauung vorhanden. So verläuft über der Verputzung die Baunaht eines alten Giebeldreiecks. Der zugehörige Firstpunkt liegt unterhalb des im 2. Dachgeschoss verbauten Kehlbalkens; auf der zur Hofseite geneigten Mauerkrone haben sich die Reste einer das Dach abschließenden Hohlziegeldeckung erhalten.

Nachweis: Dendrochronologische Datierung, Dezember 1990.

Hauptstraße 45, ehem. Gasthaus Goldener Becher

Das traufständige Gebäude lässt mit seinem Südgiebel eine Lücke zum Nachbargebäude und begrenzt so die massive Reihenbebauung entlang der östlichen Hauptstraße (Abb. 132). Teile des Gebäudes sind durch Keller- und Erdgeschossgrundrisse sowie durch mehrere Schnitte des Jahres 1919 dokumentiert (Abb. 133–136). Auf dem dreigeschossigen Massivbau ist ein Dachwerk aus den Jahren 1545/46 (d) abgezimmert (Abb. 137; 138). Dessen tragendes Gerüst besteht im 1. und 2. Dachgeschoss aus vier abgesprengten und verzapften

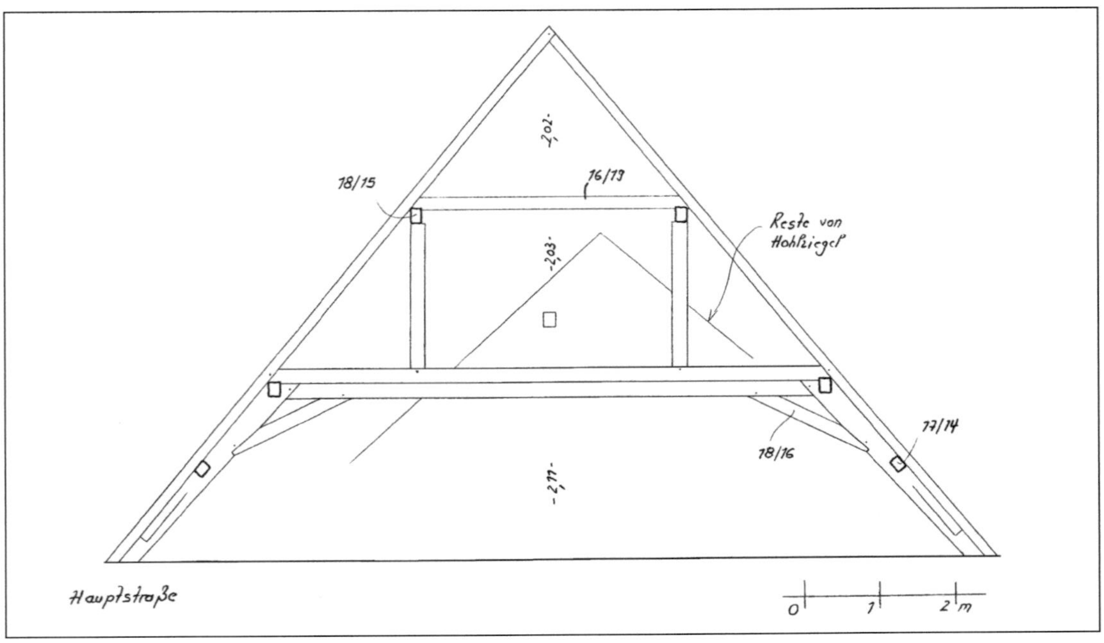

Abb. 131: Hauptstraße 44, Querschnitt Dachwerk.

Abb. 132: Hauptstraße 45.

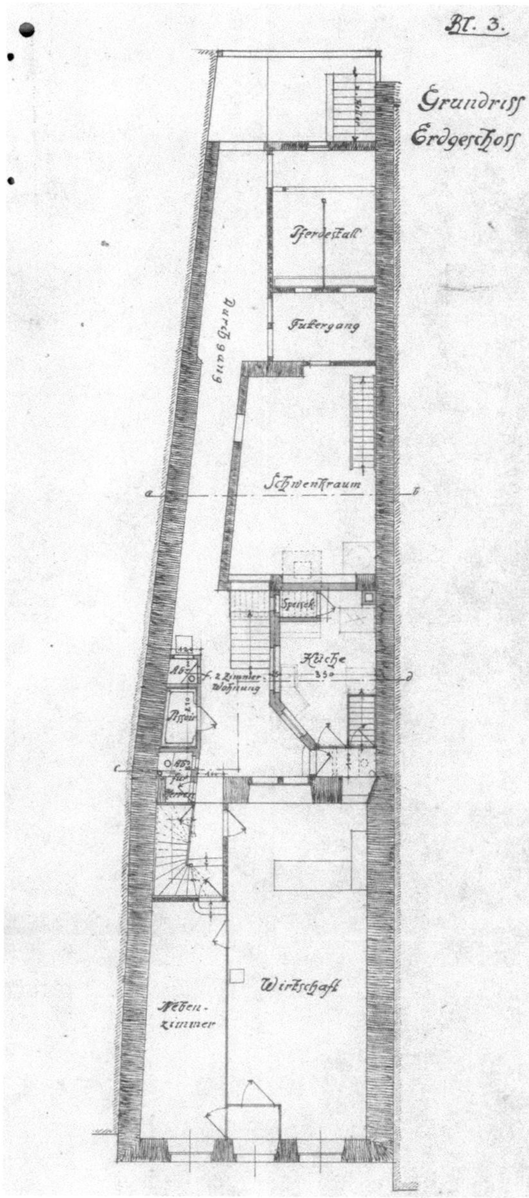

Abb. 133: Hauptstraße 45. Grundriss Erdgeschoss mit Lage der Schnitte a–b und c–d, Plan von 1919.

Querbünden. Zusammen mit den geneigten Längsbünden unter den Dachflächen bilden sie in beiden Ebenen liegende Stuhlgerüste aus. Diese wurden zusätzlich mit einem unter dem Firstpunkt angeordneten Hängewerk kombi-

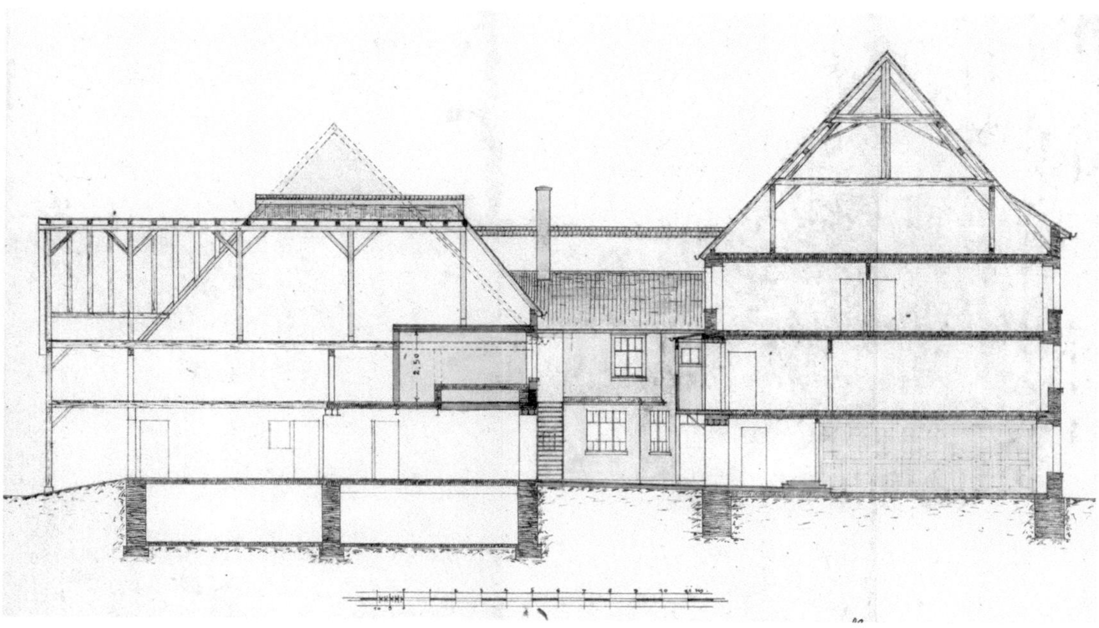

Abb. 134: Hauptstraße 45, Querschnitt durch die Parzellenbebauung von 1919.

Abb. 135: Hauptstraße 45, Querschnitt c–d durch den neuen Zwischenbau von 1919 (vgl. Abb. 133).

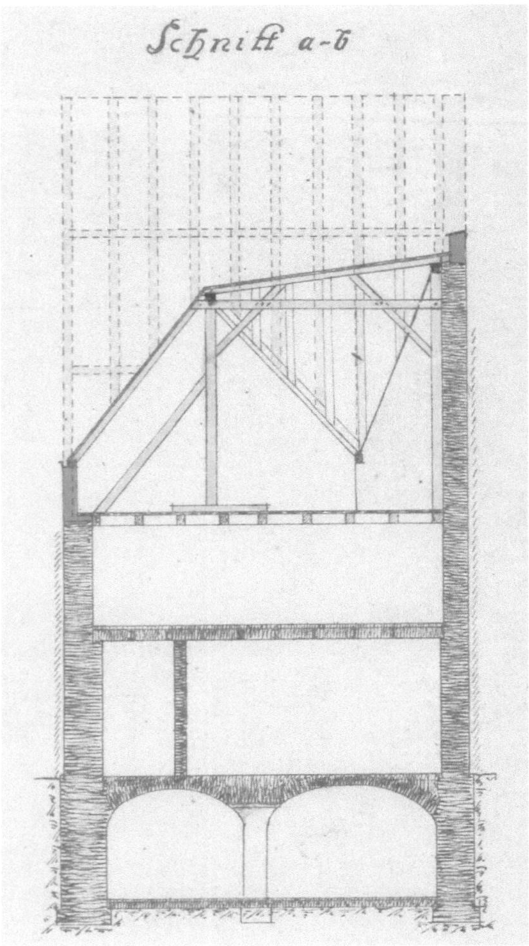

Abb. 136: Hauptstraße 45, Querschnitt a–b durch das Hinterhaus von 1919 (vgl. Abb. 133).

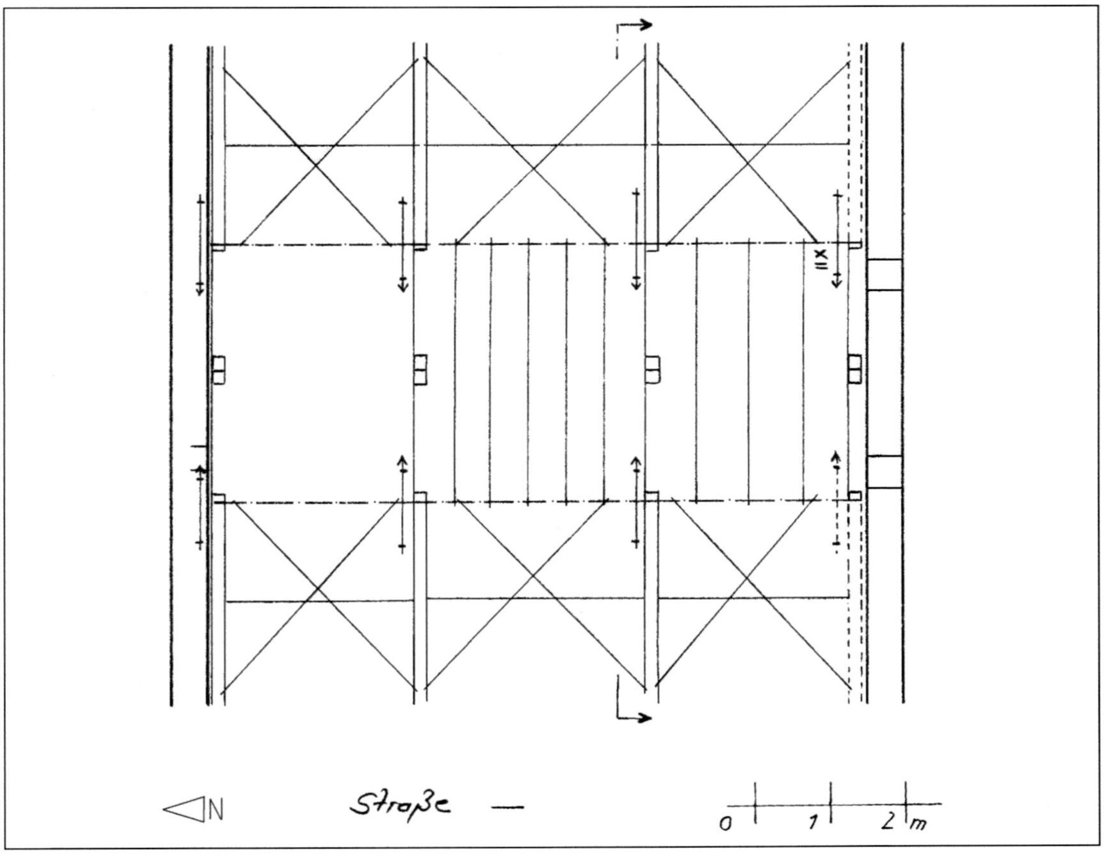

Abb. 137: Hauptstraße 45, Grundriss 2. Dachgeschoss, 1545 (d).

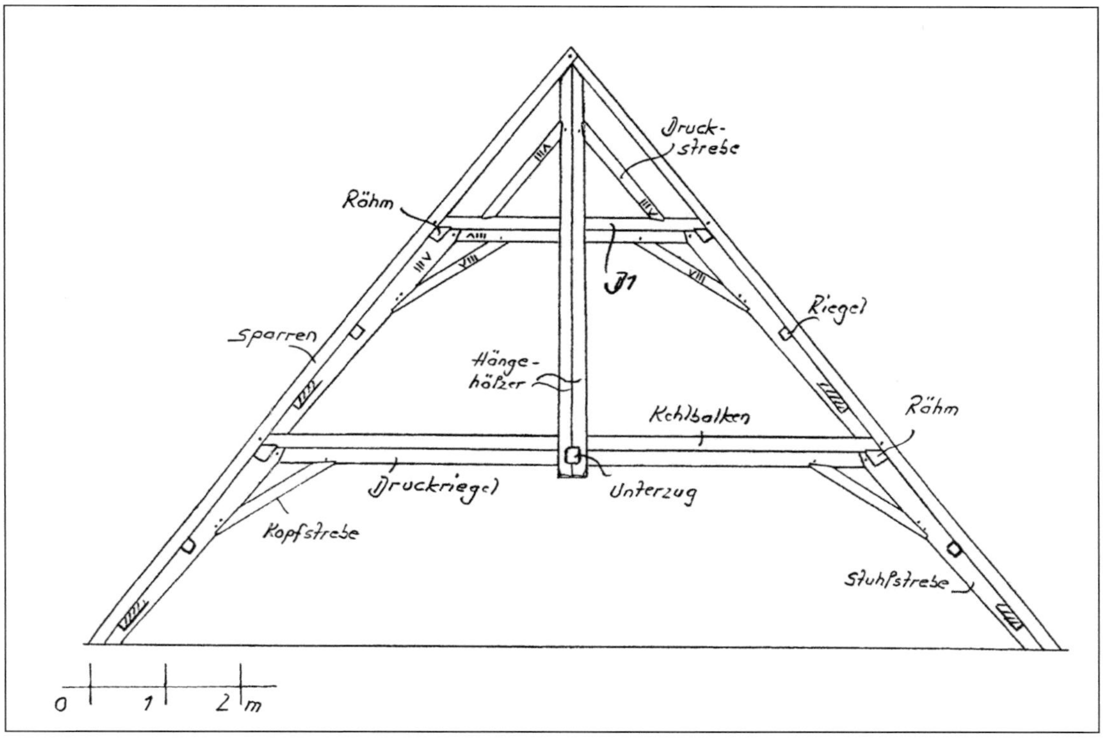

Abb. 138: Hauptstraße 45, Querschnitt Dachwerk, 1545 (d).

niert. Die Hängehölzer entlasten den Mittellängsunterzug über dem 1. Dachgeschoss und ermöglichten so einen offenen, die gesamte Hausfläche einnehmenden Lagerraum.
Heute ist das 1. Dachgeschoss ausgebaut, wobei eine deutliche Dachanhebung eine hoch liegende Straßentraufe ermöglicht. Weitgehend unverbaut ist der obere Dachraum. An beiden Giebeln sind im 2. und 3. Dachgeschoss die Nischen bauzeitlicher Fenster erhalten. Im Süden sind sie offen.
Nachweis: Dendrochronologische Datierung, 1992.

Hauptstraße 46

Die von den nördlich angrenzenden Grundstücken bekannte Bebauungsstruktur setzt sich auch hier fort. Straßenseitig steht das Hauptgebäude, dem angrenzend an den teilweise überbauten Hofraum ein rückwärtiges, die gesamte Parzellenbreite abschließendes Wirtschaftsgebäude zugeordnet werden kann (Abb. 139; 140). Ein über dem Hauseingang des Vorderhauses vermauerter Wappenstein zeigt die Jahreszahl 1532.
Das Haupthaus nimmt die gesamte Grundstücksbreite ein, besitzt aber bemerkenswerterweise keine einheitliche Rücktraufe. Dieser Befund wiederholt sich auch im Keller, der sich aus zwei unterschiedlich tiefen Kellerabschnitten zusammensetzt (Abb. 141). Den offensichtlich ältesten Bauteil bildet der nördliche Keller. Er besitzt eine durchschnittliche Breite von etwa 4,50 m und durchzieht die gesamte Gebäudetiefe. Die aus Wacken gemauerten Wände sind zum Teil stark verformt, wobei die Nordwand keine einheitliche Wandflucht aufweist.

Abb. 139: Hauptstraße 46.

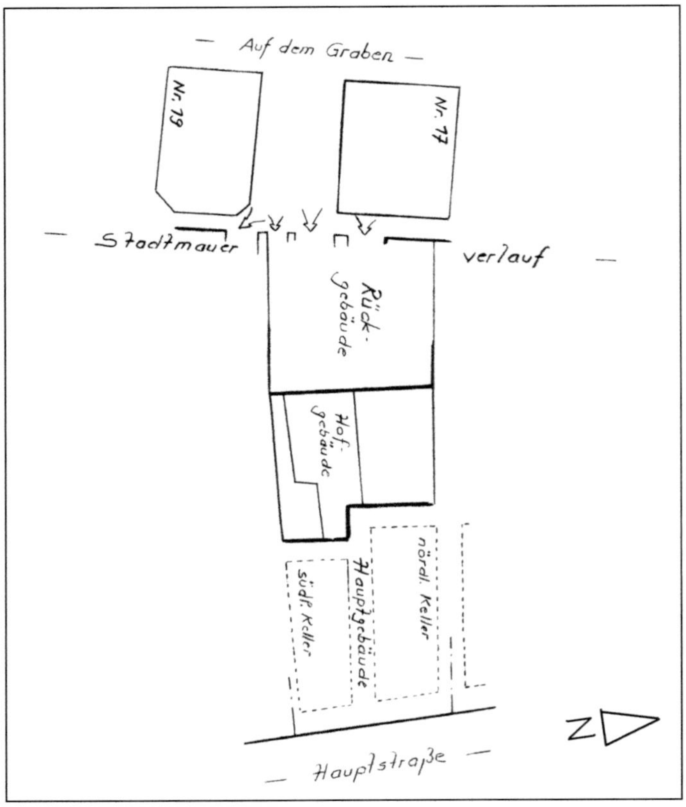

Abb. 140: Hauptstraße 46, Übersichtsplan.

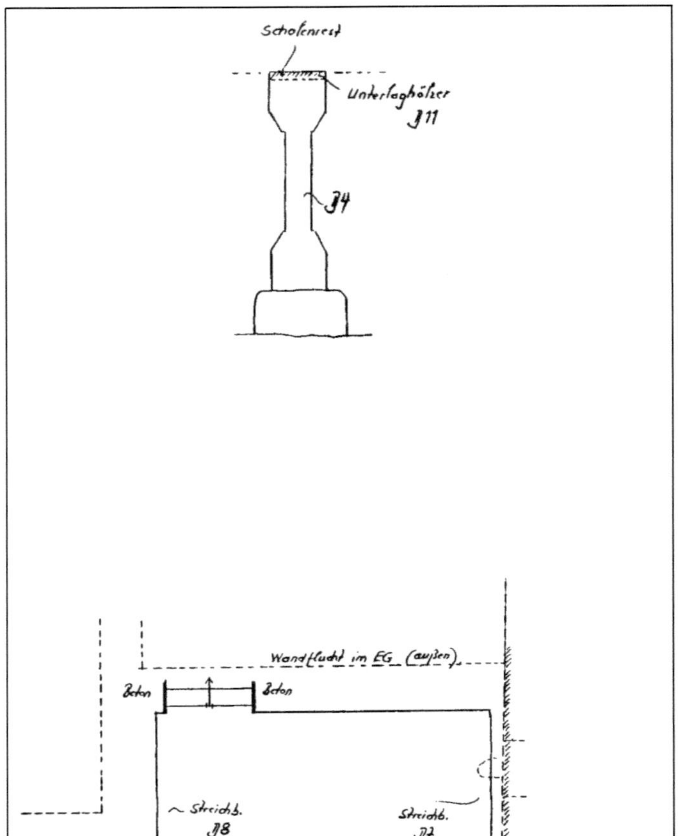

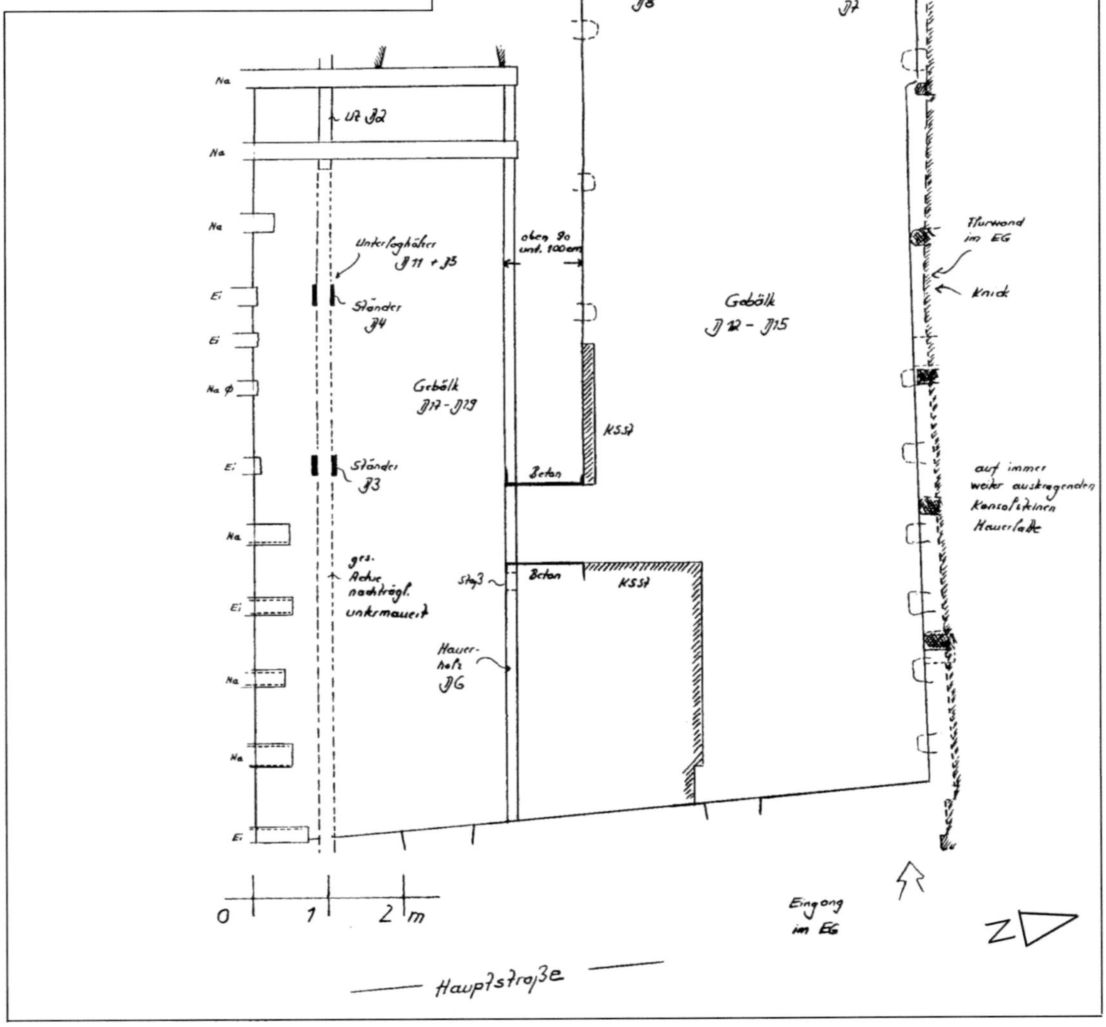

Abb. 141: Hauptstraße 46, Grundriss Keller. Detail: Ansicht Ständer B4, südlicher Keller. Unmaßstäbliche Skizze.

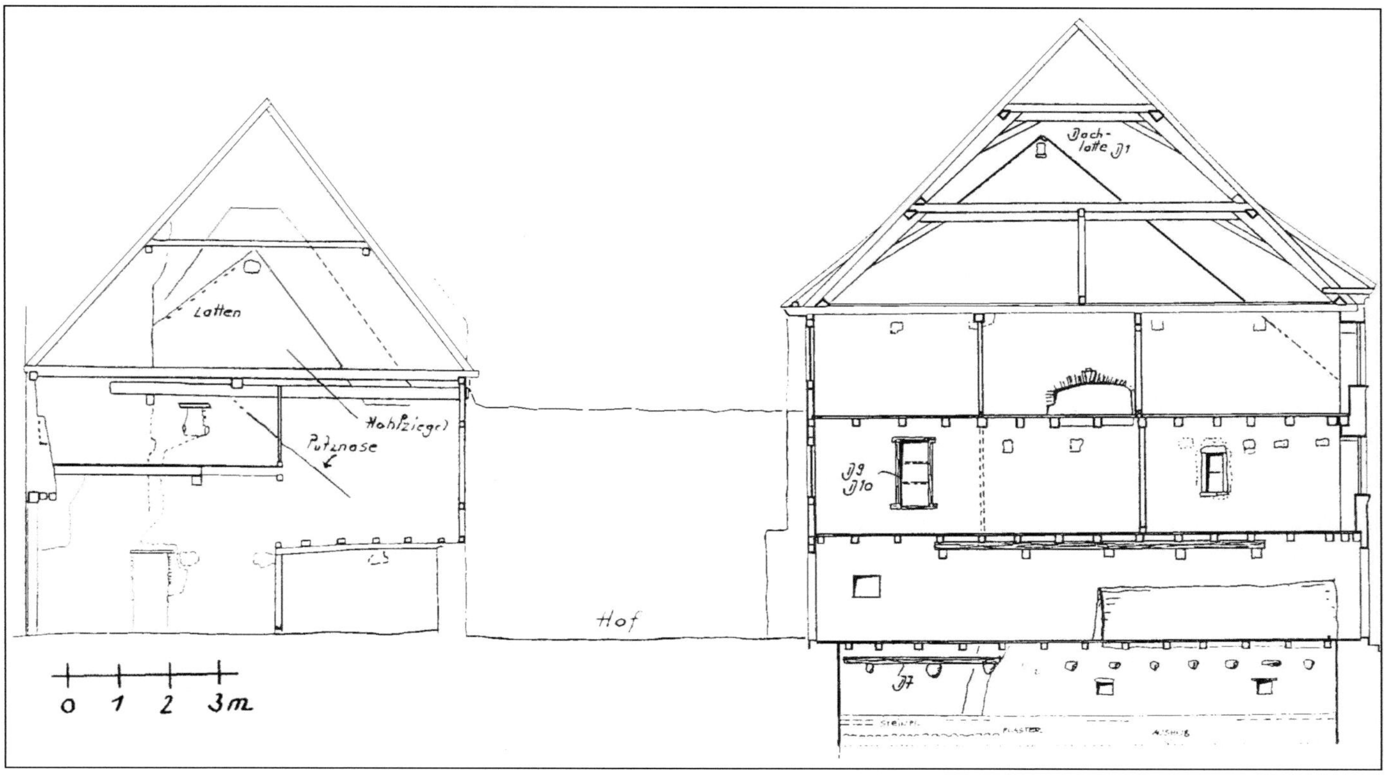

Abb. 142: Hauptstraße 46, Querschnitt Baubestand, M. 1:150.

So verspringt der rückwärtige Bereich um ca. 15 cm nach Norden und deutet so eine spätere Verlängerung des Kellers an. Über die gesamte Länge sind große Wackenkonsolen verbaut. Im vorderen Bereich sind nur noch die Steine erhalten, während sich im rückwärtigen Kellerbereich mit dem aufgelegten Streichbalken eine abweichende Auflagersituation erhalten hat (Abb. 142). Letzteres trifft auch auf die gegenüberliegende Kellerwand zu, ohne dass hier entlang der Wand eine Baunaht zu erkennen ist. Im angetroffenen Zustand waren die Konsolen und Streichbalken jedoch funktionslos. Die eigentliche Kellerdecke lag darüber, die Balken lagerten direkt im Mauerwerk. Die Überprüfung der im Jahr 1988 ermittelten dendrochronologischen Daten führte zu einer Korrektur der alten Ergebnisse. So datiert die gesamte Decke in eine gemeinsame Bauphase, ist aber in der angetroffenen Lage das Ergebnis einer späteren Anhebung. Während die beiden Streichbalken das Fälldatum mit 1579 ±10 (d) nur annähernd angeben, ist die Datumsangabe der Balkendecke genauer. Die Balken wurden um 1577/ 1578 (d) gefällt.

Nach den Beobachtungen von Bernhard Vedral, der die Umbauarbeiten im Jahr 1988 bauarchäologisch begleitete und dokumentierte, bestand der älteste Kellerboden aus einem Wackenpflaster. Es wurde von späteren Steinplatten und Auffüllungen überdeckt und definierte eine Kellerhöhe von etwa 1,90 m.

Gegenüber dem Nordkeller ist der südliche Kellerteil jünger (Abb. 141). Mit etwa 3,50 m deutlich schmaler als der Nordteil, ist er auch 2,40 m kürzer und orientiert sich so an dem Versprung der rückwärtigen Hauswand. Der Keller besaß eine Balkendecke aus Nadel- und Eichenhölzern, wobei einzelne Balken wiederverwendet waren. Das Gebälk lagerte in den seitlichen Wänden. Hinweise auf Wackenkonsolen oder auf mittelalterliche Mauerstrukturen liegen nicht vor. Bei der angetroffenen Verbindung zum Nordkeller handelt es sich um einen späteren Ausbruch, dessen Begrenzungen in Beton gefasst sind. Drei untersuchte Eichenbalken stammten aus den Jahren um 1615 (d), während das im Jahr 1988 ermittelte Datum einer wiederverwendeten Säule nach der aktuellen Überprüfung nicht bestätigt werden konnte.

Im aufgehenden Hausbereich konzentrierten sich die baulichen Befunde auf die nördliche Parzellenwand. Sie durchzog ehemals die gesamte Grundstückstiefe und erlaubt über die erkannten Putzgrenzen und Mauerwerksstrukturen einen groben Überblick über die bauliche Entwicklung auf der Parzelle (Abb. 142).

Danach lässt sich für das Hauptgebäude, ausgehend von den Kellerbefunden, eine in mehreren Bauphasen vollzogene Verlängerung und Erhöhung ableiten. Ohne die einzelnen Schritte jedoch näher beschreiben zu können, bezieht sich der erste sicher zu bestimmende

Abb. 143: Hauptstraße 46, Hauptgebäude, ehem. Firstpunkt.

Abb. 144: Hauptstraße 46, nördliche Brandwand im Bereich des rückwärtigen Hofgebäudes.

Baukörper auf einen zweigeschossigen Massivbau, dessen Dachprofil über den Nachweis zweier Dachschrägen und den zugehörigen Firstpunkt exakt verfolgt werden kann (Abb. 143). Danach handelte es sich um ein an der rückwärtigen Traufe angehobenes Satteldach, das auch als Pultdach mit gebrochener Dachfläche beschrieben werden kann. Anders als bei den Untersuchungen im Jahr 1988 konnte die im Dachfirst geborgene Dachlatte dieses Mal in die Jahre um 1350 datiert werden. Die heutige Gebäudehöhe wurde im 16./17. Jahrhundert erreicht.

Etwas differenzierter war die bauliche Entwicklung des Rückgebäudes (Abb. 142 und 144). Danach ist als ältester Bauteil die in Süd-Nord-Richtung verlaufende, im Bereich der Zufahrt stark gestörte Stadtmauer zu erwähnen. An sie stieß zum Zeitpunkt der Untersuchung die von der Hauptstraße kommende, mit lagig gesetzten Wacken gemauerte Parzellenwand. Im Anschlussbereich stark gestört, war der Verlauf der ältesten Mauerkrone nicht mehr erkennbar, kann aber etwa unterhalb der Brüstungshöhe des mit einem Holzsturz eingedeckten Fensters vermutet werden. Auf diesem Niveau befand sich auch der Laufhorizont des Wehrgangs. Auf und an der Parzellenwand entwickelte sich in der Folgezeit eine Abfolge von mindestens sechs Anbauten, deren Ausgangspunkt ein niedriges Pultdachgebäude mit dem besagten Fenster bildete. Der rückwärtige Abschluss bezog sich auf eine parallel zur Stadtmauer verlaufende Massivwand, deren innere Eckverzahnung mit der Parzellenwand als senkrechte, leicht verspringende Baunaht zu erkennen war. In den drei unteren Ausbrüchen saßen ehemals wohl die Wackenkonsolen für das alte Gebälk. In den darauf folgenden Phasen nimmt das Rückgebäude immer größere Dimensionen ein. In einem ersten Schritt erfolgte die Erhöhung des nördlichen Nachbargebäudes. Dessen Dachneigung verläuft annähernd parallel zum südlichen Kernbau und definiert gleichfalls einen Pultdachbau. Auf diese Bauphase reagierte nun der Besitzer der untersuchten Parzelle. Entsprechend der alten Praxis mauerte er auf der Mauerkrone des Nachbargebäudes auf und erbaute einen steileren, unter anderem auch in Richtung Stadtmauer entwässernden Nachfolgebau. In der unterhalb des Firstpunktes erhaltenen Störung wird man wohl das Auflagerloch einer ehemaligen Firstpfette vermuten können. Nach zwei weiteren Aufstockungen auf der Parzelle Nr. 46 folgte die nachbarliche Überbauung an der Rücktraufe, bevor in einem weiteren Schritt das zur damaligen Zeit angetroffene Dachprofil des Grundstücks Nr. 46 erreicht wurde. Es datiert in die zweite Hälfte des 17. Jahrhunderts und überbaut zum ersten Mal die Stadtmauer. Der letzte zu vermerkende Bauvorgang, mit dem dann gleichfalls die Stadtmauer einbezogen wird, vollzieht sich wieder im Norden.

Im Zusammenspiel mit den Erweiterungen des Haupthauses führen diese baulichen Ergänzungen zu einer Verdichtung auf der Parzelle, zu einer Überbauung der Stadtmauer und letztlich zu einer Verkleinerung des Hofraumes.

Im Idealfall und unter der Berücksichtigung einer zielgerichteten Untersuchung beider Parzellenwände ließen sich die skizzierten Erweiterungen sicherlich präziser darstellen. Dem kann die hier vorgelegte Dokumentation zwar nicht gerecht werden, aber dennoch ist es möglich, die obigen Angaben in einzelnen entscheidenden Punkten zu ergänzen.

Eine wertvolle Hilfe bildet in diesem Zusammenhang die lokale Situation. Sie wird geprägt durch den Verlauf der Stadtmauer und die sich daraus für die bauliche Expansion der Parzellenbebauung ergebenden Einschränkungen. Dieser Nachteil wird zum Beispiel dann relevant, wenn für die sinnvolle Nutzung des rückwärtigen Lager- und Wirtschaftsgebäudes eine Zufahrt vorausgesetzt wird. Dafür lassen aber sowohl die Stadtmauer wie auch die beiden Keller des Vorderhauses keinen Platz, es sei denn, bei der südlichen Kelleranlage handelt es sich um die spätere Unterkellerung der ehemaligen Durchfahrt (vgl. Abb. 140). Dass dem so sein könnte, darauf weisen unterschiedliche Indizien hin.

Zum Ersten ist die Kellersituation selbst zu nennen. So ist der besagte Keller nicht nur jünger, auch hinsichtlich seiner Ausdehnung und seiner baulichen Ausführung scheint er das Ergebnis einer separaten, die ehemalige Großparzelle unterteilenden Baumaßnahme zu sein.

Zum Zweiten kann in der Frage der rückwärtigen Zugänglichkeit auch die bauliche Situation im Rahmen der ehemaligen Stadtmauer herangezogen werden. Dies ist insofern interessant, als der entsprechende Bereich gleich drei nebeneinanderliegende Einfahrtstore aufweist (Abb. 145). In ihrer baulichen Ausführung entsprechen sie einer einheitlichen Konzeption, wobei nicht auszuschließen ist, dass dadurch ältere, individuell angelegte Stadtmauerdurchbrüche ersetzt wurden. Die südliche Einfahrt führt zum Grundstück Hauptstraße 48, während für die Parzelle von Haus Nr. 46 eigenartigerweise zwei Einfahrten angelegt wurden.

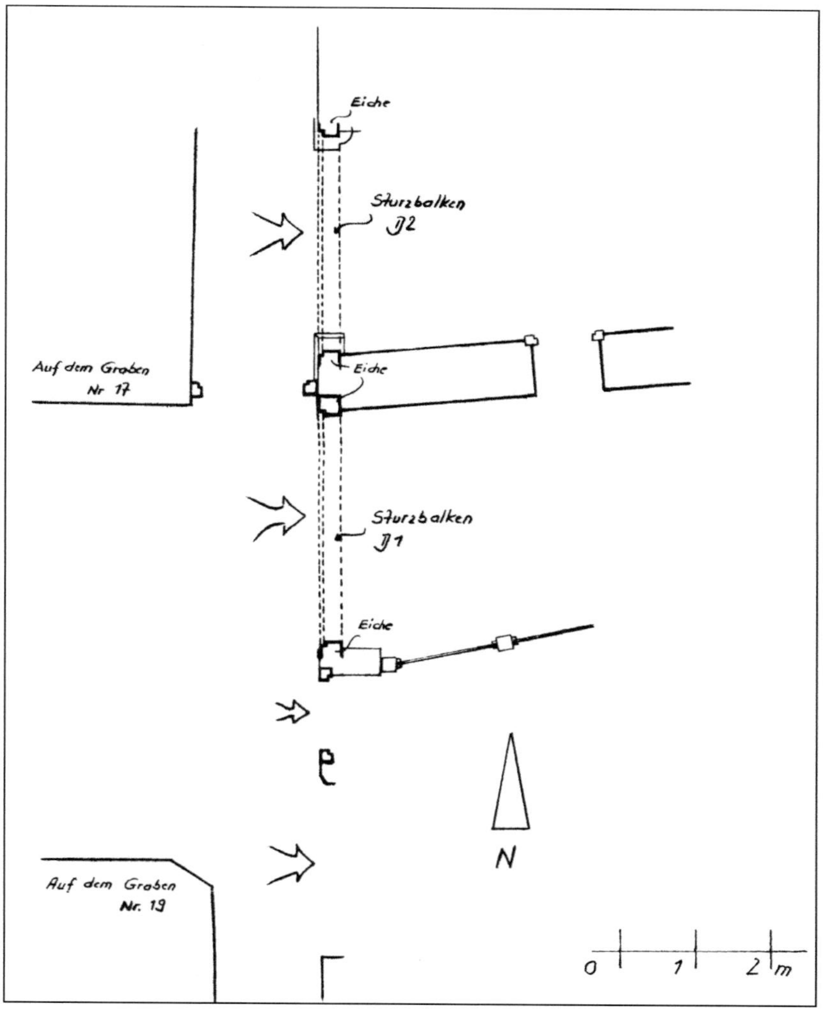

Abb. 145: Hauptstraße 46, Grundriss der rückwärtige Toranlage (Ausschnitt).

Von den Sturzbalken der beiden nördlichen Einfahrten wurden Bohrproben entnommen. Danach wurden die beiden Einfahrten zeitgleich in den Jahren um 1670 (d) angelegt.

Unter der Annahme, dass für eine Parzelle im Regelfall keine zwei Einfahrten notwendig sind, kann die angetroffene Situation wohl als Indiz für eine ehemalige, nach den obigen Erwägungen spätere Zweiteilung des Grundstücks gewertet werden. Diese Einschätzung lässt sich ohne Probleme mit der angetroffenen Bebauung, insbesondere mit der zweiteiligen Kelleranlage in Einklang bringen. Allerdings wurde die Zweiteilung der Parzelle spätestens mit dem Bau des Hauses Auf dem Graben 17 aufgegeben. Dieser Neubau verbaute nämlich die nördliche Einfahrt und machte damit das südliche

Abb. 146: Blick von Süden in den südlichen Bereich der Hauptstraße. Vorne rechts Haus Nr. 47, Gasthaus zum Löwen, im Hintergrund Haus Nr. 30, Gasthaus Krone. Aufnahme von Rudolf Hugard, um 1910.

Tor zur alleinigen Hofzufahrt. Spätestens zu diesem Zeitpunkt ist das ehemals unterteilte Grundstück Hauptstraße 46 wieder in einer Hand und es kann auf die nördliche Einfahrt verzichtet werden.

Doch wo lagen die Zufahrten, als es noch verboten war, in der noch intakten, mit einem vorgelagerten Graben verstärkten Stadtmauer einen Durchbruch vorzunehmen? Darauf gibt es nur zwei Antworten. Entweder das an der Mauer angebaute Rückgebäude bedurfte keiner Zufahrt, oder es war über eine parallel zur südlichen Parzellengrenze verlaufende Ein- oder Durchfahrt an der Hauptstraße erreichbar. Letzteres ist dann auch die Situation, die an dieser Stelle für die älteste erkannte Bebauung angenommen wird und auch innerhalb des städtischen Baubestandes keine Ausnahme bildet.

Nachweis: Dendrochronologische Datierung, 1988, 2009; Baudokumentation Bernhard Vedral, 1988.

Hauptstraße 47, Gasthaus zum Löwen

Innerhalb des städtischen Siedlungsgefüges nimmt der dreigeschossige Massivbau eine Sonderstellung ein. So gehört er, wie auch der südliche Bauteil des Rathauses, zu den seltenen Häusern, die nicht mit ihrer Traufe, sondern mit ihrem Giebel die Straßenflucht begrenzen (Abb. 146; 147). Ergänzend dazu besitzt das Gebäude an seiner zum Marktplatz ausgerichteten Hausecke einen Eckverband aus Buckel-

Abb. 147: Hauptstraße 47, Gasthaus zum Löwen.

Abb. 148 (links): Hauptstraße 47, Buckelquaderecke mit leichter Abschrägung im unteren Bereich.

Abb. 149 (rechts): Hauptstraße 47, Detail der Buckelquaderecke.

quadern (Abb. 148; 149). Der Eckverband reicht über die Höhe von zwei Geschossebenen und wird im 2. Obergeschoss von einer verputzten Eckbetonung abgelöst. Besondere Beachtung verdient auch die Tatsache, dass es sich bei dem Gebäude um einen frei stehenden, nicht in die nachbarliche Reihenbebauung eingebundenen Bau handelt. So besteht zum nördlichen Nachbargebäude Nr. 45 eine Lücke, die sich über die gesamte Gebäudetiefe erstreckt.

Bei der entlang der Lücke stehenden Traufwand handelt es sich um eine Wackenwand. Nach oben ist sie stark verformt und wird durch eine Vielzahl von massiven Verstrebungen mit der Nachbarwand abgestützt. Dies ist eventuell ein Anhaltspunkt dafür, dass eine ähnliche Verformung an den beiden sichtbaren Außenwänden zu einem Teilabbruch und einer begradigten Wiederaufmauerung des 2. Obergeschosses führte. Im unteren Bereich besitzt die entlang der Lücke verlaufende Wand keine Fensteröffnungen. Diese lassen sich erst auf der Höhe des 2. Obergeschosses nachweisen. Die Öffnungen sind durch hölzerne Gewände eingerahmt und wurden zu einem späteren Zeitpunkt vermauert.

Alte, in das 16. Jahrhundert zu datierende Fenster sind an der zum Markt ausgerichteten Gegentraufe zu erkennen. Es handelt sich um ein Sammelsurium von zweitverwendeten Steinen, die im 1. und 2. Obergeschoss in die heute symmetrisch gegliederte Marktfassade eingebunden sind.

Auch im Inneren des Hauses verweisen einige Details auf das hohe Alter des Gebäudes. Dazu gehören zum Beispiel das stark geneigte Deckengebälk über dem Erdgeschoss und der im Dachraum erkennbare Rückgiebel. Dieser ist auf der Höhe des Dachspitzbodens aufnehmbar und zeigt unterhalb des Firstpunktes eine vermauerte, in Backstein gefasste Lichtöffnung. Innerhalb des Giebelmauerwerks, das wohl bauzeitlich mit dem Dachwerk anzusetzen ist, befindet sich ein jüngerer Backsteinkamin.

Das Kerngerüst der Dachkonstruktion war nicht aufnehmbar. Es ist unter den Verkleidungen des ausgebauten 1. Dachgeschosses verborgen, lediglich im Spitzbereich liegen die Sparrenpaare offen. Sie sind rauchschwarz und lassen unschwer erkennen, dass es sich bei der Ausführung des straßenseitigen Drittelwalmes um eine spätere Veränderung handelt. Drei aus den Sparren entnommene Holzproben datieren diese in die Jahre 1578/79 (d).

Nachweis: Dendrochronologische Datierung, 2009.

Hauptstraße 48

Die auffallend schmale Parzelle entwickelt sich mit einheitlichen Fluchten von der Hauptstraße bis zur ehemaligen Stadtmauer (Abb. 150). Mit dem straßenseitigen Hauptgebäude und dem durch einen Laubenbau verbundenen Rückgebäude besitzt sie den für die an der Hauptstraße stehende Reihenbebauung üblichen Baubestand.

Das Hauptgebäude ist nahezu vollständig unterkellert und schließt auf dem dreigeschossigen Unterbau mit einem traufständig zur Straße ausgerichteten Satteldach ab.

Weitgehend modern umgestaltet, kann nur noch die südliche Kellerwand mit den beiden in Backstein gesetzten Nischen als alte Mauer angesprochen werden. Ausgehend von der rückwärtigen Traufwand verläuft sie in einem Abstand von etwa 3 m parallel zur südlichen Brandwand. Etwa nach der halben Haustiefe knickt sie nach Süden ab, um dann mit einem jüngeren Mauerwerk und in der Flucht der nachbarlichen Wand bis zur Straße zu reichen. Eine parallel zur nördlichen Kellerbegrenzung verlaufende Wand diente als Unterkonstruktion für die im Überbau ausgeführte Flurwand.

Das tragende Gerüst des Dachwerks bilden abgestrebte und verzapfte Querbünde. Das 1. Dachgeschoss ist ausgebaut, so dass nur der obere Dachbereich untersuchbar war. Baugeschichtlich relevante Befunde konnten am Südgiebel aufgenommen werden (Abb. 151). Hier zeichnet sich unterhalb des nachbarlichen, noch heute aktuellen Dachprofils von Haus Nr. 50 die Putzkante eines ehemaligen Dachanschlags ab. Das zugehörige Dachwerk gehörte zur Parzelle Nr. 48 und besaß einen asymmetrischen Querschnitt. Mit seiner Rücktraufe bezog er sich auf einen deutlich kürzeren, offenbar mit dem Haus Nr. 50 identischen Baukörper. Dessen Firstpunkt liegt ca. 1,05 m oberhalb des Dielenbodens und damit deutlich tiefer als der um 1350 (d) zu datierende Firstpunkt in Haus Nr. 46.

Ersetzt wird das an der südlichen Brandwand angrenzende Dach durch das heutige Dachwerk. Es überragt den Giebelabschluss von Haus Nr. 50 und reicht nun auf einem tieferen Grundriss auch weiter nach Westen. In diesem Zusammenhang wird die alte Dachbelichtung von Haus Nr. 50 vermauert, während durch die Erhöhung die Anlage einer eigenen Fensteranlage möglich wird.

Nachweis: Begehung.

Abb. 150: Hauptstraße 46 (rechts) und 48 (links).

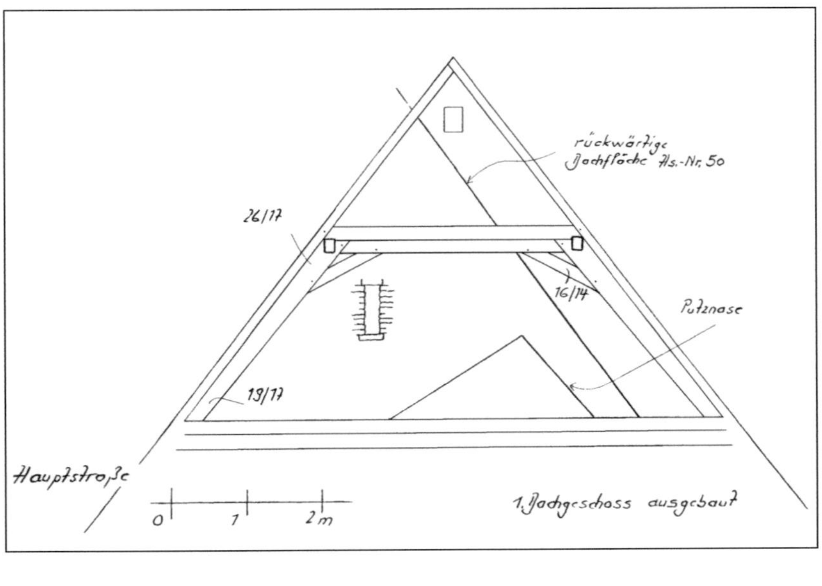

Abb. 151: Hauptstraße 48, Querschnitt Dachwerk.

Hauptstraße 49

Unter dieser Hausnummer wird der nördliche Bauteil des ursprünglich einheitlichen Baukomplexes Nr. 49/51 geführt.

Er ist unterkellert und besitzt ein eichenes, in Nord-Süd-Richtung verlegtes Kellergebälk. Im Norden lagert es auf einem von Wackenkonsolen getragenen Streichbalken. Ein in der Nordwestecke sitzendes und vermauertes Rundbogengewände führte zum Nachbargrundstück Nr. 47.

Über dem Erdgeschoss war während der Umbauarbeiten das Gebälk einsichtig. Nicht mehr in voller Länge erhalten und von Stahlträgern

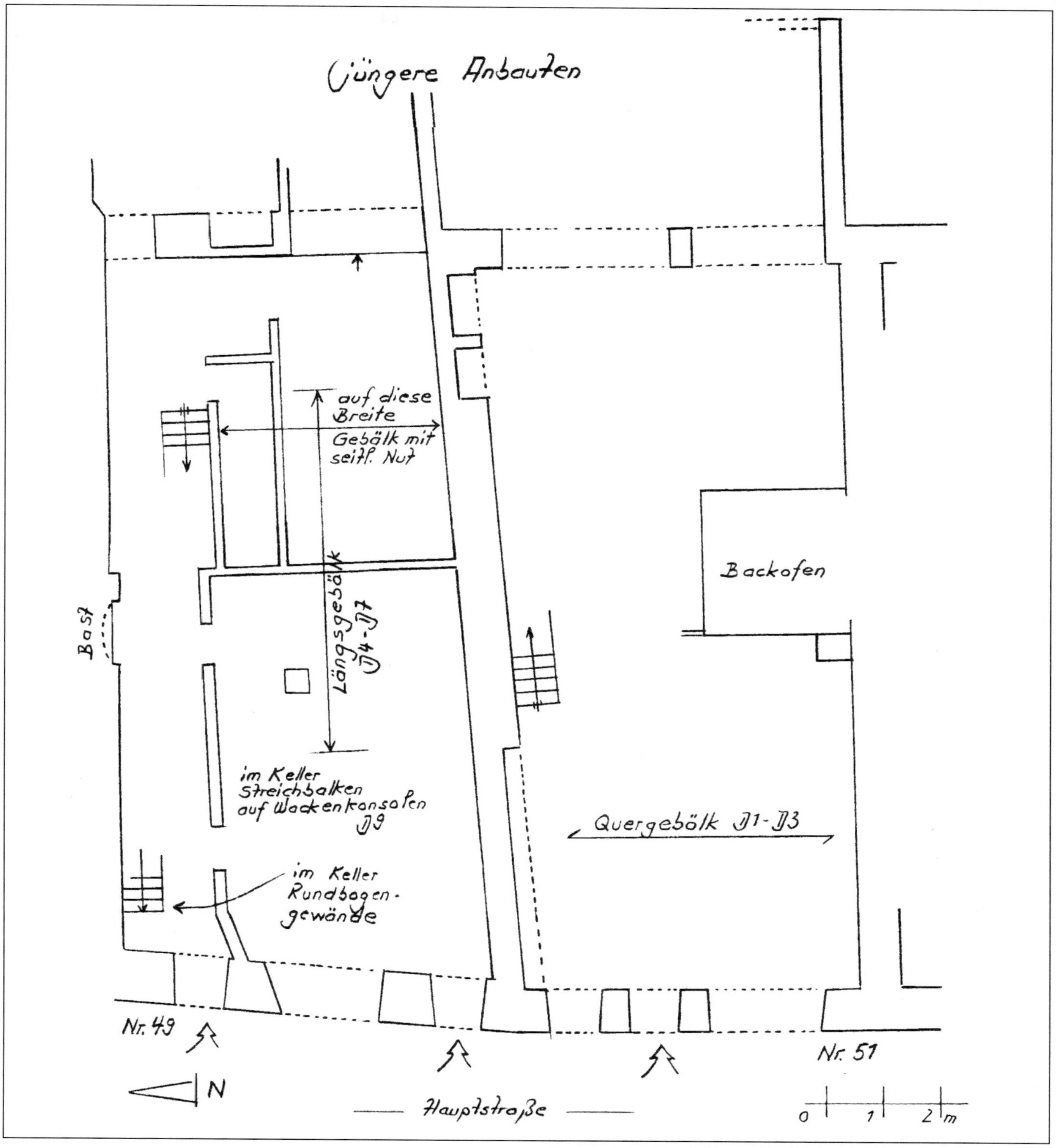

Abb. 152: Hauptstraße 49 und 51, Grundriss Erdgeschoss (Ausschnitt).

unterstützt, verlief es parallel zu den beiden Brandwänden (Abb. 152). In Anlehnung an die südliche Brandwand besaßen die Balken seitliche Fasen und Brettnuten, während die im Norden liegenden Balken keine derartigen Merkmale aufwiesen. Diese differenzierte Bearbeitung deckte sich mit der im Erdgeschoss angetroffenen Nutzung, wonach der im Norden vorhandene, die gesamte Haustiefe durchziehende Flur die historische Vorgabe widerspiegelt. Zwei unterschiedlich gewölbte Backsteinstürze deuten ältere Verbindungen in Richtung Norden an.

Vier aus den Deckenbalken entnommene Bohrproben datieren mit ihren letzten erhaltenen Ringen in die Zeit um 1603 ±10 (d).

Nachweis: Dendrochronologische Datierung, Februar 1988.

Hauptstraße 50

Abb. 153: Hauptstraße 50.

Unter dem straßenseitigen Hauptgebäude befinden sich zwei nebeneinander verlaufende Keller (Abb. 153). Beide durchziehen die gesamte Gebäudetiefe, zeigen aber im Detail unterschiedliche Baumerkmale.

So besitzt der nördliche Keller innerhalb der nördlichen Brandwand Reste von zwei verschiedenen Konsolausführungen. Zum ältesten Bestand gehören die im straßenseitigen Abschnitt abgeschlagenen Wackenkonsolen, die zu einem späteren Zeitpunkt durch inzwischen gleichfalls funktionslose Werksteinkonsolen ersetzt wurden. Bei dem in der Südostecke vorhandenen Backsteinbogen handelt es sich wohl um den Restbestand eines älteren Kellerzugangs.

Für den südlichen Keller konnte kein interner Zugang erkannt werden. Er ist ausschließlich über den nördlichen Nachbarkeller erreichbar. Im Gegensatz zu diesem besitzt das Gebälk des Südkellers eine andere Auflagersituation. Die Balken lagern auf einem Mauerholz, das seinerseits entweder einer Vormauerung oder einem Mauerrücksprung auflagert. Zwei aus den eichenen Deckenbalken entnommene Bohrproben datieren in die erste Hälfte des 18. Jahrhunderts.

Über dem dreigeschossigen Massivbau ist ein traufständiges Satteldach aus den Jahren 1496/1497 (d) abgezimmert (Abb. 154; 155). Das unterstützende Gerüst des rauchschwarzen Daches bilden im 1. und 2. Dachgeschoss drei abgesprengte, weit vor den Giebelscheiben angeordnete Querbünde. In der Kombination mit den unter den Dachflächen ausgeführten Stuhlstrebenlängsbünden bilden sie auf beiden Ebenen ein liegendes Stuhlgerüst aus. Während die liegenden Stühle im 15. Jahrhundert üblicherweise eine verblattete Queraussteifung besitzen (siehe Dachwerk Hauptstraße 34), sind an diesem Dachwerk die winkelaussteifenden Hölzer mit den Stuhlstreben verzapft. Das Dachwerk gehört somit zu den seltenen Beispielen Südwestdeutschlands, bei denen die für das

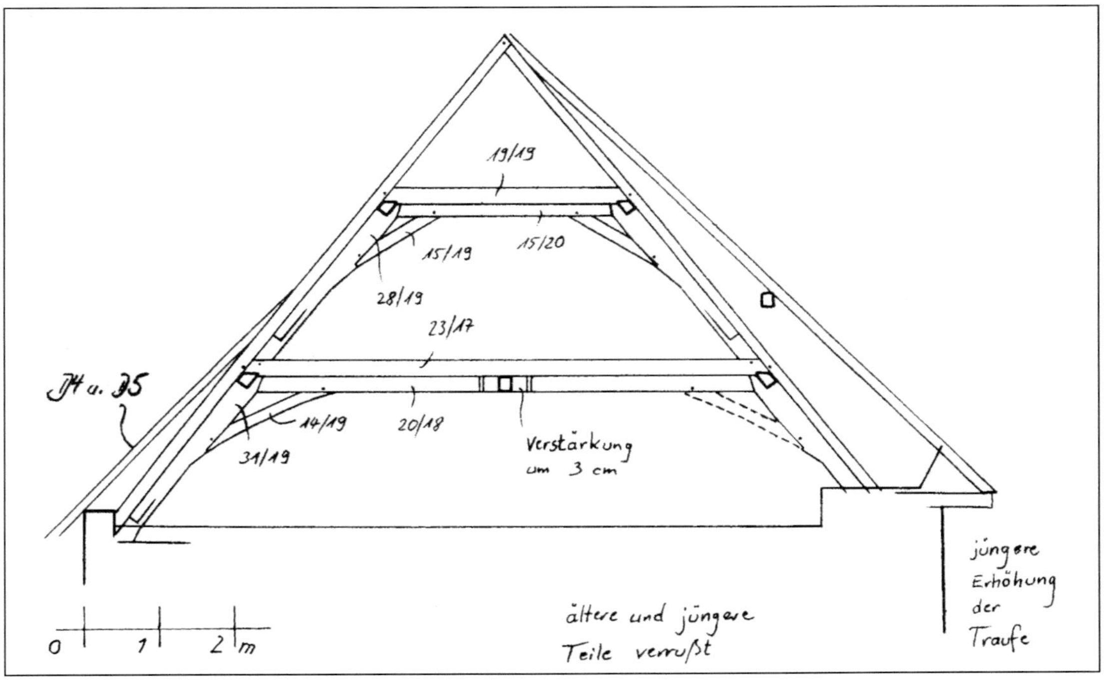

Abb. 154: Hauptstraße 50, Querschnitt Dachwerk.

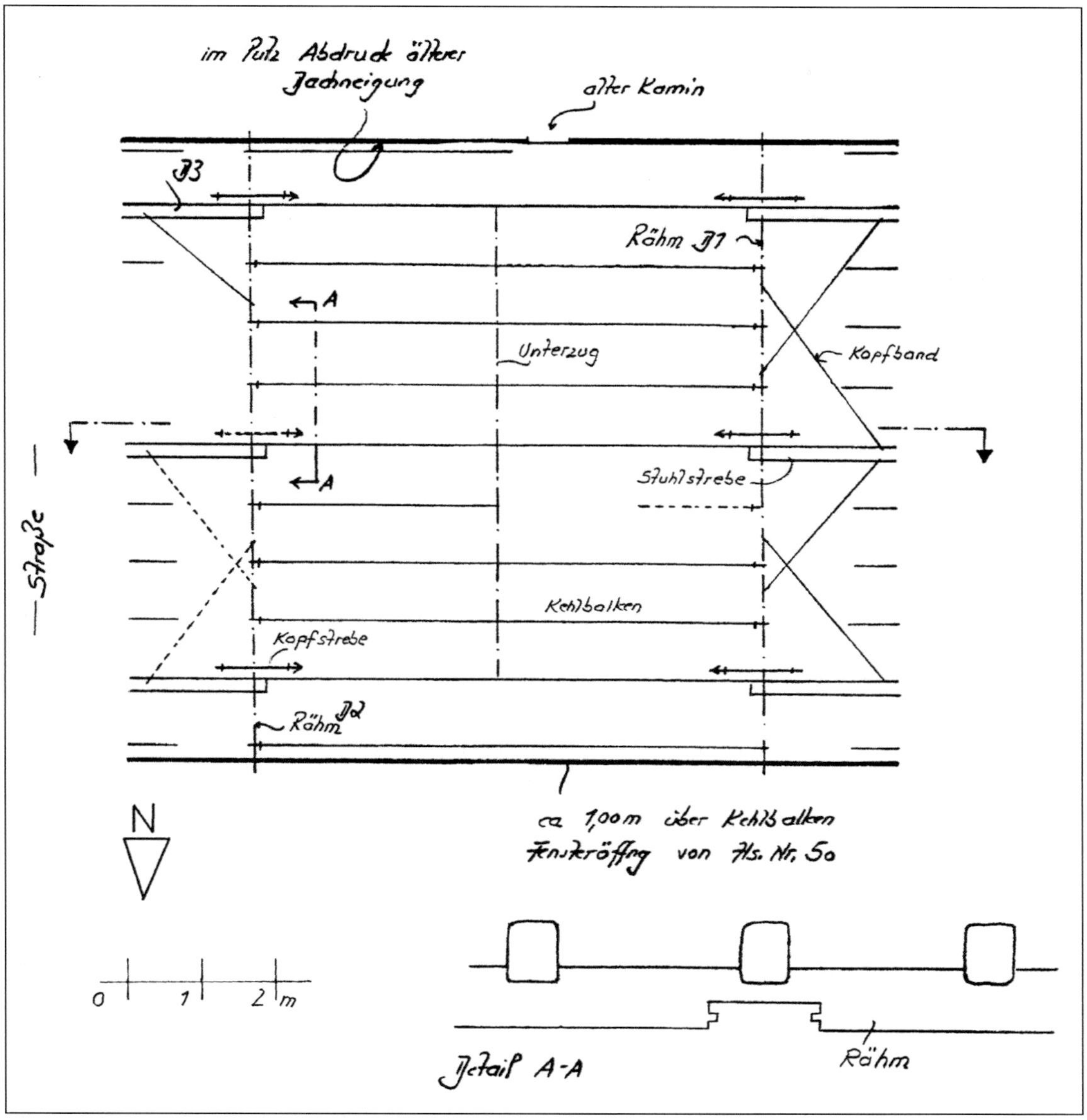

Abb. 155: Hauptstraße 50, Grundriss 1. Dachgeschoss.

16. Jahrhundert übliche Abzimmerungstechnik schon im 15. Jahrhundert zur Anwendung kam – ein Befund, der ohne Zweifel auf eine gesellschaftlich gehobene Nutzerschicht hinweist.
An der Straßenseite war ehemals ein kleiner Quergiebel ausgeführt. Hierbei handelte es sich um einen Ladegiebel, über den die im Dachraum zu lagernden Vorräte oder Waren heraufgezogen wurden.
Am Südgiebel ist der Verlauf einer älteren und tiefer liegenden Dachschräge erkennbar.
Nachweis: Dendrochronologische Datierung, November 1996.

Hauptstraße 51

Unter dieser Hausnummer wird der südliche Hausteil des ursprünglich einheitlichen Baukomplexes Nr. 49/51 geführt (Abb. 156; siehe

Abb. 156: Hauptstraße 51.

Abb. 157: Hauptstraße 51, Straßenansicht von 1900.

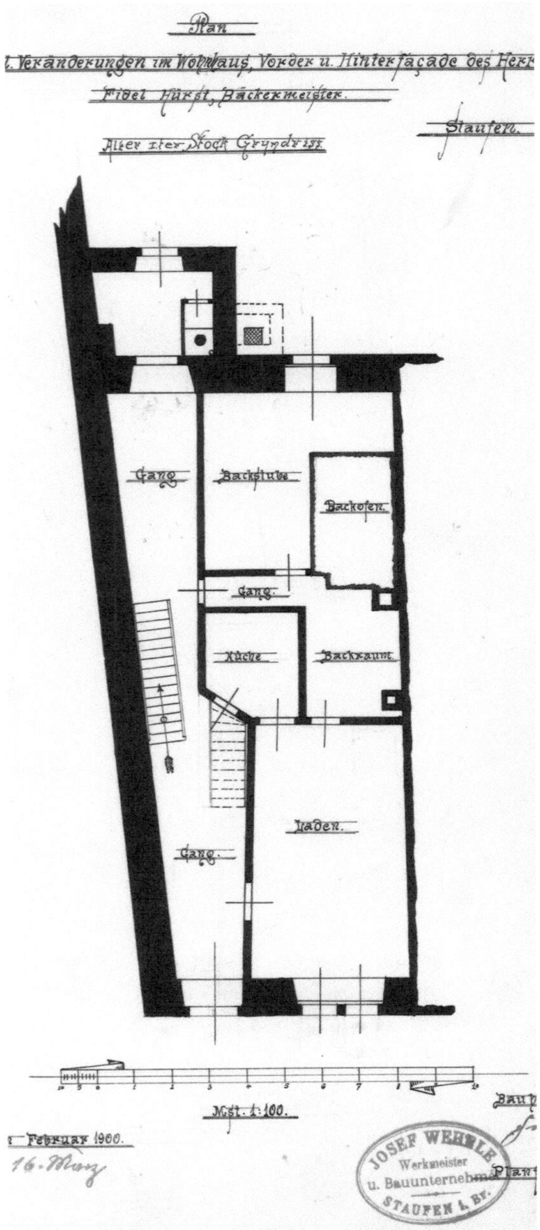

Abb. 158: Hauptstraße 51, Grundriss Erdgeschoss, Plan von 1900.

Hauptstraße 49). Er ist durch einen Plansatz des Jahres 1900 nahezu vollständig dokumentiert (Abb. 157–161).

Wie der nördliche Nachbarteil wurde auch er im Jahr 1988 umgebaut. In diesem Rahmen ergab sich die Gelegenheit einer kursorischen Untersuchung (siehe Hauptstraße 49). Sie bezog sich auf die Deckenbalken über dem Erdgeschoss, die im Gegensatz zu den Balken des nördlichen Nachbarn in Nord-Süd-Richtung, also firstparallel verbaut waren.

Aus den Balken wurden drei Bohrproben entnommen. Ohne erhaltene Waldkante endeten die letzten untersuchbaren Ringe in den Jahren 1346, 1347 und 1348. Da die fehlende Ringzahl auf drei bis acht Ringe begrenzt werden kann, ist die Fällung des Bauholzes für den Zeitraum 1353 ±3 Jahre anzusetzen.

Nachweis: Dendrochronologische Datierung, 1988.

Hauptstraße 52

Im Vergleich zur nördlichen Nachbarbebauung besitzt der dreigeschossige Massivbau eine deutlich höhere Vertikalstruktur (Abb. 162). Dieser Befund setzt sich ab hier bis zur

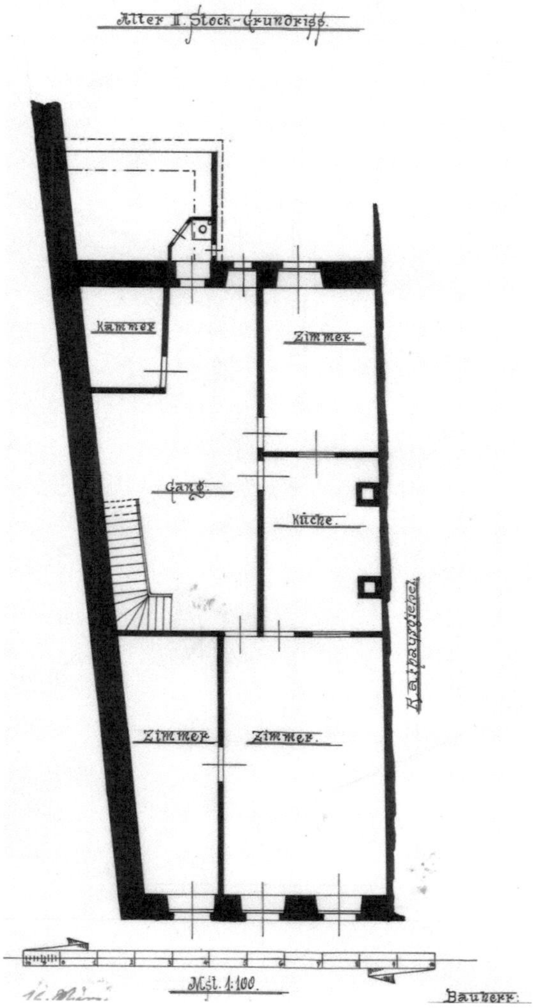

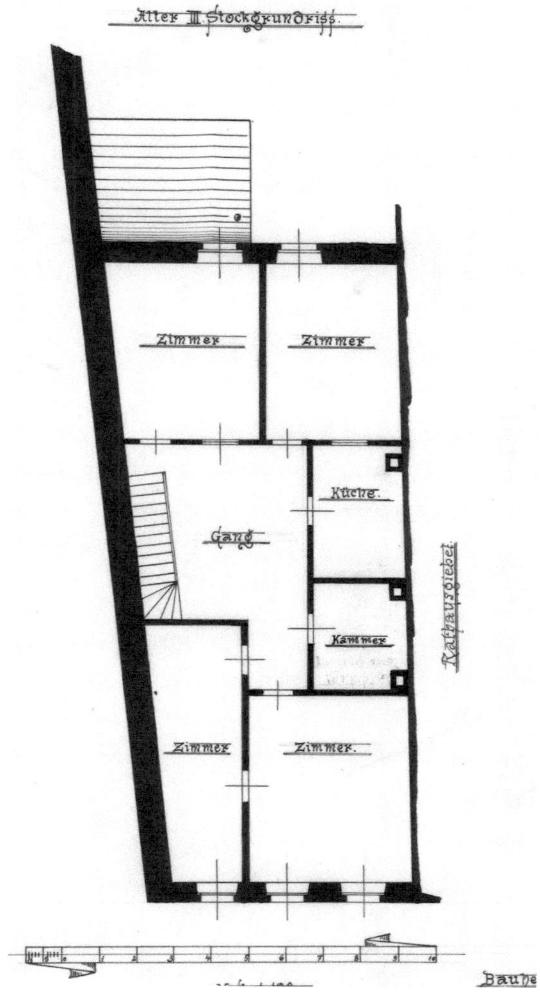

Abb. 159 (links): Hauptstraße 51, Grundriss 1. Obergeschoss, Plan von 1900.

Abb. 160 (rechts): Hauptstraße 51, Grundriss 2. Obergeschoss, Plan von 1900.

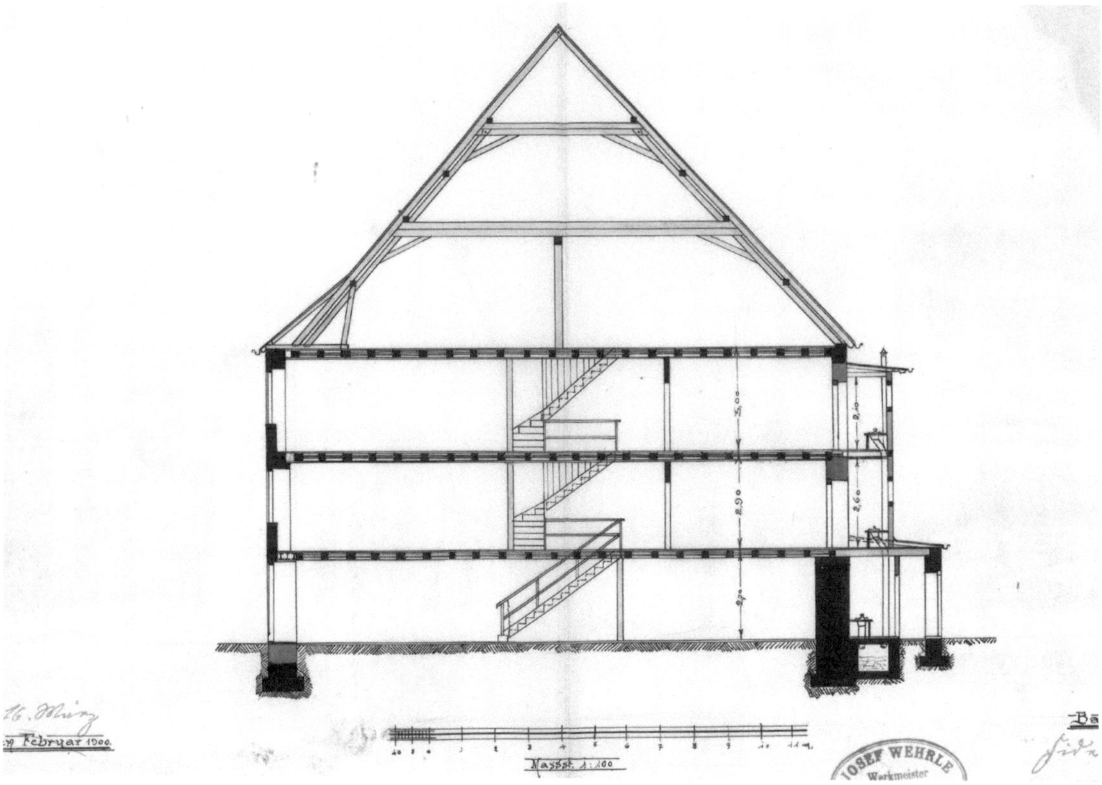

Abb. 161: Hauptstraße 51, Querschnitt von 1900.

südwestlichen Ecke des Rathausplatzes fort und weist die folgenden, den Platz begrenzenden Gebäude einer auf äußere Repräsentation bedachten Nutzerschicht zu. Auf dem Gebäude Nr. 52 ist ein in Staufen seltenes Mansarddach abgezimmert.

Der untersuchte Bau steht über drei unterschiedlich großen, an der Straße liegenden Kellern (Abb. 163). Zum ältesten Massivbestand gehört der südliche Kellerabschnitt. Sein eichenes Deckengebälk, das im straßenseitigen Bereich Brettnuten besitzt, datiert in die Jahre 1605/ 1606 (d) und ersetzt wohl eine ältere Vorgängerdecke. Darauf deuten die in der Südwand vermauerten Wackenkonsolen und die straßenseitigen Spuren älterer Mauerstrukturen hin. Auch die große Lücke zum nördlich angrenzenden Mittelkeller muss als Öffnung aus dem frühen 17. Jahrhundert gewertet werden. So beziehen sich die Balkenlängen des südlichen Kellers deutlich auf den über der Lücke verbauten und von einer Eichensäule unterstützten Unterzug.

Abb. 162: Hauptstraße 52.

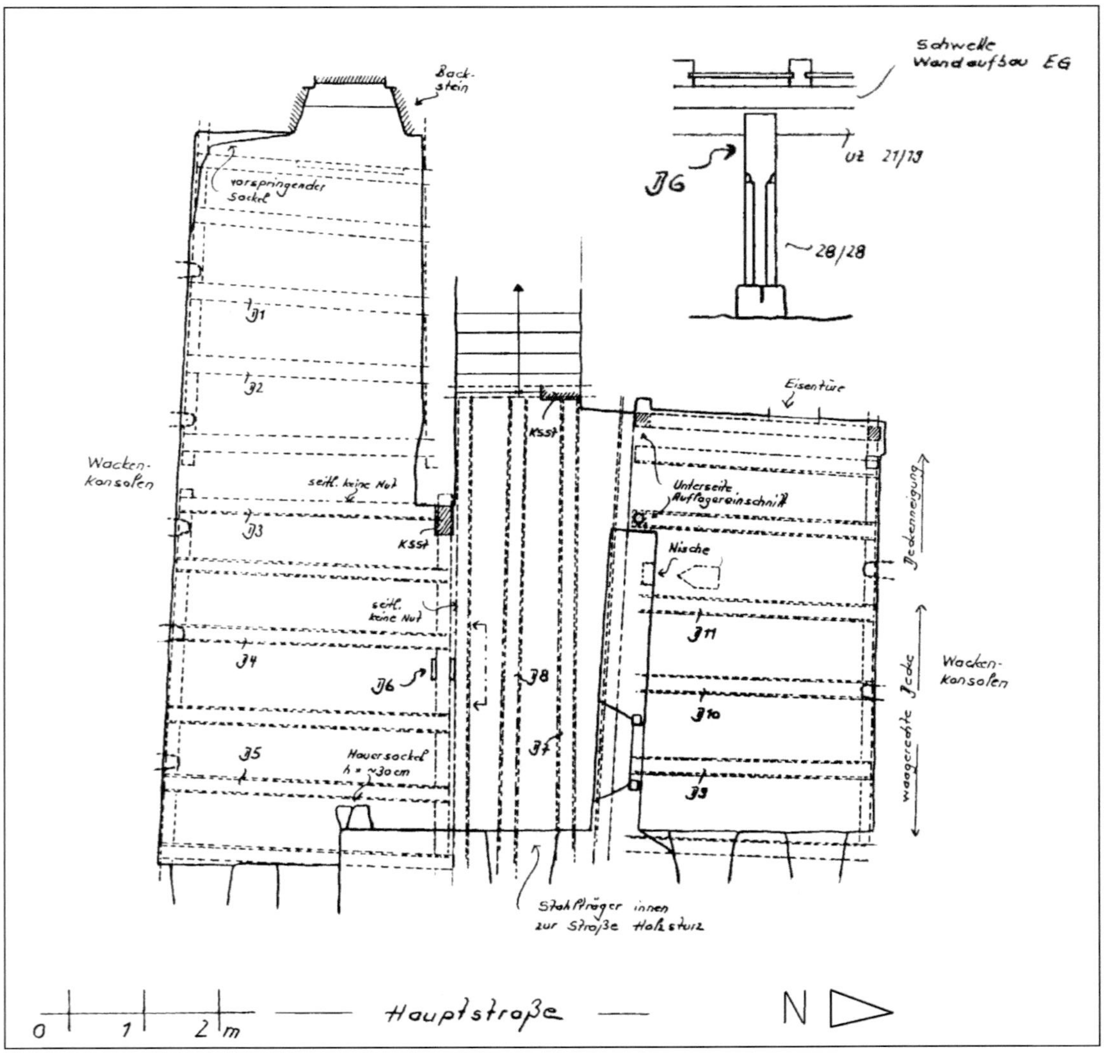

Abb. 163: Hauptstraße 52, Grundriss Keller.

Die Erschließung der gesamten Kelleranlage erfolgt über den mittig liegenden Keller. Auch er wird von einem eichenen Gebälk eingedeckt. Die Balken besitzen seitliche Brettnuten, verlaufen senkrecht zum Straßenverlauf und datieren zeitgleich mit den benachbarten Balken.
Letzteres trifft auch auf das Gebälk des dritten Kellers zu. Die hier verbauten Eichenbalken verlaufen nun wieder parallel zur Straßenflucht und besitzen mit den Wackenkonsolen in der Nordwand ein altes, im 17. Jahrhundert übernommenes Auflager.
Bleibt zum Schluss die Feststellung, dass die drei Keller trotz ihrer unterschiedlichen Baustruktur ein einheitliches, aufeinander abgestimmtes Gebälk besitzen, was am ehesten mit einer umfassenden Umgestaltung der oberirdischen Bebauung zu erklären ist. Verstärkt wird diese Vermutung auch durch den Parzellenzuschnitt. So schwenkt die südliche Parzellengrenze auffällig nach Norden und lässt zum Stubenhaus (Hauptstraße 56b) eine deutliche Lücke. In Abstimmung mit dem mittigen Keller sitzt in der Straßentraufe das Rundbogengewände einer Einfahrt. Dessen Gestaltung erlaubt eine Datierung in den Beginn des 17. Jahrhunderts.
Nachweis: Dendrochronologische Datierung, Oktober 1988.

Hauptstraße 53, Rathaus

Abb. 164: Hauptstraße 53, Rathaus.

Bei der in den Jahren 2005 bis 2007 durchgeführten Rathaussanierung konnten wichtige Ergebnisse zur historischen Bauabfolge gewonnen werden. Danach setzt sich der historische Rathauskomplex aus vier verschiedenen Bauteilen zusammen (Abb. 164; 165). Beginnend im Norden ist dies der schmale, sich an die Brandwand von Haus Nr. 51 anlehnende Kernbau, dem im Osten als weiterer Bauteil ein rückwärtiger Treppenturm angefügt ist. An den Kernbau schließt sich an der Platztraufe im Winkel zur Kirchstraße der sogenannte Winkelbau an. Er begrenzt den Rathausbau im Süden und ist im Vergleich zum Kernbau deutlich kürzer. Der vierte und letzte Abschnitt ist der jüngste Bauteil und komplettiert als sogenannter Neubau den Gesamtgrundriss im Südosten. Dieser Bereich war bis zum Umbau des Rathauses in den Jahren 1890/91 privat bebaut.
Wie schon mit diesem kurzen Überblick angedeutet wurde, konnte der älteste Bestand des Rathauskomplexes im Bereich des Kernbaus lokalisiert werden. Genau genommen ist es die gemeinsame Brandwand zum Nachbarhaus Nr. 51, die nach den dort durchgeführten Untersuchungen als baulicher Bestandteil des Nachbarhauses anzusehen ist und spätestens in den Jahren um 1355 (d) errichtet wurde. Die Wand selbst besitzt über die Höhe des Nachbargebäudes Nr. 51 keine Öffnungen und impliziert somit, dass sie zum Zeitpunkt ihrer Erbauung als gemeinsame Brandwand zweier benachbarter Reihenhäuser diente. Bei dem im Süden angrenzenden Nachbarhaus handelte es sich um den Vorgängerbau des heutigen Rathauskernbaus. Nach den Überlieferungen des Chronisten Rudolf Hugard brannte dieser Vorgängerbau oder einer seiner Nachfolger im Jahr 1544 ab und wurde daraufhin durch den heute vorhandenen, gegenüber dem Vorgängerbau deutlich erhöhten Kernbau ersetzt.
Aus der Zeit des Wiederaufbaus stammt das Gebälk über dem Erdgeschoss (Abb. 165). Es ist parallel zur Marktplatztraufe gespannt, überbrückte die Breite des Kernbaus ohne Unterstützung und datiert nach den dendrochronologischen Untersuchungen in die Jahre 1545/1546 (d). Als beidseitige Gebälkauflager dienen Streichbalken, die auf vermauerten Werksteinkonsolen lagern.
Die Anlage einer ehemals nach oben führenden Treppe kann in Anlehnung an die südliche Brandwand vermutet werden. Hier deuten

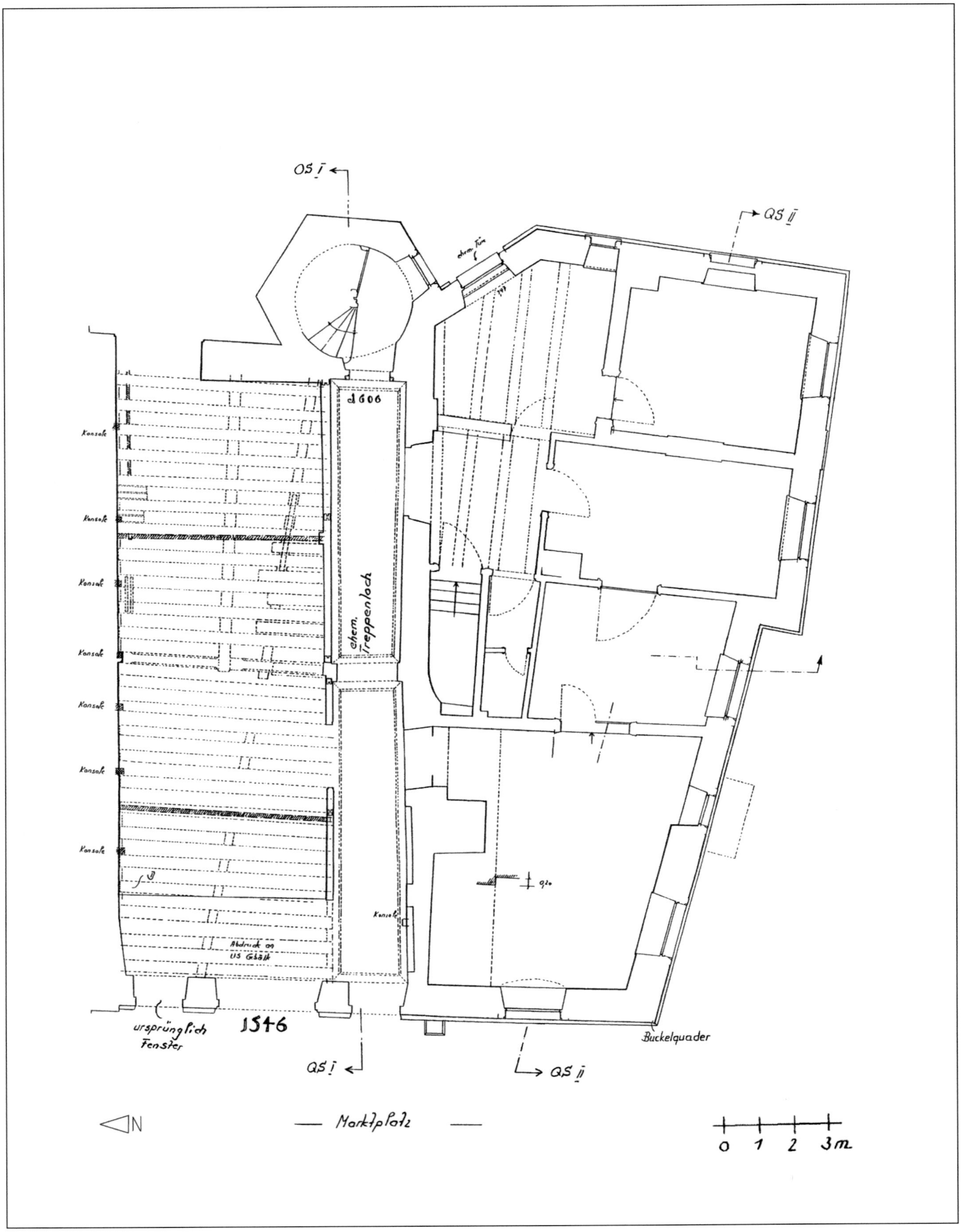

Abb. 165: Hauptstraße 53, Rathaus, Grundriss Erdgeschoss, M. 1:150.

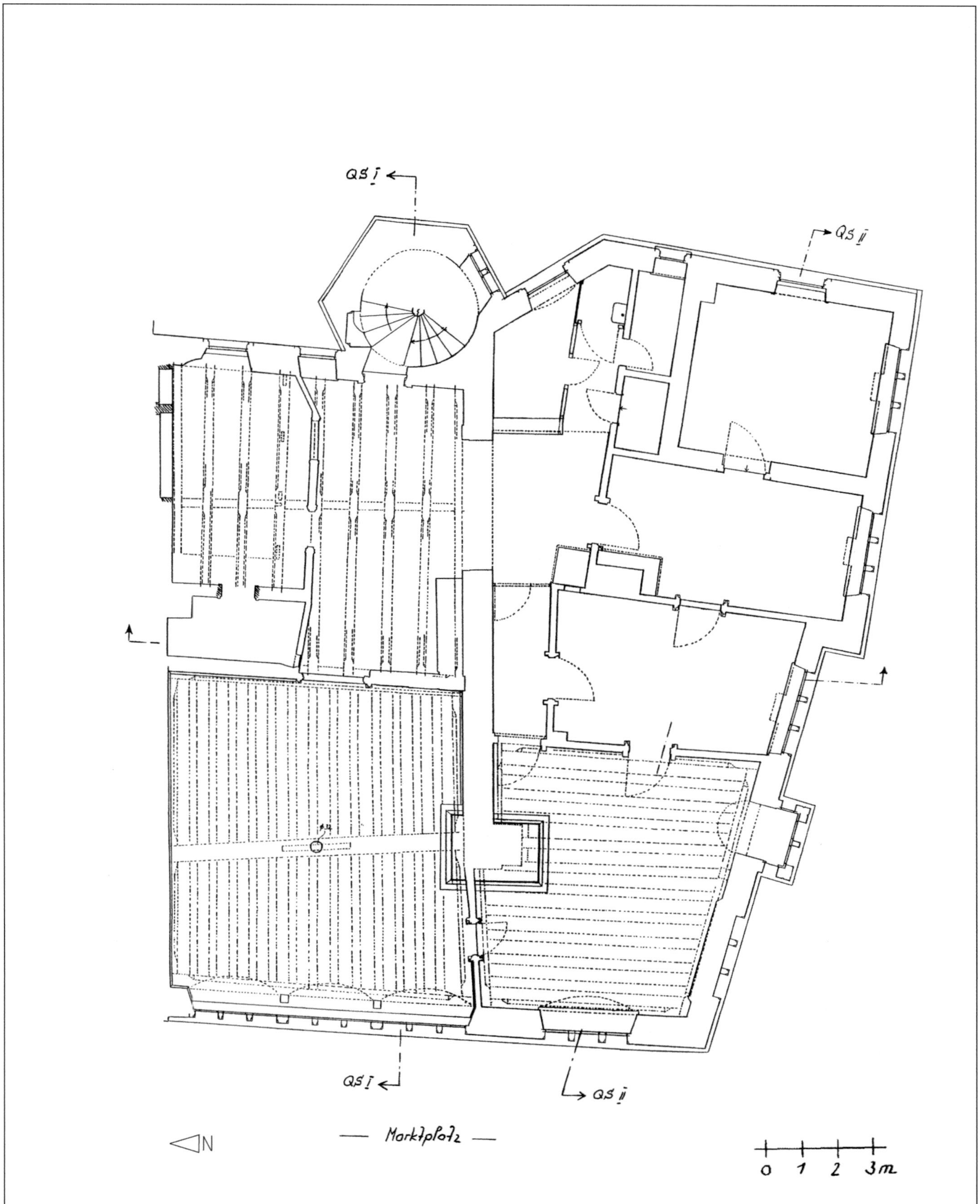

Abb. 166: Hauptstraße 53, Rathaus, Grundriss 1. Obergeschoss, M. 1:150.

Abb. 167: Hauptstraße 53, Rathaus, Decke im Festsaal, Detail.

zusätzlich verlegte Balken den späteren Verschluss des ehemaligen Treppenloches an. Die Treppe führte in den untergeordneten und rückwärtigen Bereich des Obergeschosses (Abb. 166). Vor diesem Raum war an der Platzseite der Rathaussaal angelegt. Er besitzt noch heute seine aufwendig gestaltete Decke (Abb. 167) und die eng aufgereihte Durchfensterung an der Marktplatztraufe (Abb. 168). Der Saal selbst war schon im 16. Jahrhundert erwärmbar, wobei die Lage des zugehörigen Kachelofens in der Nord-ostecke des Saales zu vermuten ist. Seine Befeuerung erfolgte über einen abgetrennten Feuerraum mit großem Rauchfang an der Trennwand zum Saal.

Auffällig ist der Befund, dass auf der Ebene des Obergeschosses keine Treppe nach oben nachgewiesen werden konnte. Dies ist insofern bemerkenswert, da ein weiterer Aufgang nach oben unabdingbar ist, ungeachtet der Frage, ob nun als nächste Etage ein weiteres Obergeschoss oder schon das Dachwerk folgen würde. Dass aber mit dem Neubau von 1546 auch schon die Errichtung eines 2. Obergeschosses verbunden war, dafür spricht eine während der Sanierung freigelegte Fenstersituation. So befindet sich im 2. Obergeschoss der Südwand das Sandsteingewände eines zweiteiligen Fensters. Es war ursprünglich vergittert und belichtete ehemals den rückwärtigen Grundrissbereich des Kernbaus. Bemerkenswert ist die Tatsache, dass dieser Situation die Anlage einer älteren Fensteröffnung voranging. Von diesem Fenster, das nach seiner Gestaltung in das 14./15. Jahrhundert zu datieren ist, hat sich westlich des jüngeren Fensters das westliche Fenstergewände erhalten.

In diesem Zusammenhang muss auf einen weiteren Bauteil des Rathaukomplexes, den Winkelbau, eingegangen werden, nicht zuletzt deshalb, da auch diesem Bauteil, unter anderem durch den an seiner Südwestecke erhaltenen Eckverband aus Buckelquadern, ein hohes Alter zugeschrieben werden muss. Möglicherweise schon vor dem Brand Bestandteil des Rathauses, wird der Winkelbau spätestens zum Zeitpunkt des Wiederaufbaus dem Kernbau zugeschlagen. Ausgehend von dem in der oberen Südwand des Kernbaus erhaltenen Fenster sowie den Mauerresten im Kellerbereich, handelte es sich bei diesem Gebäudeteil lediglich um einen kleinen Baukörper, der im 16. Jahrhundert nur etwa die halbe Tiefe des Kernbaus einnahm. Innerhalb dieses Winkelbaus könnte neben weiteren untergeordneten Räumen ohne Weiteres das gesuchte Treppenhaus gelegen haben.

Im Jahr 1605 brannte der nicht näher zu beschreibende Überbau über dem 1. Obergeschoss ab. Der Brand hinterließ gravierende Schäden an den Balkenoberseiten der Ratssaaldecke, setzte sich aber nicht weiter nach unten fort. Mit dem Wiederaufbau im Jahr 1606 veränderte sich die bauliche Situation grundlegend, vor allem die der Vertikalerschließung. Zu diesem Zeitpunkt wird dem Kernbau der rückwärtige Treppenturm angefügt (Abb. 169). Er wird von Anfang an so hoch ausgeführt, dass über ihn nicht nur das erneuerte 2. Obergeschoss, sondern auch das zugehörige Dachwerk erreichbar wird. Spätestens zu diesem Zeitpunkt verlieren die alten Erschließungen ihre Funktion und erlauben neue Gestaltungsmöglichkeiten.

Über den Treppenturm war aber noch ein weiterer Bauteil erreichbar. Der zugehörige Zugang

Abb. 168: Hauptstraße 53, Rathaus, Traufseite zum Marktplatz, Fensterband.

befindet sich auf der Höhe des 1. Obergeschosses und führte wohl in einen entlang der Osttraufe verlaufenden Laubengang. An seinem Ende wird wohl der bauzeitliche Abtritt des Rathauses gelegen haben.
Im neuen 2. Obergeschoss wird ein weiterer Saal angelegt. Im Gegensatz zum unteren Saal erhielt er eine Kassettendecke (Abb. 170). Von ihr haben sich im rückwärtigen Saalbereich noch große Reste erhalten. Den baulichen und repräsentativen Schwerpunkt bildete jedoch das den oberen Saal belichtende Fensterband, das sich in seiner ursprünglichen Konzeption auch über die Platzfront des Winkelbaus erstreckte, aber in der Folgezeit wegen baulicher Schäden im Nahtbereich von Kern- und Winkelbau teilweise wieder geschlossen werden musste.
Möglich war die Einbeziehung des Winkelbaus in die Saalkonzeption durch den Anbau des Treppenturmes, der von nun an die alleinige Erschließung der oberen Etagen gewährleistete.
Im Jahr 1877 gelang es der Stadt, den im Südosten des Rathauskomplexes gelegenen Privatbesitz zu erwerben. Doch dauerte es noch dreizehn Jahre, bis er im Jahr 1890 abgerissen wurde und an seiner Stelle ein Neubau den älteren Rathausteilen angefügt wurde. Innerhalb des Neubaus blieben bis auf die Kellerwände keine älteren Bauteile erhalten. Im Gegenteil, er überformte auch den östlichen Abschluss des Winkelgebäudes, indem hier im Obergeschoss ein dem Ratssaal angegliederter Nebensaal angelegt wurde.
Einige grundlegende Veränderungen dieser Zeit betrafen auch das äußere Erscheinungsbild des Altbaubereiches an der Platzseite. Zu diesen Modernisierungsmaßnahmen gehörte zum Beispiel die Errichtung von zwei Treppengiebeln über dem Kernbau und das Bemalen der Platzfassade, unter anderem mit den in den Jahren 1950 und 2007 erneuerten Wappenschilden.
Die in den folgenden Jahrzehnten durchgeführten Umbauten und Modernisierungen führten zu keinen grundlegenden Veränderungen des bis dahin erhaltenen Bestandes. Dies trifft auch auf die moderne Sanierungsmaßnahme zu. Ihr Konzept orientierte sich in erster Linie an der Bauphase der Jahre 1890/91 und beinhaltete neben der Modernisierung der Gebäudeinfrastruktur die Reparatur schadhafter und statisch überforderter Bauteile.
Nachweis: Dendrochronologische Datierung, Dezember 1995; bauhistorische Dokumentation, Sommer 2003.

Abb. 169: Hauptstraße 53, Rathaus, Treppenturm.

Hauptstraße 55

Der breit gelagerte Massivbau mit seinem traufständigen, zum Marktplatz ausgerichteten Satteldach (Abb. 171) überbaut zwei nebeneinander liegende Keller (Abb. 172). Getrennt durch eine 1,60 m starke Zwischenwand, erlaubt der angetroffene Zustand keine zeitliche Einordnung. So ist es eine auf der Kelleranordnung aufbauende Vermutung, dass sich über den Kellern ursprünglich zwei eigenständige Gebäude befanden. Auch der Parzellenzuschnitt, wenn er nicht das Ergebnis einer jüngeren Unterteilung widerspiegelt, unterstreicht eine historische Zweiteilung.
Zu dem Gebäude gehörte früher eine an der Adlergasse liegende Scheune. Sie wurde während des Krieges zerstört und nicht wieder aufgebaut. Trotzdem haben sich von ihr ältere, in das Mittelalter zu datierende Bauteile erhalten (Kirchstraße 2, Scheune).
Während das Erdgeschoss im 18. und 20. Jahrhundert vollständig erneuert wurde (Abb. 173, siehe unten), konzentriert sich der mittelalterliche Bestand auf das 1. Obergeschoss (Abb. 174).
Die Ergebnisse der im Jahr 2007 durchgeführten Untersuchung belegen, dass sich die Großparzelle spätestens in der ersten Hälfte des 15. Jahrhunderts in einer Hand befand. Das im 1. Obergeschoss über die gesamte Hausbreite

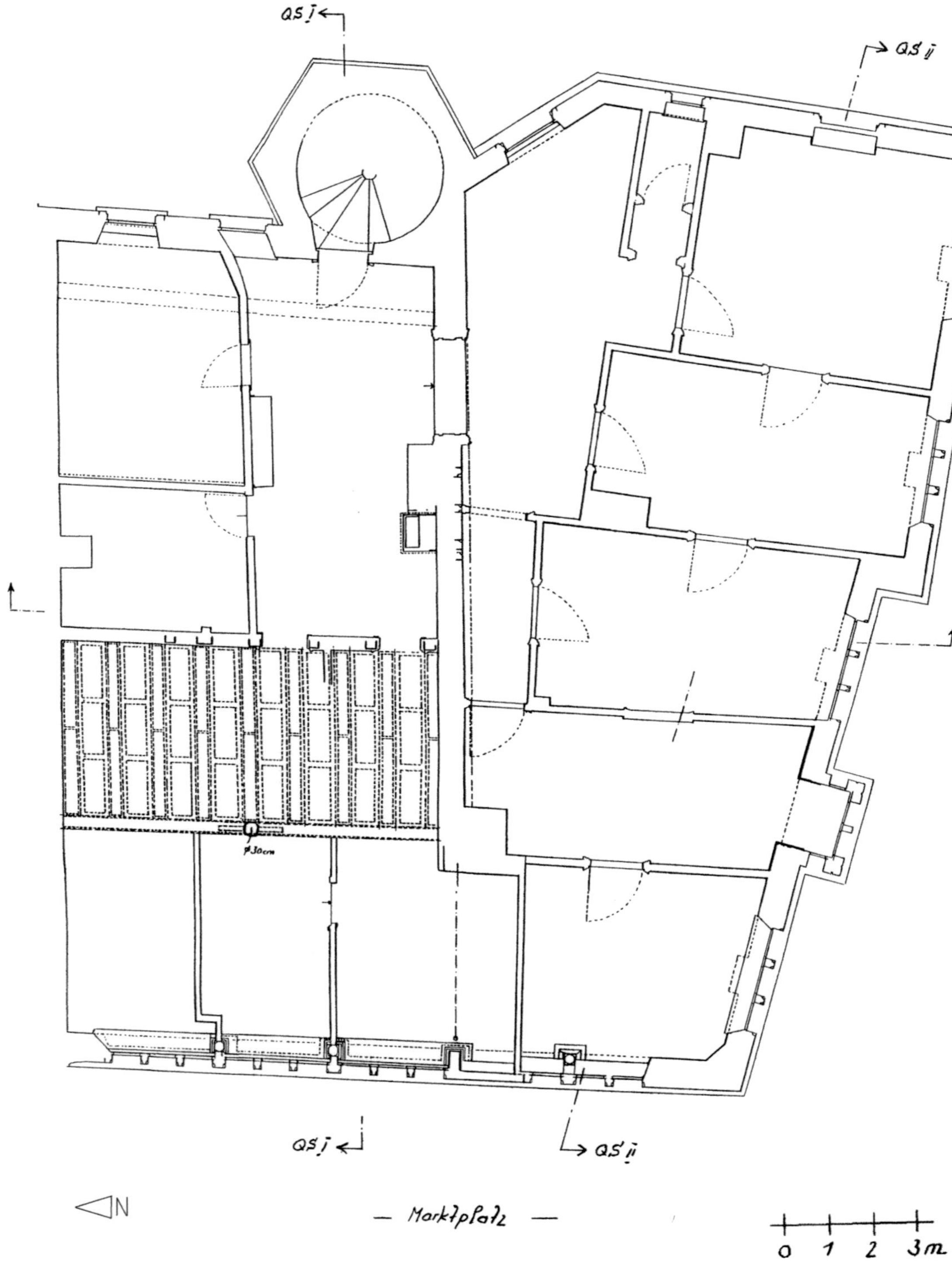

Abb. 170: Hauptstraße 53, Rathaus, Grundriss 2. Obergeschoss, M. 1:150.

Abb. 171: Hauptstraße 55.

verlaufende Gebälk datiert in die Jahre um 1435 (d). Es lagert direkt in den seitlichen Brandwänden und weist eine Vielzahl zimmerungstechnischer Merkmale auf. Sie erlauben, die zur Verbauungszeit ausgeführte Grundrissgliederung eindeutig zu bestimmen.

Danach befand sich die Stube im Nordosten. Die über diesem Raum verbauten Balken sind gefast und besitzen einen in seitlichen Nuten lagernden Bretteinschub. Profilierte Deckleisten dichteten die Brettfugen ab. Eine kleine Deckenöffnung in der Südostecke gibt Hinweise auf die Aufstellung des ehemaligen Ofens. Über diese Öffnung war es möglich, Warmluft in einen Raum im 2. Obergeschoss aufsteigen zu lassen. Die Funktion als Stube wird nicht nur durch die baulichen Details, sonder auch durch ihre dafür prädestinierte Lage unterstrichen. So kann von ihr mit einem Rundblick nicht nur der gesamte Marktplatz, sondern auch der nördliche Bereich der Hauptstraße überschaut werden.

Westlich der Stube lag die Kammer. Darüber ist der Deckenaufbau weitgehend funktional aufgebaut. Das Gebälk ist ungefast und der Dielenboden der folgenden Ebene ist ohne Zwischenfüllung direkt sichtbar. Verdeckt durch eine dunkle Patina, haben sich darauf Reste einer älteren Bemalung erhalten. Die Kammer besaß die gleiche Tiefe wie die Stube.

Auf Stube und Kammer folgte ein schmaler und offenbar kurzer Querflur. Er übernahm die Quererschließung und nahm in Anlehnung an die östliche Brandwand die Feuerstelle mit dem für den Rauchabzug notwendigen Rauchschlot auf. Im Bereich der Herdstelle bestand die Stubenwand aus einem massiven Wandfeld. Dieser Befund wiederholte sich auch an der gegenüberliegenden Wand. Sie bildete die Trennwand einer weiteren, nun zum rückwärtigen Hof ausgerichteten Stube. Sie war offenbar ebenfalls erwärmbar und besaß den gleichen Deckenaufbau wie die vordere Stube. Dass der hinteren Stube gleichfalls eine Nebenkammer zugeordnet war, ist unwahrscheinlich. Fehlende Hinweise auf eine Wandfüllung lassen einen ehemals offenen, das Treppenhaus belichtenden Freiraum vermuten. In der Kombination mit der Rückstube vermittelt dies eine Situation, die in Anlehnung an die Rücktraufe eine weitgehend unbebaute beziehungsweise nur niedrig bebaute Hoffläche impliziert.

Im oberen Bereich des Hauptgebäudes beschränken sich die mittelalterlichen Befunde auf die Außenwände und auf die im 2. Obergeschoss in der rückwärtigen Hofwand verbauten Fenstergewände. Darunter befindet sich auch ein Schüttstein, der jedoch in dieser Lage nicht die ursprüngliche Situation widerspiegelt (Abb. 175). Weitere bauhistorisch relevante Befunde wurden nicht erkannt. Das Innengerüst

Abb. 172: Hauptstraße 55, Grundriss Keller.

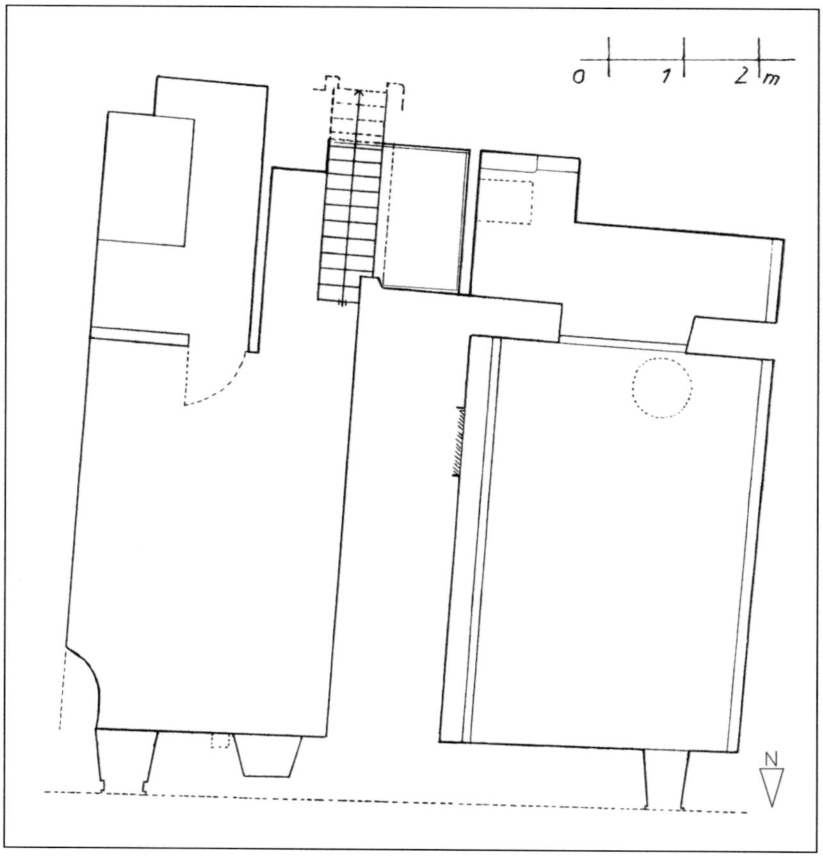

des 2. Obergeschosses wie auch das Dachwerk wurden im 20. Jahrhundert umfassend erneuert. Abgesehen von älteren Modernisierungen des 16./17. Jahrhunderts hat das 18. Jahrhundert die nachhaltigsten Veränderungen gebracht. Nach der inschriftlichen Datierung im Türsturz erfolgten sie im Jahr 1787 und bezogen sich neben einer neuen Fassadengestaltung auf eine vollständige Erneuerung des Erdgeschosses (siehe Abb. 173).

Wie bereits für das 1. Obergeschoss ausgeführt, so erlauben auch hier die in diesem Zu-

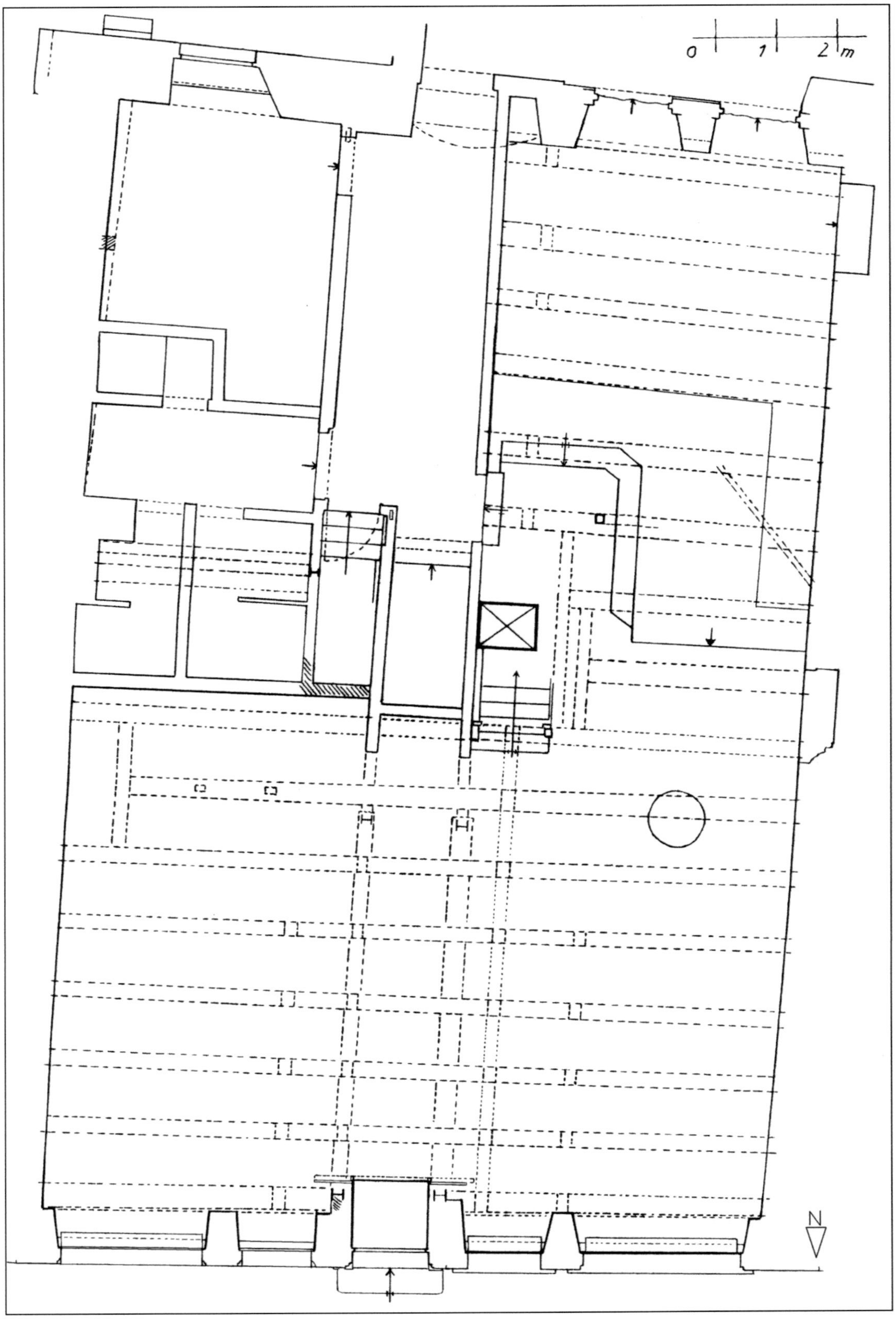

Abb. 173: Hauptstraße 55, Grundriss Erdgeschoss.

sammenhang neu eingebauten Deckenbalken eine kurze Skizzierung der damals ausgeführten Grundrissgliederung. Danach war in Abstimmung mit dem platzseitigen Hauseingang ein langer, bis zur rückwärtigen Traufe reichender Flur angelegt. Der zugehörige Ausgang zum Hof war noch deutlich ablesbar. Seitlich dieses Flures waren große Räume positioniert, ohne dass eine eindeutige Abgrenzung der jeweiligen Raumeinheiten möglich ist.

Im 19. Jahrhundert erfolgte offensichtlich eine nutzungsorientierte Untergliederung des

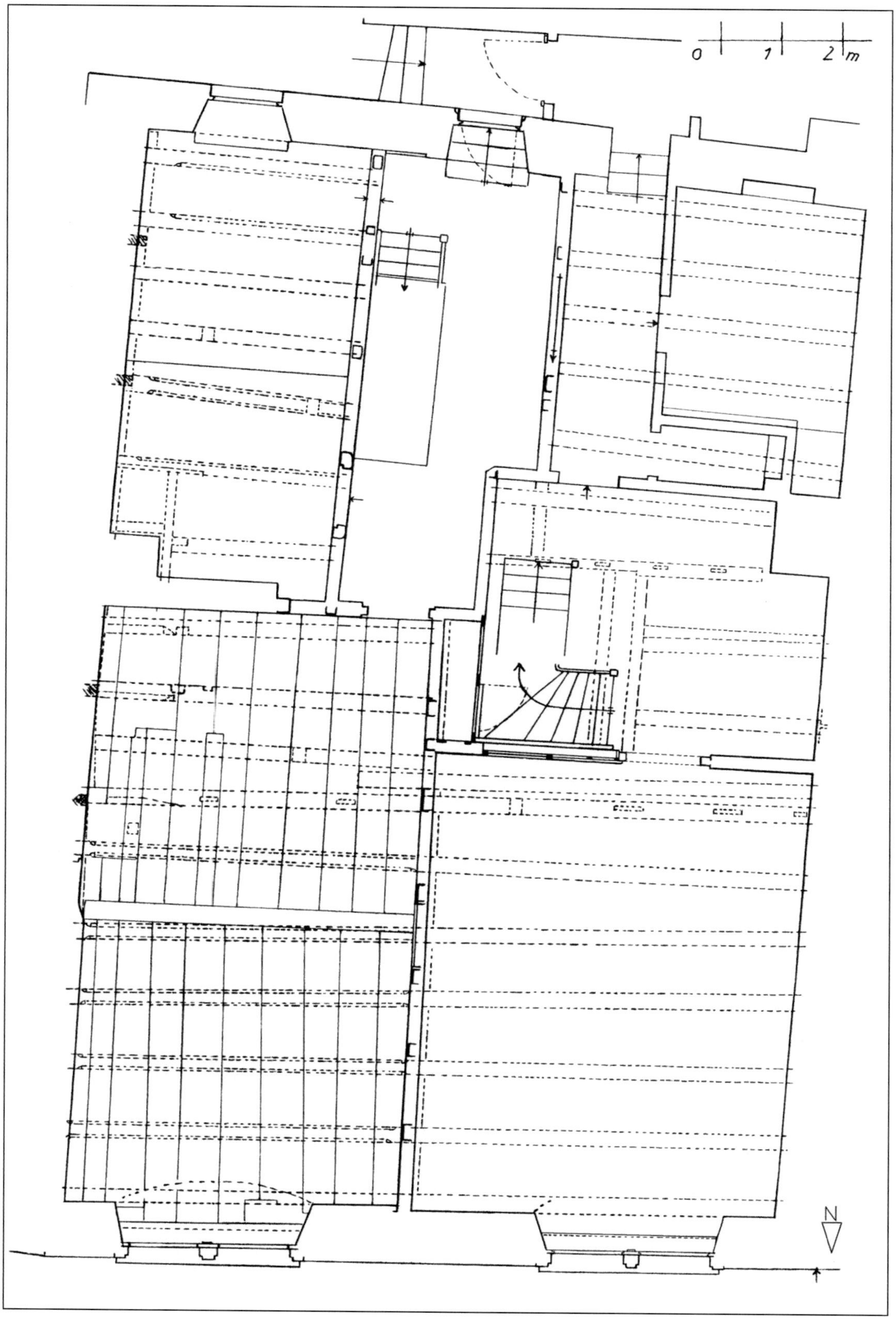

Abb. 174: Hauptstraße 55, Grundriss 1. Obergeschoss.

Abb. 175: Hauptstraße 55, Rücktraufe im 2. Obergeschoss. Unter dem Fenster ein Schüttstein.

Abb. 176 (rechts): Hauptstraße 56.

Hauses. Westlich des Haupteingangs wurde ein zweiter Zugang angelegt. Er ist heute zum Fenster umgebaut.

Abgesehen von diesen Einzelbefunden ist das Erdgeschoss ein im 20. Jahrhundert durch Stahleinbauten weitgehend entkernter Hohlraum.

Nachweis: Baugeschichtliche Dokumentation, 2006.

Hauptstraße 56

Der dreigeschossige Massivbau überbaut im Erdgeschoss eine annähernd mittig gelegene Durchfahrt, während das 1. und 2. Obergeschoss Wohnräume aufnimmt. Darüber ist über die gesamte Hausfläche ein zur Straße traufseitig ausgerichtetes Satteldach abgezimmert (Abb. 176).

Südlich der Durchfahrt liegt ein Gewölbekeller. Er besitzt ein Backsteingewölbe und ist über eine Seitentreppe der Durchfahrt erreichbar (Abb. 177). Die Begrenzung des Treppenloches übernimmt ein im Backsteinverband sitzender und zur Treppenseite gefaster Eichenbalken. Nach der dendrochronologischen Untersuchung endet der letzte erhaltene Ring im Jahr 1703. Die Probe weist weder Splint noch Waldkante auf, so dass die Verbauung grob in die erste Hälfte des 18. Jahrhunderts zu datieren ist.

Dagegen war im Dachwerk eine genaue Datierung in die Jahre 1582/83 (d) möglich.

Das tragende Gerüst des Dachwerks bilden abgesprengte Querbünde, die im 1. Dachgeschoss in der Kombination mit geneigten Längsbünden und einem mittigen, stehenden Längsbund in

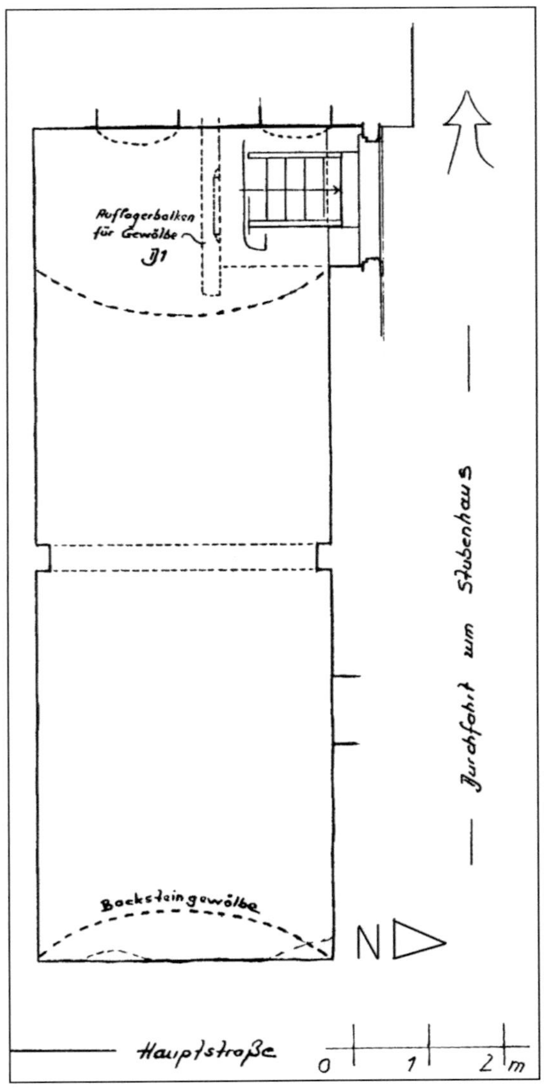

Abb. 177: Hauptstraße 56, Grundriss Keller.

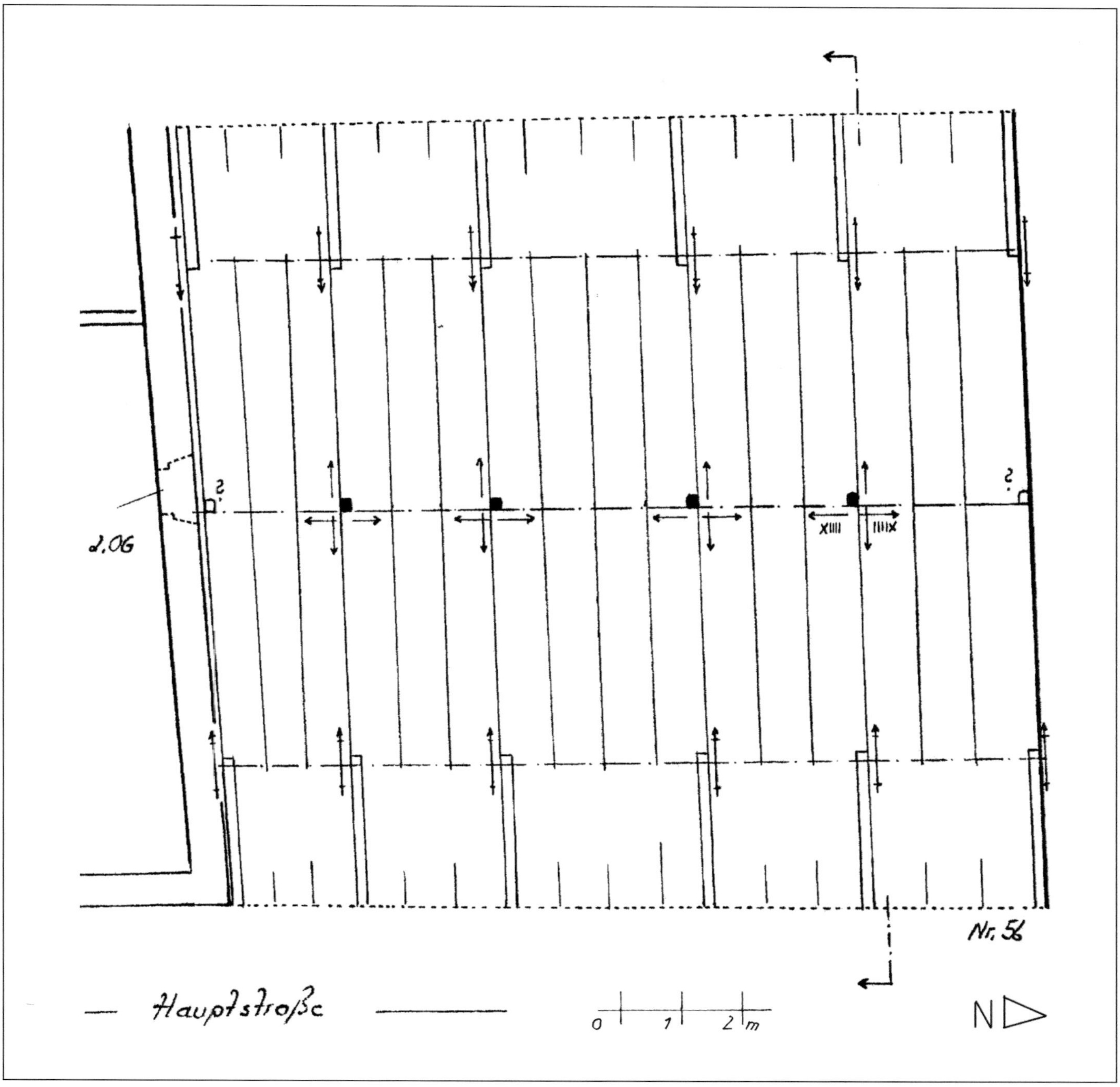

Abb. 178: Hauptstraße 56, Grundriss 1. Dachgeschoss.

insgesamt sechs Binderquerachsen ausgeführt sind. Im 2. Dachgeschoss wurde auf den stehenden Längsbund verzichtet (Abb. 178; 179).

Während im 1. Dachgeschoss beide Massivgiebel fensterlos sind, war im Südgiebel, und zwar auf der Höhe des 2. Dachgeschosses, eine später geschlossene Fensteröffnung angelegt. Darunter konnte im Dachraum des angrenzenden Hauses Nr. 58 der Abdruck einer horizontal verlaufenden Firstlinie aufgenommen werden. Sie gehört zu einer ehemals an der Brandwand angeschlagenen, nach Süden abfallenden und über dem Haus Nr. 58 ausgeführten Pultdachfläche. Eine weitere Öffnung befand sich im Dachspitz. Darunter ist, wiederum vom Dachraum des Nachbarhauses sichtbar, der Putzabdruck eines ehemaligen Satteldachfirstes erhalten. Das zugehörige Dachwerk ersetzte das tiefer liegende Pultdach und ist über dem heutigen Haus Nr. 60 in Resten noch vorhanden (Hauptstraße 58 und 60).

Nachweis: Dendrochronologische Datierung, November/Dezember 1999.

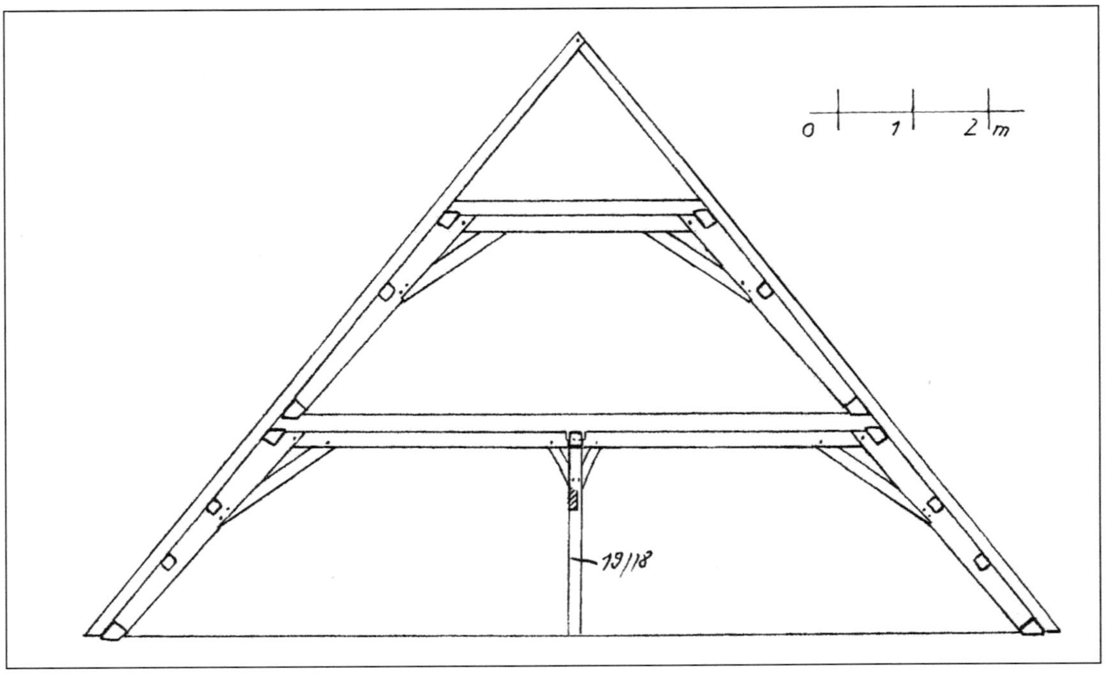

Abb. 179: Hauptstraße 56, Querschnitt Dachwerk.

Hauptstraße 56a, Stubenhaus

Der dreigeschossige Massivbau steht im Hofbereich von Haus Nr. 56 und ist über dessen Durchfahrt erreichbar (Abb. 180). In Nord-Süd-Richtung orientiert, überbaut er mit dem 2. Obergeschoss die in gleicher Ausrichtung verlaufende Stadtmauer. Zu dieser beziehungsweise zum Hof ist das Satteldach traufständig ausgerichtet. Ein Bauplan aus dem Jahr 1911 gibt einen Ausschnitt aus dem Erdgeschoss sowie einen schematischen Querschnitt durch das Gebäude wieder (Abb. 181).

Abb. 180: Hauptstraße 56a, Stubenhaus.

Das Gebäude diente ursprünglich als Versammlungsort der Stubengesellschaft und nahm neben Verwaltungs- und Festräumen auch die Trinkstube des Adels und privilegierter Bürger auf. In das Erdgeschoss führt eine im südlichen Bereich der hofseitigen Traufwand angelegte Einfahrt. Sie gehört nicht zum ältesten Baubestand und wurde nach der Datierung des darüber verbauten Eichensturzes in den Jahren 1671 ±2 ausgebrochen. Eine ehemals gegenüberliegende, durch die Stadtmauer und über den wohl verfüllten Graben führende Ausfahrt ist heute verschlossen. Dass das Erdgeschoss, das wohl von Anfang an Wirtschafts- beziehungsweise Lagerräume aufnahm, weitaus älter ist, konnte an der nördlichen Brandwand festgestellt werden. Dort hat sich die Auflagersituation eines parallel zum Stadtmauerverlauf verlegten Deckengebälks erhalten. Die eichenen Deckenbalken liegen auf einem von Konsolsteinen getragenen Streichbalken und datieren in die Jahre um 1425 ±10. Tiefer liegende Balkenlöcher deuten jedoch an, dass der vorhandenen Decke eine ältere Ausführung voranging, ein Hinweis darauf, dass das Areal schon vor dem heutigen Bau des Stubenhauses überbaut war.

In die erste Hälfte des 15. Jahrhunderts ist auch das innere Traggerüst über dem Erdgeschoss zu datieren. Diese Ebene war ursprünglich vom Erdgeschoss nicht erreichbar. Bei dem

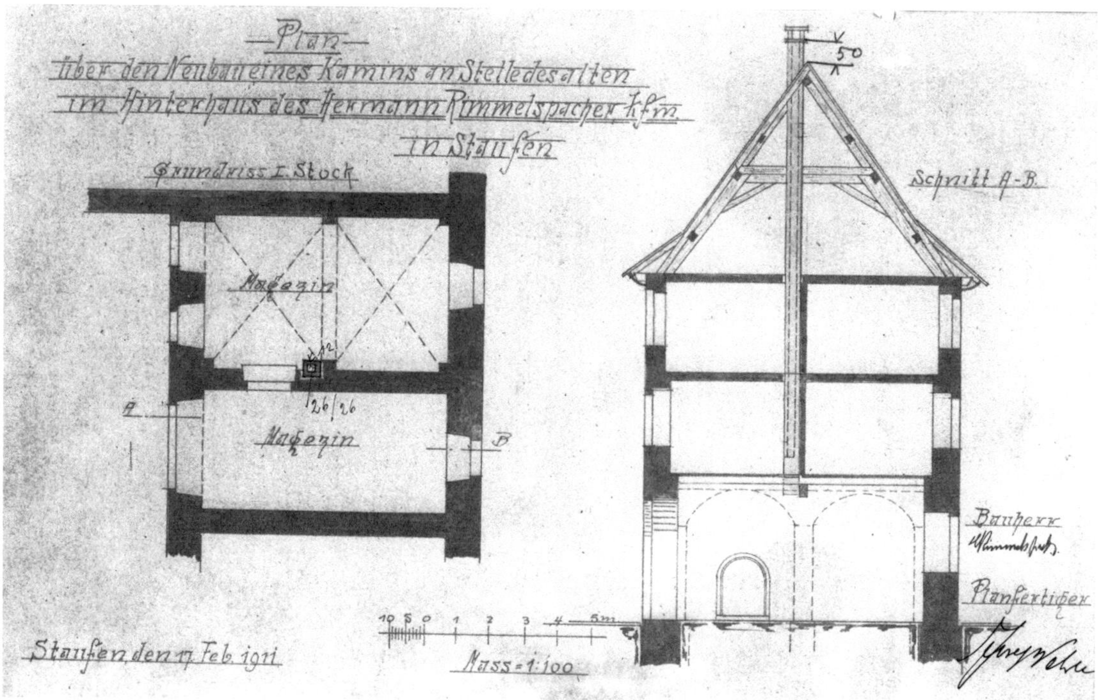

Abb. 181: Hauptstraße 56a, Querschnitt und Grundrissausschnitt von 1911.

eigentlichen Zugang handelte es sich um einen Hocheingang, von dem sich noch Reste des zugehörigen Steingewändes im südlichen Bereich der Hoftraufe, an der Nahtstelle zum benachbarten Salzhaus erhalten haben (Abb. 182). Der Zugang führte in einen großen, nahezu den gesamten Grundriss einnehmenden Saal. Ihn durchzieht ein parallel zur Traufe gespannter Unterzug, der das quer zum Firstverlauf verlegte Gebälk unterstützt. Im Westen liegt es auf der Mauerkrone des Wehrgangs, während es an der Gegenseite auf einem von Werksteinkonsolen unterstützen Sattelholz lagert. Entlang der Stadtmauer verläuft der alte Wehrgang, der zum Saal durch eine Innenwand abgetrennt wurde. Die nur an der Hofseite mögliche Belichtung erfolgte über Zwillingsfenster mit den für das frühe 15. Jahrhundert typischen Gewändeausführungen (Abb. 183). Im Zentrum des Saales wird der Unterzug von einer rundum profilierten Eichensäule mit Sattelholz getragen. Die dendrochronologische Datierung des Streichbalkens, der Fensterbretter, der Säule und des Gebälks lassen als Erbauungszeit die Jahre 1429/30 festlegen.

Dieser Zeitstellung ist auch der Kernbestand des 2. Obergeschosses zuzuordnen. Hier wiederholt sich die von unten bekannte Saalausführung mit einer im Zentrum aufgestellten Eichensäule. Auf der Höhe des 2. Obergeschosses reicht das Stubenhaus über die Stadtmauer hinaus, so dass der Saal über beide Traufseiten belichtet werden konnte.

Das ursprünglich über dem 2. Obergeschoss aufgeschlagene Dachwerk war zum Zeitpunkt der Untersuchung durch eine Konstruktion der

Abb. 182: Hauptstraße 56a, Rest des bauzeitliches Eingangssturzes im 1. Obergeschoss.

Abb. 183: Hauptstraße 56a, bauzeitliches Fenstergewände im 2. Obergeschoss.

Jahre 1789/90 (d) ersetzt. Diese brannte im Jahr 1992 ab und wurde in diesem Zusammenhang erneuert.
Nachweis: Dendrochronologische Datierungen, März 1986, 1992 und 1998.

Abb. 184: Hauptstraße 56b, Salzhaus.

Hauptstraße 56b, Salzhaus

Bei dem südlich an das Stubenhaus anschließenden Bauteil handelt es sich um das ehemalige Salzhaus (Abb. 184). Das zweigeschossige Satteldach besitzt eine traufseitige Ausrichtung. Das die Sparren unterstützende Gerüst bildet im 1. Dachgeschoss ein liegender verzapfter Stuhl. Neben den geneigten Längsbünden unter den Dachschrägen besteht er aus vier abgestrebten Querbünden, wobei die äußeren Bünde vor den Massivwänden angeordnet sind und eine gegenüber dem Stubenhaus eigenständige Dachkonstruktion begrenzen (Abb. 185). Die im 1. Dachgeschoss vorgegebenen Querachsen sind auch im 2. Dachgeschoss eingehalten. Hier reichen die Stuhlstreben bis zum Firstpunkt und tragen das Firsträhm.
Das Dachwerk, das unter anderem mit älteren, wiederverwendeten Hölzern abgezimmert wurde, datiert in die Jahre 1771/72 (d).
Nachweis: Dendrochronologische Datierung, April 1997.

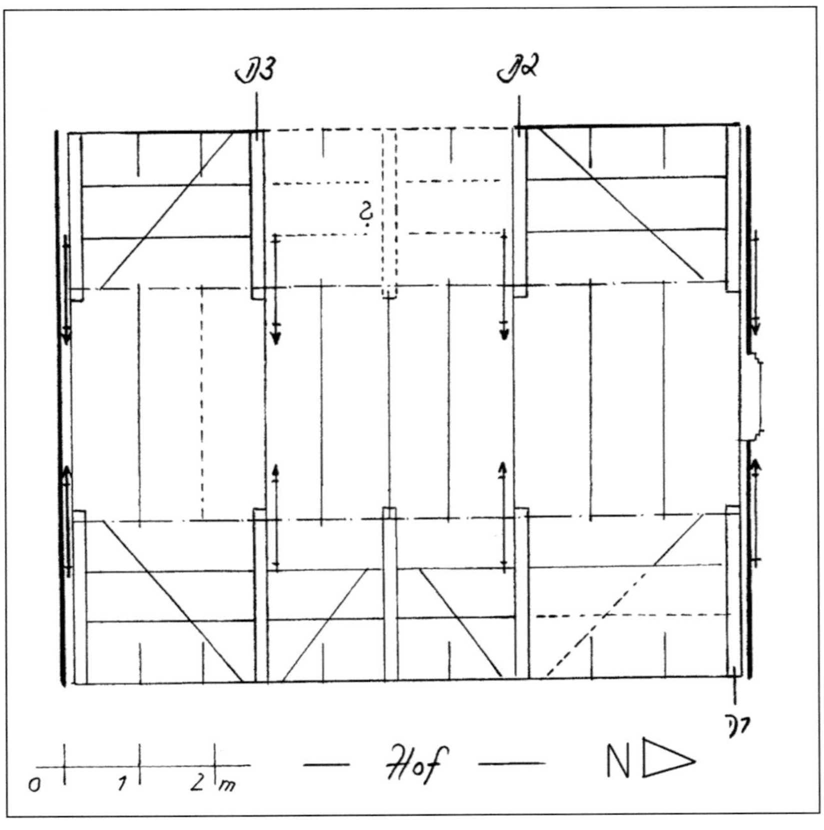

Abb. 185: Hauptstraße 56b, Grundriss 1. Dachgeschoss.

Hauptstraße 57, ehem. Kornhaus

Das zweigeschossige, ehemals als Kornhaus genutzte Gebäude steht in Ecklage zur Freihofgasse und zeigt mit seiner Nordtraufe zum Rathausplatz (Abb. 186).
Es überbaut einen Keller, der sich in Anlehnung an die Brandwand zu Haus Nr. 55 über die gesamte Gebäudetiefe erstreckt (Abb. 187). Erreichbar ist der Keller über die mittig gelegene Einfahrt im Erdgeschoss, von der im rückwärtigen Bereich eine Stichtreppe hinunter in den Keller führt.
Über dem Keller ist ein Eichengebälk mit seitlichen Brettnuten verlegt. Im Osten lagert es auf einem von Konsolen getragenen Streichbalken, während es an der Gegenseite einem Mauerholz aufliegt. Bei den Konsolen handelt es sich um Werksteinkonsolen unterschiedlicher Machart, wobei sie in der Regel nachträglich in die Massivwand eingesetzt wurden.
Die dendrochronologische Untersuchung ergab für das Gebälk zwei Schlagphasen. So datieren die rückwärtigen Balken (Proben 1–4) in die Jahre um 1657/58 (d) und die vorderen Balken in die Zeit 1566 ±10 Jahre. Besondere Beachtung verdient in diesem Zusammenhang die Datierung des Eingangsturzes. Nach dem dendrochronologischen Ergebnis gehört er zum älteren Bestand des 16. Jahrhunderts und

Abb. 186: Hauptstraße 57, ehem. Kornhaus.

Abb. 187: Hauptstraße 57, ehem. Korn haus, Grundriss Keller.

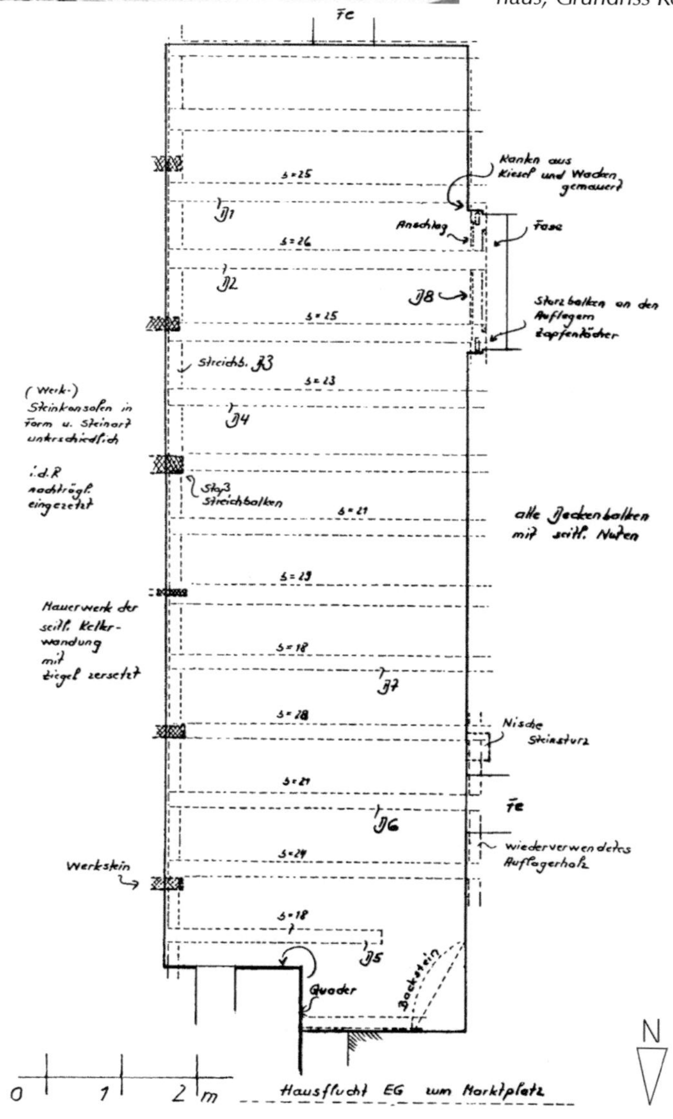

wurde offenbar bei dem Umbau im 17. Jahrhundert an seiner alten Stelle belassen.
Den Abschluss des Gebäudes bildet das zum Rathausplatz traufständig ausgerichtete Satteldach. Bis auf einen kleinen Brandschaden im Firstbereich ist es wohl noch vollständig erhalten. Diese Aussage bezieht sich in erster Linie auf das 2. Dachgeschoss, da die Ebene darunter in späterer Zeit zu Wohnzwecken ausgebaut wurde und dort insofern nur eingeschränkte Aussagen zum Erhaltungsgrad möglich sind. Aus dem 2. Dachgeschoss entstammen dann auch die für die dendrochronologische Untersuchung entnommenen Bohrproben. Deren Auswertung ergab, dass das liegende, verzapfte Stuhlgerüst in den Jahren 1659/60(d) abgezimmert wurde (Abb. 188).
Da sich dieses Datum mit der zeitlichen Einordnung des Kellerumbaus deckt, ist wohl für diese Zeit eine umfassende Erneuerung des Vorgängergebäudes anzunehmen. Denn dass zumindest die östliche Giebelwand älter ist, deuteten schon die Kellerbefunde an. Diese Aussage kann auch durch die am Nachbarhaus Nr. 55 gewonnenen Untersuchungsergebnisse bestätigt werden. Danach entstammen die dort wohl über zwei älteren Kellern verbauten Hölzer aus den Jahren um 1435 (Hauptstraße 55).
Nachweis: Dendrochronologische Datierung, 1988 und 1993.

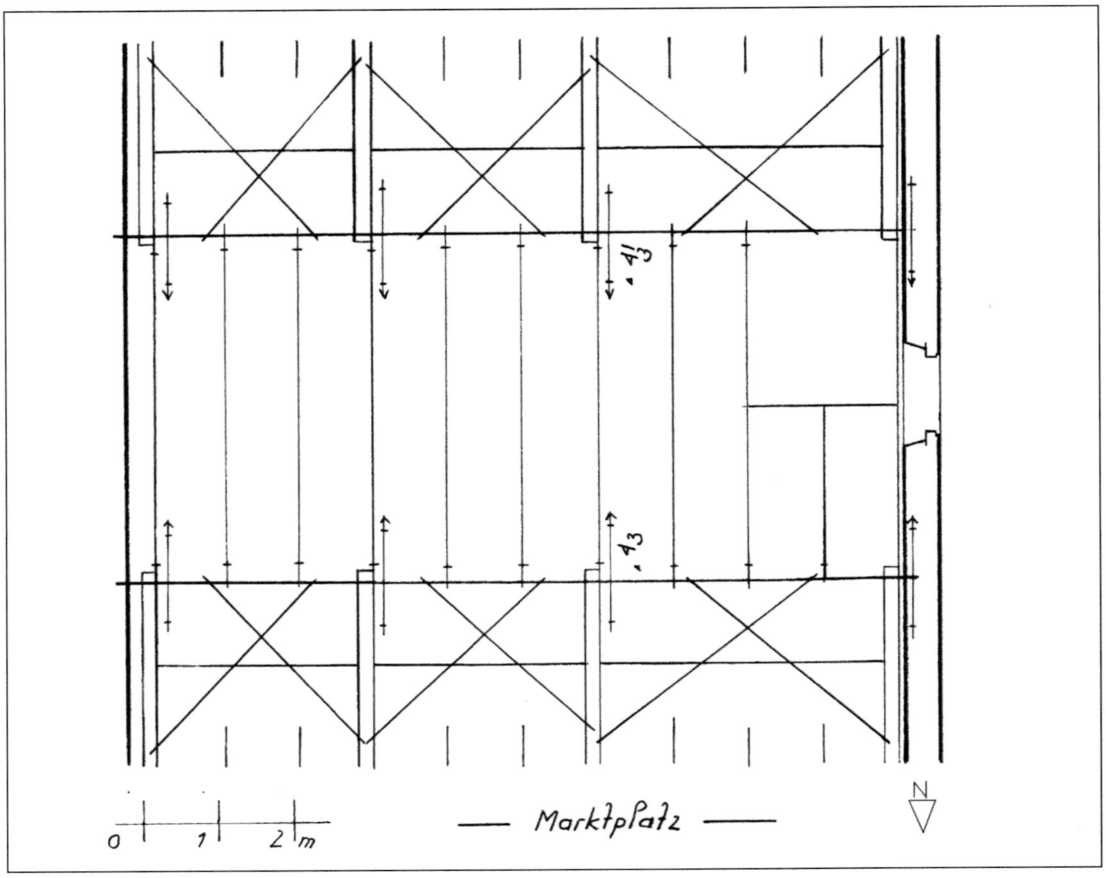

Abb. 188: Hauptstraße 57, ehem. Kornhaus, Grundriss 2. Dachgeschoss, 1659 (d).

Hauptstraße 58

Das den Rathausplatz begrenzende Eckhaus zählt zu den ältesten Gebäuden Staufens (Abb. 189). Es zeigt an der Südostecke einen aus Buckelquadern gesetzten Eckverband (Abb. 190). Wie weit sich der Baukörper ursprünglich nach Westen erstreckte, ist nicht sicher bestimmt (Abb. 191). Diese Aussage gilt nicht für das 16. Jahrhundert. Auf dieser Zeitebene nahm es auch die Fläche des schmalen Hauses Nr. 60 ein, bevor es im 18. Jahrhundert besitzrechtlich abgetrennt wurde und über dem marktseitigen Teil das noch heute vorhandene, hoch aufragende und um 1770/71 (d) abgezimmerte Dachwerk erhielt (Abb. 192). Es ersetzt die ehemals über die alte Haustiefe reichende und im westlichen Gebäudeteil noch vorhandene Dachkonstruktion. Diese wiederum bildete möglicherweise den Ersatz eines Vorgängerdaches gleichen Ausmaßes, von dem sich Putzspuren am Giebel zu Haus Nr. 56 erhalten haben.

Abb. 189: Hauptstraße 58.

Bei diesen Spuren handelt es sich um den ehemaligen Firstverlauf eines nach Süden geneigten Pultdaches. Die Dachtraufe des an der Platzseite rekonstruierbaren Pultdaches ist auf der Höhe des Eckquaderabschlusses anzunehmen (Abb. 193).

Dass sich der zugehörige Unterbau ursprünglich bis zur Brandwand zwischen den Häusern Nr. 60 und 62 entwickelt haben könnte, kann durch die Ausmaße des Nachfolgedaches vermutet werden. Dessen Ausdehnung ist gleich

Abb. 190: Hauptstraße 58, Buckelquaderecke, Detail.

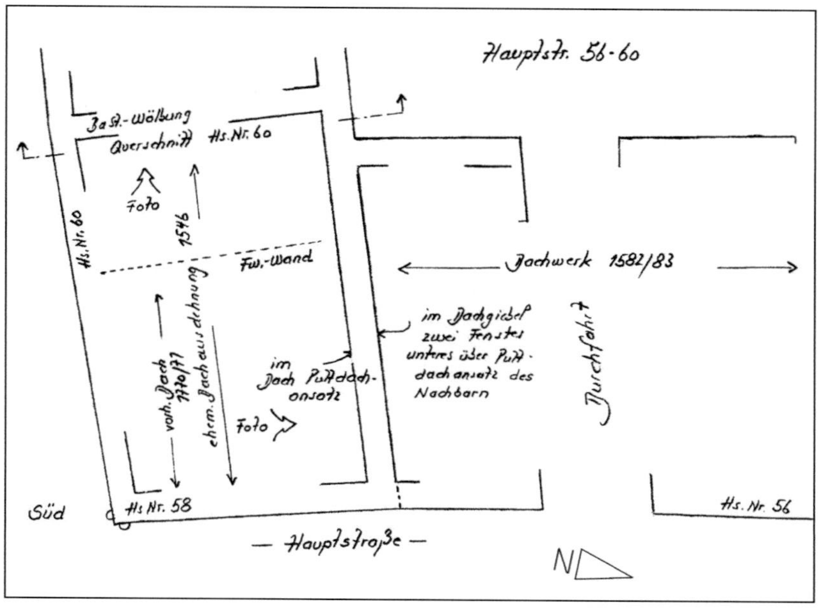

Abb. 191: Hauptstraße 58, Übersichtsskizze.

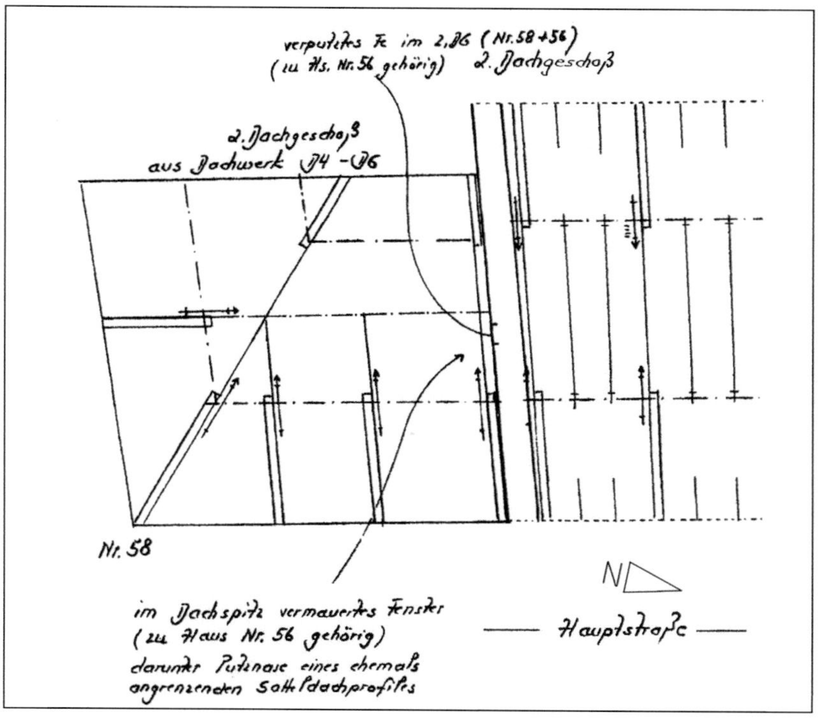

Abb. 192: Hauptstraße 58, Grundrissskizze 1. Dachgeschoss.

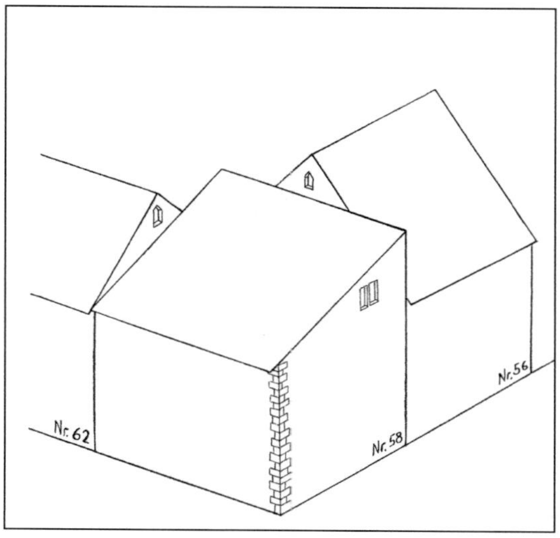

Abb. 193: Hauptstraße 58, baulicher Bestand im 14. Jahrhundert, Rekonstruktion.

zweimal belegt. So befindet sich über der Firstlinie des vorangegangenen Pultdaches der Abdruck eines Firstpunktes. Im Verbund mit den Putznasen der beiden abfallenden Dachneigungen handelte es sich um das Profil eines an die Brandwand anschließenden Satteldaches. Reste dieses Dachwerks sind über dem Baukörper von Haus Nr. 60 noch erhalten. Abgezimmert in den Jahren 1546/47 (d), überdachte es ursprünglich beide Hausteile, indem es über dem platzseitigen Bereich rechtwinklig nach Norden schwenkte und hier an die Brandwand zu Haus Nr. 56 anschloss.

Nachweis: Dendrochronologische Datierung, November/Dezember 1999.

Abb. 194: Hauptstraße 60 (rechts) und 62.

Hauptstraße 60

Der dreigeschossige Massivbau (Abb. 194) bildete wohl mit dem östlich angrenzenden Nachbarhaus Nr. 58 eine bauliche Einheit (siehe Abb. 191, Hauptstraße 58). Diese Aussage ist für das 16. Jahrhundert gesichert, da zu diesem Zeitpunkt über beiden Hausteilen ein gemeinsames Dachwerk ausgeführt war. Reste dieser um 1546/47 abgezimmerten Holzkonstruktion sind noch heute vorhanden (Abb. 195).

Die ursprüngliche Ausdehnung des Daches in Richtung Osten kann über die an der Konstruktion angetroffenen Abbundzeichen, über die in Richtung Osten weiterführenden Konstruktionsmerkmale und über den an der Brandwand zu Haus Nr. 56 angetroffenen Dachanschluss zweifelsfrei nachvollzogen werden.

Der Kern des Gebäudes ist jedoch älter als das Dachwerk. Darauf deutet in erster Linie die westliche Brandwand hin. Sie schließt nach oben mit einem auffallend flach geneigten Ortgang ab, wobei sich unter der Dachschräge eine Spitzbogenöffnung als ehemalige Dachraumbelichtung erhalten hat (Abb. 195).

Unterstrichen wird das hohe Alter durch die im Kriechkeller angetroffenen Befunde. Hierbei handelt es sich um Natursteinkonsolen, die ursprünglich in Kombination mit einem darauf lagernden Streichbalken einem in West-Ost-Richtung verlaufenden Gebälk als Auflager dienten. Demgegenüber verläuft das Gebälk über dem Erd- und Obergeschoss um 90 Grad gedreht, also rechtwinklig zum Straßenverlauf. Nach der dendrochronologischen Untersuchung datiert es wie auch das Gebälk über dem 1. Obergeschoss in die Jahre 1546/47.

In den Jahren um 1770 wird eine quer zum Straßenverlauf ausgerichtete Fachwerkwand eingezogen. Sie unterteilt den Bau in Haus Nr. 58 und Nr. 60. Während der Ostteil modernisiert wird und ein neues Dach erhält, wird im Westteil die alte Innenstruktur beibehalten.

Von besonderem Interesse ist der hohe Backsteinbogen (Abb. 195) innerhalb der Trennwand zu Haus Nr. 62, der mit seinem Bogenverlauf die Decke über dem Erdgeschoss überschneidet. Die zum Teil uneinheitliche Backsteinflucht, unterstützt durch Mörtelflächen mit Abdrücken einer Holzmaserung, lässt darauf schließen, dass der Bogen gegen eine Brettverschalung gemauert wurde (Abb. 196). Da sich diese auf der zu Haus Nr. 60 orientierten Mauerflucht befand, erfolgte die Errichtung des Bogens offensichtlich von der Gegenseite. Über die Funktion und das Alter des Bogens lässt sich zur Zeit nur spekulieren. Eine mögliche Erklärung bietet die Interpretation, dass es sich um einen Sparbogen handelt. Danach wäre er zum Vorteil einer Grundrissvergrößerung später eingebaut worden.

Nachweis: Dendrochronologische Datierung, November/Dezember 1999.

Hauptstraße 62

Die Grundfläche des mit vier Geschossebenen höchsten Altstadtgebäudes (siehe Abb. 194) ist vollständig unterkellert. Zum Teil mit einer modernen Decke versehen, weist der weitaus größte Bereich noch alte Deckenbalken auf. Während das Gebälk im Osten im Wackenmauerwerk lagert, liegt es im Westen einem Streichbalken auf. Das Auflagerholz entlastet sich auf Wackenkonsolen, die offensichtlich ohne Störung im Wackenmauerwerk des Kriechkellers sitzen. Eine zusätzliche Unterstützung erfahren die parallel zum Straßenverlauf verlegten Deckenbalken durch einen mittig verlaufenden Unterzug. Der Unterzug ist gefast und wird zentral durch eine allseitig profilierte Säule unterstützt.

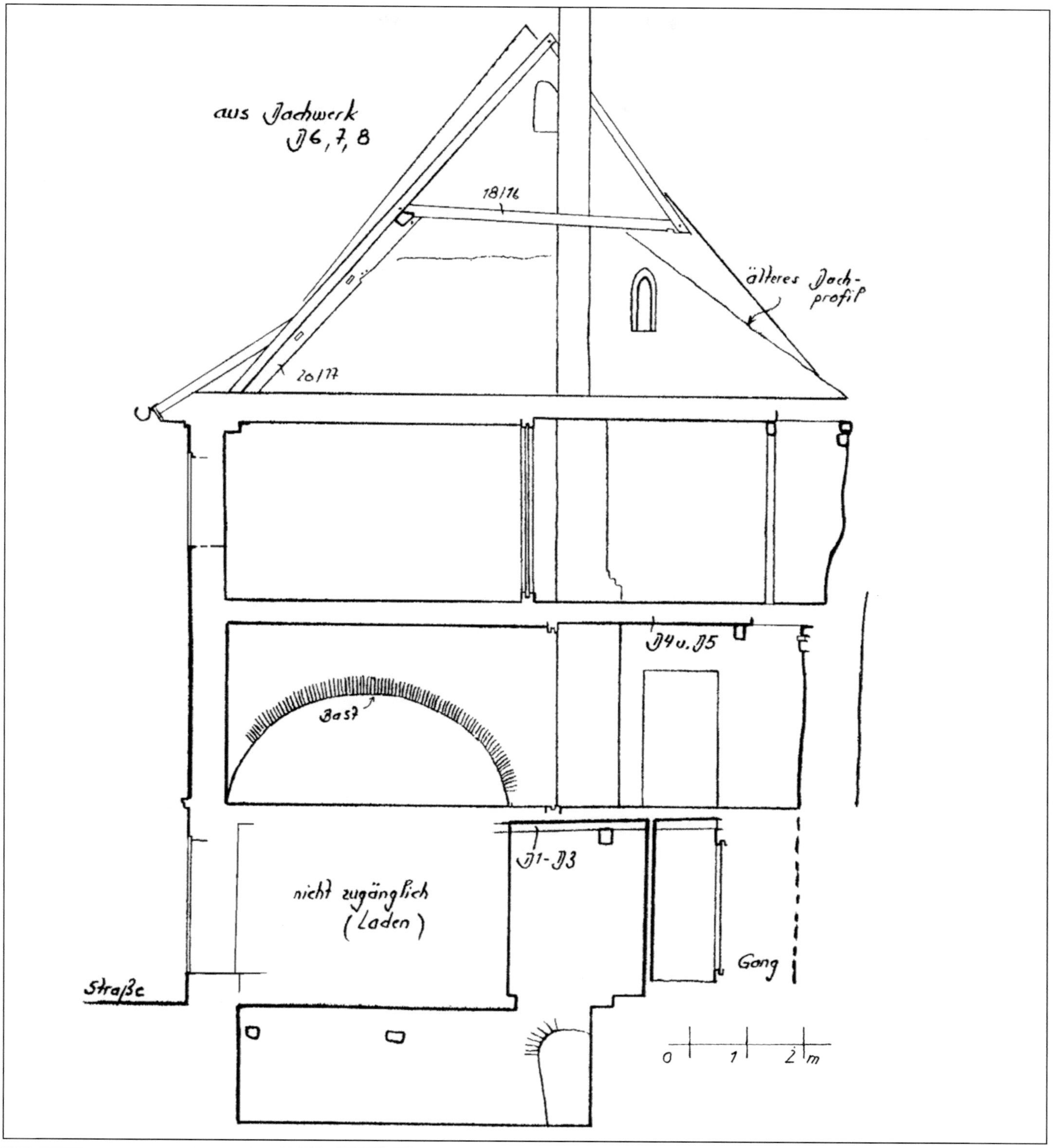

Abb. 195: Hauptstraße 60, Querschnitt.

Abb. 196: Hauptstraße 60, Backsteinbogen, Detail.

Das Gebälk besitzt seitliche Nuten für einen Bretteinschub. Auf den Brettern ist eine Mörtelschicht aufgebracht, so dass der angetroffene Deckenaufbau offensichtlich als ein nach oben isolierender Einbau zu bewerten ist.

In der Südostecke ist ein ehemaliger Kellerabgang ausgewechselt. Dass es sich hier um einen alten Abgang handelt, unterstreicht die in diesem Bereich vorhandene Nische. Sie ist in einem funktionalen Zusammenhang mit dem Treppenantritt zu sehen und nahm wohl eine Lichtquelle auf.

Mit der Lage des Kellerabgangs ist ein wichtiger Hinweis auf den damaligen Hauszugang und auf die interne Hauserschließung gegeben. Daraus abgeleitet können sowohl der Hauseingang wie auch das daran anschließende Treppenhaus in der südöstlichen Hausecke vermutet werden. In diesen Zusammenhang lässt sich dann auch der in diesem Bereich ausgeführte und die benachbarte Brandwand abfangende Backsteinbogen einbinden. So vergrößert er das Treppenhaus und ermöglicht mit seinem hoch aufragenden Bogen die Anlage eines großzügigen und repräsentativen Treppenlaufes.

Das Kellergebälk ist nicht ursprünglich und datiert in die Jahre 1682/83 (d). Die zu vermutende ältere Ausführung wird wohl der angetroffenen Ausbildung entsprochen haben (Abb. 197).

Das tragende Gerüst des Dachwerks bilden im 1. Dachgeschoss drei abgesprengte und verzapfte Querbünde. Sie unterteilen den Dachgrundriss in zwei unterschiedlich breite Zonen, wobei die beiden äußeren Querbünde direkt vor den Giebelscheiben angeordnet sind (Abb. 198).

Innerhalb des westlichen Giebels ist im Dachspitz die Fensteröffnung eines ehemaligen Vorgängerdaches erhalten. Es wurde zu einem späteren Zeitpunkt bei der Erhöhung des Nachbargebäudes vermauert. Nach der dendrochronologischen Datierung wurde das untersuchte Dachwerk in den Jahren 1682/83 (d) abgezimmert.

In Kombination mit den zeitgleichen Kellerdaten ist mit Ausnahme der mittelalterlichen

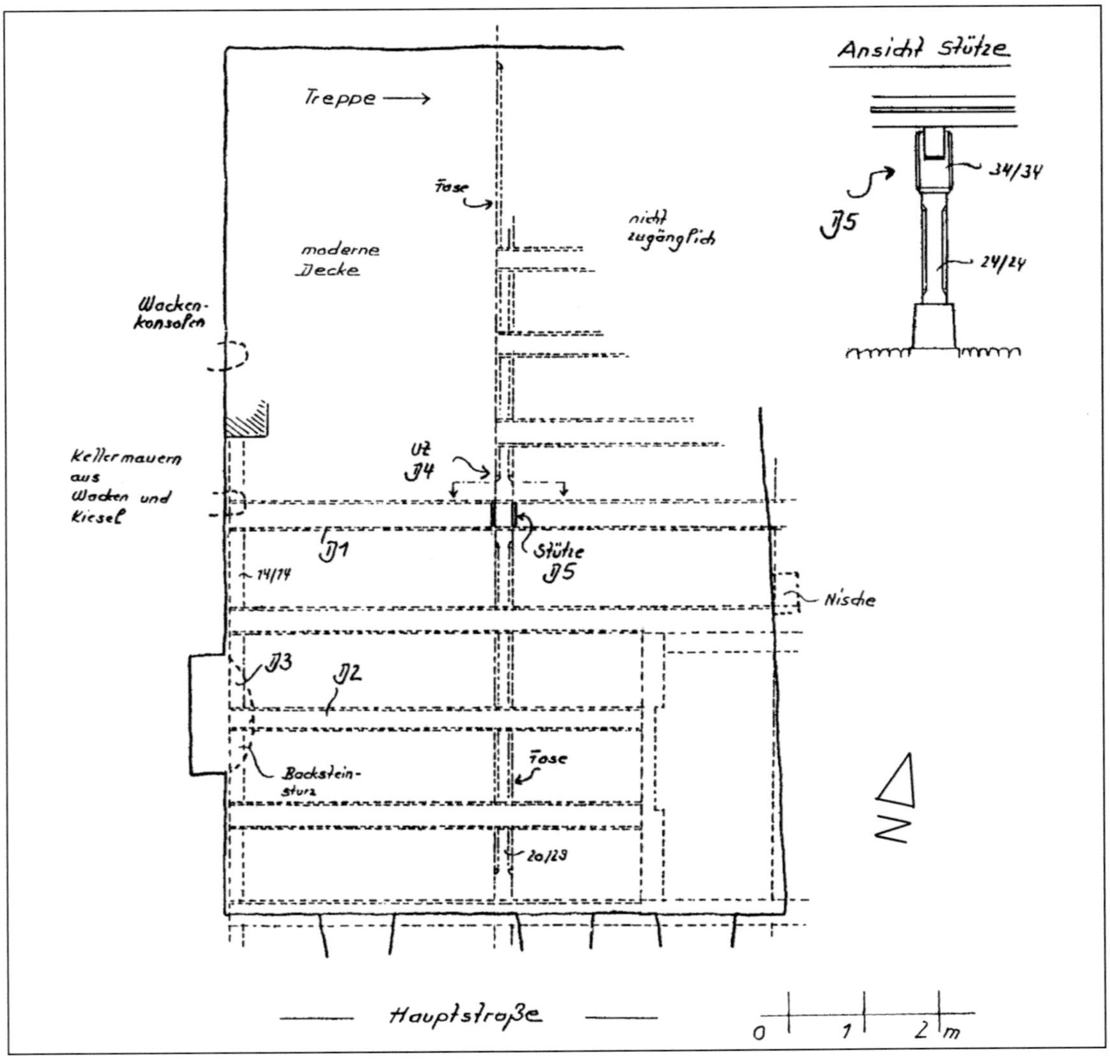

Abb. 197: Hauptstraße 62, Grundriss Keller.

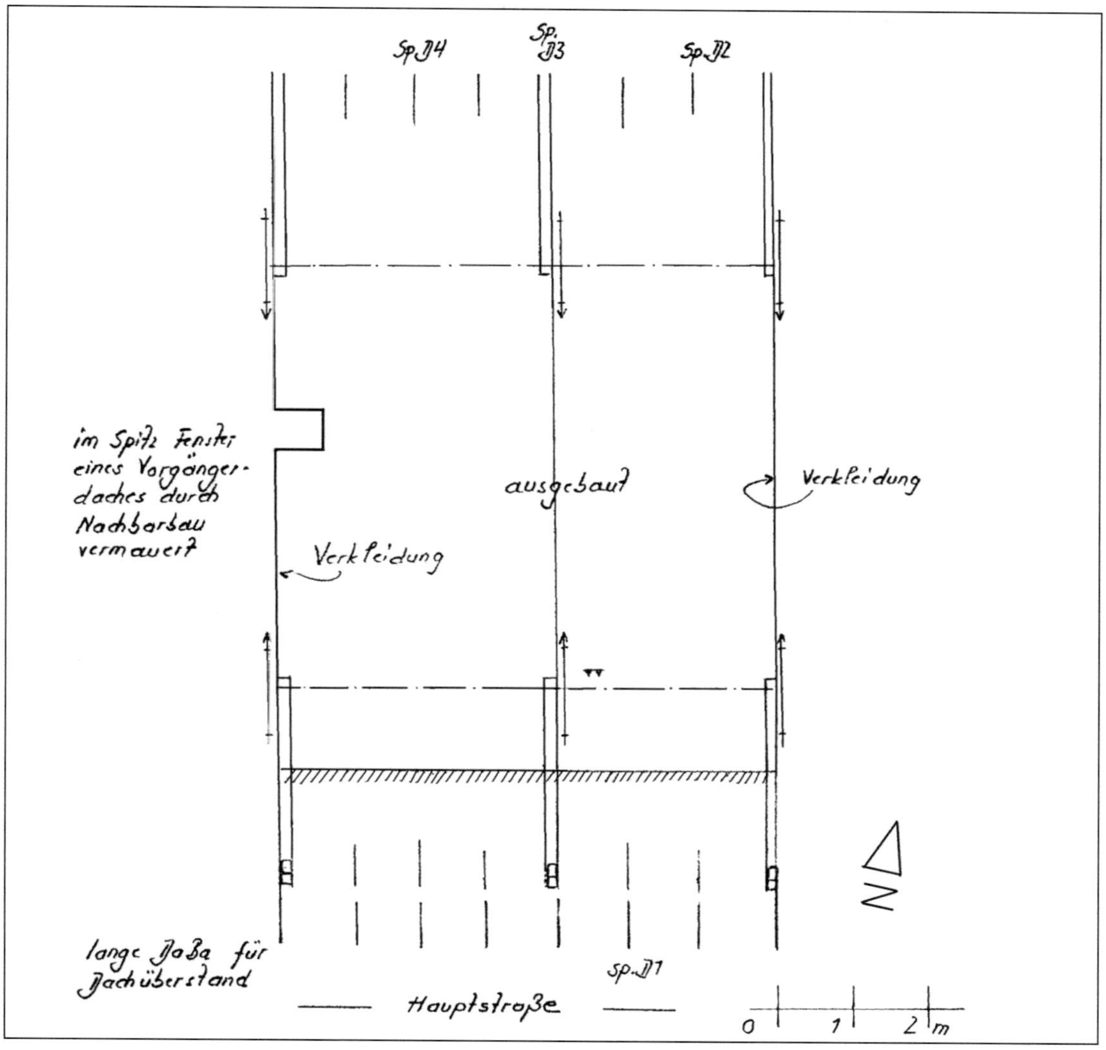

Abb. 198: Hauptstraße 62, Grundriss 1. Dachgeschoss.

Brandmauern von einer umfassenden Erneuerung des Altgebäudes auszugehen.
Nachweis: Dendrochronologische Datierung, Keller, Oktober 1988; dendrochronologische Datierung, Dachwerk, Mai 1998.

Hauptstraße 65, Hotel-Gasthof Kreuz-Post

Der Hauptbau des gesamten Gebäudekomplexes steht mit seiner Nordtraufe deutlich hinter der Straßenflucht der Hauptstraße zurück und überwölbt mit seiner östlichen Haushälfte den Mühlenkanal (Abb. 199). Seitlich des Kanals besitzt das Gebäude einen Balkenkeller mit Bretteinschub in seitliche Nuten. Das eichene Gebälk ist parallel zum Straßenverlauf verlegt und lagert in den Massivwänden auf einer Mauerlatte. Wie diese datieren die Kellerbalken in die Jahre 1658/59 (d). Vom Keller führt ein Ausgang zum Kanal. Damit dies möglich ist, wurde das Gewölbe in diesem Bereich ausgespart (Abb. 200).

Das Erdgeschoss besitzt ein vollständig erhaltenes Gebälk aus Tannenholz (Abb. 201). Es ist rechtwinklig zum Straßenverlauf verlegt und datiert gleichfalls in die Jahre 1658/59 (d). In die seitlichen Balkennuten sind Bretter eingeschoben.

Abb. 199: Hauptstraße 65, Gasthaus Kreuz-Post.

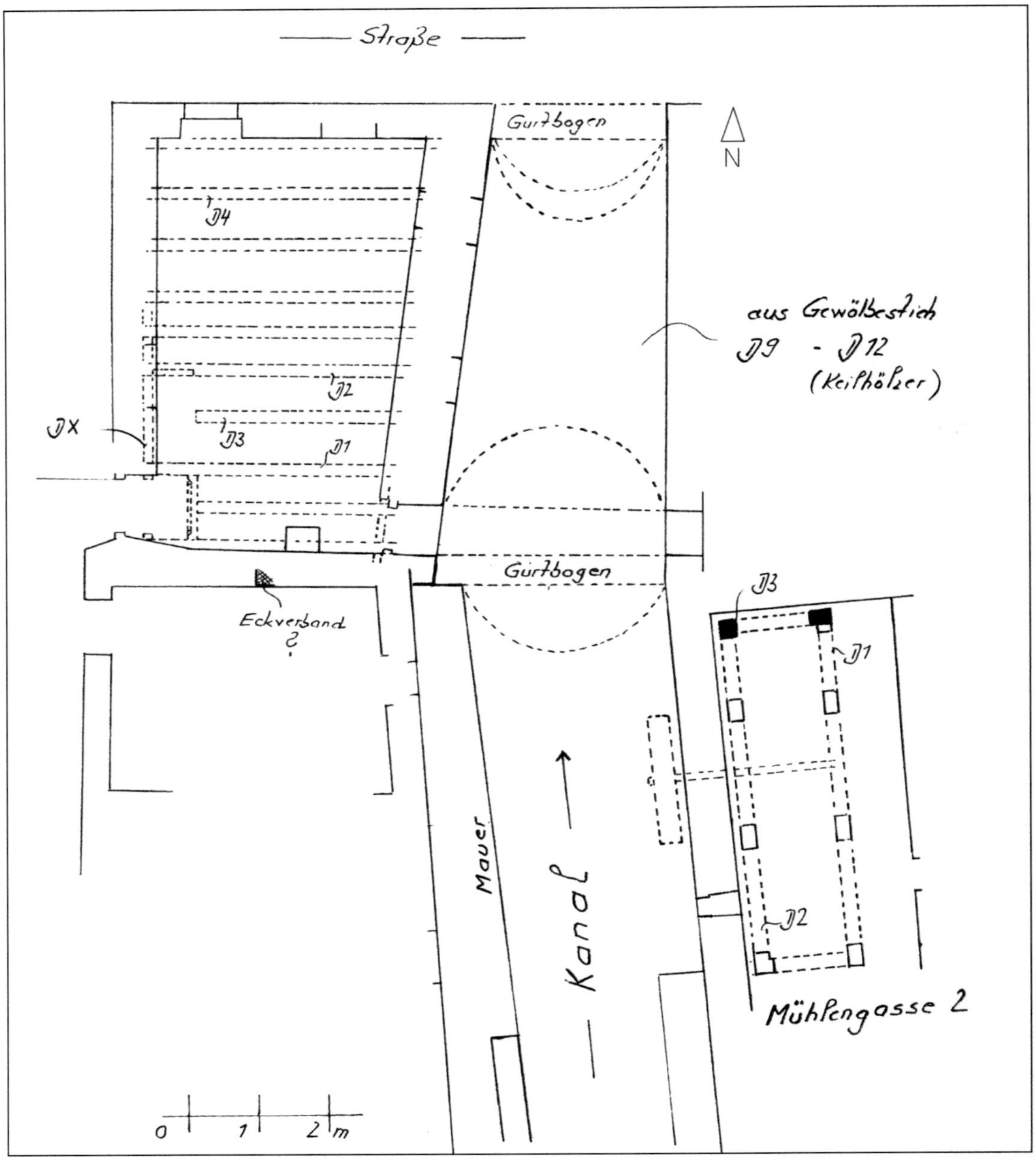

Abb. 200: Hauptstraße 65, Grundriss Keller mit Kanal.

Bemerkenswert ist die am Gebälk angetroffene Befundsituation. Vor allem sind es die in einer Linie, parallel zur Traufwand angelegten Zapfenlöcher, wobei deren Ursprünglichkeit angesichts der schrägen Aufweitung nach unten und der eingebohrten Holznagellöcher gesichert ist. Die Zapfenlöcher sind etwa 9 cm breit und durchstoßen die gesamte Balkenhöhe. Die Funktion dieser Vertiefungen ist unbekannt. Dagegen ist die Funktion einer zweiten Zapfenlochgruppe eindeutig: Die besagten Vertiefungen befinden sich alle an einem Balken und sind als Hinweis auf eine ehemals darunter verlaufende Fachwerkwand zu sehen.

Im 1. Obergeschoss ist die ursprüngliche Wohnebene zu vermuten (Abb. 202). So lässt sich in der Nordwestecke die Anlage einer großen Stube erkennen. Von ihr ist die Brettereinschubdecke mit profilierten Deckleisten erhalten. Die Ausdehnung der Stube nach Osten orientierte sich an der im Erdgeschoss fixierten Trennwand. In Anlehnung an die lagegleiche Wand im Obergeschoss sind im rückwärtigen Bereich der Treppenaufgang und die Herdstelle zu vermuten. Zum einen ist hier das Gebälk rauchschwarz und zum anderen zeigt es den Einschnitt eines Kamins.

Bei dem 2. Obergeschoss handelt es sich mit hoher Wahrscheinlichkeit um eine spätere Erhöhung. Diese Ebene ließ sich zwar zum Zeitpunkt der Aufnahme nicht näher untersuchen, doch kann neben dem Dachwerk auch die unterschiedliche Fenstergestaltung der Straßenfassade als ein Indiz für diese zeitliche

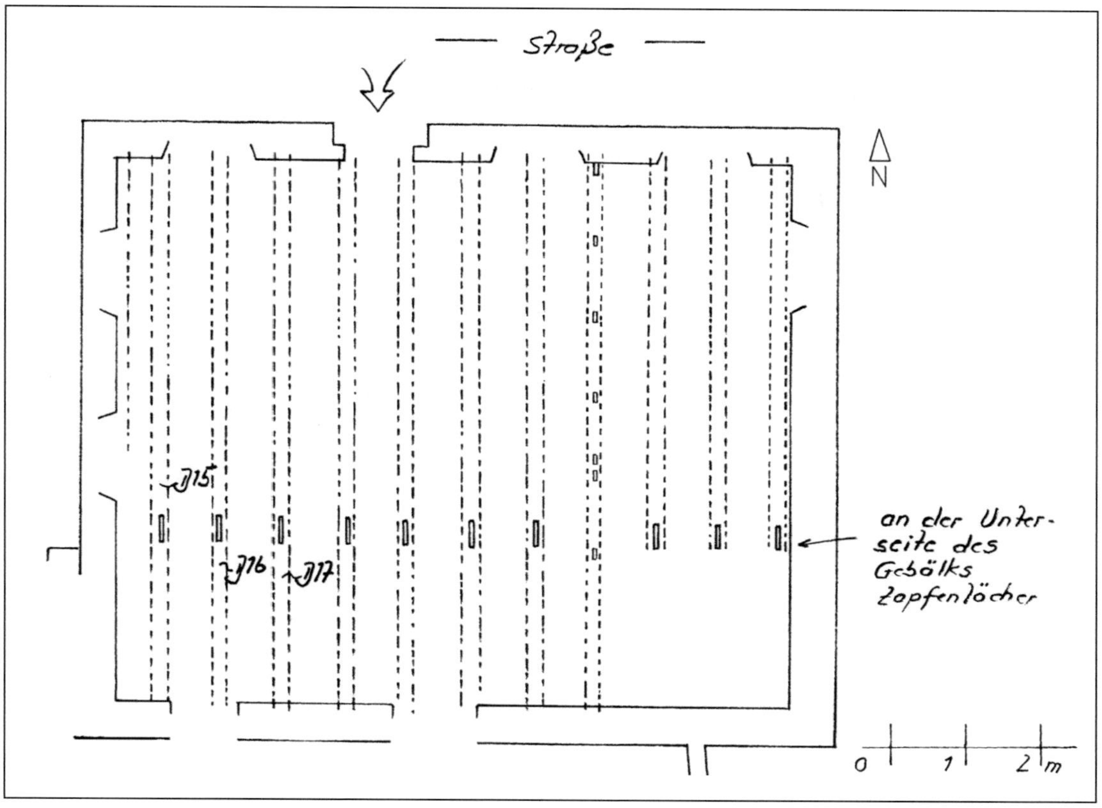

Abb. 201: Hauptstraße 65, Grundriss Erdgeschoss.

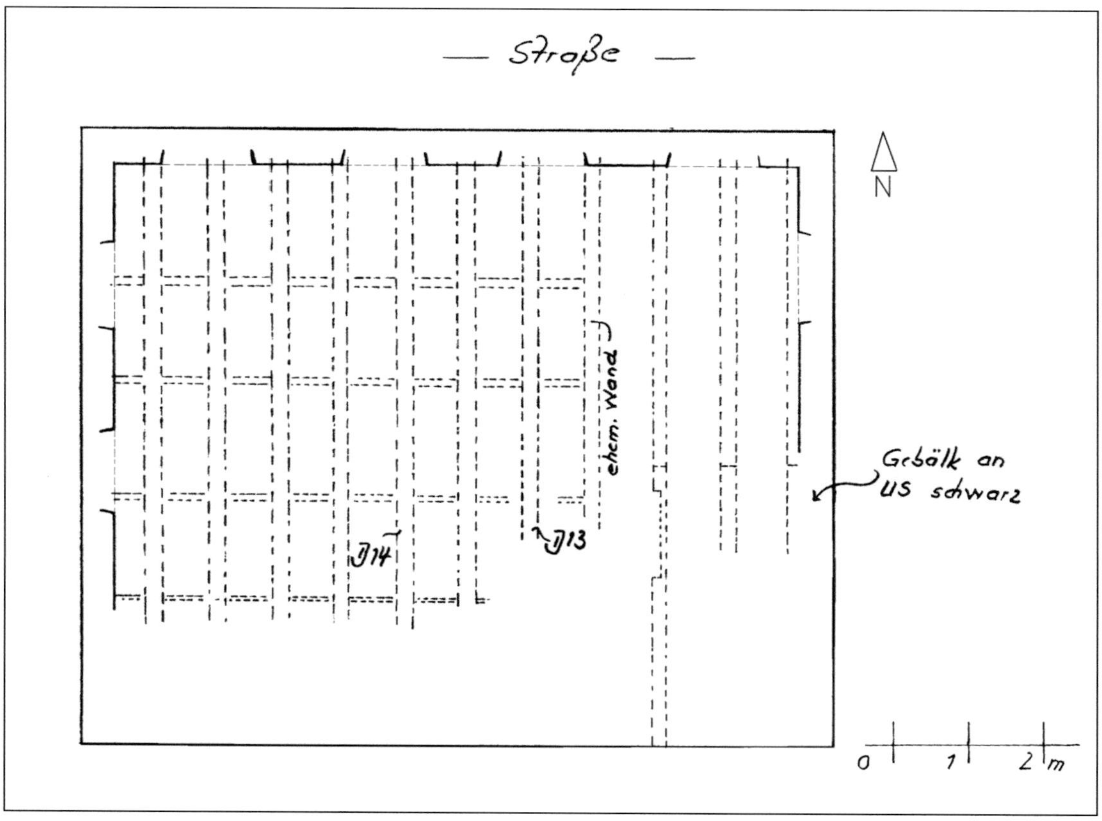

Abb. 202: Hauptstraße 65, Grundriss 1. Obergeschoss.

Differenzierung gesehen werden. Der Umbau erfolgte demnach um die Jahre 1720/21 (d), als das vorhandene Dachwerk mit einem liegenden, verzapften Stuhl, kombiniert mit einem Hängeholz, abgezimmert wurde (Abb. 203). Dabei kam diesem Hängeholz die Erfüllung einer bestimmten Aufgabe zu, sollte doch mittels eines darin eingelassenen Eisenbandes der im 2. Obergeschoss verbaute Unterzug nach oben abgehängt werden. Diese Zusatzkonstruktion

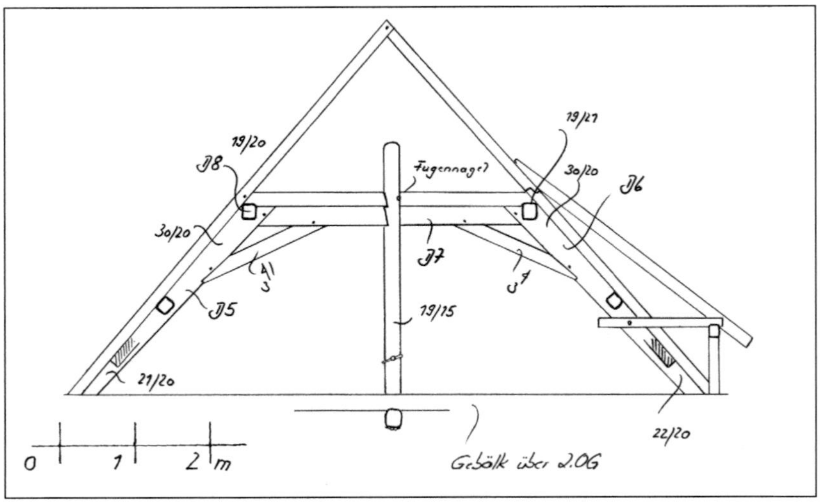

Abb. 203: Hauptstraße 65, Querschnitt Dachwerk, Querbund, 1720(d).

entlastete das Gebälk über dem 2. Obergeschoss und lässt somit auf dieser Ebene die ehemalige Anlage eines großen, ungeteilten Raumes vermuten.
Für die Anlage eines Vollwalmes ist das Dachgebälk in Richtung Westen mit einem Stichgebälk kombiniert. Am Gegengiebel fehlt eine derartige Ausbildung – ein Hinweis, dass hier infolge des schon damals bestehenden Nachbargebäudes kein Vollwalm angelegt werden konnte.
Nachweis: Dendrochronologische Datierung, 1993/1994.

Abb. 204: Im Grün 27, rechts angrenzend Nr. 29 mit Ladegiebel.

Im Grün 27/29

Eingebunden in die nachbarliche Reihenbebauung, handelt es sich bei dem untersuchten Gebäude um einen dreigeschossigen, zur Straße „Im Grün" traufständig ausgerichteten Baukörper (Abb. 204). Ursprünglich mit dem südlich angrenzenden Bauteil Im Grün 29 und möglicherweise auch in Richtung Süden darüber hinaus als bauliche und nutzungsrechtliche Einheit erbaut, bildet die Rücktraufe die Grundstücksgrenze (Abb. 205). Hier sitzt dem untersuchten Gebäudeteil im rechten Winkel ein zur östlichen Parzelle ausgerichtetes Nebengebäude auf. Das Erdgeschoss und das 1. Obergeschoss sind weitgehend massiv. Darauf ist ein einstöckiger Fachwerkaufsatz abgezimmert. Den Abschluss bildet ein Satteldach mit beidseitigem Steilgiebel. Im benachbarten Gebäudeteil Nr. 29 ist an der Straßentraufe der Restbestand eines Ladegiebels erhalten. Die Erschließung beider Gebäudeteile erfolgt im Westen von der Straßenseite.
Eingefasst durch vier Massivwände, gehören die nördliche Giebelwand und die beiden Traufwände zum bauzeitlichen Bestand, während es sich bei der südlichen Massivwand um eine spätere Trennwand handelt (Abb. 206). Zum Kernbestand gehört auch das quer zum Straßenverlauf verlegte Deckengebälk. Erhalten ist der Restbestand von ehemals sieben Deckenbalken. Der dritte Deckenbalken von Nord ist aus Eiche, die restlichen Balken sind aus Nadelholz. In Anlehnung an die zimmerungstechnischen Befunde war das Gebälk durch einen annähernd mittig verlaufenden Unterzug unterstützt, wobei für den untersuchten Grundrissabschnitt eine Aufteilung in zwei Raumeinheiten rekonstruiert werden kann.
Zugänglich war der untersuchte Hausteil im Norden. Der ehemalige, später zum Fenster umgebaute Eingang führte sowohl in den nördlichen Raum als auch direkt auf den Treppenlauf nach oben zu. Das Treppenloch für den später abgeflachten und letztlich bis in den Dachraum führenden Treppenlauf ist noch erkennbar. Der nördliche Raum war zur Bauzeit vom südlichen Raum durch eine Fachwerkwand abgetrennt und über zwei an den Längswänden liegende Türöffnungen zugänglich. Wie weit sich der südliche Raum in den abgetrennten Bauteil (Haus Nr. 29) erstreckte, ist unbekannt.
Nach der dendrochronologischen Auswertung von drei entnommenen Bohrproben wurden

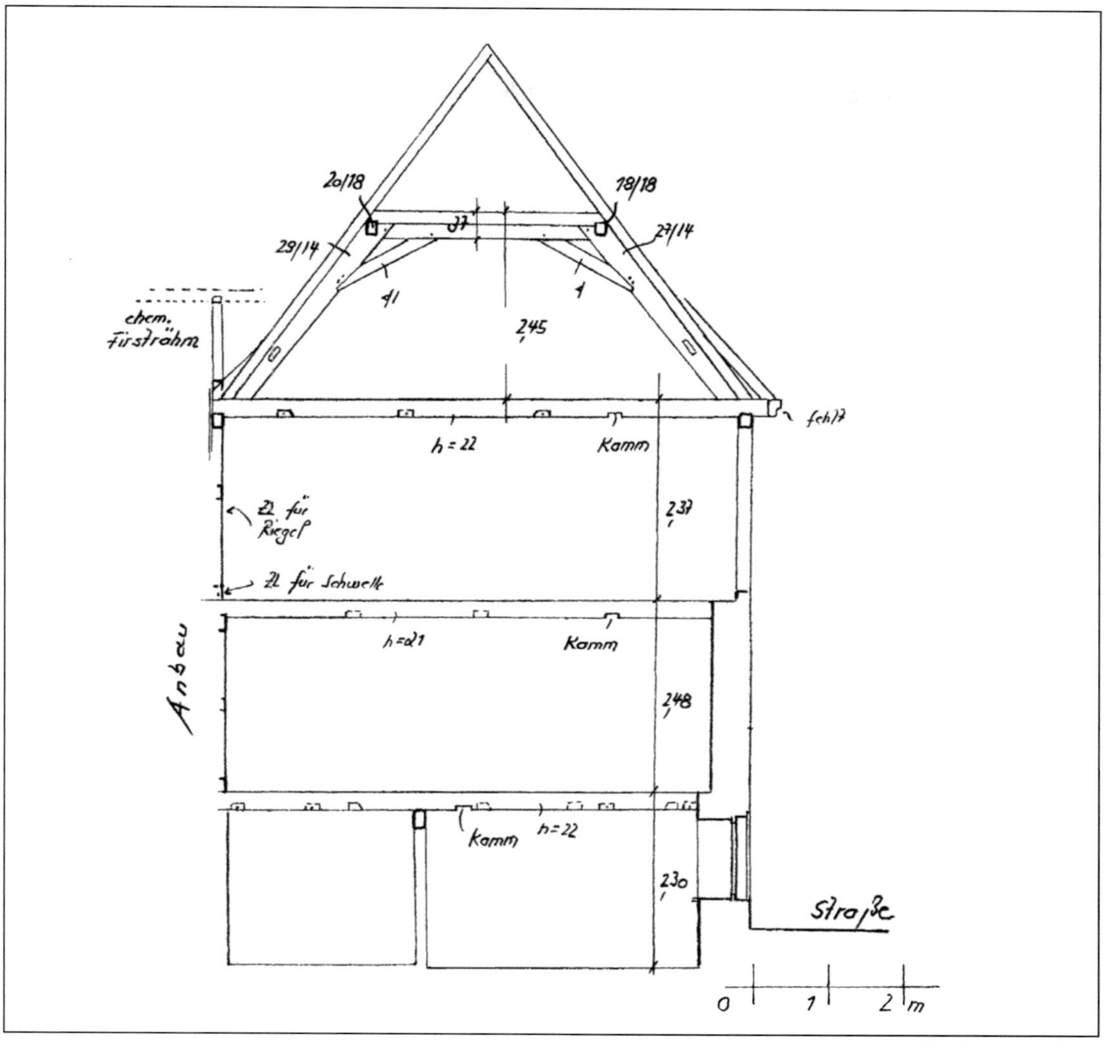

Abb. 205: Im Grün 27, Querschnitt.

Abb. 206: Im Grün 27, Grundriss Erdgeschoss.

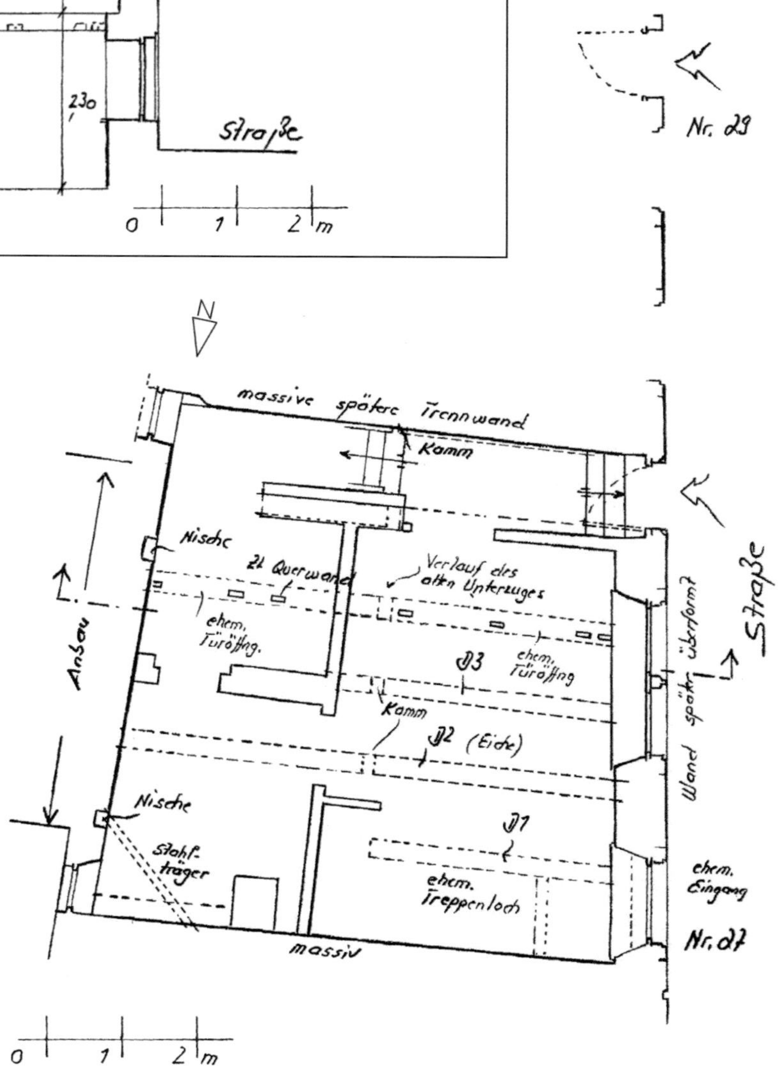

die Balken im Winter 1630/31 gefällt, so dass für die Bauzeit des Gebäudes das Jahr 1631 anzunehmen ist.

Auch im 1. Obergeschoss beschränkt sich der älteste Bestand auf die drei Umfassungswände und den Restbestand des Deckengebälks (Abb. 207). Im Gegensatz zum Erdgeschoss verläuft der das Gebälk unterstützende Unterzug nicht mittig, sondern versetzt zur Straßentraufe. Leicht schräg dazu ausgerichtet, fixiert er einen am nördlichen Treppenhaus ansetzenden Flur, während sein südliches Ende in einen Wohnraum führte. Das Treppenhaus wurde durch eine dem eichenen Deckenbalken im Erdgeschoss aufsitzende Querwand begrenzt. Dagegen war die Nordwand des Wohnraumes in vertikaler Abstimmung mit der Erdgeschosswand angelegt. Der Wohnraum erstreckte sich bis in den Nachbargrundriss und ließ Platz für einen weiteren Raum, dessen südlicher Abschluss nicht gesichert ist. Reste der alten Wohnraumdecke haben sich im Grenzbereich der späteren Unterteilung erhalten (Abb. 208).

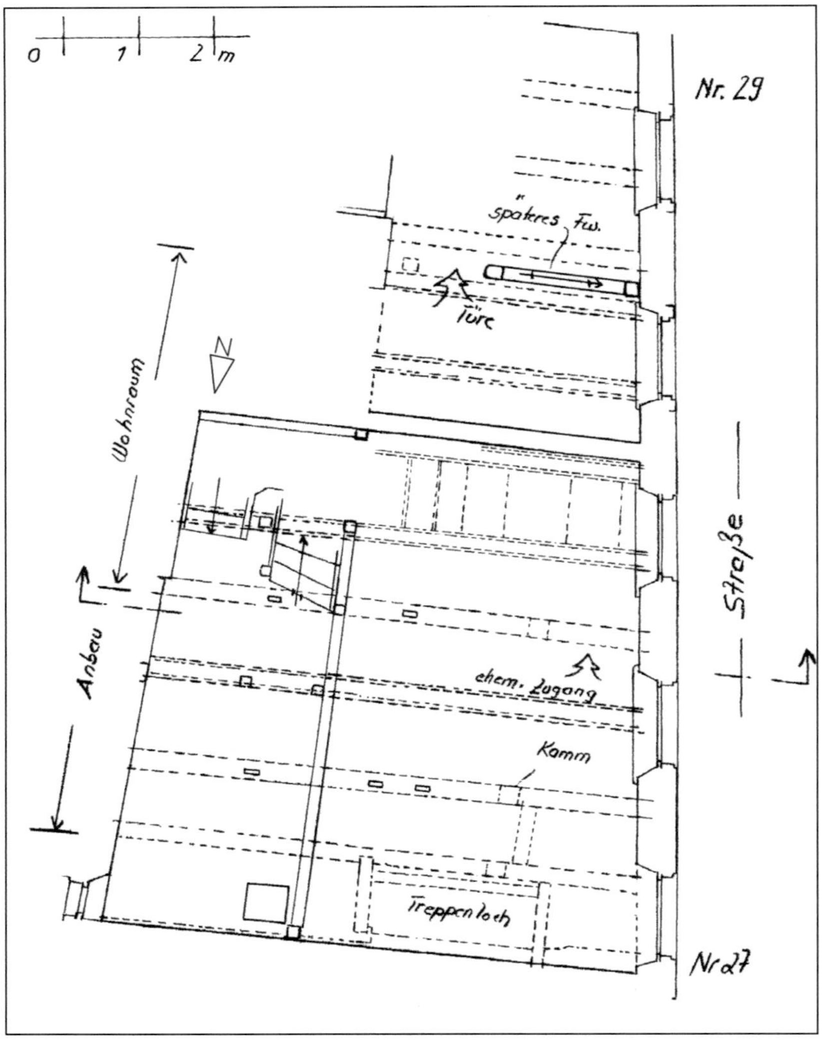

Abb. 207: Im Grün 27, Grundriss 1. Obergeschoss.

Abb. 208: Im Grün 27, Detail der bauzeitlichen Deckenverkleidung.

Die im 2. Obergeschoss nachvollziehbare Grundrissgliederung gleicht im Wesentlichen der im Erdgeschoss beschriebenen Raumaufteilung. Die einzige Ausnahme bildet die Ausrichtung des Unterzuges, der in vertikaler Abstimmung mit dem Unterzug des 1. Obergeschosses verlief (Abb. 209).

Beim Kernbestand der Dachkonstruktion handelt es sich um ein quer gebundenes, in die Dachbalken zapfendes, durch eine Kehlbalkenlage stabilisiertes und an der Straßenseite auskragendes Sparrendach (siehe Abb. 206). Die Kehlbalken unterteilen die Dachhöhe in zwei Dachgeschosse. Das die Sparrendreiecke verstärkende Gerüst besteht aus abgesprengten, in die Dachbalken zapfenden Querbünden, kombiniert mit zwei geneigten Längsbünden unter den Dachseiten (zweifach liegender Stuhl; Abb. 210).

Die Queraussteifung der Querbünde erfolgt durch verzapfte Kopfbüge, während die Längsaussteifung innerhalb der geneigten Längsbünde durch paarweise, nicht mehr vorhandene Kopfstreben zwischen den Bundstreben und den Stuhlrähmen übernommen wurde. Der rückwärtigen Dachfläche sitzt das Dach des Anbaus auf.

In Anlehnung an den auf der Osttraufe aufsitzenden Anbau war das bebaute Grundstück von Haus Nr. 27 und 29 mit hoher Wahrscheinlichkeit Bestandteil einer zum Straßenverlauf „Auf dem Graben" ausgerichteten Parzelle, die spätestens mit dem Bau des untersuchten Gebäudes

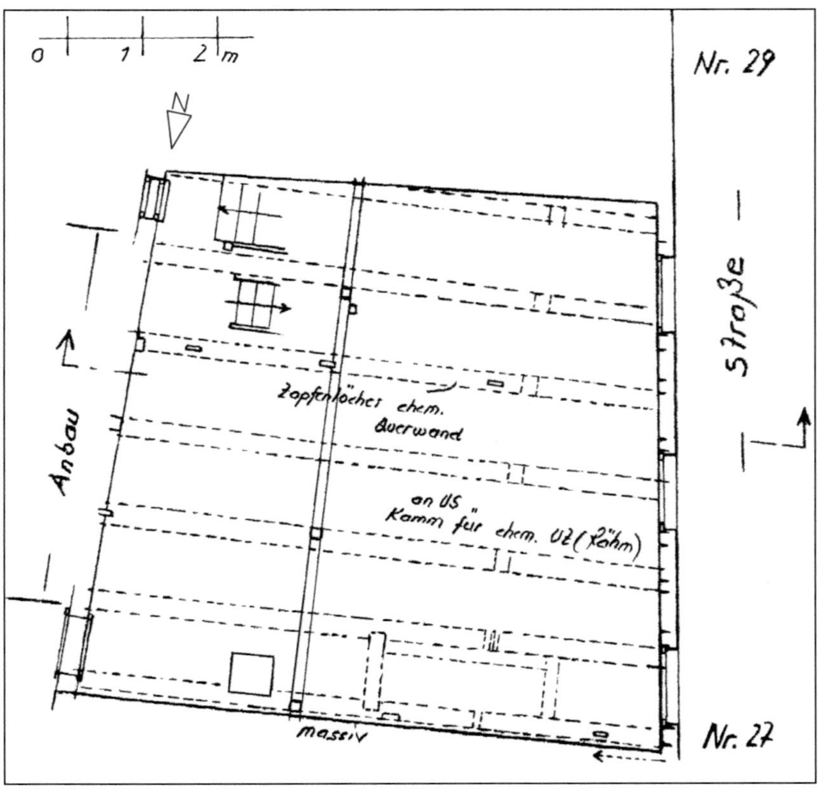

Abb. 209: Im Grün 27, Grundriss 2. Obergeschoss.

um das Jahr 1631 abgetrennt wurde. So handelt es sich bei diesem um den nördlichen Teil eines um 1631 erbauten, ursprünglich zumindest den Hausgrundriss Im Grün 29 einnehmenden Wohnhauses, dessen Grundrissgliederung und Nutzungsstruktur auch nach der Unterteilung noch weitgehend nachvollziehbar sind.
Nachweis: Bauhistorische Dokumentation und dendrochronologische Datierung Mai 2020, im Auftrag der Bauherrschaft.

Jägergasse 6

An der südlichen Gassenflucht stehend, bildet das Gebäude den östlichen Abschluss einer partiellen Reihenbebauung (Abb. 211). Der stattliche Massivbau ist dreigeschossig. Sein hohes Alter zeigt der Bau am freien Ostgiebel, an dem schon zur Erbauungszeit die Anlage einer Hofeinfahrt vermutet werden kann (Abb. 212). So besitzt das massive, stark nach innen geneigte Giebeldreieck noch seine ursprüngliche Durchfensterung des frühen 17. Jahrhunderts, während im 2. und 1. Obergeschoss nur noch einzelne Fenster aus der Erbauungszeit erhalten sind. Auf diesen Gebäudeebenen besitzt auch die rückwärtige Traufwand bauzeitliche Fenstergewände. Die Wand verläuft in einem Abstand von etwa 80 cm zu einer niedrigen, aber alten Parzellenwand des südlich angrenzenden Grundstücks.

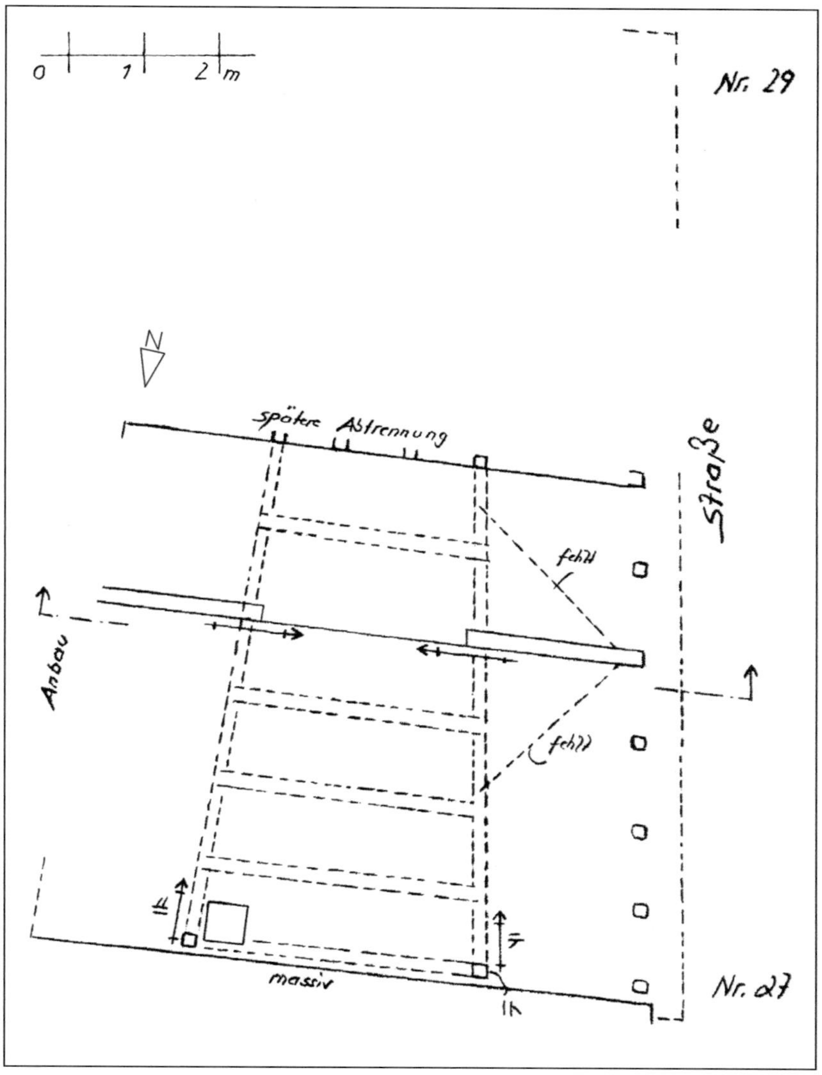

Abb. 210: Im Grün 27, Grundriss 1. Dachgeschoss.

Abb. 211 (links): Jägergasse 6, Ansicht von Nordost.

Abb. 212 (rechts): Jägergasse 6, Ostgiebel.

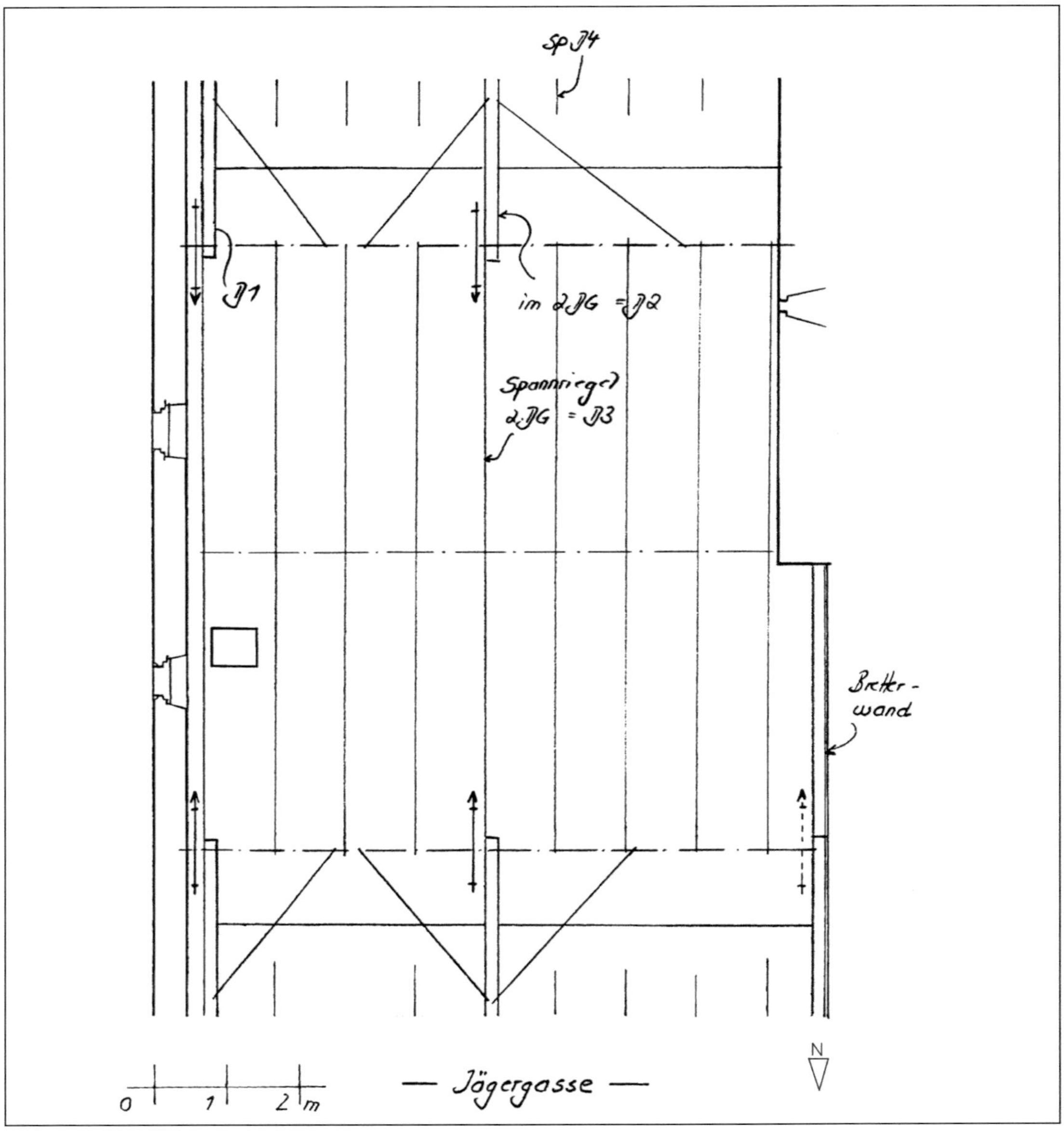

Abb. 213: Jägergasse 6, Gerüst- und Gefügesystem 1. Dachgeschoss, 1625 (d).

Im südöstlichen Bereich des Giebels deuten zwei Sockelfenster eine halb eingetiefte, hoch in das Erdgeschoss ragende Kelleranlage an.

Der im Westen in Anlehnung an das Nachbarhaus Nr. 4 liegende Hauseingang erfolgt ebenerdig. Im Sturz ist die Jahreszahl 1820 eingemeißelt. In diese Zeit ist wohl die strenge Gliederung der Gassenfassade zu datieren.

Auf dem Unterbau ist ein zur Gasse traufständig ausgerichtetes Satteldach abgezimmert (Abb. 213). Das tragende Gerüst der Dachkonstruktion bildet ein liegender und verzapfter Stuhl. Wie die Sparren datiert er in die Jahre 1624/25 (d). Den beidseitigen Abschluss des Dachraumes bilden massive Giebelscheiben. Während der Ostgiebel über seine gesamte Höhe von außen einsehbar ist und, wie schon oben erwähnt, mehrere Öffnungen mit bauzeitlichen Fenstergewänden aufweist, ist der gegenüberliegende Massivabschluss nur im rückwärtigen Dachbereich aufnehmbar. Hier deutet ein zum angrenzenden Nachbarbau gehörendes Schlitzfenster an, dass der Giebel älter als das datierte Dachwerk ist.

Nachweis: Dendrochronologische Datierung, November 1996.

Jägergasse 8

Bei dem im Unterbau massiven, teilweise durch einen Bauplan des Jahres 1929 dokumentierten Gebäude handelt es sich im Kern um eine Scheune (Abb. 214–216). Die Einfahrt erfolgte über den an der Gasse stehenden Giebel. Zum Zeitpunkt der Untersuchung war von dem dazugehörigen Dachwerk nur noch ein Bruchteil der Dachkonstruktion erhalten. Dabei handelte

Abb. 214: Jägergasse 8, ehem. Scheune.

Abb. 215: Jägergasse 8, Ansicht von 1929.

es sich um einen liegenden, verzapften Stuhl. Zwei daraus entnommene Bohrproben datieren in die Jahre 1797/98 (d). Heute ist das Gebäude mit einem hohen Anteil wiederverwendeter Hölzer modernisiert.
Nachweis: Dendrochronologische Datierung, November 1996.

Jägergasse 9, Kronenscheuer

Die massive Scheune ist mit ihrem westlichen Giebel zur Jägergasse orientiert (Abb. 217). Hier liegt auch die Einfahrt, die mit einem großen Wagen ausschließlich von der Kirchstraße anfahrbar war. In die dreizonige Scheune sind wohl ältere Bauteile integriert. So überbaut die Scheune zwei seitlich der Einfahrt liegende Gewölbekeller. Ein liegender, verzapfter Stuhl bildet das unterstützende Traggerüst des Dachwerks (Abb. 218). Dessen Hölzer sind gefast und vermitteln so einen gehobenen handwerklichen Standard. Vier aus dem Holzwerk entnommene Bohrproben datieren den Bau in die Jahre 1815/16 (d).
Nachweis: Dendrochronologische Datierung.

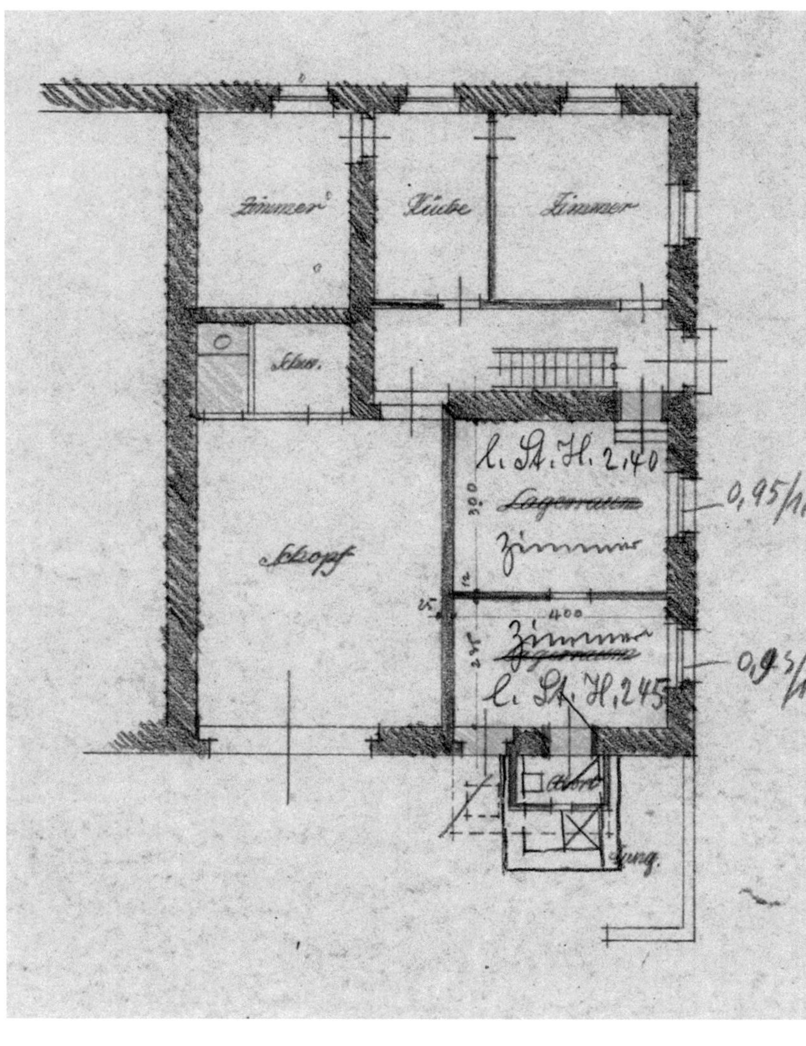

Abb. 216: Jägergasse 8, Grundriss Erdgeschoss von 1929.

Abb. 217: Jägergasse 9, Kronenscheuer.

Jägergasse 10

Unter dieser Bezeichnung ist eine große Gehöftanlage zusammengefasst (Abb. 219). Erreichbar ist sie über eine südliche, an der Jägergasse liegende Zufahrt (Abb. 220), wobei die Anfahrt mit größeren Fahrzeugen allein über die Kirchstraße möglich ist.

Östlich der überbauten Einfahrt liegt ein schuppenartiges Nebengebäude, hinter dem sich in nördlicher Richtung das an der Jägergasse liegende Hauptgebäude erstreckt (Abb. 221). Ein Grundriss und ein Querschnitt zeigen dessen Zustand um das Jahr 1907 (Abb. 222; 223).

Das mit seiner Osttraufe an der Gasse stehende Hauptgebäude ist im Erdgeschoss massiv. Darauf ist ein zur Gasse und in den Hof geringfügig auskragender Fachwerkstock abgezimmert. Den Abschluss bildet ein Satteldach. Dessen die Sparren unterstützendes Traggerüst besteht aus einem liegenden, verzapften Stuhl, von dem sich am freien Nordgiebel ein Querbund unter dem Putz abzeichnet.

Bemerkenswert ist die Beobachtung, dass der südlich angrenzende Schuppenanbau ein ehemaliges Giebelfenster des Hauptgebäudes verdeckt.

Im Dachwerk des Schuppenanbaus sind zwei stehende Längsbünde abgezimmert. Sie werden in Firstrichtung durch kopfzonige Büge ausgesteift (Abb. 224). Nach der dendrochronologischen Untersuchung wurde das Dach in den Jahren 1792/93 (d) aufgerichtet.

Eine aus dem angrenzenden Giebel des Hauptgebäudes entnommene Holzprobe datiert in die Jahre 1570/71 (d).

Nachweis: Dendrochronologische Datierung, 1993.

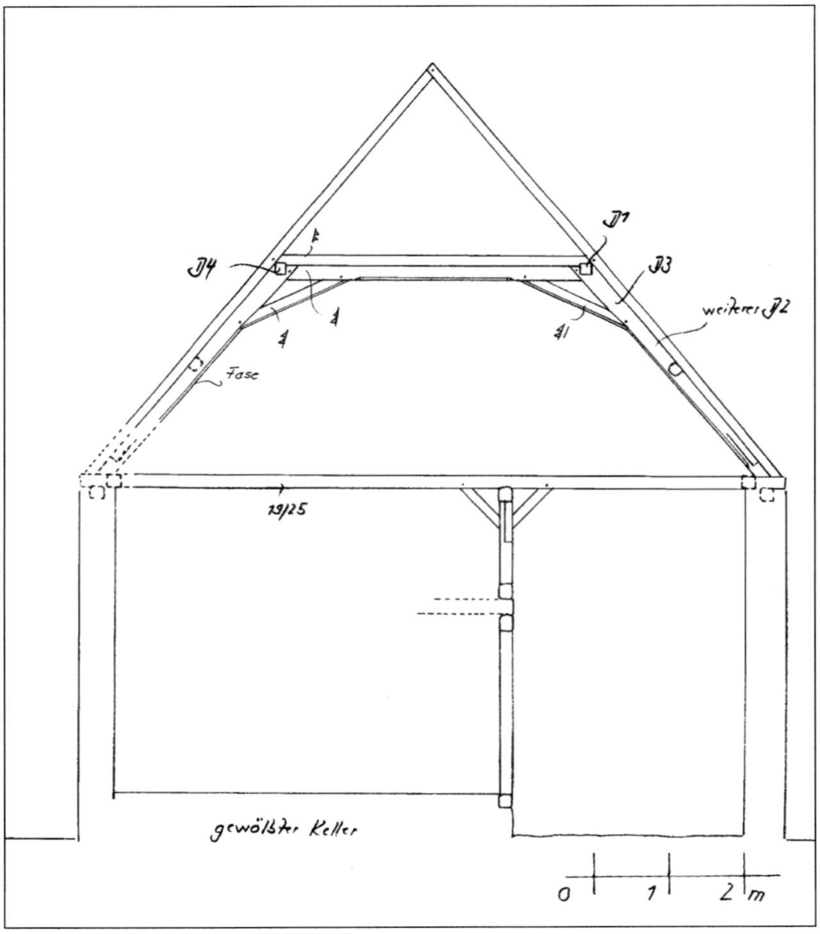

Abb. 218: Jägergasse 9, Kronenscheuer. Querschnitt.

Jägergasse 14

Das in West-Ost-Richtung orientierte Gebäude steht mit seiner südlichen Langseite leicht winklig zur Jägergasse (Abb. 225). Im Unterbau massiv, überbaut der darauf aufgesetzte Fachwerkstock eine in den rückwärtigen Hofraum führende Durchfahrt. Wie schon bei den Gebäuden Jägergasse 9 und 10 ist die Einfahrt in Richtung Kirchstraße orientiert, da nur so eine Anfahrt mit großen Wagen möglich ist. Der Fachwerkstock lehnt sich im Westen an eine massive Brandwand an. Das bauzeitliche Dachwerk ist nicht mehr erhalten.

*Abb. 219: Blick in die Jägergasse von Westen. Links Haus Nr. 10, im Hintergrund Nr. 9, die Kronenscheuer.
Aufnahme von Rudolf Hugard, um 1910.*

Abb. 220: Jägergasse 10, Anbau.

Abb. 221: Jägergasse 10, Nordgiebel des Haupthauses.

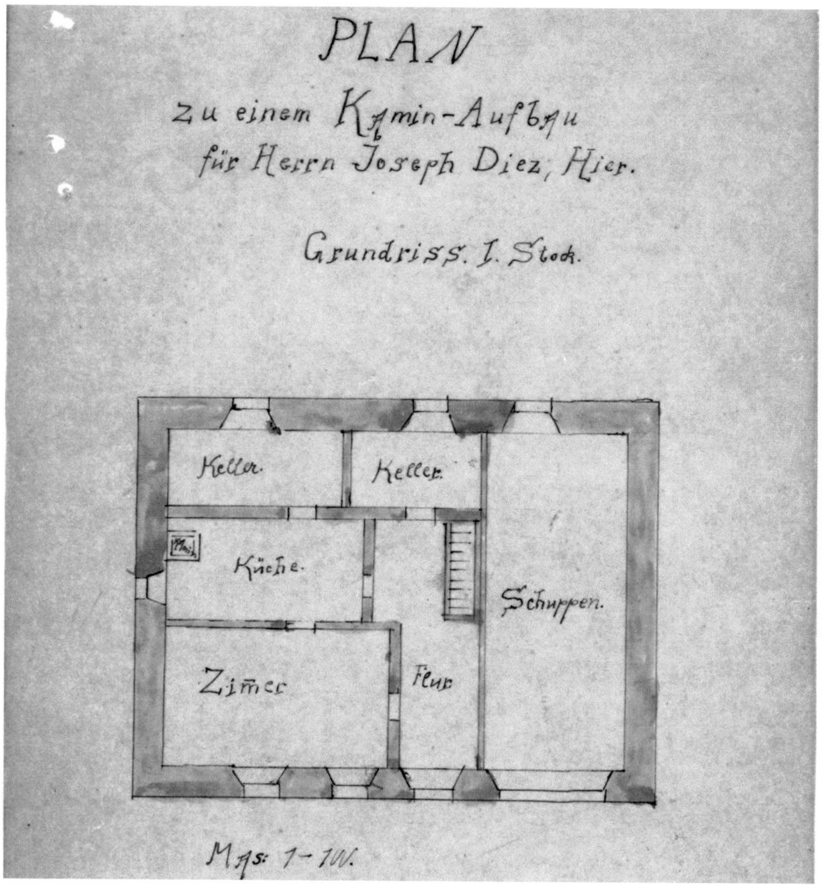

Abb. 222: Jägergasse 10, Haupthaus, Grundriss Erdgeschoss, Plan von 1907.

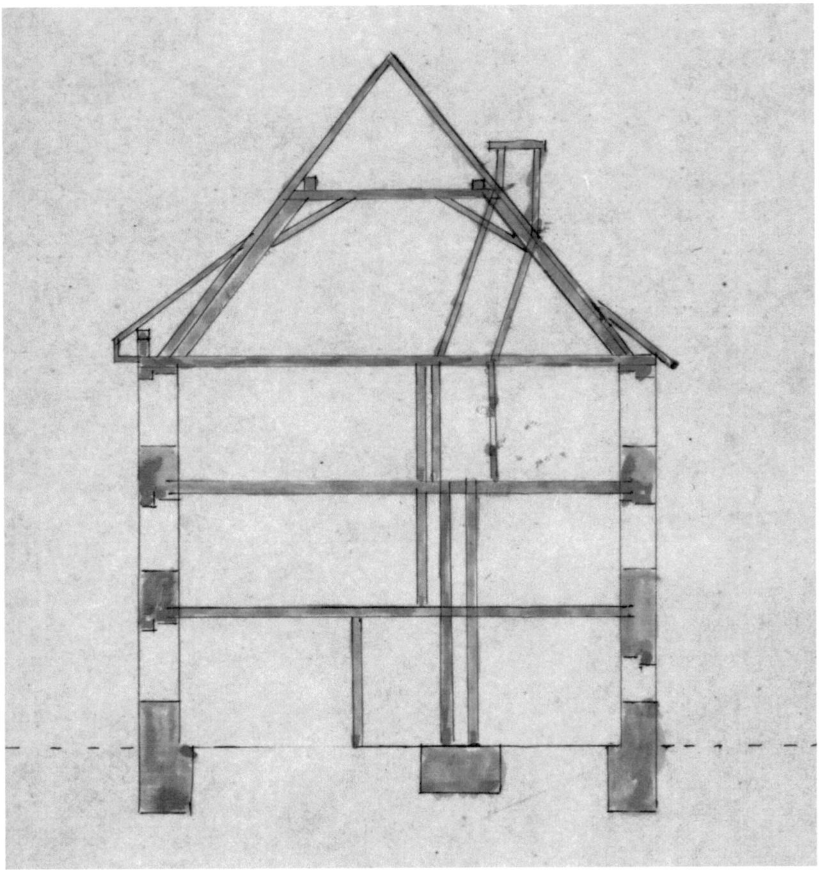

Abb. 223: Jägergasse 10, Querschnitt durch das Haupthaus von 1907.

Der Schwerpunkt der Untersuchung bezog sich auf die Fachwerkebene, deren Grundrissgliederung und Nutzung aus der Zeit um 1697/98 (d) weitgehend vollständig nachvollzogen werden kann (Abb. 226).

Danach kann an der Straßenseite über der Einfahrt die große Stube lokalisiert werden. Daneben, gleichfalls an der Straßenseite, lag die Küche. Zugänglich waren beide Räume über einen rückwärtigen Flur, der auch den Treppenlauf von unten aufnahm. Seitlich des Flures sind zwei Kammern belegt, wobei nur eine der Kammern über den Flur erreichbar war. Beim Betreten der gegenüberliegenden Kammer musste ein Umweg über die Stube genommen werden. In diesem Sinne ist die Stubenkammer als gefangener Raum und damit als ehemalige Schlafkammer über der Durchfahrt zu bewerten.

Nachweis: Dendrochronologische Datierung, Dezember 1995.

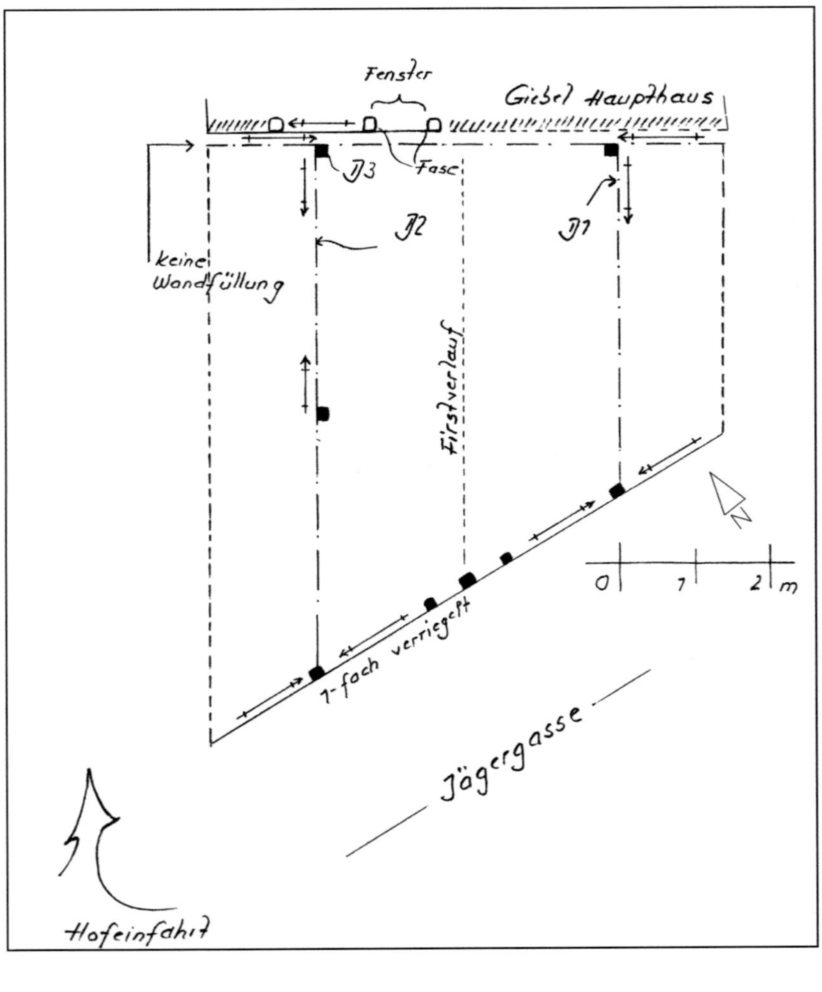

Abb. 224 (links): Jägergasse 10, Grundriss 1. Dachgeschoss, 1792 (d).

Abb. 225: Jägergasse 14.

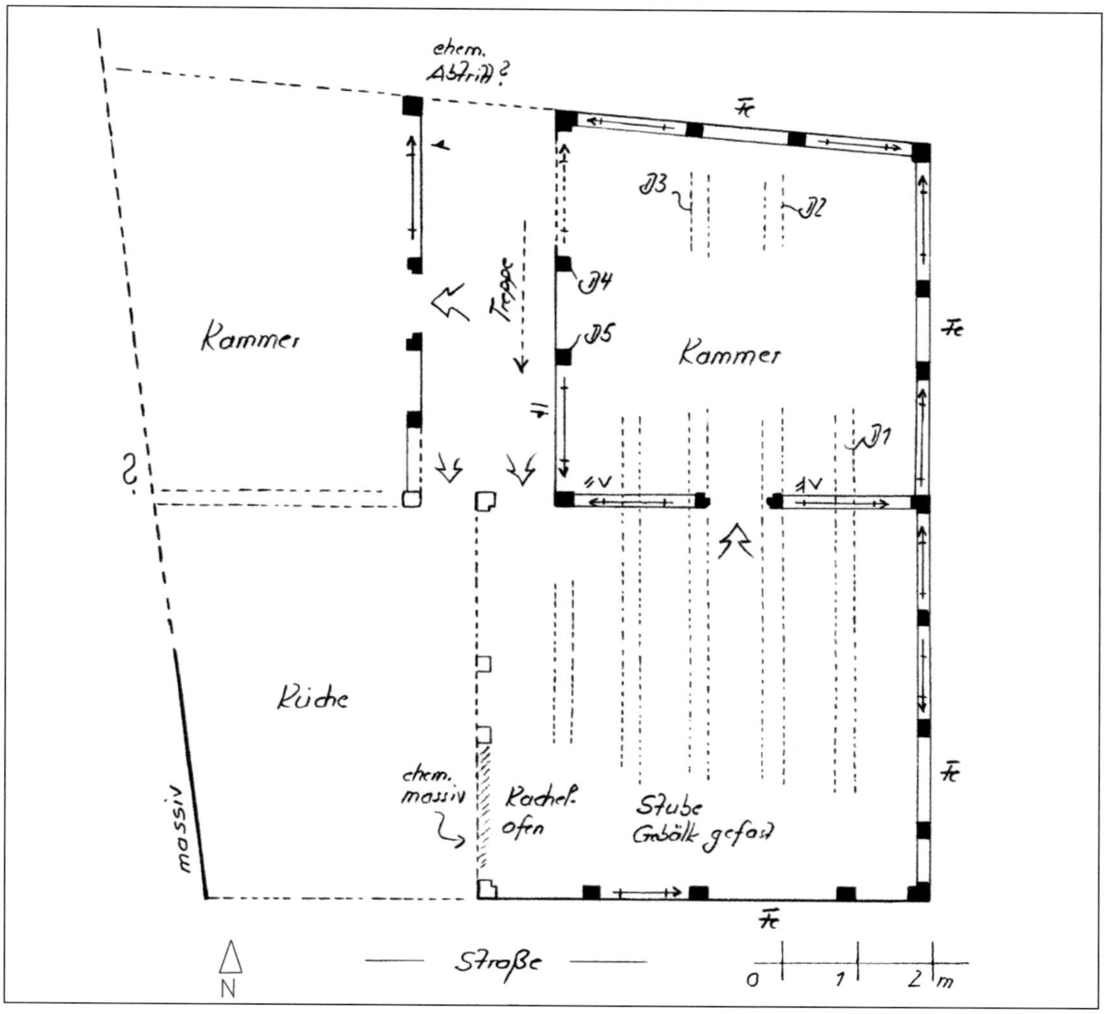

Abb. 226: Jägergasse 14, Grundriss 1. Obergeschoss, 1698 (d).

Kirchstraße 1

Das in Ecklage zur Rathausgasse stehende Gebäude besitzt über seinem Sockelgeschoss einen zweigeschossigen und massiven Überbau (Abb. 227). Das darauf vorhandene Satteldach ist giebelständig zur Kirchstraße ausgerichtet und zu dieser abgewalmt. Angesichts seiner zur Gebäudemitte versetzt verlaufenden Firstlinie wurde das Gebäude offenbar zu einem späteren Zeitpunkt in Richtung Osten erweitert und schließt heute an das Gebäude Kirchstraße Nr. 3 an. Es ist somit nicht auszuschließen, dass der Bau ehemals, analog zum gegenüberliegenden Gebäude Kirchstraße 8, eine eigene, vom angrenzenden Nachbarhaus unabhängige Ostwand besaß.

Bemerkenswert ist auch die Gestaltung der rückwärtigen Giebelwand. So besitzen die wenigen Fensteröffnungen ausschließlich Putzlaibungen, ein Befund, der wohl auf eine nachträgliche Durchfensterung einer ehemals fensterlosen Giebelwand zurückzuführen ist. In diesem Zusammenhang ist auch auf den abgeschrägten

Abb. 227: Kirchstraße 1.

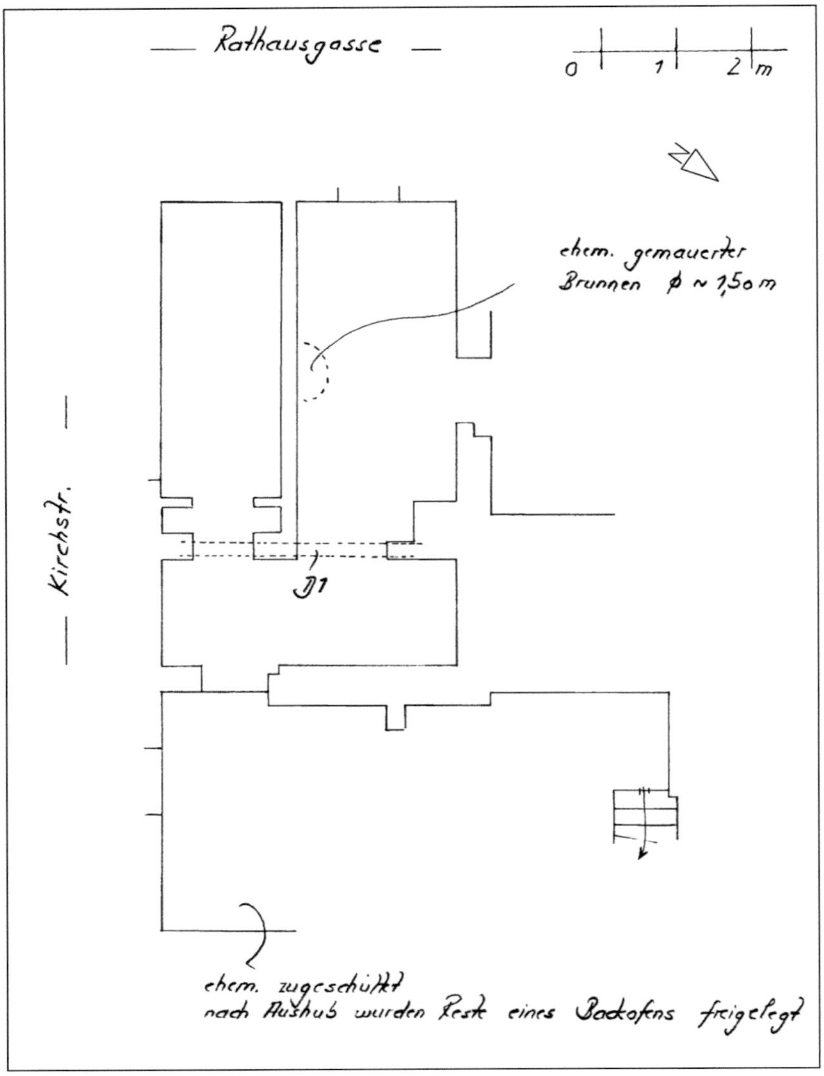

Abb. 228: Kirchstraße 1, Grundriss Keller.

Abb. 229: Kirchstraße 2, Scheune.

Abschluss der nordwestlichen Hausecke hinzuweisen. Er deutet an, dass sich entlang der Rathausgasse eine ehemalige Bebauungsflucht fortsetzte, wobei nach Abbruch des hier angrenzenden Nachbarbaus zum einen die Hausecke gesichert werden musste und zum anderen der Ausbruch der Fensteröffnungen möglich war.

Unter dem Gebäude befindet sich ein die gesamte Hausfläche einnehmender Keller (Abb. 228). Mittelalterliche Befunde wurden nicht erkannt. Vom zugehörigen, im rechten Winkel zur Kirchstraße verlaufenden Gebälk konnte über späteren Wandeinbauten ein Balken mit seitlichen Lehmwickeln untersucht werden. Es handelt sich um einen im Frühsommer 1805 gefällten Eichenbalken. Dieser Zeitstellung ist wohl auch die äußere Fassadengestaltung des Gebäudes zuzuordnen.

Nachweis: Dendrochronologische Datierung, 1992.

Kirchstraße 2, Scheune

Bei dem untersuchten Gebäude, ehemals die Scheune des Gasthauses Adler (Kirchstraße 2), handelt es sich um einen massiven Scheunenbau. Besitzrechtlich zu dem an der Ecke von Kirchstraße und Adlergasse stehenden Haus Kirchstraße 2 gehörig, lehnt sich die Scheune südlich an das Hauptgebäude an und wird somit nicht von der Kirchstraße, sondern von der Adlergasse erschlossen. Mit ihrem zweigeschossigen Unterbau und dem hohen Satteldach ist sie traufständig zur Gasse ausgerichtet (Abb. 229).

Die ältesten erkannten Bauteile befinden sich im Zuge der beiden Massivgiebel. Der Nordgiebel ist gleichzeitig die gemeinsame Trennwand zum Hauptgebäude und zeigt im Erd- beziehungsweise Obergeschossbereich einzelne Abschnitte von bauzeitlichem, in Lagen gesetztem Wackenmauerwerk (Abb. 230). Beim Gegengiebel ist das Wackenmauerwerk nicht nur partiell, sondern von der Gründungsebene bis zum ursprünglichen Firstpunkt erhalten. Mehrfach durch spätere Aufmauerungen erhöht, hebt sich die charakteristische Mauerwerksstruktur deutlich von den jüngeren Wandabschnitten ab und ermöglicht so, das Profil des ältesten Baukörpers zu beschreiben (Abb. 231).

Danach besaß der Kernbau einen eingeschossigen, in seiner Höhe bis zur heutigen Einfahrtshöhe reichenden Unterbau. Auf dieses Niveau bezieht sich auch eine Reihe von Wacken-

Abb. 230 (links): Kirchstraße 2/Adlergasse 2, Nordgiebel.

Abb. 232 (rechts): Kirchstraße 2, Scheune, Brandwand zwischen Hauptgebäude und Scheune, gassenseitiger Bereich.

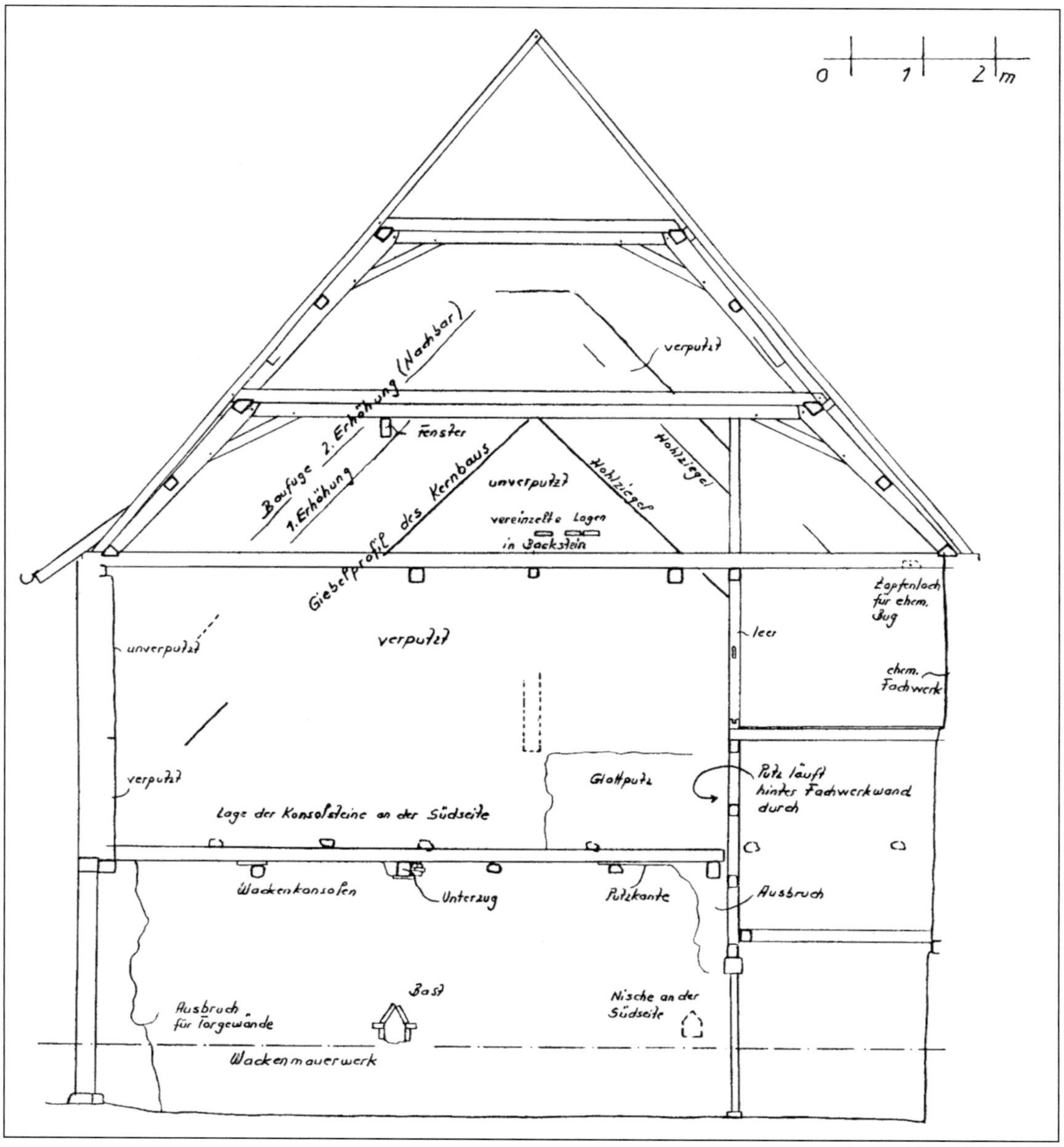

Abb. 231: Kirchstraße 2, Scheune, Querschnitt mit Blick auf den Südgiebel.

Abb. 233: Kirchstraße 2, Scheune, ältester Dachgiebel, Südgiebel von innen.

Abb. 234: Kirchstraße 2, Scheune, Giebelortgang, Detail.

konsolen. Sie sind im Giebel eingemauert und lassen sich annähernd über die gesamte Giebelbreite verfolgen. Die aus der Wandflucht hervorstehenden Konsolen bildeten das Auflager für einen ehemals wandparallel ausgerichteten Streichbalken (Abb. 232). Auf ihm lagerte ursprünglich das in Firstrichtung verlegte Gebälk. Auf einer Höhe von ca. 1,50 m über den Wackenkonsolen hat sich partiell ein Glattputzstreifen erhalten. Hierbei handelt es sich eventuell um den wandseitigen Abschluss eines angrenzenden Schüttbodens, wie er oft für die Lagerung von Korn zur Ausführung kam. Über der Konsolebene entwickelt sich das älteste Giebeldreieck mit einer Dachneigung von ca. 43 Grad, wobei sich auf der alten Mauerkrone die Reste der bauzeitlichen Hohlziegeldeckung erhalten haben (Abb. 233; 234).

Zur Erbauungszeit des zugehörigen Gebäudes, das in Anbetracht der Putzreste und des hohen Erdgeschosses wohl schon damals als Scheune oder Lagerraum diente, bildete der Südgiebel die gemeinsame Trennwand mit einem ehemals angrenzenden Nachbarbau (siehe Abb. 229). Von diesem Bau haben sich ebenfalls die im Giebel vermauerten Wackenkonsolen erhalten. Sie sind an der Südseite sichtbar, liegen aber im Vergleich zu den oben erwähnten Konsolen

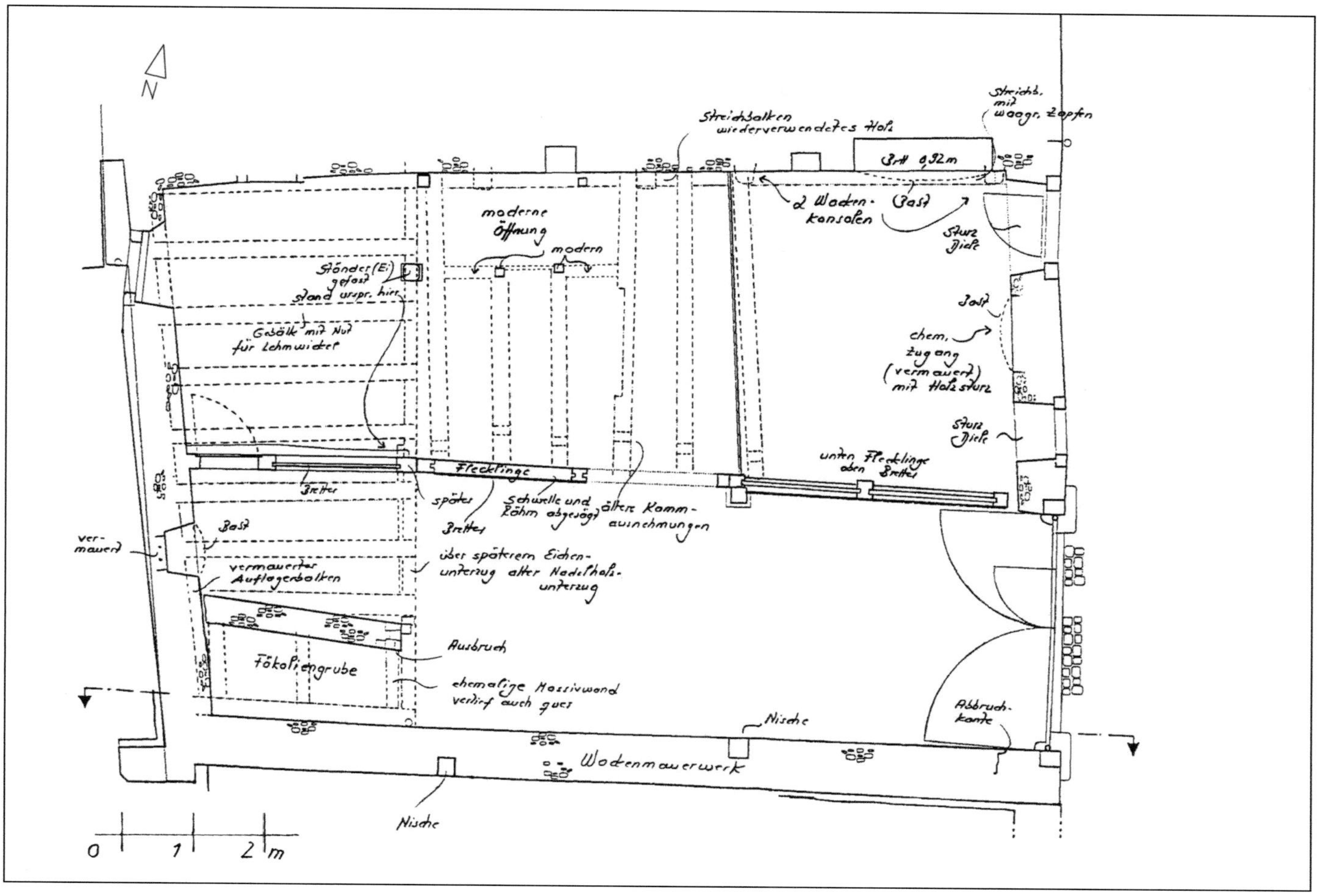

Abb. 235: Kirchstraße 2, Scheune, Grundriss Erdgeschoss.

geringfügig höher. Dass es sich bei der Giebelscheibe tatsächlich um die gemeinsame Trennwand zweier separater Gebäude handelte, wird neben den beiden Nischen und dem ohne Fenster ausgeführten Giebel auch durch die senkrecht verlaufenden Vertiefungen an der Südseite vermittelt. Diese stellen die Negative ehemaliger Dachtraghölzer dar, die bei der Errichtung des Dachgiebels teilweise eingemauert wurden. Hinsichtlich der südlichen Ausdehnung ist davon auszugehen, dass das Gebäude ursprünglich wohl die gesamte heutige Baulücke ausfüllte. Darauf verweisen neben den zum Zeitpunkt des Umbaus freiliegenden Fundamenten auch einzelne Baubefunde an der Anschlussbebauung. So haben sich an der Nordostecke des Hauses Adlergasse 2 auch die Reste einer ehemaligen Mauerwerksverzahnung erhalten.

Eine genaue Datierung dieser ältesten Baustruktur, bei der es sich mit hoher Wahrscheinlichkeit um zwei gleichzeitig errichtete, aber besitzrechtlich getrennte Massivscheunen handelte, ist nicht möglich. Die grobe Zuordnung erlaubt jedoch eine Datierung in das späte 14. Jahrhundert.

Ausgehend von dieser Zeitebene lässt sich der weitere Bauablauf der erhaltenen Scheune hauptsächlich am Südgiebel ablesen (siehe Abb. 231). So erfährt der Kernbau eine Zwischenerhöhung, bevor nach einer darauf folgenden Aufstockung des südlichen Nachbarn die heutige Höhe erreicht wird. Diese letzte, das heutige Bauvolumen erreichende Baumaßnahme steht im Zusammenhang mit der Abzimmerung des heute noch vorhandenen Dachwerks und datiert in die Jahre um 1589 (d). In dieser Zeit wurde die gassenseitige Traufwand massiv und die rückwärtige in Fachwerk errichtet.

Spätestens zu diesem Zeitpunkt ist die Scheune besitzrechtlich dem Haus Kirchstraße 2 zuzuordnen. So wurde zum Beispiel im rückwärtigen Bereich eine Zwischenebene mit direktem Zugang zum Hauptgebäude ausgeführt. Aber auch im Erdgeschoss deuten diverse Nischen und Vertiefungen die spätere Überformung älterer Verbindungen an (Abb. 235). Trotz dieser direkten Verbindungen zum Hauptgebäude war die Scheune auch über die Adlergasse erreichbar. Obwohl durch spätere Öffnungen wie Fenster, Tür und Tor gestört, ist ein alter,

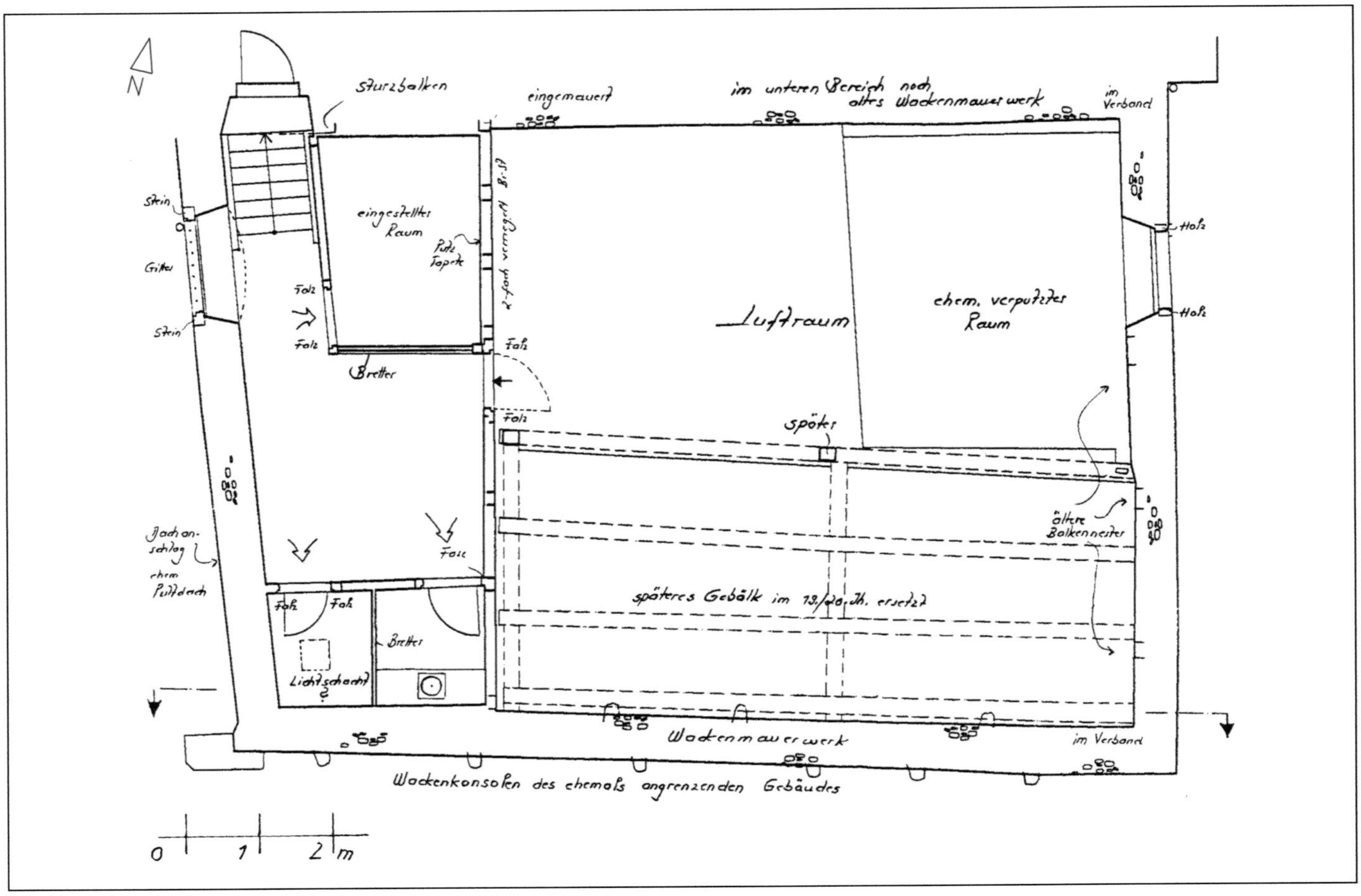

Abb. 236: Kirchstraße 2, Scheune, Grundriss Obergeschoss.

vermauerter, aber möglicherweise ursprünglicher Zugang an der Straßentraufe erhalten.

Um das Jahr 1797 wurden über dem rückwärtigen Zwischengebälk zwei in Fachwerk ausgeführte Nutzungsebenen eingebaut. In diese waren einzelne Kammern und eine vom Haupthaus erreichbare Toilette integriert (Abb. 236). Wohl wenig später erfolgte seitlich der Einfahrt der Einbau eines Stalles und eines als Werkstatt genutzten Raumes in der Nordostecke.

Nachweis: Bauhistorische Kurzanalyse, September 2008.

Kirchstraße 4

Der in Ecklage zur Adlergasse stehende Bau ist sowohl von der Kirchstraße wie von der Adlergasse aus erschlossen (Abb. 237). Während der über eine kurze Außentreppe zu erreichende Zugang an der Kirchstraße in das 19. Jahrhundert zu datieren ist, zeigt das ebenerdig angeordnete Rundbogenportal an der Adlergasse die Jahreszahl 1508 (Abb. 238).

Im Kern handelt es sich wohl um zwei ehemals besitzrechtlich eigenständige Häuser, die im 19. Jahrhundert zu einem Gebäude umgebaut

Abb. 237: Kirchstraße 4.

wurden. Einen möglichen Anhaltspunkt zur Größe der beiden Häuser ergibt das im Winkel liegende Sockelgeschoss, das wohl die alten Ausmaße des zu vermutenden Eckhauses andeutet.

Auf dem dreigeschossigen Massivbau ist ein über die freie Hausecke abgewinkeltes Dachwerk abgezimmert, wobei im Schnittpunkt der beiden Dachflächen eine diagonal verlaufende Binderkonstruktion angeordnet ist.

Zum Gebäude Adlergasse 1 wird das Dachwerk durch eine massive Brandwand begrenzt, während der Dachabschluss zum Gebäude Kirchstraße 6 über einen in die Dachwerkkonstruktion integrierten Fachwerkgiebel erfolgt.

Bemerkenswert ist die Beobachtung, dass hinter diesem Fachwerkgiebel ein weiterer Fachwerkgiebel steht. Er gehört zum Satteldach des Hauses Kirchstraße 6 und ist, wie das verbaute Fenster belegt, älter als das Dachwerk des Eckgebäudes. In diesem Zusammenhang ist eventuell ein am Eckgebäude erkennbarer Putzstreifen zu sehen. Er verläuft über dem 1. Obergeschoss und definiert wohl in Verbindung mit dem deutlich höheren 2. Obergeschoss die ältere Trauflage des Eckgebäudes.

Die Kernsubstanz des Unterbaus war nicht zugänglich, auch das Alter des auf der Erhöhung aufgeschlagenen Dachwerks konnte nicht ermittelt werden. Die dendrochronologische Auswertung einer Holzprobe, entnommen aus dem

Abb. 238: Kirchstraße 4, Eingangsportal an der Adlergasse, 1508.

Diagonalbinder des 1. Dachgeschosses, erbrachte kein Ergebnis.

Nachweis: Dendrochronologische Datierung, 1993.

Kirchstraße 6

In der traufseitigen Bauflucht des Hauses Kirchstraße 4 stehend (Abb. 239), besitzt das

Abb. 239: Kirchstraße 6 (rechts) und 8.

Gebäude Nr. 6 über einem Sockelgeschoss einen dreigeschossigen Aufbau. Offenbar insgesamt massiv aufgemauert, wird der Bau im Osten mit einem bis in den First reichenden Massivgiebel abgeschlossen.
Im Gegensatz zum westlichen Abschluss reicht der Ostgiebel weit vor die demgegenüber zurückgesetzte nachbarliche Bebauungsflucht, die, um 90 Grad gedreht, nicht von der Traufe, sondern durch den Nordgiebel des Hauses Nr. 8 gebildet wird. Bedingt durch diesen Wechsel der Dachausrichtung entwässert der Nachbarbau mit seiner westlichen Dachfläche zur Giebelwand des untersuchten Hauses.
Der Umstand, dass das Gebäude Nr. 6 weit vor die Giebelflucht des Hauses Nr. 8 reicht, ermöglicht neben der Anlage von Fensteröffnungen auch eine giebelseitige Erschließung des Gebäudes. Einige der Fensteröffnungen, darunter zwei Fenster im Giebeldreieck und eines im 1. Obergeschoss, besitzen profilierte Steingewände des 16. Jahrhunderts. Betrachtet man die Lage der Fenster genauer, so fällt auf, dass auch über der Dachfläche des nachbarlichen Hauses ein altes Fenster angelegt ist. Zwischenzeitlich in der alten Ausführung erneuert, belegt dieser Befund, dass es sich bei der angetroffenen Bebauungssituation um eine historische Vorgabe handelt. Diese Aussage wird auch dadurch bestätigt, dass beide Gebäude eigene Außenwände besitzen, die ansonsten zusammenhängende Reihenbebauung also an dieser Stelle unterbrochen ist.
Weitere Aussagen zum Gebäude Kirchstraße 6 siehe unter Kirchstraße 4.
Nachweis: Begehung, 1993.

Kirchstraße 8

Der zweigeschossige Massivbau steht mit seinem zur Straße ausgerichteten Giebel zurückgesetzt zu der im Westen vorgegebenen Bebauungsflucht (siehe Abb. 239). Östlich des Gebäudes liegt die Zufahrt in den Hofraum, wobei die zugehörige Scheune rechtwinklig zum Hauptgebäude ausgerichtet ist und mit ihrer südlichen Traufwand den rückwärtigen Hofraum begrenzt. Der Rest des ehemaligen Zufahrtsportals ist an der östlichen Hausecke erhalten.
Das Gebäude steht mit seiner Westtraufe abgesetzt vom Nachbarbau Nr. 6 und besitzt somit vier eigenständige Außenmauern. Dieser Zustand ist infolge des heutigen Lückenschlusses und der darauf aufgelegten Steinrinne von außen nicht erkennbar.

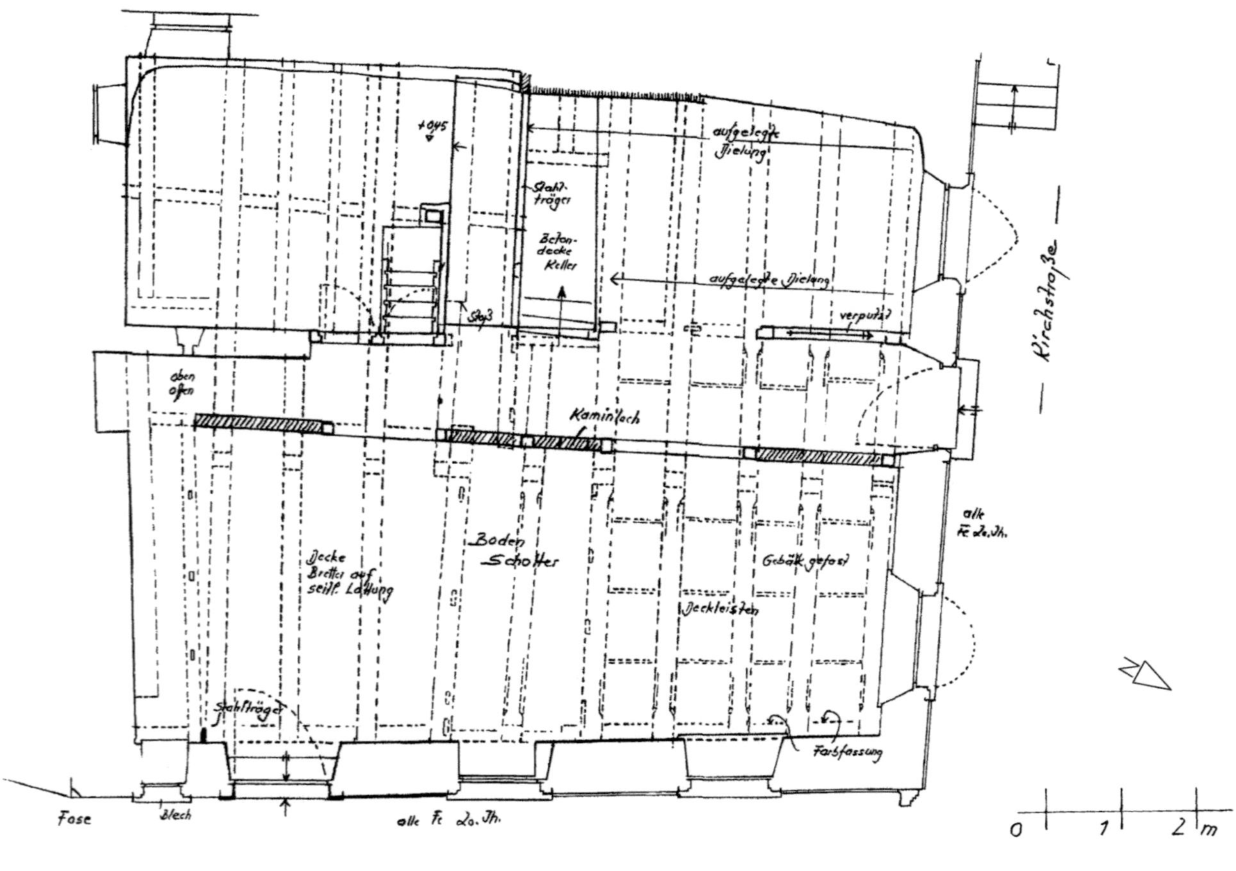

Abb. 240: Kirchstraße 8, Grundriss Erdgeschoss.

Den ältesten Baubestand bilden weite Teile der massiven Umfassungswände (Abb. 240). Nach der im Kellerbereich erkennbaren Mauerstruktur (Abb. 241), den einzelnen Mauernischen (Abb. 242) und dem spitzbogigen Fenstergewände im Straßengiebel ist der massive Kernbestand grob in das 14./15. Jahrhundert zu datieren.
Um das Jahr 1718 (d) wird der Massivbau unter Beibehaltung des halb eingetieften Kellers grundlegend umgebaut. Erschlossen über den straßenseitigen Giebel, gelangt man direkt in einen Großraum, von dem das gefaste Gebälk mit zugehöriger Decke nahezu vollständig erhalten ist (Abb. 240) und deren farbliche Fassung zwischen den Balkenfeldern entlang der Ostwand noch erkennbar ist (Abb. 243). Die westliche Begrenzung des Großraumes erfolgte über eine zweifach verriegelte Fachwerkwand. Sie besitzt noch den Rest einer in den angrenzenden Westraum führenden Türöffnung. Die südliche Begrenzung des Großraumes wird durch einen ungefasten Deckenbalken mit zimmerungstechnischen Hinweisen auf eine ehemals darunter verlaufende Fachwerkwand erkennbar.
Im Winkel zwischen Großraum und Nebenraum ist das Treppenhaus zu vermuten, wobei das damalige Treppenloch in späteren Zeiten mehrfach vergrößert wurde. An das Treppenhaus grenzt in Richtung Süden der halb eingetiefte Keller an. Im Kern zur ältesten Substanz gehörig, wurde er zu einem späteren Zeitpunkt in zwei separat erschlossene Kellerräume unterteilt. Der Kellerraum lässt im Osten Platz für einen ehemals am Großraum ansetzenden, zum rückwärtigen Giebel führenden Flur. Dessen östliche Begrenzung bildete eine firstparallele Tragachse, deren Verlauf über die Ausnehmungen an den Deckenbalkenunterseiten ablesbar ist. Im Bereich des Flurs war die Tragachse möglicherweise als Wand ausgeführt, während sie innerhalb des Großraumes aus einem von einer Säule unterstützten Unterzug bestand. Den verbleibenden Grundriss zwischen Flur und Großraum nahm der südöstliche Eckraum ein.
Die räumliche Aufteilung des Obergeschosses folgt einer Gliederung in drei Querzonen (Abb. 244). Dabei nahm die straßenseitige Zone im Osten die Wohnstube mit gefasten Deckenbalken und die westlich benachbarte Schlafkammer auf. Beheizbar war offenbar nur die Stube, wobei die zugehörige Feuerwand innerhalb der südlichen Querwand noch ablesbar ist. Gleiches gilt für die daran angrenzende, innerhalb der mittigen Zone liegende Herdstelle.

Abb. 241: Kirchstraße 8, nördliche Kellerwand.

Abb. 242: Kirchstraße 8, 1. Obergeschoss, vermauerte Nische in der Westwand.

Abb. 243: Kirchstraße 8, Farbfassung zwischen den Deckenbalken über dem Erdgeschoss.

Deren ehemalige Rauchabführung ist am dafür ausgeschnittenen Deckenbalken ablesbar.
Dass es sich bei der mittigen Zone um einen offenen und ungeteilten, unter anderem auch als Treppenhaus genutzten Raum handelte, belegen der gefaste Unterzug und die am südlichen Unterzugauflager nachgewiesene Türöffnung. Über diese Öffnung war die südliche Zone erschlossen, wobei im Westen eine Kammer abgetrennt war.
Der im Obergeschoss ausgeführten Grundrissgliederung mit drei Querzonen folgt auch die Gliederung der Dachkonstruktion (Abb. 245). Hierbei handelt es sich um ein Sparrendach, verstärkt durch abgesprengte Querbünde in vier Querachsen (Abb. 246). Während die beiden inneren Querbünde in Fachwerkwände eingebunden sind, wurden die äußeren Querbünde vor die Massivgiebel gestellt.
Innerhalb der straßenseitigen Zone waren zwei Dachkammern angelegt. Die zugehörigen Türöffnungen sind noch erhalten. Zugänglich war das Dachgeschoss über die mittige Zone. Diese nahm nicht nur die Vertikalerschließung auf, sondern ermöglichte auch den Zugang zu den Kammern. Im Gegensatz zur nördlichen Dachzone war im Süden nur eine Kammer ausgewiesen.
Einem Baugesuch von 1896 können die damals bestehende Gliederung des Erdgeschosses wie auch die Fensteraufreihung innerhalb der Hofwand entnommen werden (Abb. 247–250). Aus demselben Jahr stammt auch die für das Erdgeschoss vorgesehene Umbauplanung. Danach wurde um 1896 der zwischenzeitlich unterteilte Großraum, zusammen mit der südlich benachbarten Kammer, zu einer breiteren, nahezu die gesamte Gebäudelänge einnehmenden und neu belichteten Werkstatt zusammengelegt. In diese Zeit sind auch das in der Südostecke eingebaute Klosett und die Verlegung des alten Treppenlaufes über den Keller zu datieren.
Wie aus der Hof- und Straßenansicht ersichtlich, bezog sich der Umbau des Jahres 1896 ebenfalls auf das Obergeschoss und das Dachwerk. So entspricht die hofseitige Fensteraufreihung der neuen Gliederung im Erdgeschoss, die dann auch über die Backsteinmauer im Obergeschoss in diese Jahre datiert werden kann.
Auch die hofseitige Dachanhebung ist der Umbauphase von 1896 zuzuordnen, wobei es sich

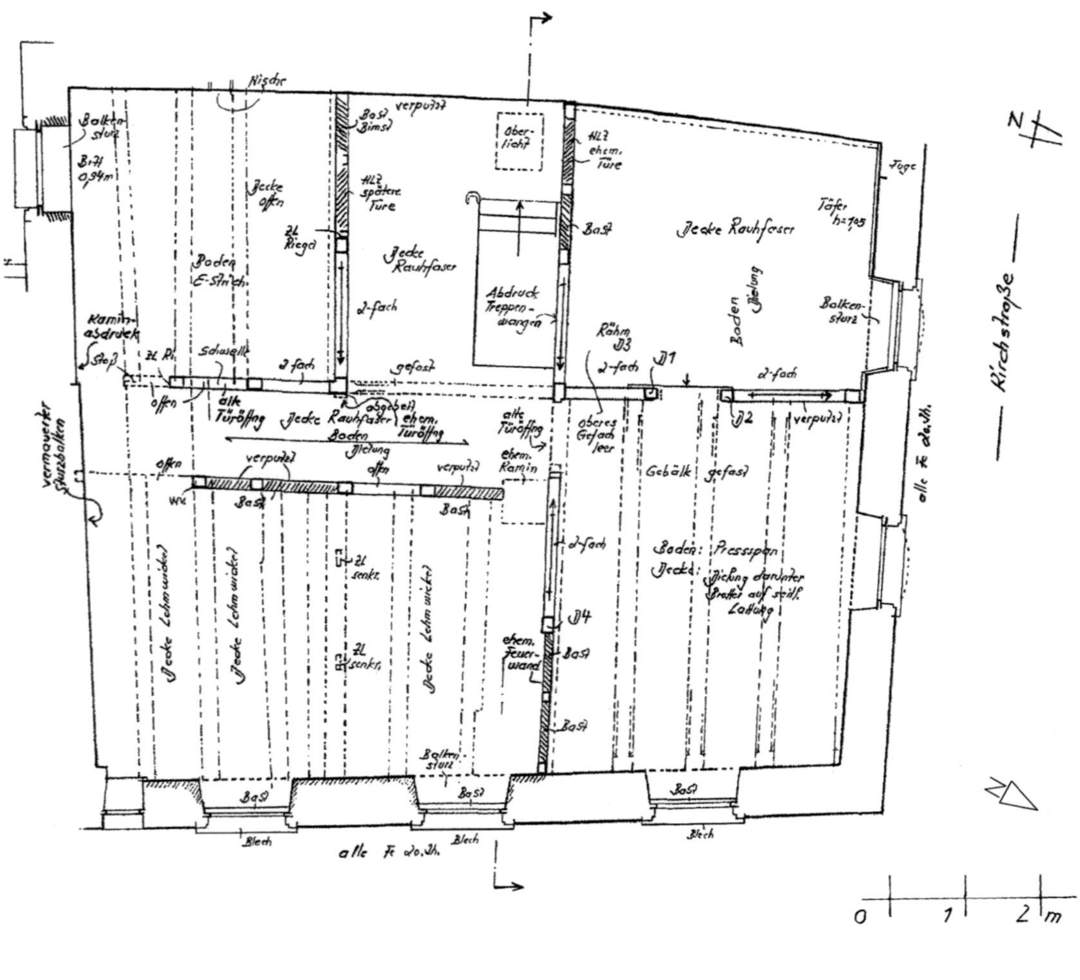

Abb. 244: Kirchstraße 8, Grundriss 1. Obergeschoss.

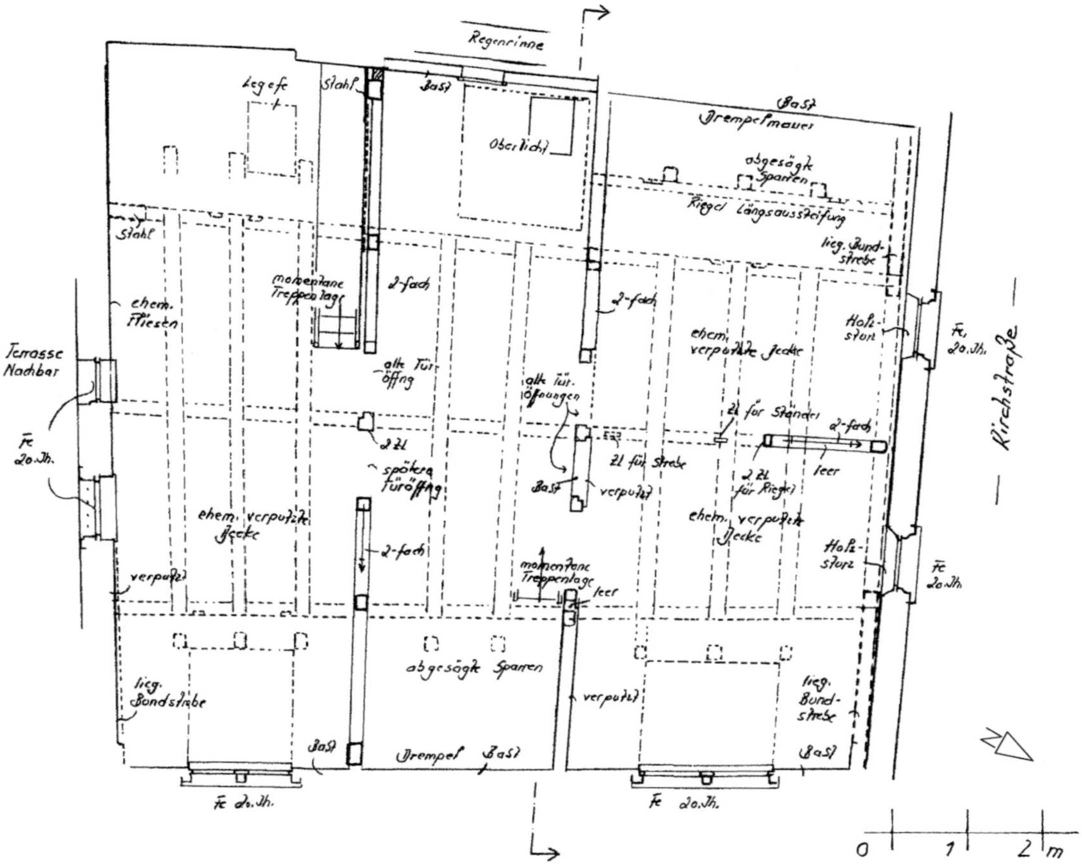

Abb. 245: Kirchstraße 8, Grundriss 1. Dachgeschoss.

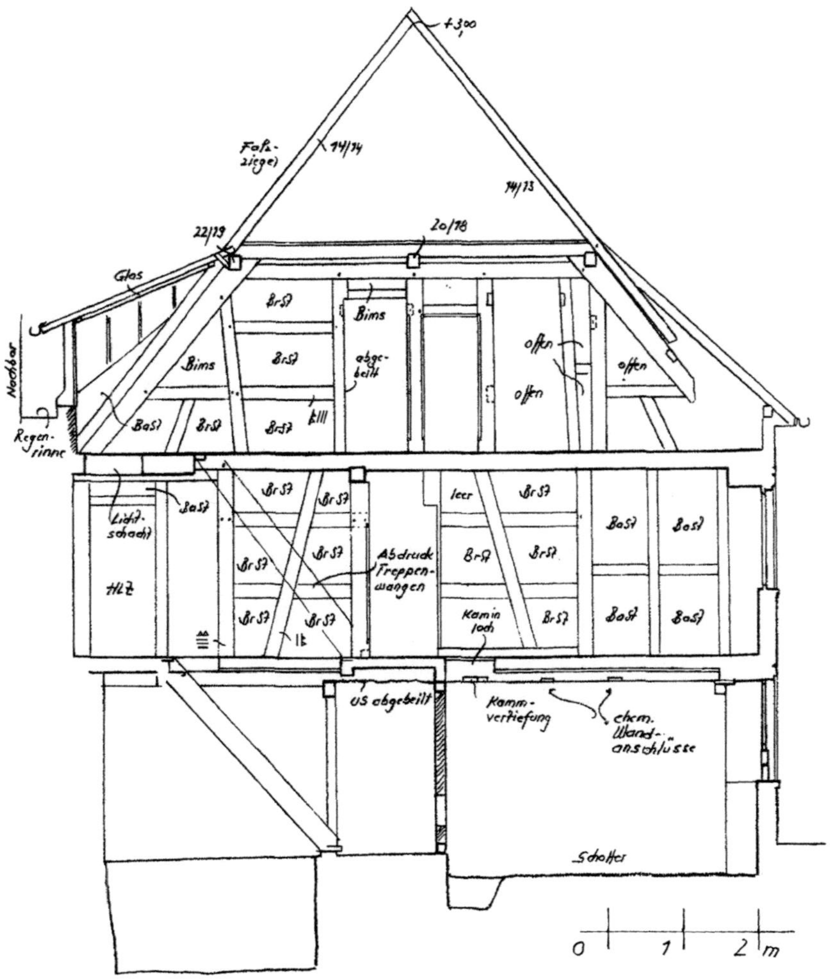

Abb. 246: Kirchstraße 8, Querschnitt.

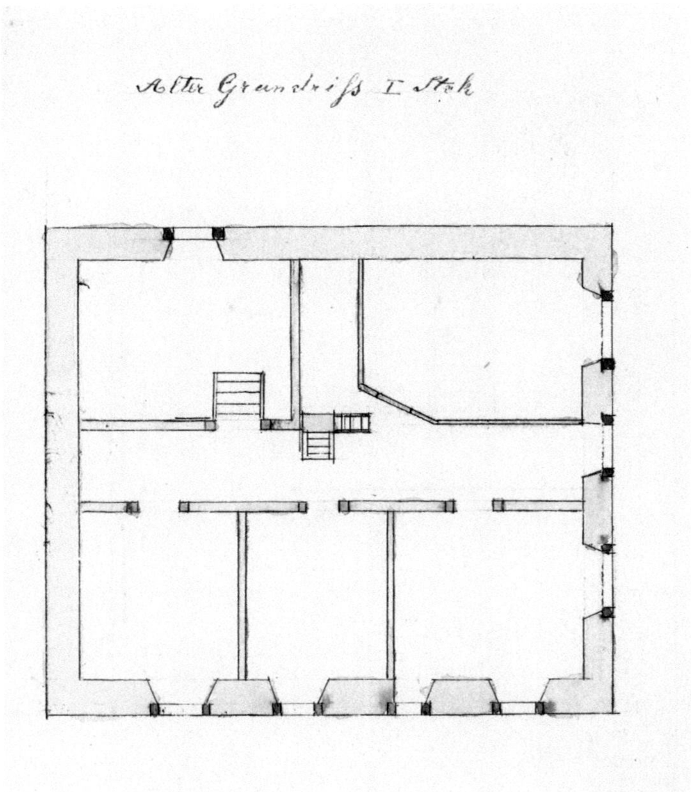

Abb. 247: Kirchstraße 8, Grundriss Erdgeschoss, alter Bestand, Plan von 1986.

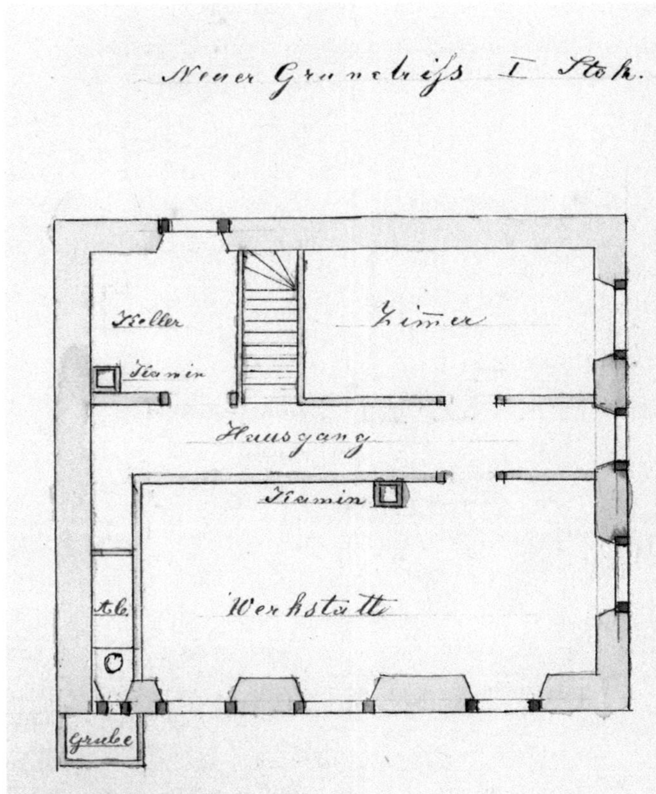

Abb. 248: Kirchstraße 8,Grundriss Erdgeschoss, neue Planung von 1896.

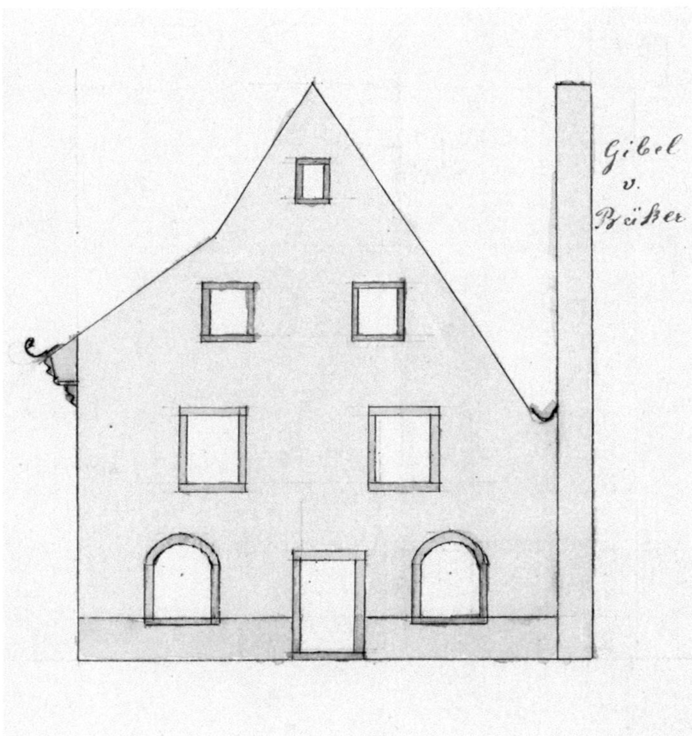

Abb. 249: Kirchstraße 8, Straßenansicht von 1896.

Abb. 250: Kirchstraße 8, Hofansicht von 1896.

bei den Gauben wohl um spätere Vergrößerungen des 20. Jahrhunderts handelt.
Nachweis: Bauhistorische Dokumentation und dendrochronologische Untersuchung Juli 2018, im Auftrag der Bauherrschaft.

Kirchstraße 9

Mit seinem Westgiebel blickt das dreigeschossig wirkende Gebäude in die am Rathaus beginnende Kirchstraße (Abb. 251), während die beiden Traufwände im Norden die Jägergasse und im Süden den Kirchplatz begrenzen. Sowohl der Grundriss wie auch der aufgehende Baukörper bilden mit hoher Wahrscheinlichkeit das Ergebnis verschiedenster Bauabfolgen (Abb. 252). Neben dem Grundriss, aus dem sich zwei Bauphasen ableiten lassen, können die zu unterschiedlichen Zeiten erfolgten Baumaßnahmen auch am freien Giebel veranschaulicht werden. So zeigt der Giebel in seiner Vertikalstruktur auffallende Abweichungen. Auf zwei deutlich niedrigere Untergeschosse folgt ein ausgesprochen hohes 2. Obergeschoss, dem offensichtlich auch der Dreiecksgiebel und das Dachwerk zuzuordnen sind. Die daraus ableitbare Aussage, dass die beiden unteren Ebenen einem älteren Kern und die darauf folgenden Ebenen einem jüngeren Umbau angehören, relativiert sich im Zuge der Traufen. Hier wird erkennbar, dass es sich bei dem unteren Geschoss um einen das ansteigende Gelände ausgleichenden Sockel handelt, während das 1. Obergeschoss entlang der Südtraufe zum Erdgeschoss wird.
In diesen Kontext der sich abzeichnenden Bauabfolgen lässt sich dann auch die dendrochronologische Auswertung der entnommenen Holzproben einbinden.
So stammen die im Ostteil des Sockelgeschosses verlegten Deckenbalken aus unterschiedlichen Zeiten. Die in der nördlichen Hälfte angetroffenen Balken wurden in den Jahren um 1699(d) gefällt. Mit ihren seitlichen Nuten für einen Bretteinschub handelt es sich um Deckenbalken, die üblicherweise unter einer Stube Verwendung fanden. Das im Süden verlegte Gebälk besitzt eine Lehmwickelfüllung und datiert mit den gewonnenen Fälldaten 1815/16 und 1829/30 in die erste Hälfte des 19. Jahrhunderts. Dass es sich bei dem angetroffenen Gebälk über dem Ostteil um eine Vermischung wiederverwendeter Balken handelt, ist zum einen an dem funktionslosen Balkenausschnitt im Unterzugbereich und zum anderen an dem ohne Nut verlegten Abschlussbalken vor dem Nachbargiebel zu erkennen.

Abb.251: Kirchstraße 9.

In die Zeit um 1699(d) datieren aber auch die Deckenbalken über dem Westteil. Werden in diesem Zusammenhang noch die Untersuchungsergebnisse aus dem Nachbarhaus Nr. 11 herangezogen, so war der östliche Teil des Hausgrundrisses um die Mitte des 18. Jahrhunderts unbebaut.
In diesem Sinne deuten das Gebälk aus der ersten Hälfte des 19. Jahrhunderts und die im Querschnitt dünnere Traufenwand den um diese Zeit erfolgten Lückenschluss an, wobei es sich dann bei den älteren Deckenbalken um wiederverwendete Hölzer aus dem Vorderhaus handeln müsste. Diese Vermutung wird durch die Fassade des dreigeschossigen Westgiebels unterstützt. Unter Einbeziehung des ehemaligen Sockelgeschosses ist sie das Ergebnis einer späteren Umnutzung, wobei in Verbindung mit einer neuen Befensterung im ehemals untergeordneten Sockelgeschoss eine Wohnebene eingerichtet wurde. In dieser Bauphase wurde auch das Gebälk über dem Sockelgeschoss ersetzt und in gekürzter Form im östlichen Anbau wiederverwendet.
Nachweis: Dendrochronologische Datierung, Mai 1998.

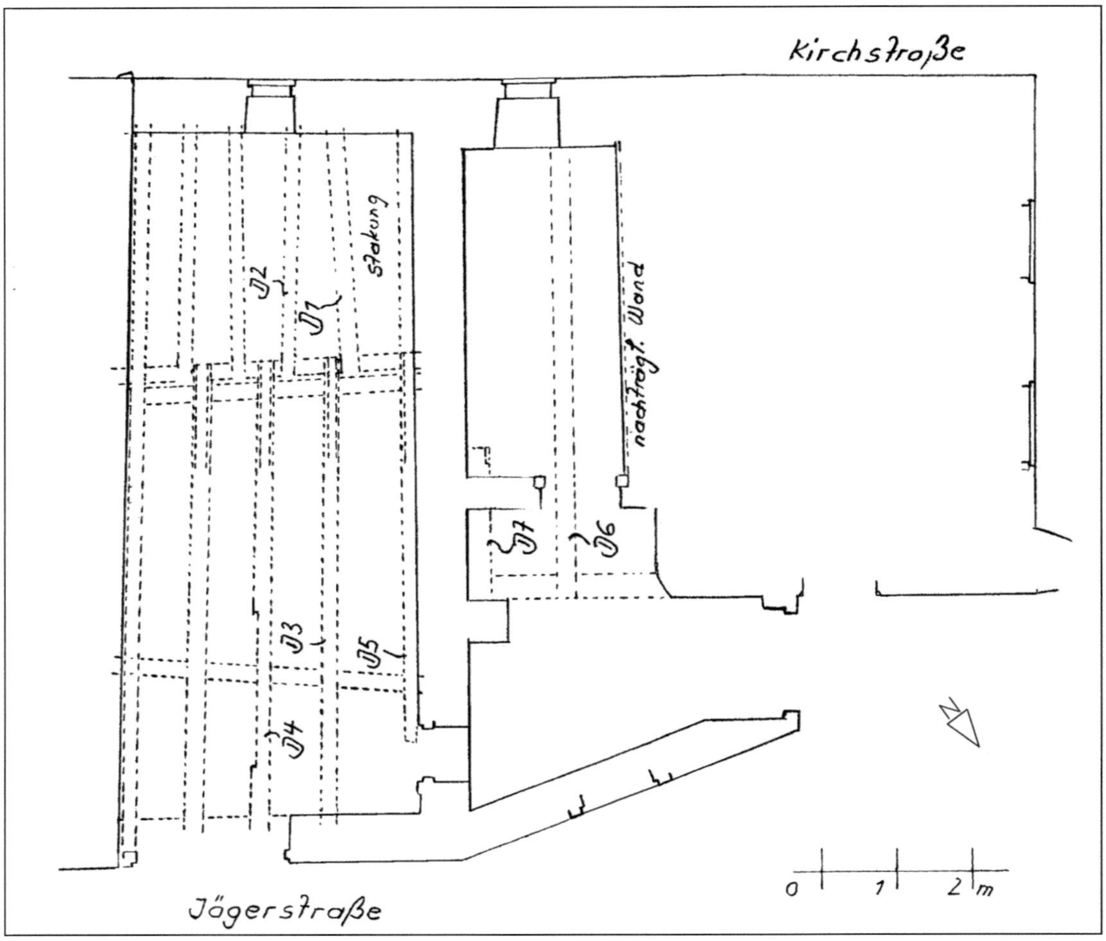

Abb. 252: Kirchstraße 9, Grundriss Keller

Kirchstraße 11

Das massiv aufgemauerte Gebäude ist zweigeschossig und steht mit seiner Südosttraufe annähernd parallel zum Langhaus der St.-Martins-Kirche, während die Gegentraufe zur Jägergasse ausgerichtet ist (Abb. 253). Der untersuchte Bau ist in einer Bauaufnahme aus dem Jahr 1919 wiedergegeben (Abb. 254–256).

Unter dem östlichen Teil des Hauses verläuft zwischen dem Kirchplatz und der Jägergasse ein schmaler Keller (Abb. 257). Er lehnt sich bergseitig an eine über das Außenniveau aufsteigende Giebelwand an. Sie ist insgesamt massiv und neigt sich deutlich nach Westen. Ausgehend von den Wackenmauern im Keller und den darin in der Ostwand vermauerten und inzwischen funktionslosen Wackenkonsolen ist der Keller wie auch der aufgehende Giebel älter als das angetroffene, den Keller eindeckende Eichengebälk. Dieses datiert in die Jahre um 1725 ±10 (d).

Wenig jünger als das Kellergebälk ist das über dem 1. Obergeschoss vorhandene, in den Jahren 1746/47 (d) abgezimmerte Dachwerk. Es wird beidseitig durch einen Fachwerkgiebel begrenzt, wobei der östliche Giebel ursprünglich keine Fensteröffnungen besaß (Abb. 258). Dagegen ist am Gegengiebel neben zwei Fenstern auch eine mittige Türöffnung belegt. Die Tür führte ehemals wohl in eine vor dem Giebel verlaufende Galerie. Alle ehemaligen Öffnungen sind heute durch das Nachbargebäude Kirchstraße Nr. 9 verdeckt.

Nachweis: Dendrochronologische Datierung, März 1997.

Kirchstraße 16

Das dreigeschossige Eckgebäude ist massiv aufgemauert und schließt mit einem hoch aufragenden Mansarddach ab (Abb. 259). Bemerkenswert ist der westliche Abschluss der straßenseitigen Traufwand. Sie übergreift deutlich die Hausecke und deutet so eine ehemalige Fortsetzung in Richtung Westen an.

Das Gebäude mit seiner ausgeprägten Ladenzone entlang der Kirchstraße wird an seiner nördlichen Schmalseite in Anlehnung an das Nachbargebäude Nr. 18 erschlossen. Entlang dieser gemeinsamen Brandwand verläuft im Erdgeschoss ein schmaler Gang, dessen

Abb. 253: Kirchstraße 11.

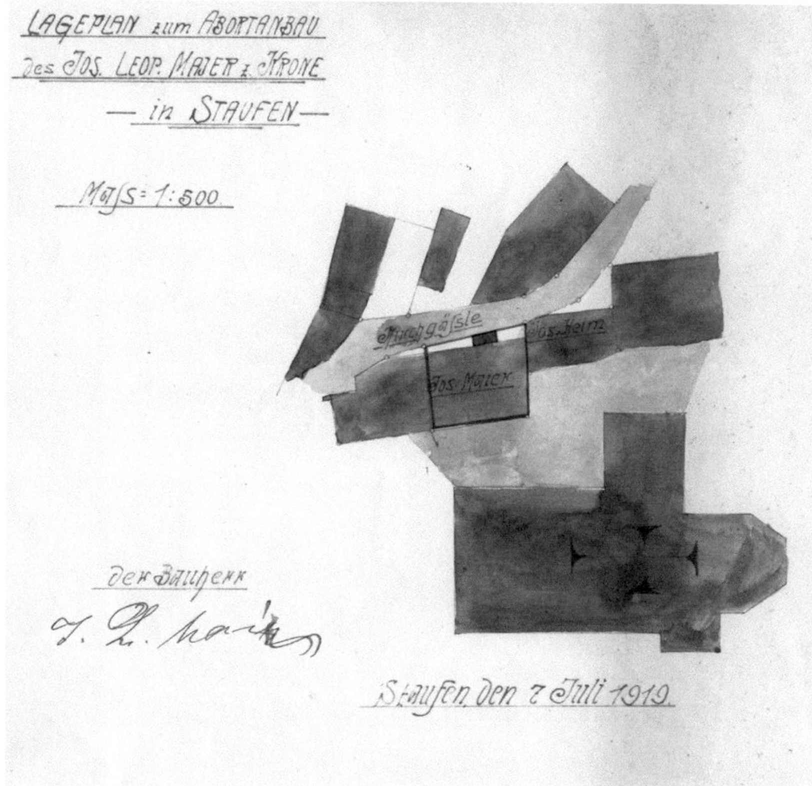

Abb. 254: Kirchstraße 11, Lageplan von 1919.

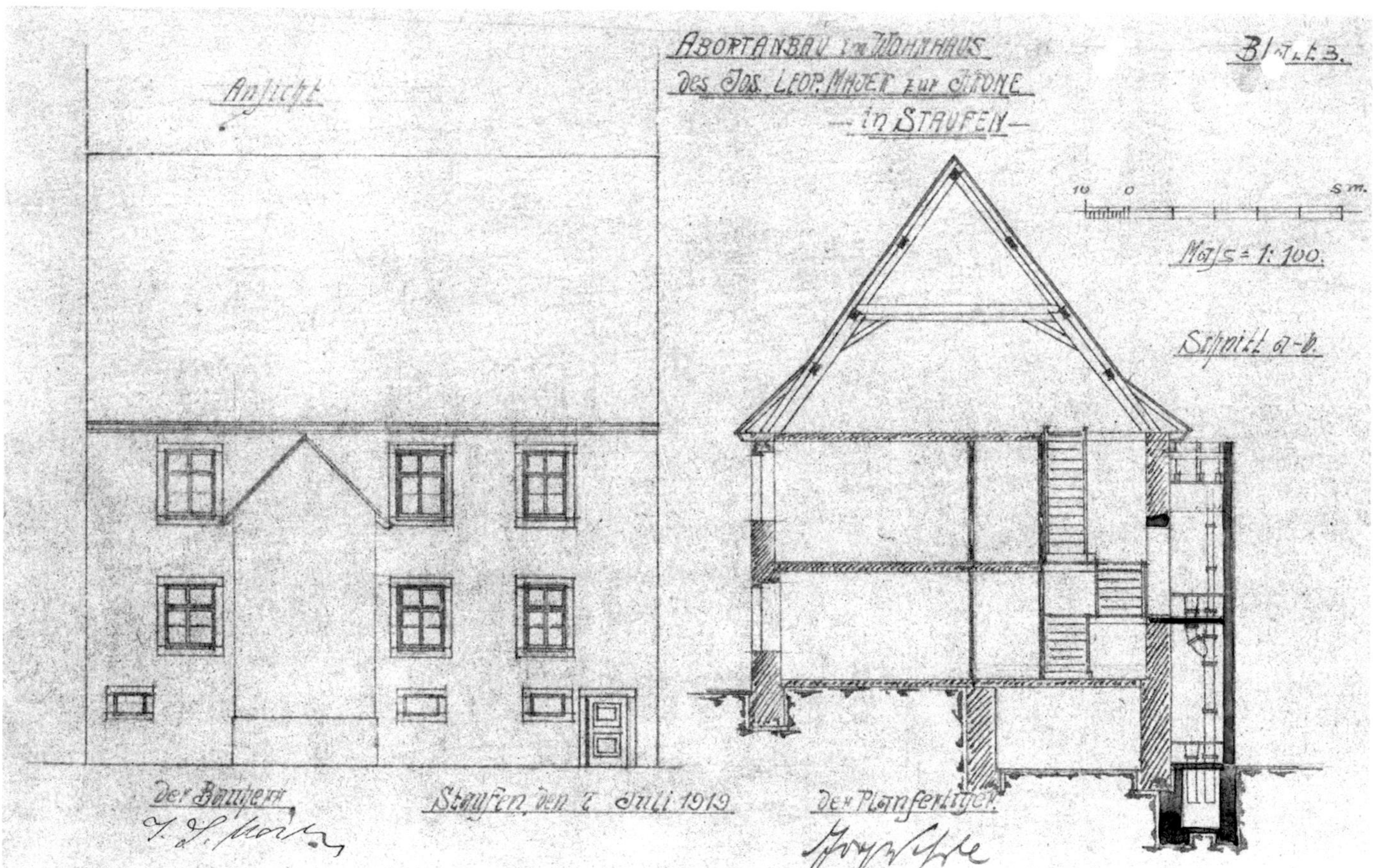

Abb. 255: Kirchstraße 11, Ansicht und Querschnitt von 1919.

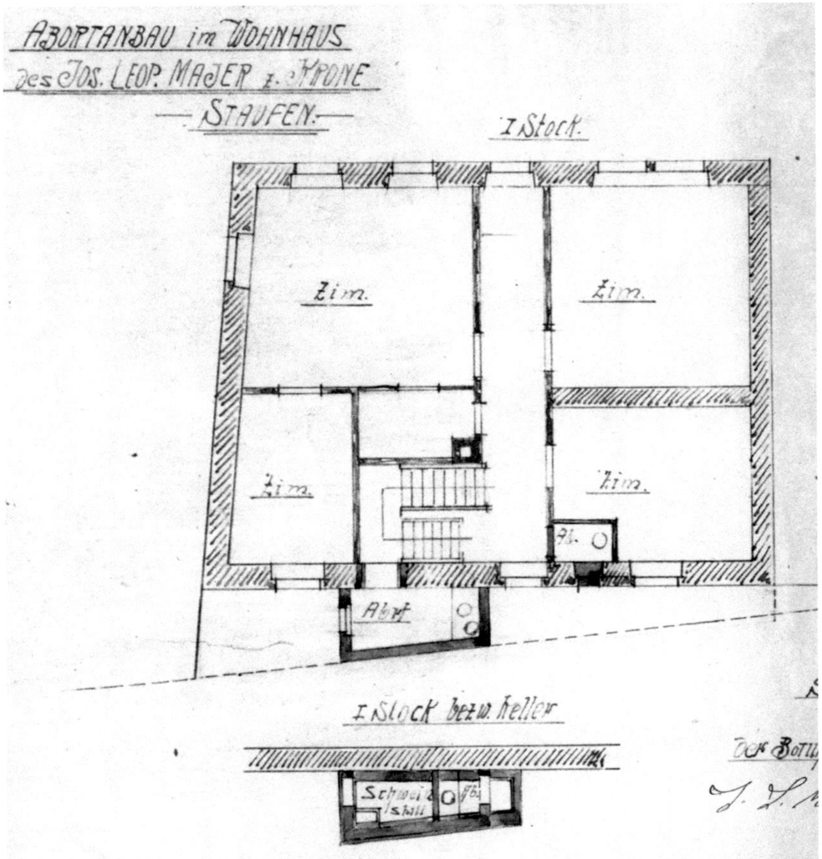

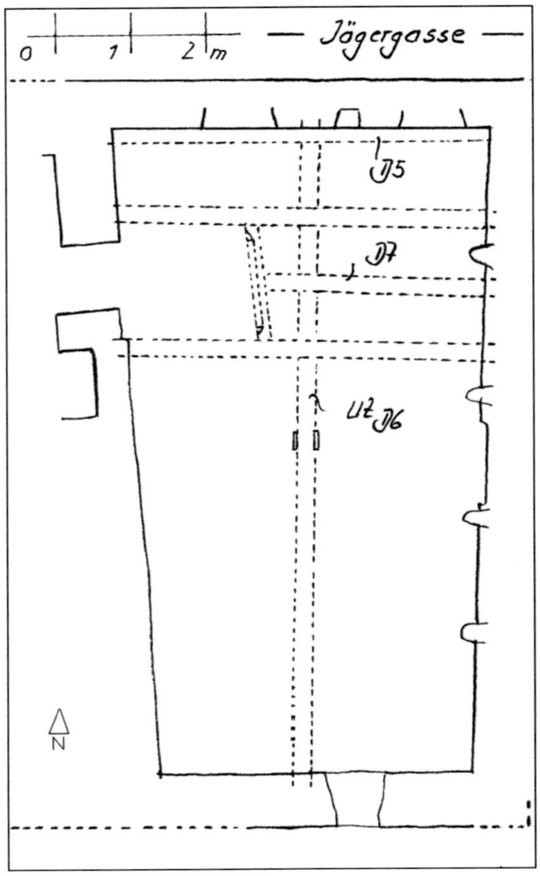

Abb. 256 (links): Kirchstraße 11, Grundriss Erdgeschoss von 1919.

Abb. 257 (rechts): Kirchstraße 11, Grundriss Keller.

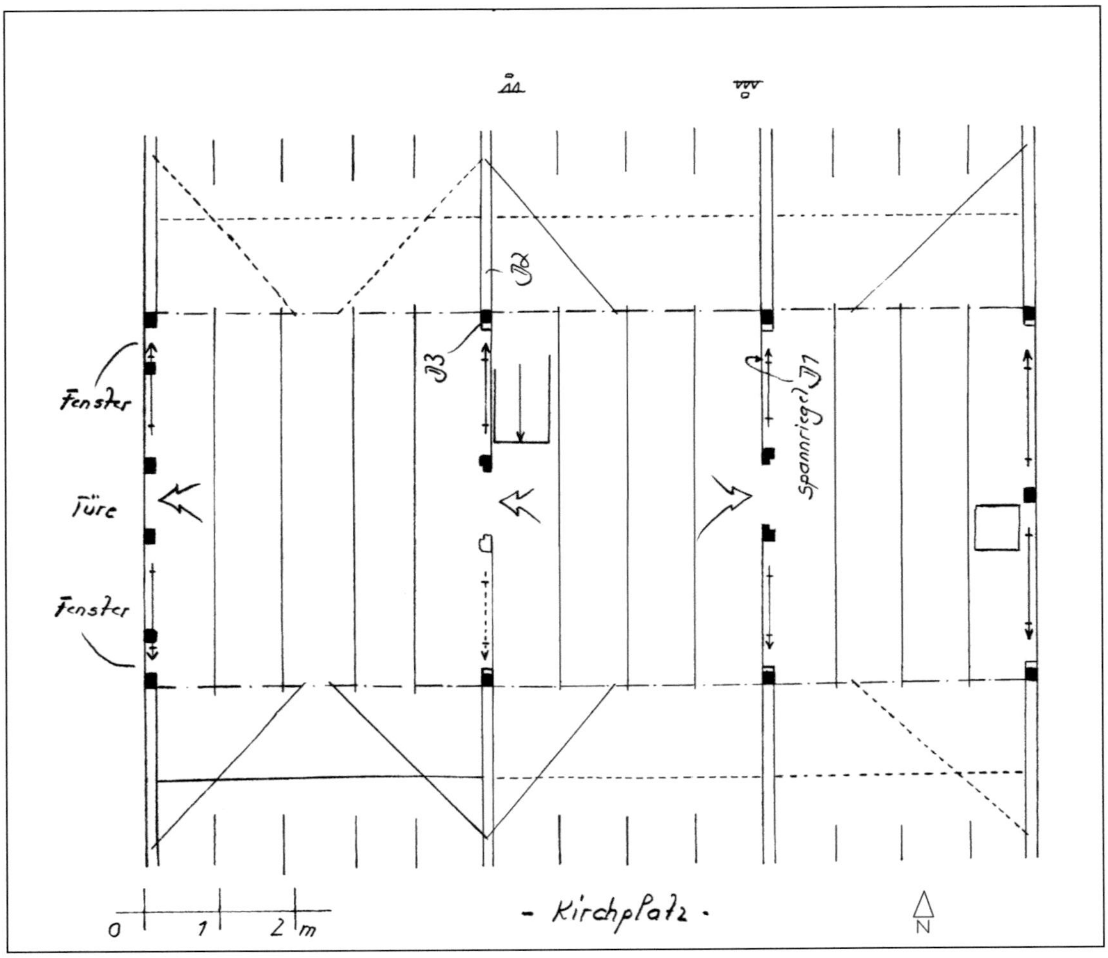

Abb. 258: Kirchstraße 11, Grundriss 1. Dachgeschoss, 1746 (d).

Abb. 259: Kirchstraße 16.

Flurwand dendrochronologisch datiert werden konnte. Untersucht wurde das obere Abschlussholz dieser Fachwerkwand. Es wurde im Winter 1778/79 (d) gefällt und wohl im Jahr 1779 verbaut.
Nachweis: Dendrochronologische Datierung, 1993.

Kirchstraße 17, Kath. Pfarrkirche St. Martin

Die Untersuchung beschränkte sich auf den Turm. Er gilt als ältestes Bauwerk der Stadt und wurde als Fassadenturm einer in Richtung Nordwesten erweiterten, wohl romanischen Saalkirche erbaut (Abb. 260). Mit Wandstärken von ca. 2,15 m nimmt der Turm eine äußere Grundfläche von etwa 10,40 m auf 10,30 m ein, womit er zu den größten Kirchtürmen im Markgräflerland zählt (Abb. 261). In den Turmecken mit Werksteinquadern gefasst, besitzen diese Zangenlöcher zur Verankerung des Hebewerkzeugs. Der schon zur Erbauungszeit verputzte Aufbau ist in vier Turmgeschosse unterteilt. Die Gliederung wird durch drei gekehlte Gesimslagen, verbunden mit deutlichen Verjüngungen des Turmaufbaus, betont. Bis zur Basis des Glockengeschosses erreicht der Turm eine Höhe von etwa 20,50 m.

Das Erdgeschoss weist drei bauzeitliche, entsprechend ihrer Wertigkeit unterschiedlich ausgeführte Spitzbogenöffnungen auf. So besitzt die Werksteinfassung des westlichen Zugangs profilierte Abschrägungen, während die Gewände des gegenüberliegenden Eingangs nur eine einfache Fase aufweisen. Die aufwendigste Gestaltung zeigt die dritte, im Süden liegende Öffnung (Abb. 262). Hierbei handelt es sich um den alten Eingang in den Kirchenraum. Erkennbar ist diese Funktion durch die Lage des Portals, das im Gegensatz zu den Turmzugängen in der inneren Turmwandflucht angeordnet wurde und durch den ausgeführten Anschlag auch verschließbar war. Die Nischen der unverschließbaren Zugangsarkaden sind mit Werksteinen gesetzt. Wie die Sandsteinplatten des Fußbodens weisen sie eine Vielzahl von unterschiedlichen Steinmetzzeichen auf. Das Turmerdgeschoss besaß ursprünglich ein Kreuzrippengewölbe. Die

Abb. 260: Kirchstraße 17, Pfarrkirche St. Martin, Ansicht von Nord.

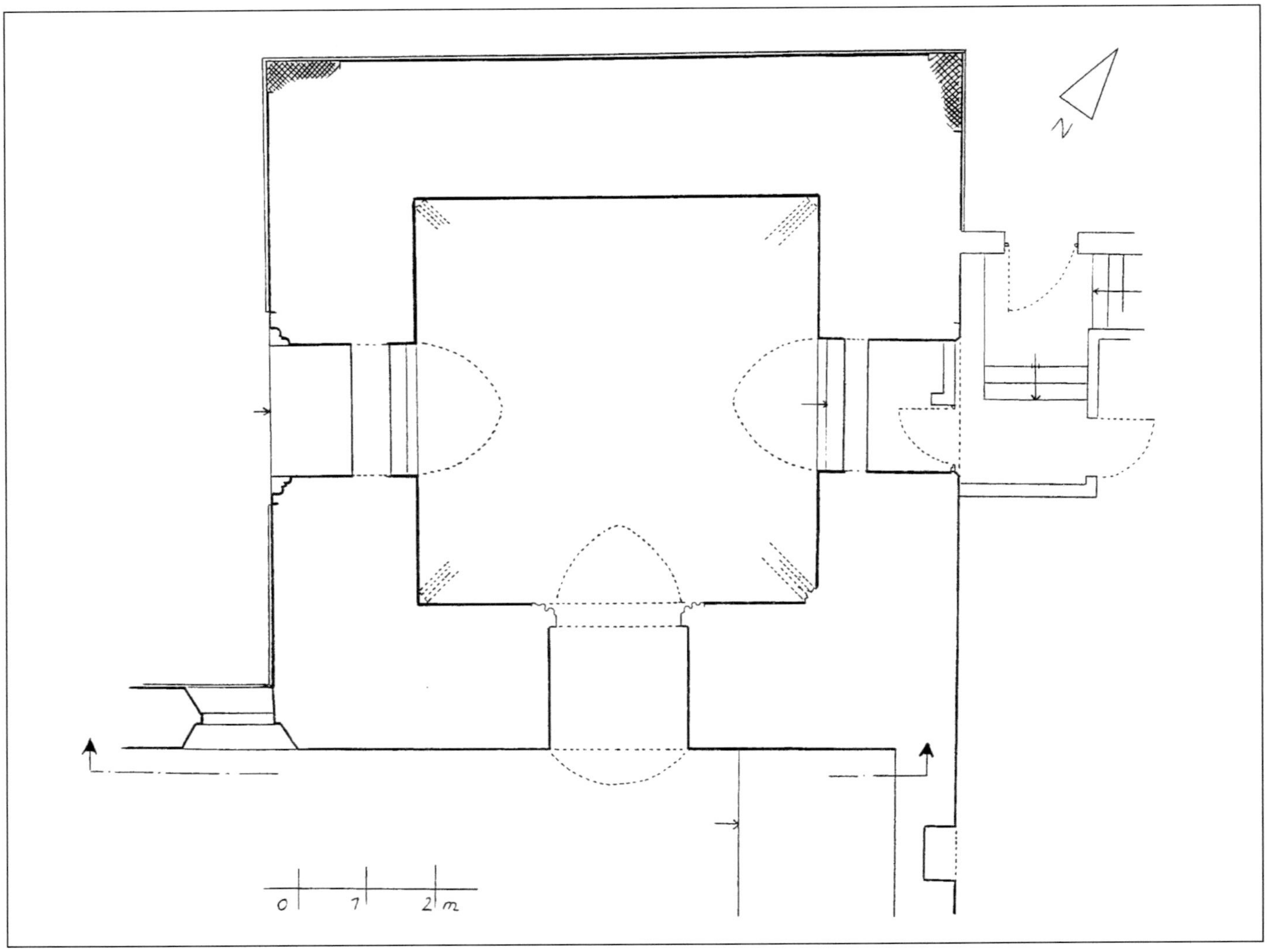

Abb. 261: Kirchstraße 17, Kirchturm St. Martin, Grundriss Erdgeschoss.

Abb. 262 (links): Kirchstraße 17, Kirchturm St. Martin, ehemaliger Zugang zum Kirchensaal.

Abb. 263 (rechts): Kirchstraße 17, Kirchturm St. Martin, Ansatz Kreuzrippengewölbe.

abgeschlagenen Reste der von der Fußbodenebene aufsteigenden Rippen sind noch in allen Turmecken erkennbar (Abb. 263).

Die Erschließung der oberen, durch allseitige Mauerrücksprünge begrenzbaren Turmgeschosse erfolgt über ein Rundbogengewände (Abb. 264). Es liegt über dem unteren Kirchenzugang und ist heute über den Dachraum des nordwestlichen Seitenschiffes erreichbar. Der Zugang führt in das 1. Turmobergeschoss, das an den unverbauten Turmseiten durch hochrechteckige Schlitzöffnungen belichtet wird (Abb. 265). Gesetzt mit Buckelquadern, betragen die lichten Öffnungsmaße 17 cm auf 147 cm. Wie schon im Erdgeschoss sind auch die Nischeneinwölbungen des 1. Obergeschosses aus unterschiedlich gestalteten Werksteinen gemauert. So zeigt der innere Bogenabschluss der Zugangsnische eine zusätzliche Abfasung mit einem gekehlten Auslauf. Alle Quader sind gezeichnet, wobei zwischen den Belichtungsöffnungen einerseits und dem Zugang andererseits differenzierte Ausführungssysteme zur Anwendung kamen.

Vom verputzten 1. Obergeschoss führt eine spätere Treppe in das 2. Obergeschoss. Dessen Belichtung erfolgt durch vier Öffnungen mit einem Dreipassmaßwerk und schrägen Laibungen. Auch hier bestehen die Nischeneinwölbungen aus Werksteinen. Im Gegensatz zu den unteren Einwölbungen weisen ihre sichtbaren Flächen keine Zeichen auf. Das 3. Obergeschoss wurde nicht untersucht.

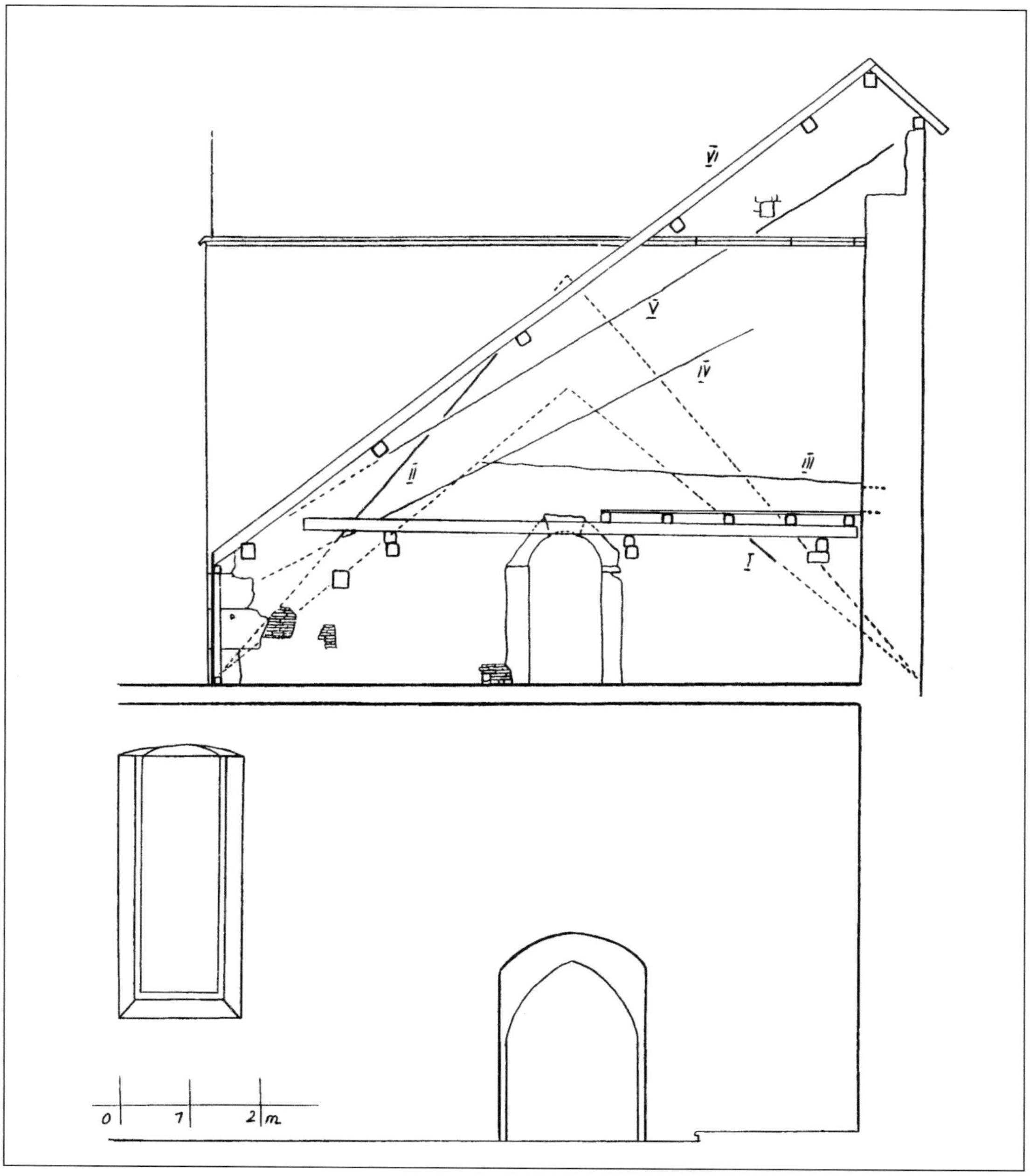

Abb. 264: Kirchstraße 17, Kirchturm St. Martin, Ansicht, Ausschnitt.

Abb. 265: Kirchstraße 17, Kirchturm St. Martin, Schlitzfenster im 1. Obergeschoss.

Abb. 266: Kirchstraße 17, Kirchturm St. Martin, ursprüngliches Mauerwerk.

Abb. 267: Kirchstraße 17, St. Martin, Dachanschläge an der Hochschiffwand.

Hinsichtlich der ältesten Turmgeschichte ist das 1. Obergeschoss die bedeutendste und aussagekräftigste Ebene. Geschützt durch das an den Turm anschließende Querdach haben sich hier unzählige Baubefunde zum Turm selbst, aber auch zu ehemals angrenzenden Bauteilen erhalten. Insgesamt lassen sich an der Turmaußenseite sechs wichtige Bauphasen aufzeigen (siehe Abb. 264).

Der älteste sich am Turm abzeichnende Befund bezieht sich auf ein Satteldachprofil, das sich zum Zeitpunkt der Turmerbauung an den Turm anlehnte und dessen Nahtstelle durch eine Anputzung auf der Dacheindeckung abgedichtet wurde (Abb. 264, Phase I). Der zugehörige Baukörper erstreckte sich südöstlich des Turmes und war identisch mit dem über den unteren Turmeingang erschlossenen, heute nicht mehr vorhandenen Kirchenbau. Der Boden seines Dachraumes ist etwa auf der Höhe des heutigen Dachbodens zu vermuten und diente als Zugangsebene in den Turm. Unterhalb dieses Dachprofils unverputzt, zeigt der Turm hier sein bauzeitliches Mauerwerk (Abb. 266). Es besteht mehrheitlich aus Wacken, Bruch- und Lesesteinen, weist keine durchlaufende Fugenausbildung auf und ist hin und wieder mit Hohlziegelresten durchsetzt.

Der zweiten Bauphase ist ein deutlich steileres und das heutige Dachprofil überschneidendes Dreieck zuzuordnen (Abb. 264, Phase II). Da es sich noch immer auf die Dachbasis der älteren Bebauungssituation bezieht, handelt es sich bei dieser Baumaßnahme offenbar um eine Modernisierung des Unterbaus beziehungsweise um eine Erneuerung des Vorgängerdaches.

In den nun folgenden Phasen wurden im Bereich des Turmes andere Lösungen des Dachanschlusses gewählt. Sie stehen offensichtlich im Zusammenhang mit dem heutigen Kirchenbau und seiner im späten Mittelalter veränderten Ausrichtung. So wird bei dem ersten Anschluss des gedrehten Kirchenbaus die Dachfläche des hohen Mittelschiffes über das Seitenschiff hinweg bis zum Turm heruntergezogen, wobei das gegen die Turmwand fließende Regenwasser durch eine in Richtung Chor geneigte Regenrinne abgeleitet wurde (Abb. 264, Phase III).

Diese Variante wurde wohl nicht lange beibehalten und in der Folgezeit durch drei in der Höhenlage variierende Querdachausführungen abgelöst (Abb. 264, Phasen IV–VI). Im Gegensatz zu den ältesten Spuren markieren sie keine Satteldach-, sondern Pultdachprofile und sind

auch gegenüber an der Hochschiffwand erhalten (Abb. 267). Die Firstpunkte lagen beziehungsweise liegen in vertikaler Abstimmung mit der nordöstlichen Turmecke, wobei für die Anbindung des zweiten Pultdaches (Abb. 264, Phase V) zum ersten Mal das bis dahin offen liegende Turmgesims überschnitten wurde.
Während das heute vorhandene Pultdach den bislang letzten Dachanschluss wiedergibt (Abb. 264, Phase VI), stellt sich zum Schluss die Frage nach dem Beginn dieser über viele Jahrhunderte andauernden Bauabfolge und damit dem Zeitpunkt der Turmerbauung. In diesem Punkt ist es ein Zufall, dass sich im 1. Obergeschoss das verkohlte Ende eines ansonsten intakten Gerüstholzes erhalten hat. Ausgehend von der Laibung der nordöstlichen Fensternische ist es mit Hohlziegelresten umgeben und reichte im vermauerten Zustand bis zur Turmaußenkante. Nach der dendrochronologischen Auswertung wurde das Eichenholz im Winter 1404/05 gefällt. Die Erbauung des Kirchturms, die in der lokalen Literatur mit der Wende vom 13. zum 14. Jahrhundert angesetzt wird, muss damit deutlich in jüngere Zeit verschoben werden.
Nachweis: Bauhistorische Kurzanalyse, Januar 2009.

Kirchstraße 18

Der zweigeschossige Massivbau begrenzt mit seiner Nordtraufe den Kirchplatz (Abb. 268). Der Zugang in das Gebäude erfolgt im Westen, in Anlehnung an das Haus Nr. 16, und führt in einen die gesamte Haustiefe durchziehenden Flur (Abb. 269). Im rückwärtigen Bereich des Erdgeschosses sind die Balkenköpfe des ehemals traufenparallel verlegten Deckengebälks erhalten. Die Balkenreste datieren in die Jahre 1798/99 (d).
Älter als das Gebälk über dem Erdgeschoss ist das Dachwerk. Es war zum Zeitpunkt der Untersuchung wohnlich ausgebaut, ließ aber die abgezimmerte Konstruktion klar erkennen (Abb. 270). Sie ist durch abgestrebte Querbünde zweizonig gegliedert und datiert nach der dendrochronologischen Untersuchung in die Jahre 1731/32 (d).
Nachweis: Dendrochronologische Datierung, November 1996.

Abb. 268: Kirchstraße 18.

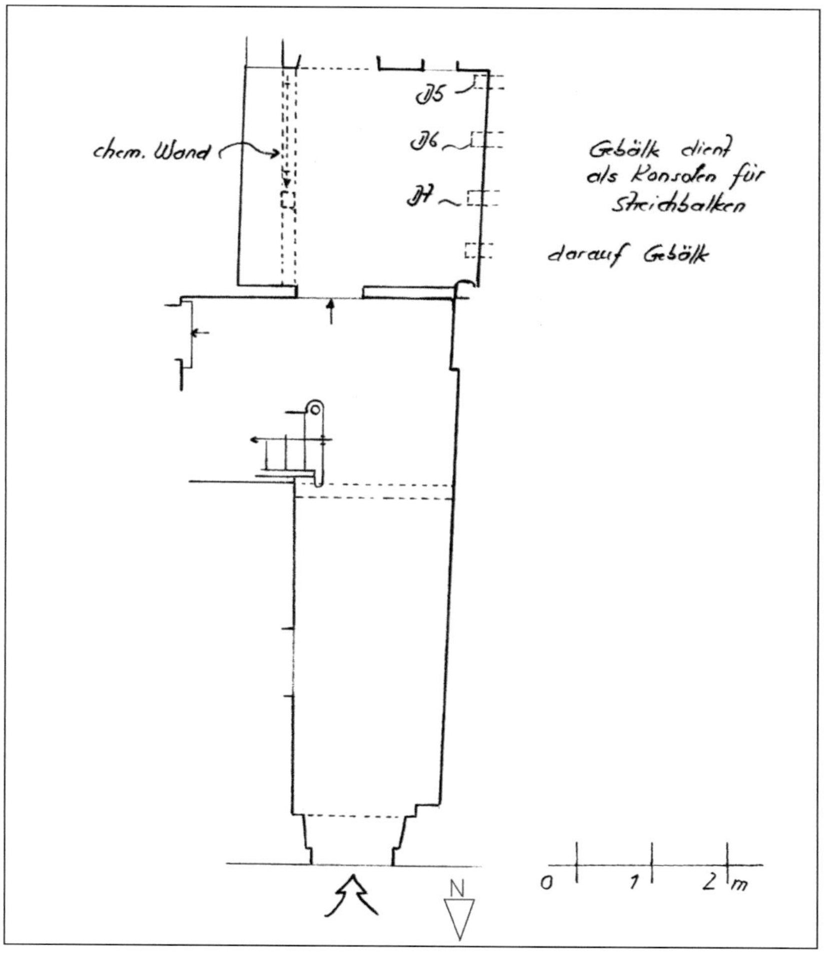

Abb. 269: Kirchstraße 18, Grundriss Erdgeschoss, Ausschnitt.

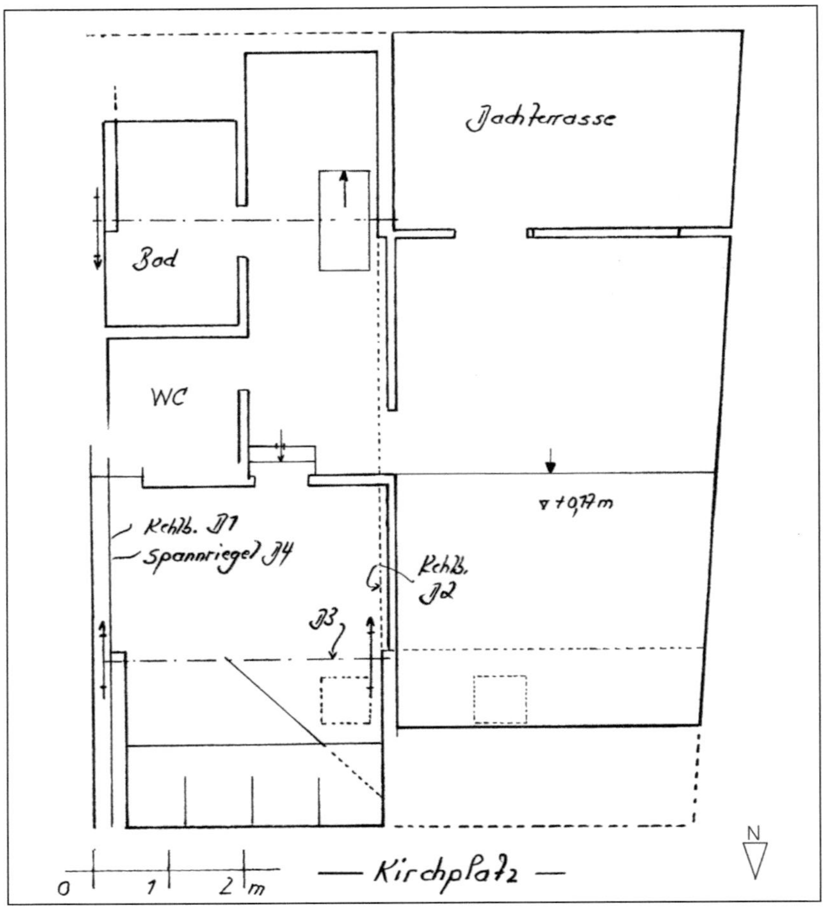

Abb. 270: Kirchstraße 18, Grundriss 1. Dachgeschoss, 1731 (d).

Abb. 271: Kirchstraße 22.

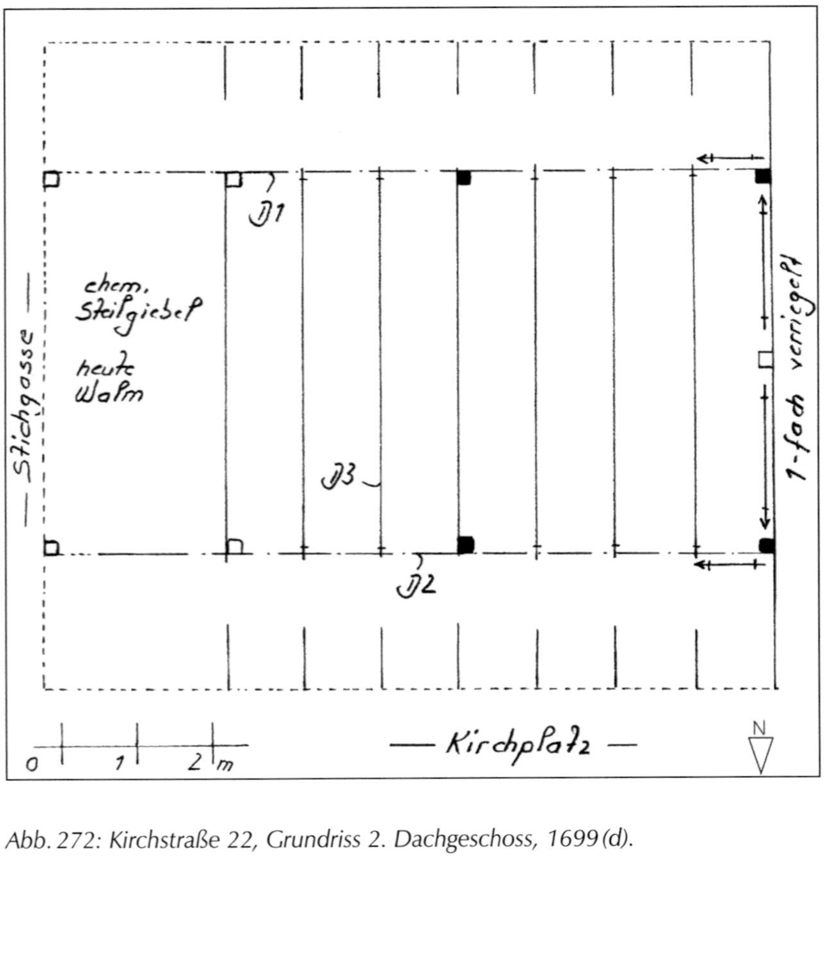

Abb. 272: Kirchstraße 22, Grundriss 2. Dachgeschoss, 1699 (d).

Kirchstraße 22

Das zweigeschossige Massivgebäude bildet den südöstlichen Abschluss einer sich am westlichen Kirchplatzrand entwickelnden Traufenbebauung (Abb. 271). Die im Norden eigene Giebelwand wird durch die Nachbarbebauung verdeckt, während der Gegengiebel an einer kurzen Stichgasse frei steht.

Dieser Umstand hat dazu geführt, dass dieser Giebel später zur Gasse hin abgewalmt wurde. Ursprünglich schloss das um 1699/1700 (d) abgezimmerte Dachwerk an dieser Stelle mit einem Steilgiebel ab (Abb. 272).

Nachweis: Dendrochronologische Datierung, Juli 1996.

Krozinger Straße 1a, Magdalenenkapelle

Die Kapelle liegt außerhalb des ummauerten Stadtgebietes und gehört zur Hofstelle des ehemaligen Gutleut- oder Leprosenhauses (Abb. 273).

Nach den profilierten Gewänden des Giebelfensters ist der Kirchenbau älter als das darüber aufgeschlagene Dachwerk. Bei dem tragenden Gerüst der Dachkonstruktion handelt es sich um eine liegende, verzapfte Binderkonstruktion in drei Querachsen (Abb. 274; 275). Sie wurde in den Jahren 1720/21 (d) abgezimmert.

Nachweis: Dendrochronologische Datierung, Dezember 1995.

Abb. 273: Krozinger Straße 1a, Magdalenenkapelle.

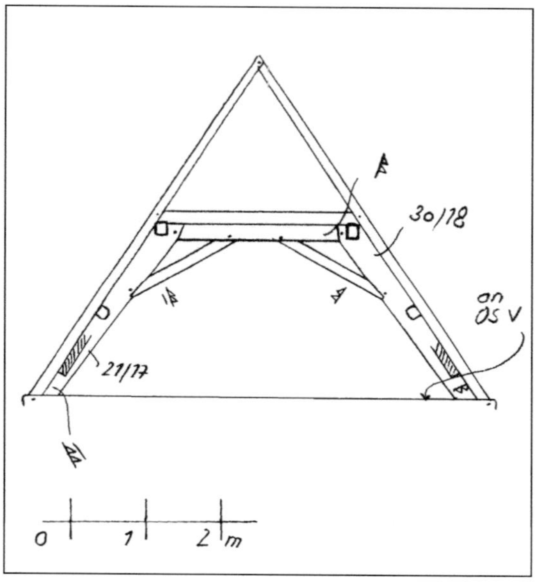

Abb. 274 Krozinger Straße 1a, Querschnitt Dachwerk, Binderquerachse, 1721 (d).

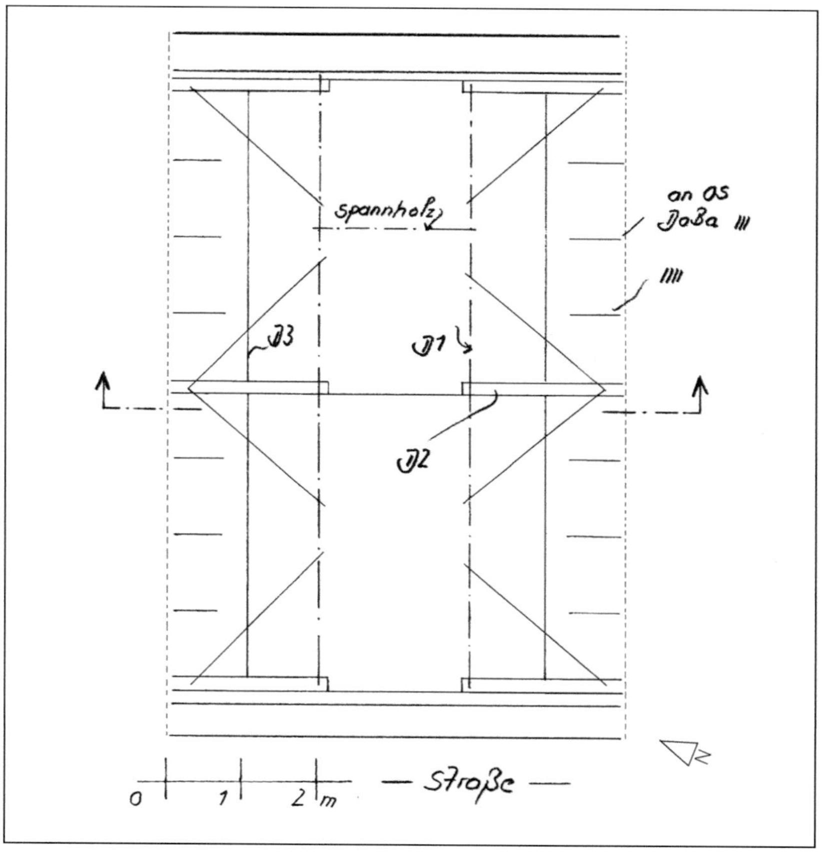

Abb. 275 Krozinger Straße 1a, Grundriss 1. Dachgeschoss, 1721 (d).

Meiergasse 1a, Fallerscheune

Bei dem unter dem Namen Fallerscheune bekannten Gebäude handelt es sich im Kern um eine mittelalterliche Scheune mit giebelseitiger Einfahrt (Abb. 276). Das auf dem massiven Unterbau aufgeschlagene Dachwerk ist giebelständig zur Gasse ausgerichtet und offensichtlich der Ersatz einer älteren Dachkonstruktion.

Das tragende Gerüst des vorhandenen Daches bildet ein liegender und verzapfter Stuhl, der zwischen dem gassenseitigen Fachwerk- und dem rückwärtigen Massivgiebel abgezimmert ist (Abb. 277). Der Dachraum ist bis zum Firstpunkt hohl, eine aus Kehlbalken bestehende Zwischenebene ist nicht ausgeführt. Das Dachwerk datiert in die Jahre 1803/04 (d).

Nachweis: Dendrochronologische Datierung.

Abb. 276: Meiergasse 1a, Fallerscheune.

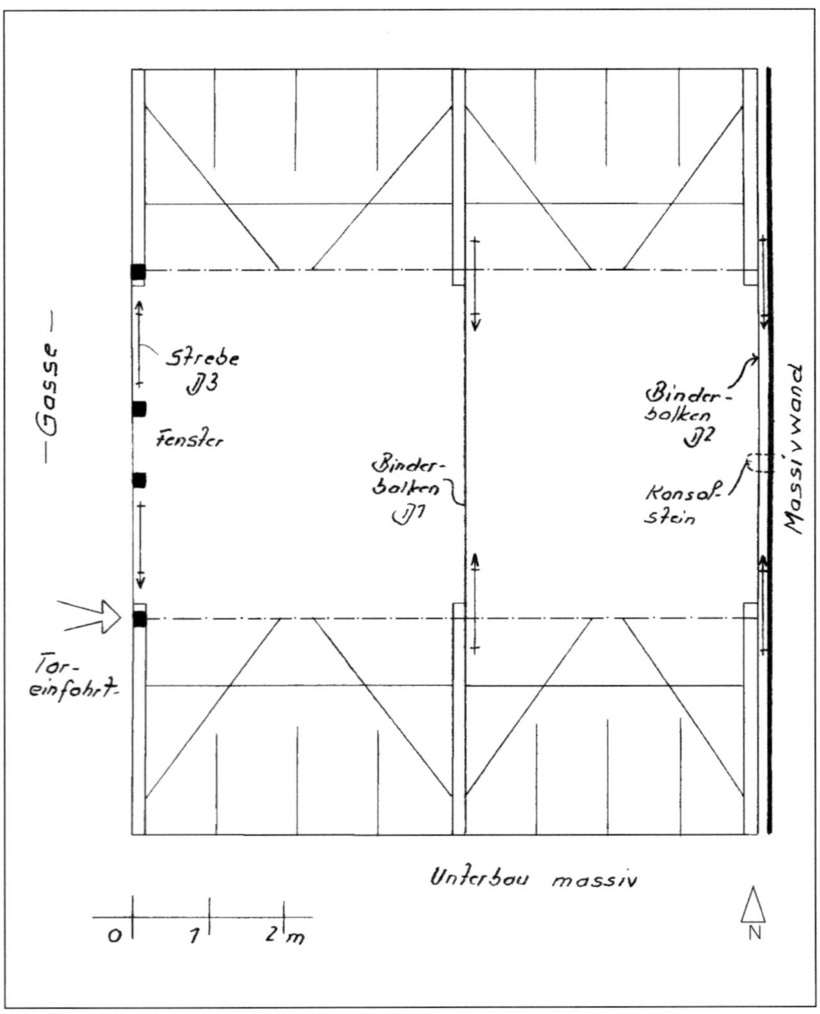

Abb. 277: Meiergasse 1a, Grundriss 1. Dachgeschoss, 1804.

Mühlegasse 2

Das Gebäude steht östlich des Gewerbekanals und hat an dessen Ufer den hölzernen Restbestand einer ehemaligen Mühlenkonstruktion bewahrt. Die Situation ist unter der Hausnummer Hauptstraße 65 im Grundriss wiedergegeben (siehe Abb. 200). Nach der dendrochronologischen Untersuchung der eichenen Bauhölzer wurde die Holzkonstruktion um das Jahr 1736 erbaut.
Nachweis: Dendrochronologische Datierung, 1993.

St. Johannesgasse 2

Mit seinen frei stehenden Umfassungswänden gehört das Gebäude zu den Bauten in Staufen, die nicht in eine städtische Reihenbebauung eingebunden sind. Am südlichen Rand des Kirchplatzes stehend, blickt der Nord- beziehungsweise Hauptgiebel auf das Langhaus der Martinskirche (Abb. 278).
Das äußere Erscheinungsbild wie auch die Grundrisse vor der in den Jahren 2005 und 2006 durchgeführten Gebäudesanierung sind in einem Plansatz des Jahres 1963 nachvollziehbar (Abb. 279–282).
Der Hauptgiebel war, wie der restliche Baukörper, im Erdgeschoss massiv und im Obergeschoss in Fachwerk ausgeführt (Abb. 283; 284). Darauf wurde in den Jahren 1477/78(d) ein

Abb. 278: St. Johannesgasse 2, Ansicht von Nordwest.

Satteldach aufgeschlagen, das an beiden Giebelseiten mit einem Halbwalm abschloss.

Die in den Jahren 2005 und 2006 durchgeführten Untersuchungen ergaben wichtige Informationen zur Baukonstruktion und Grundrissgliederung.

Das tragende Gerüst des Dachwerks bilden stehende Querbünde in vier Querachsen, die in der Kombination mit den stehenden Längsbünden einen stehenden Stuhl ausbilden. Auf den Stuhlständern entlasten sich die firstparallel verbauten Stuhlrähme, welche die in die Dachbalken zapfenden Sparrenpaare unterstützen (Abb. 285–287).

Die Querbünde, integriert in Fachwerkwände, begrenzen drei voneinander abgetrennte Zonen, von denen die nördlichste Zone die größten Ausmaße aufweist. Ihr können im Unterbau die in der Nordwestecke liegende Wohnstube und die benachbarte Kammer zugeordnet werden. Sowohl von der Stube wie auch von der Kammer haben sich im Fachwerk der beiden Traufwände Reste der ursprünglichen Fensteröffnungen erhalten.

Wie schon die nördliche Dachzone, so war auch die mittlere Zone auf die im Unterbau ausgeführte Grundrissgliederung abgestimmt. Im Obergeschoss waren dies die hinter der Stube liegende Küche und der seitliche Erschließungsbereich mit den Treppen. Letztere führten vom Erdgeschoss bis in den Dachraum.

Die verbleibende Dachzone lag über einem Kammerfach, wobei ungeklärt blieb, ob es sich um eine große, die gesamte Hausbreite einnehmende Kammer oder um zwei getrennte Kammern handelte.

Das Dachwerk weist eine im 2. Dachgeschoss aufgenommene Besonderheit auf. So bilden zwei Dachspitzständer den konstruktiven Beginn für einen auf dieser Ebene ausgeführten Längsbund (siehe Abb. 287). Im rückwärtigen Dachbereich ist der Dachspitzständer noch erhalten, im vorderen Bereich ist die ehemals entsprechende Ausbildung durch die zimmerungstechnischen Befunde am Auflagerholz belegt. Während der rückwärtige Dachspitzständer um zwei Balkenfelder in den Dachraum hineingerückt wurde, stand er im vorderen Dachbereich über der Giebelscheibe. In beiden Fällen bildete der Dachspitzständer den Anfallspunkt für einen Walm, wobei der nördliche, zum Kirchplatz zeigende Walm deutlich über die Giebelwand vorkragte. Die Abstützung des vorgelagerten Kehlbalkens übernahmen die äußeren Stuhlrähme. Ihre Auskragung wurde durch tief am Stuhlständer ansetzende Kopfbänder gesichert.

Die Verwendung von derartigen Dachspitzständern ist in der mittelalterlichen Baupraxis nicht unbekannt. Ursprünglich reichten die beiden Hölzer über den Firstpunkt hinaus und dienten dort zur Befestigung einer der herrschaftlichen Architektur vorbehaltenen Firstbekrönung. In Verbindung mit dem in dieser Weise geschmückten und auskragenden Walm unterscheidet sich dieser wohl auf Sicht gestaltete

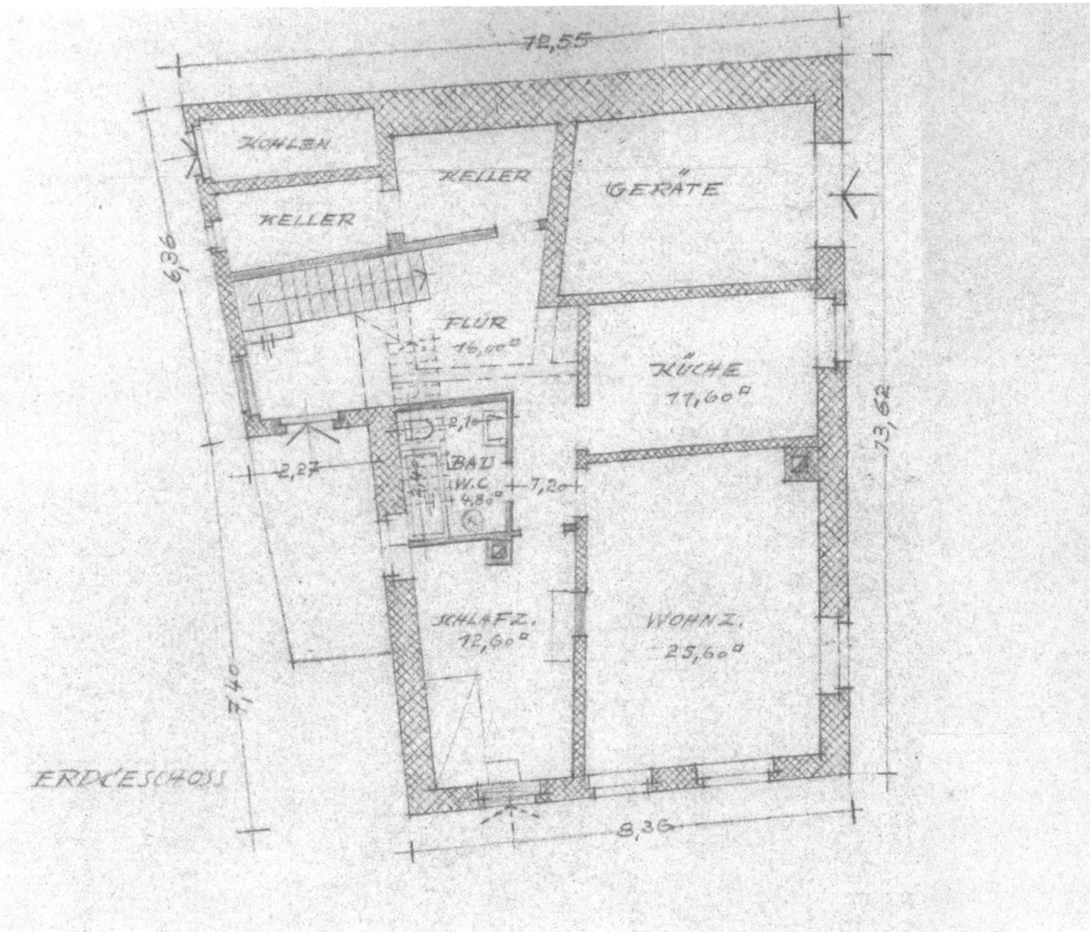

Abb. 279: St. Johannesgasse 2, Grundriss Erdgeschoss von 1961.

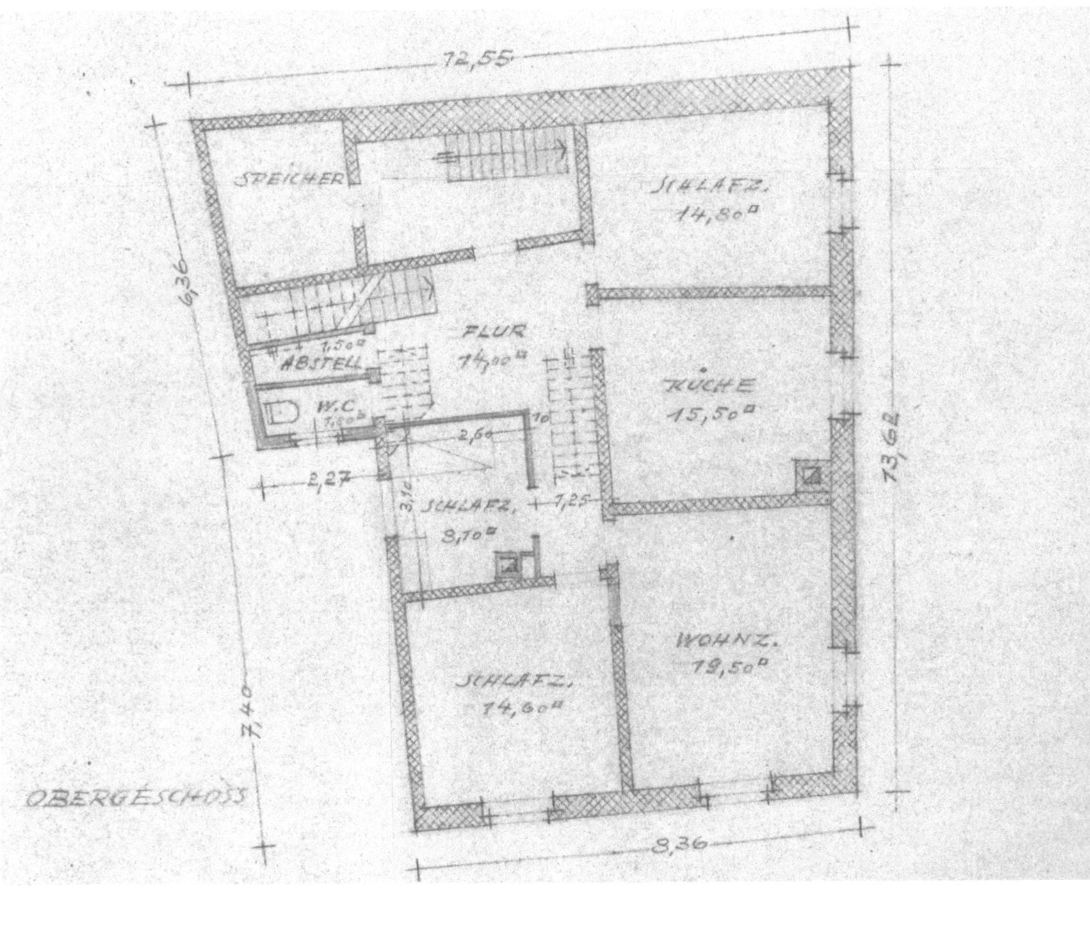

Abb. 280: St. Johannesgasse 2, Grundriss 1. Obergeschoss von 1961.

Abb. 281: St. Johannesgasse 2, Giebelansicht von 1961.

Abb. 282: St. Johannesgasse 2, Traufansicht von 1961.

Abb. 283: St. Johannesgasse 2, Detail Eckständer.

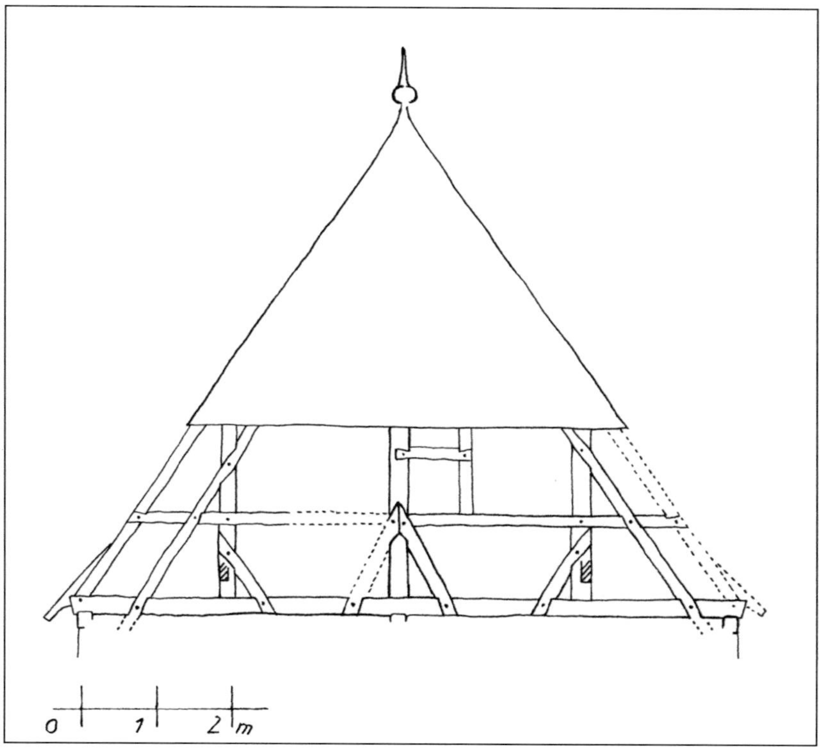

Abb. 284: St. Johannesgasse 2, Ansicht Giebel, 1477 (d).

Fachwerkbau grundlegend von den in die nachbarliche Reihenbebauung eingebundenen Steinbauten.

Gesicherte Aussagen zur ursprünglichen Nutzung des Erdgeschosses sind durch spätere Umbauten und den damit verbundenen Substanzverlust nicht möglich. Anlehnend an die spärliche Belichtung im rückwärtigen Hausbereich kann jedoch eine untergeordnete Nutzung als Werkstatt oder Stall angenommen werden.

Nachweis: Dendrochronologische Datierung, Januar 2005; ergänzende Untersuchung 2006.

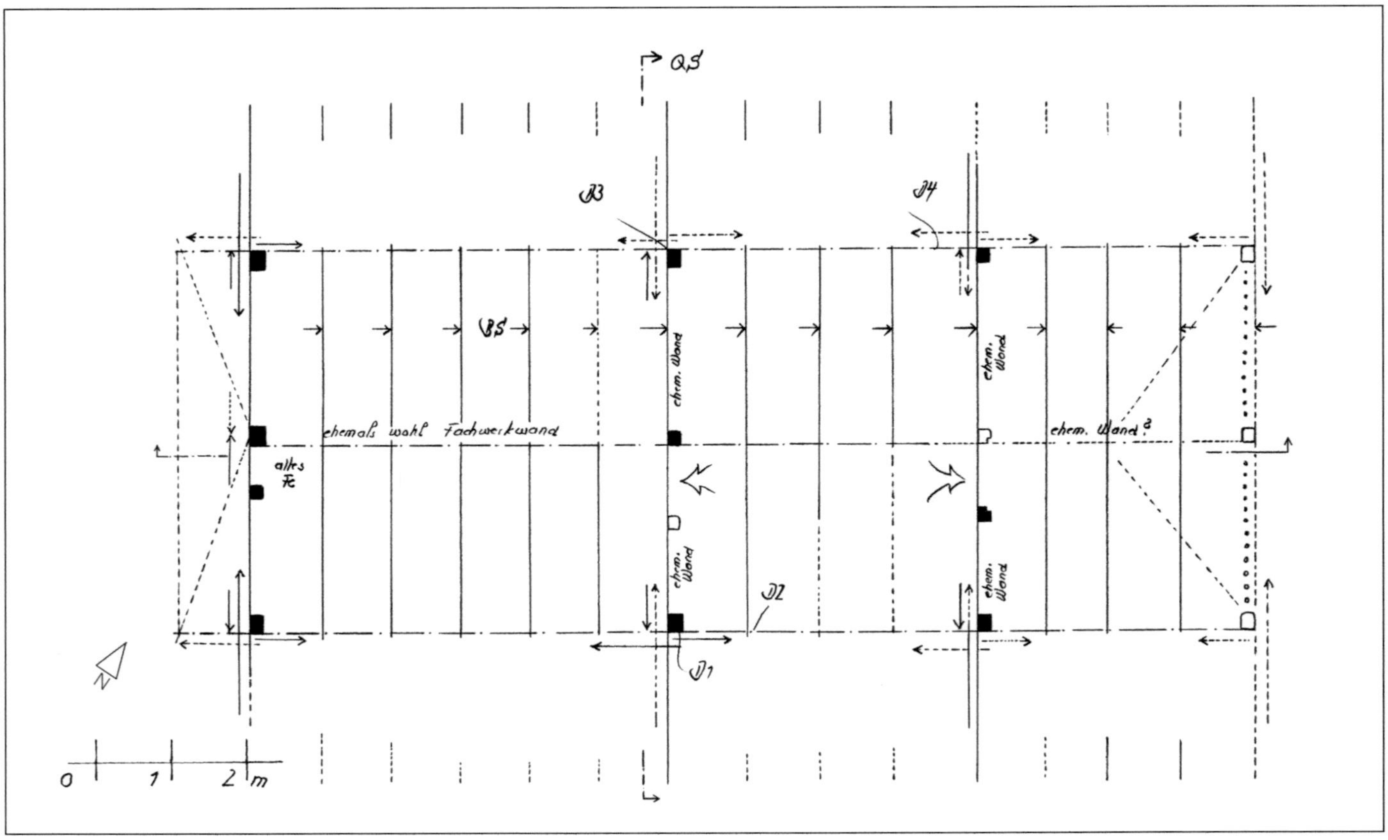

Abb. 285: St. Johannesgasse 2, Grundriss 1. Dachgeschoss, 1477 (d).

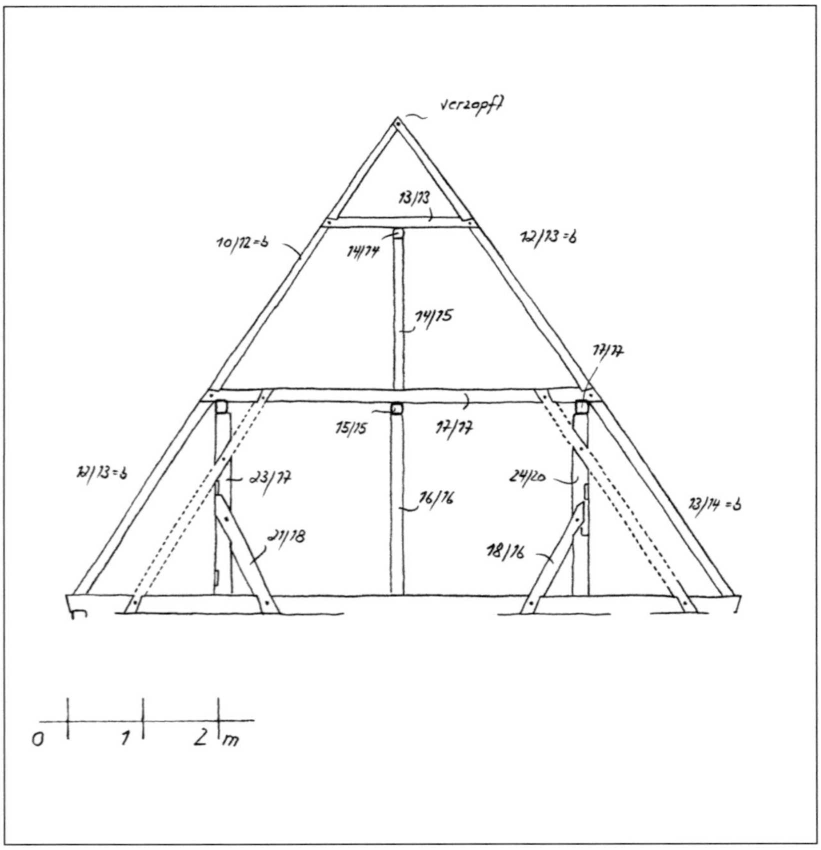

Abb. 286: St. Johannesgasse 2, Querschnitt, Binderquerachse, 1477 (d).

St. Johannesgasse 3

Das ehemals zweigeschossige Massivgebäude begrenzte mit seiner Langseite die nördliche Flucht der ansteigenden Gasse und blickte mit seinem massiven Giebel auf den Chor der St. Martins-Kirche.

Vor dem Abbruch konnte das in die Jahre 1593/94 (d) datierte Dachwerk untersucht werden. Dessen tragendes Gerüst bestand aus einem liegenden Stuhl, ergänzt durch zwischen den Bünden angeordnete Fachwerkwände. Letztere begrenzen zwei im Dachraum abgetrennte Dachkammern (Abb. 288).

Der rückwärtige Dachgiebel war in Fachwerk abgezimmert und besaß zwei später durch das Nachbarhaus verdeckte Fensteröffnungen. Dieser Befund weist möglicherweise auf eine ehemals frei stehende Bebauungssituation des Gebäudes hin.

Nachweis: Dendrochronologische Datierung, Juli 1996.

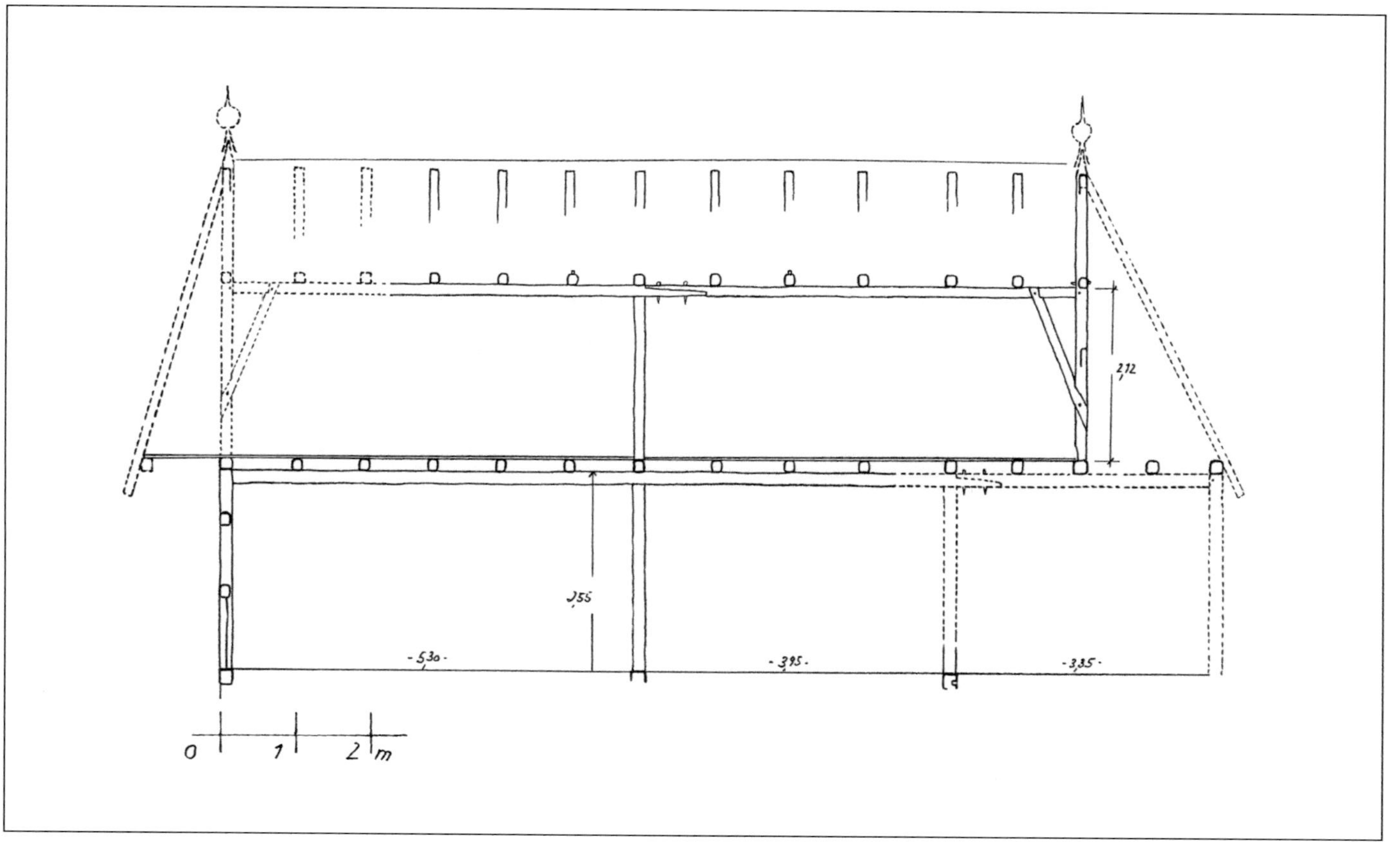

Abb. 287: St. Johannesgasse 2, Längsschnitt Dachwerk, 1477(d).

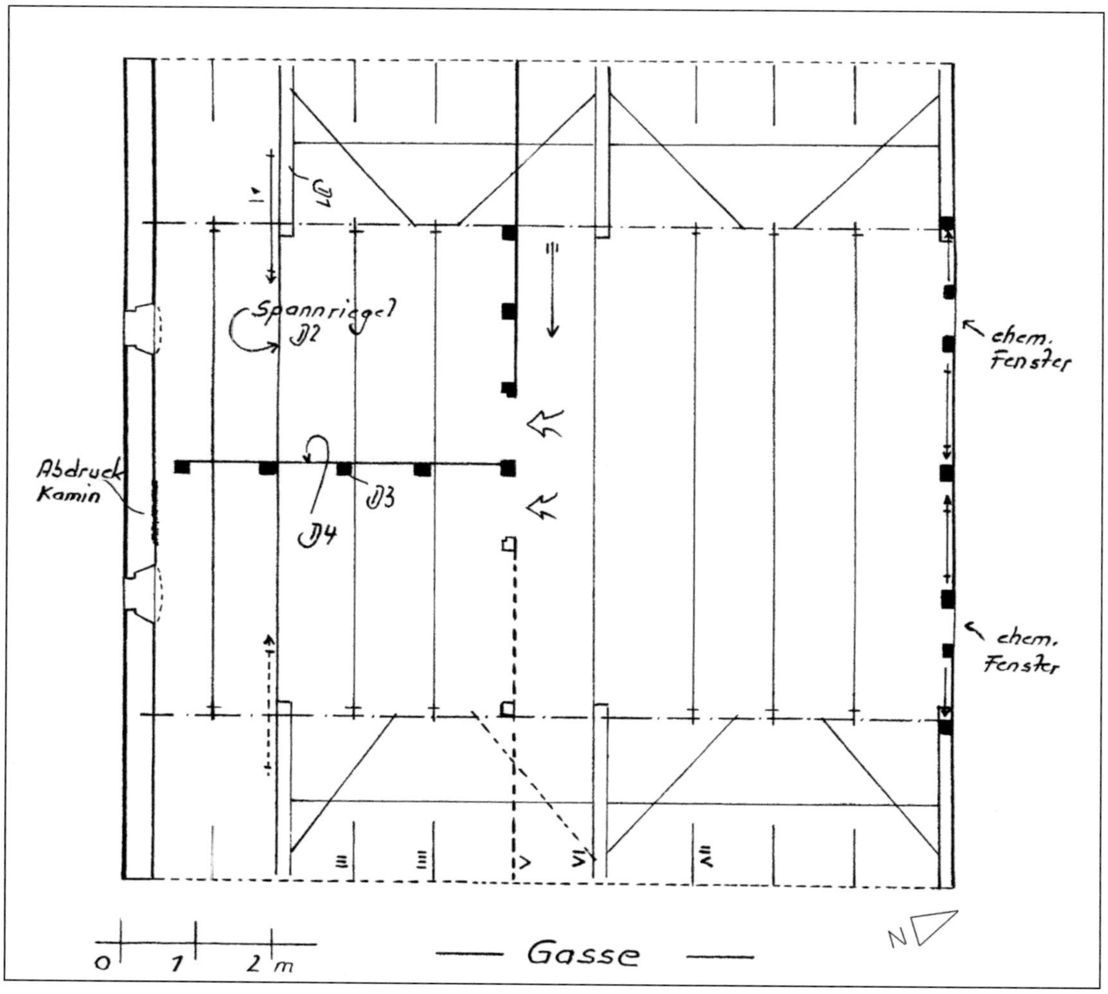

Abb. 288: St. Johannesgasse 3, Grundriss 1. Dachgeschoss, 1593(d).

St. Johannesgasse 6

Das zweigeschossige Gebäude steht abgesetzt von der Kirchplatzbebauung an einer kurzen, nach Süden verlaufenden Stichgasse. Zu dieser ist es traufständig ausgerichtet. Im Erdgeschoss massiv, kragt der darauf abgezimmerte Fachwerkstock geringfügig zur Gasse aus (Abb. 289). Untersuchbar war das über dem Erdgeschoss verbaute Deckengebälk. Es verläuft rechtwinklig zur Gassenflucht und ermöglicht so den Überstand der oberen Etage. Infolge fehlender Waldkanten gelang keine jahrgenaue Datierung der Balken. Die letzten erhaltenen Jahrringe datieren in die Jahre 1645, 1647 und 1658. Die Errichtung des Gebäudes wird daher mit hoher Sicherheit noch in der zweiten Hälfte des 17. Jahrhunderts erfolgt sein.
Nachweis: Dendrochronologische Datierung.

Abb. 289: St. Johannesgasse 6.

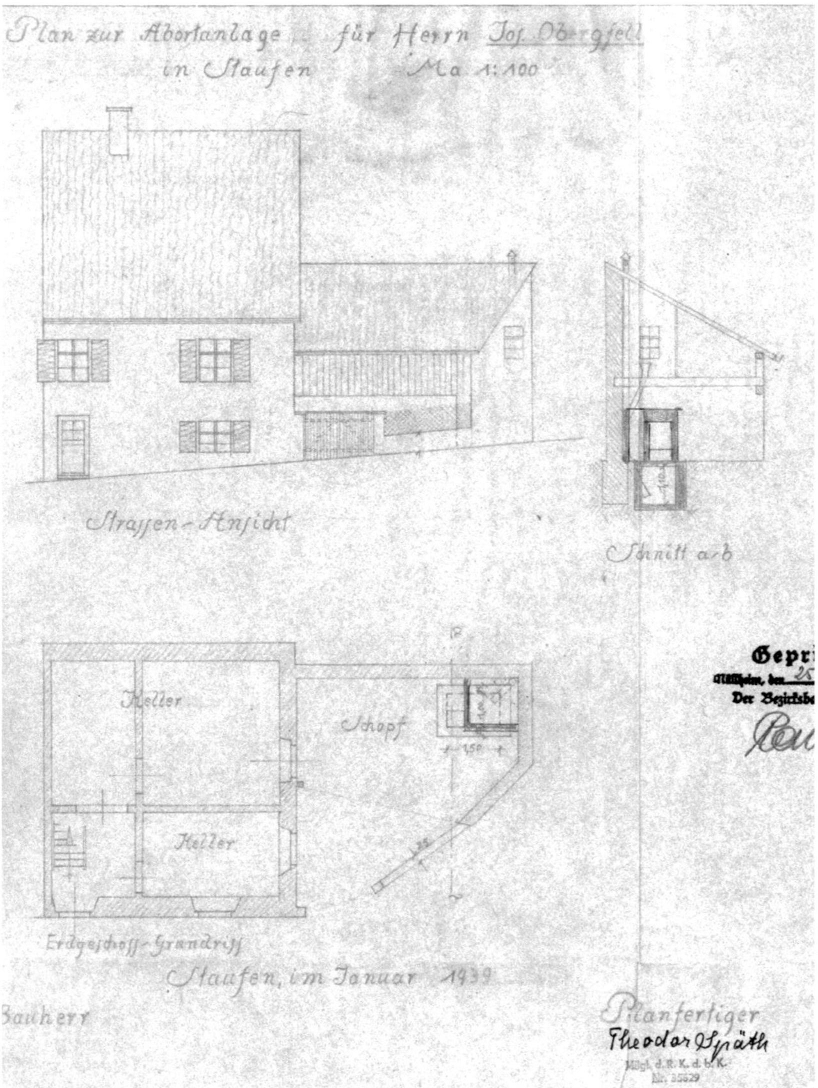

Abb. 290: St. Johannesgasse 7, Baupläne von 1939.

St. Johannesgasse 7

Der an der nördlichen Gassenflucht stehende Bau besitzt bergseitig einen unverbauten Giebel. Während sich im zweigeschossigen Unterbau noch historische Substanz erhalten hat, ist das alte Dachwerk ersetzt. Planunterlagen des Jahres 1939 zeigen eine Ansicht und einen Grundriss (Abb. 290).
Untersucht wurde die Wohnebene im Obergeschoss (Abb. 291). Dessen Fachwerkkonstruktion datiert in die Jahre 1626/27 (d) und lässt die ursprüngliche Grundrissgliederung noch ausreichend genau erkennen. Danach lagen am bergseitig unverbauten Giebel die Stube und die benachbarte Kammer. Beide Räume waren demnach zum nahen Kaplaneitörle, einem ehemaligen Stadtmauerdurchgang, ausgerichtet. An der Stube schloss sich entlang der Gassentraufe die Küche mit Treppenhaus an.
Die gemeinsame Trennwand mit dem Nachbarhaus Nr. 5 besteht aus Fachwerk, wobei die Frage, zu welchem Gebäude sie gehört, nicht beantwortet ist.
Nachweis: Dendrochronologische Datierung, 1993.

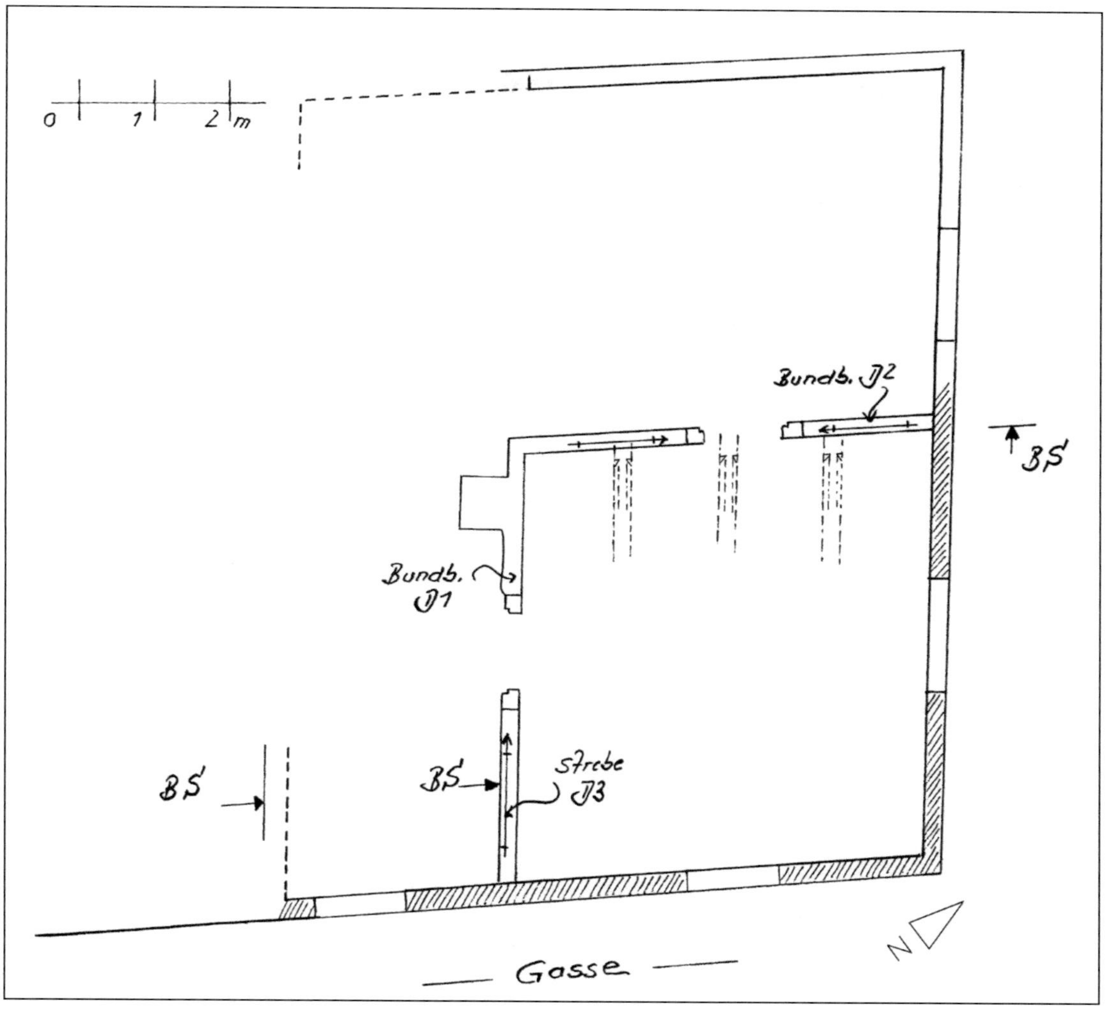

Abb. 291: St. Johannesgasse 7, Grundriss 1. Obergeschoss, 1626 (d).

St. Johannesgasse 12

Siehe St. Johannesgasse 14.

St. Johannesgasse 14

Mit dieser Hausnummer ist der östliche Teil eines größeren, ehemals auch den Nachbarbau Nr. 12 einnehmenden Gebäudes bezeichnet (Abb. 292). Dieser Ursprungsbau begrenzt mit seiner Nordtraufe den südlichen Rand des Kirchplatzes und wurde um die Jahre 1598/99 (d) erbaut.

Untersucht wurde nur der Gebäudeteil Nr. 14, von dem ein Plansatz des Jahres 1940 Grundriss, Ansicht und Querschnitt wiedergibt (Abb. 293). Das Gebäude besitzt einen massiven und zweigeschossigen Unterbau, wobei über dem Erdgeschoss ein zum Firstverlauf rechtwinklig angeordnetes Deckengebälk verlegt ist (Abb. 294). Die an den Balken aufnehmbaren Befunde geben für den Zeitpunkt ihrer Verbauung eine andere als die angetroffene Grundrissgliederung vor. So führt der heutige Zugang in einen ehemals breiteren Raum. Dessen westliche Begrenzung lag ursprünglich im heutigen Hauptraum des Erdgeschosses und kann über die Zapfenlöcher am östlichen

Abb. 292: St Johannesgasse 12 (rechts) und 14.

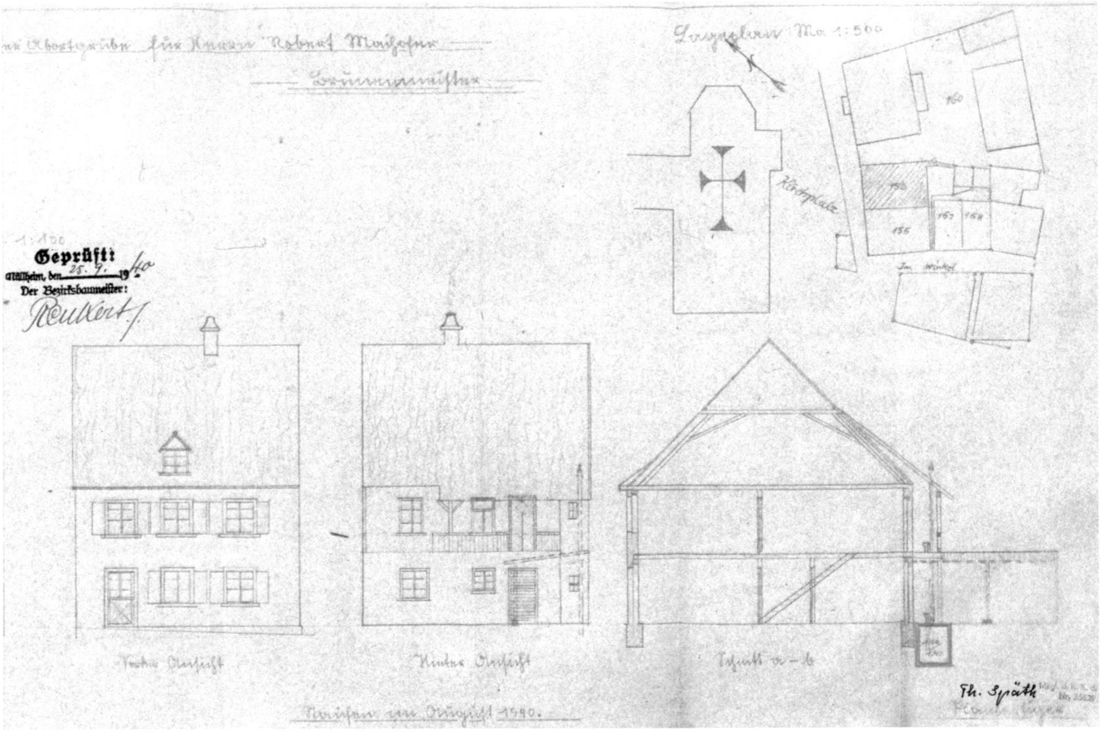

Abb. 293: St. Johannesgasse 14, Baupläne von 1940.

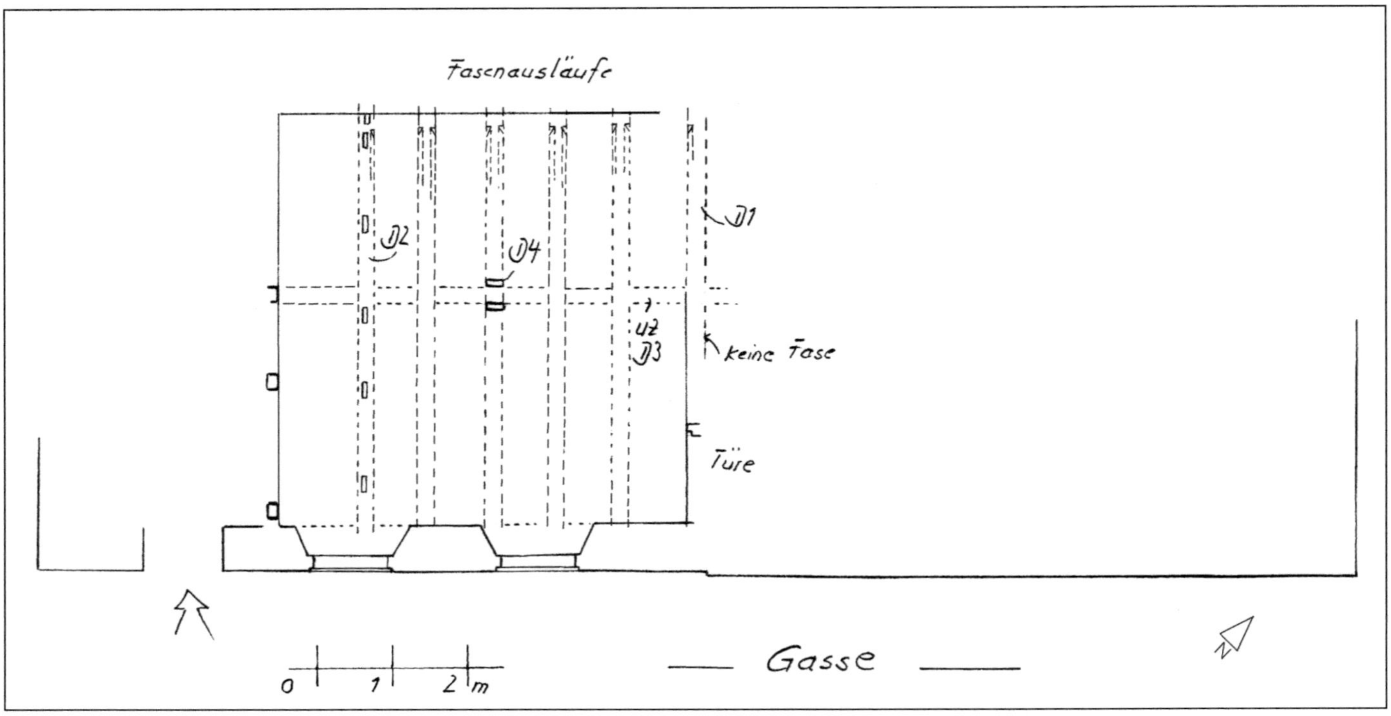

Abb. 294: St. Johannesgasse 14, Grundriss Erdgeschoss, Ausschnitt.

Innenbalken genau fixiert werden. Daran schloss sich in Richtung Westen ein weiterer Raum an. Die darüber verlegten Balken sind gefast und lassen für diesen Raum eine repräsentative Nutzung vermuten. Seine westliche Ausdehnung deckt sich mit dem heutigen Abschluss, wobei in dieser Wand noch eine jüngere Verbindungstür in den heutigen Nachbarbau integriert ist. Bemerkenswert ist die Beobachtung, dass die Fasenausläufe an der Gassenseite durch die heutige Massivwand verdeckt sind – ein Hinweis, dass es sich bei dem untersuchten Gebäude ursprünglich nicht um einen Massivbau, sondern um einen Fachwerkbau handelte. Im angetroffenen Zustand wird das Gebälk durch einen Unterzug unterstützt. Er reicht weit in das Nachbargebäude Nr. 12 und datiert in die Jahre 1787/88 (d). Sein Einbau steht offenbar im Zusammenhang mit einer Veränderung der Raumstruktur, wobei zu diesem Zeitpunkt

Abb. 295: St. Johannesgasse 15.

noch beide Gebäudeteile eine Einheit bildeten. *Nachweis:* Dendrochronologische Datierung, Mai 1998.

St. Johannesgasse 15

Der zweigeschossige Massivbau bildet mit seiner Südtraufe den Abschluss der an der Nordseite stehenden Gassenbebauung (Abb. 295). Mit seinem Westgiebel blickt das Gebäude hinunter zur Kirche (Abb. 296), während knapp hinter dem alten Ostgiebel noch heute die Stadtmauer erkennbar ist (Abb. 297; 298).
Die ehemalige Lücke wurde später mit einem Anbau überbaut. Dieser besitzt anders als der Kernbau hölzerne Fenstergewände und ein deutlich anderes Fenstermaß.
Der Zugang in das Gebäude erfolgt am freien Giebel, in Anlehnung an die Nordtraufe.
Bemerkenswert ist die Anordnung der gassenseitigen Fenster. Deren Brüstungshöhen variieren in Abhängigkeit zu dem ansteigenden Außenniveau.
Über dem massiven Erdgeschoss ist das Deckengebälk rechtwinklig zum Gassenverlauf verlegt. Im rückwärtigen Bereich überspannen die gefasten Balken die vor der Stadtmauer liegende Hauszone. Sie war ursprünglich von Traufe zu Traufe ungeteilt. Die firstparallele Trennwand ist erst das Ergebnis eines späteren Umbaus.
Nach der dendrochronologischen Untersuchung von drei Deckenbalken wurden die Balken im Winter 1684/85 (d) gefällt.
Nachweis: Dendrochronologische Datierung, 1992.

St. Johannesgasse 24

Weit zurückgesetzt von der Gassenflucht, ist das Gebäude sowohl zur Gasse wie auch zu dem an der rückwärtigen Traufe ansteigenden Gelände parallel ausgerichtet. An der zur Gasse ausgerichteten Traufwand liegt der Zugang zu dem zwischenzeitlich sanierten und als Wohnhaus

Abb. 296: Blick in die St. Johannesgasse von Nordost. Im Hintergrund die Kirche St. Martin, im Vordergrund rechts Haus Nr. 15. Aufnahme von Rudolf Hugard, um 1910.

Abb. 297: St. Johannesgasse 15, Stadtmauer.

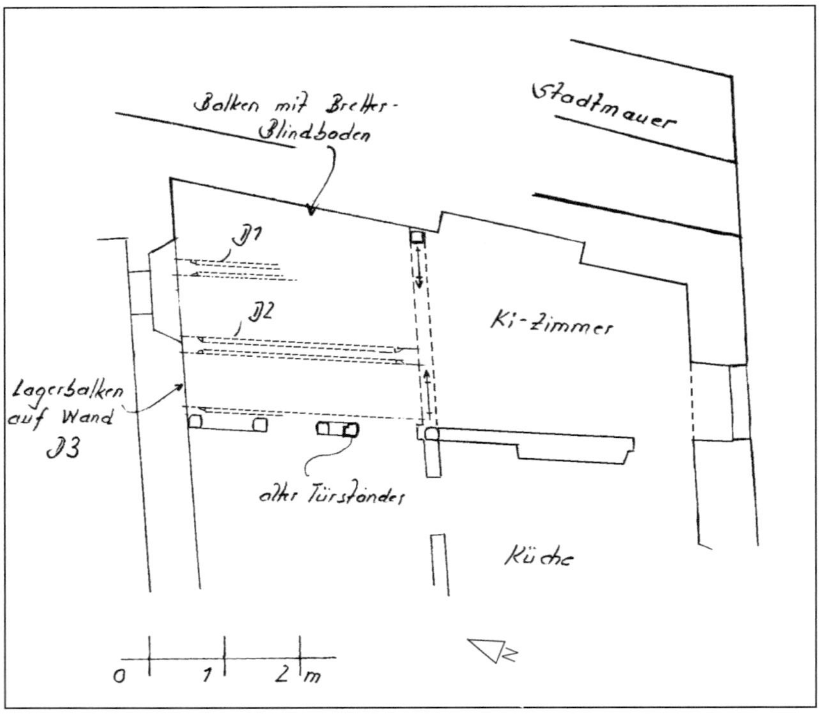

Abb. 298: St. Johannesgasse 15, Grundriss Erdgeschoss (Ausschnitt), 1477 (d).

genutzten Massivbau (Abb. 299). Der dreigeschossige Unterbau besitzt unterschiedliche Gebälkausrichtungen. Über dem Erdgeschoss verlaufen die Balken firstparallel, während sie in den beiden folgenden Ebenen rechtwinklig dazu verbaut sind.

Den Abschluss bildet ein Satteldach mit zwei stehenden Längsbünden (Abb. 300). Sie wurden in Firstrichtung durch kopfzonig angeordnete Streben ausgesteift. Das westliche Giebeldreieck ist aus vielen wiederverwendeten Hölzern abgezimmert. Der Gegengiebel wurde in Backstein erneuert.

Abb. 299: St. Johannesgasse 24.

Die dendrochronologische Untersuchung der Dachhölzer ergab anfangs kein Ergebnis, erbrachte aber in einem zweiten Schritt die Fälldaten Winter 1801/02 (d).

In Anbetracht der Lage im lokalen Siedlungsgefüge und der symmetrischen Zonenausbildung im Dach handelt es sich bei dem untersuchten Bau am ehesten um ein ehemaliges Lagergebäude.

Nachweis: Dendrochronologische Datierung, Oktober 1999 und 2008.

St. Johannesgasse 26

Angesichts der verformten Traufwand über dem Sockelgeschoss und der darauf zu einem späteren Zeitpunkt erneuerten Obergeschosswand ist dem Gebäude ein hohes Alter zuzuschreiben (Abb. 301). Unterstützt wird diese Aussage auch durch den talseitigen Westgiebel, der bis zum Walmansatz des Dachwerks gleichfalls auffällige Verformungen aufweist.

Das Innere des Gebäudes wurde nicht untersucht, weitere Beobachtungen zum Aufbau des Hauses konnten durch die Untersuchung des Nachbargebäudes Nr. 28 gewonnen werden.

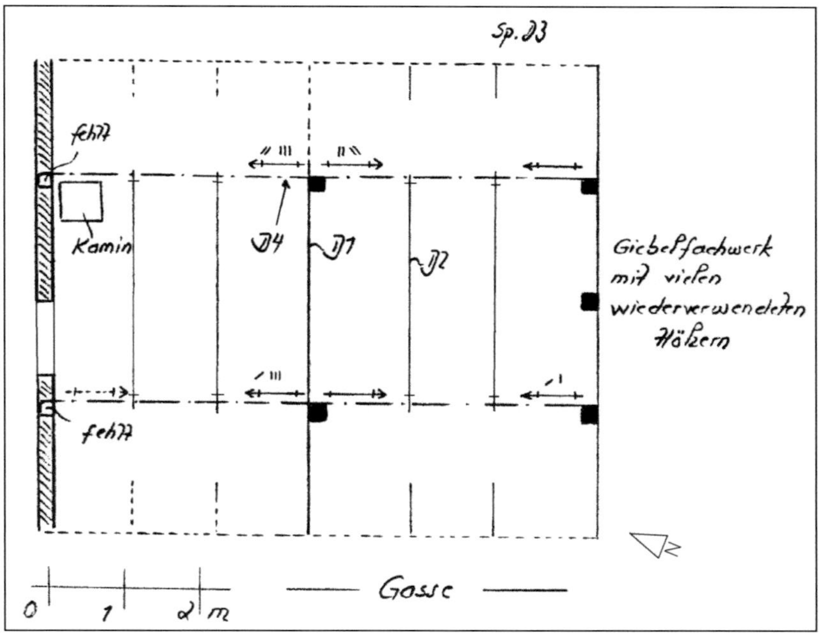

Abb. 300: St. Johannesgasse 24, Grundriss 1. Dachgeschoss.

St. Johannesgasse 28

Das zweigeschossige und zur Gasse traufständig ausgerichtete Massivgebäude besitzt bergseitig einen kleinen Kriechkeller mit einem eichenen Gebälk und einem spitzbogigen Kellerportal (siehe Abb. 301). Letzteres ist heute funktionslos und wird durch einen internen Kellerzugang ersetzt (Abb. 302).

Das Alter des Kellers ist unbekannt. Die Eichenbalken waren dendrochronologisch nicht datierbar, und das neuzeitliche Portalgewände lässt keine nähere Datierung zu.

Genauere Angaben zum Alter sind für das aufgehende Gebäude möglich. So datiert das mit zwei Dachkammern ausgestattete Dachwerk in das Jahr 1668 (d). Bemerkenswert ist jedoch die Beobachtung, dass die Erschließung des Dachraums über eine Lücke zum Nachbarhaus Nr. 26 erfolgt (Abb. 303). Dessen Dachgiebel, der ebenfalls in das 17. Jahrhundert zu datieren ist, besitzt in diesem Bereich zwei ehemalige Fensteröffnungen. Aus diesem Befund wird ersichtlich, dass das Haus Nr. 28 an den talseitigen Nachbarbau angebaut wurde und dieser zuvor wohl einige Zeit frei gestanden hat.

Davon ausgehend muss bei der Frage nach dem Alter des Kellers entweder das 17. Jahrhundert oder ein älterer, aber in diesem Fall schmalerer Vorgängerbau angenommen werden.

Nachweis: Dendrochronologische Datierung 1993.

Abb. 301: St. Johannesgasse 26.

Spitalstraße 1

Das an der Nordseite der Spitalstraße errichtete Gebäude steht zwischen der Einmündung der Adlergasse im Westen und einer kleinen Stichgasse der Spitalstraße im Osten (Abb. 304). Die exponierte Lage erlaubt die Ausrichtung des südlichen Giebels zur Spitalstraße und damit eine dreiseitige Belichtung des Gebäudes. Diese Situation ist auch in einem Bauplan des Jahres 1900 dargestellt (Abb. 305).

Über einem Sockelgeschoss erhebt sich ein zweigeschossiger Bau mit einem imposanten, zur Spitalstraße abgewalmten Mansarddach. In

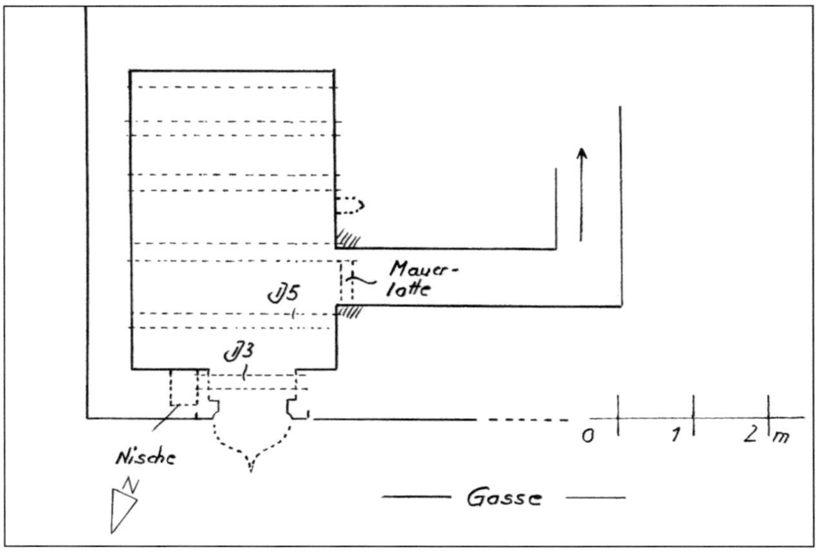

Abb. 302: St. Johannesgasse 28, Grundriss Keller.

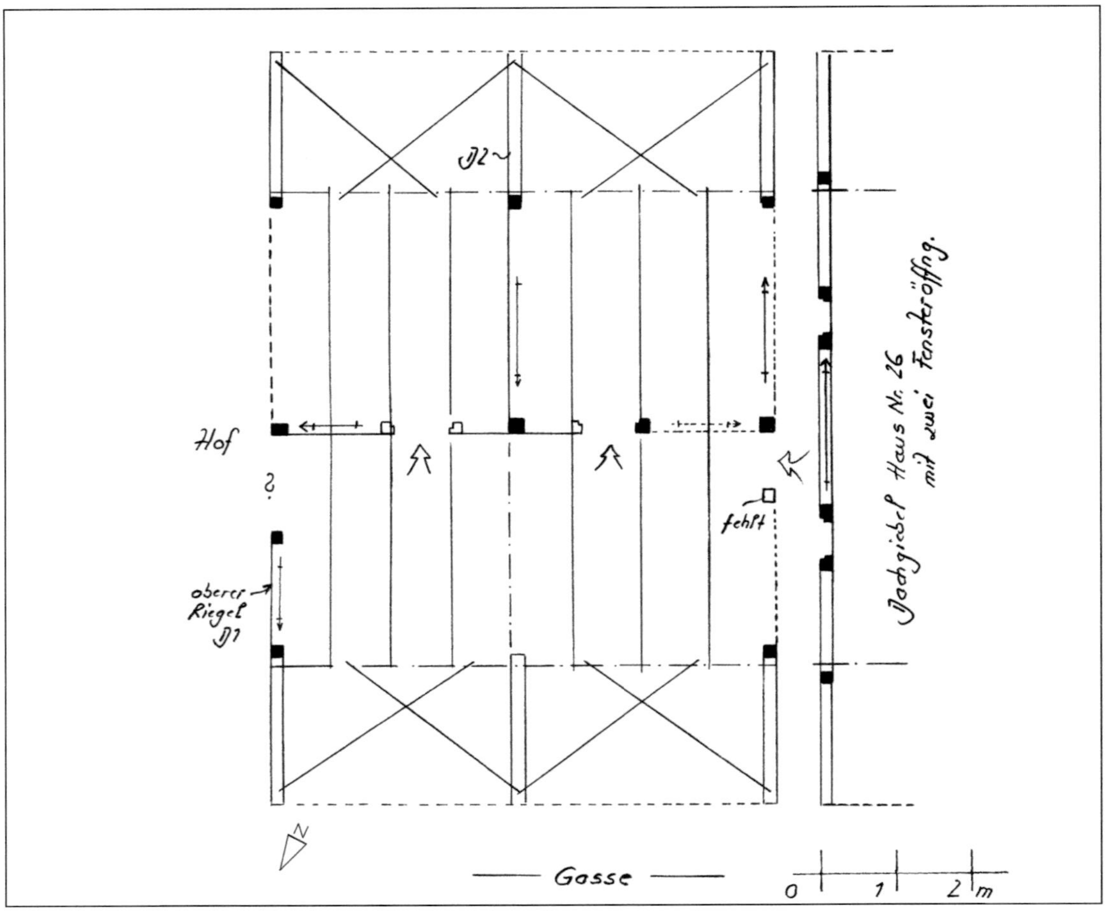

Abb. 303: St. Johannesgasse 28, Grundriss 1. Dachgeschoss, 1668 (d).

Abb. 304: Spitalstraße 1, Ansicht von Südost.

das Erdgeschoss gelangt man über eine Außentreppe und das an der Ostseite liegende, im Rundbogen mit der Jahreszahl 1602 datierte Eingangsportal (Abb. 306).

Während das Erdgeschoss insgesamt massiv ausgeführt ist, besitzt das Obergeschoss im Bereich der giebelseitigen Auskragung eine Außenwand aus Fachwerk.

In das frühe 17. Jahrhundert sind neben dem Eingangsportal auch die an den beiden Massivtraufen erhaltenen Fenster des Obergeschosses zu datieren (Abb. 307). Bei den Öffnungen an der Adlergasse handelt es sich um die Stubenbelichtung, bestehend aus einer Dreiergruppe mit erhöhtem Mittelteil. Obwohl im Detail etwas unterschiedlich, gehören wohl auch die beiden Fenstergewände an der Stichgasse in das 17. Jahrhundert.

Dagegen sind der auskragende Giebel und der hohe Dachaufsatz das Ergebnis eines späteren Umbaus (Abb. 308). In den Jahren 1772/73 (d) abgezimmert, schließt das Mansarddach im Norden mit einer hoch aufragenden Brandwand ab.

Nachweis: Dendrochronologische Datierung, September 1999.

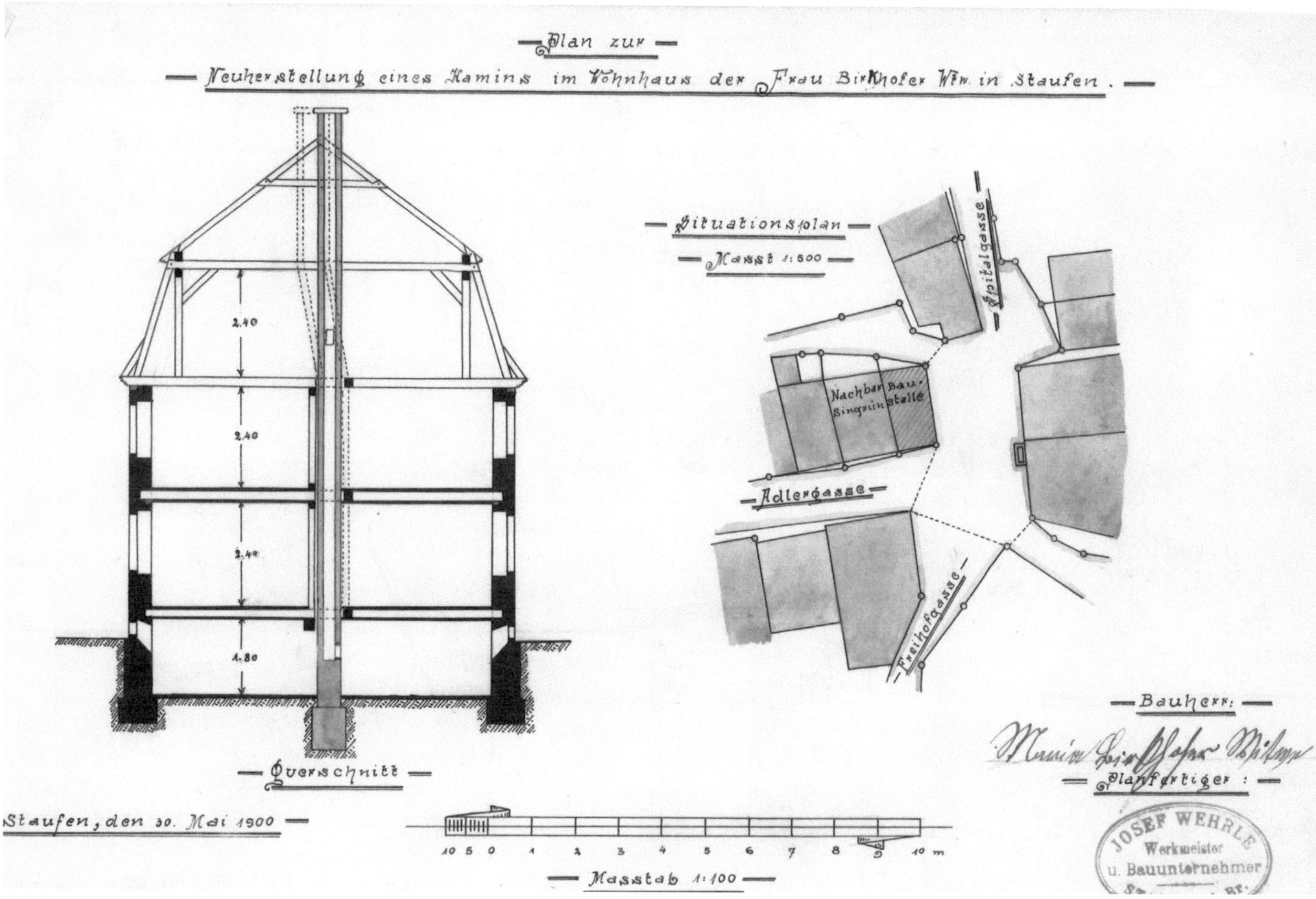

Abb. 305: Spitalstraße 1, Lageplan und Querschnitt von 1900.

Abb. 306: Spitalstraße 1, Eingangsportal, 1602.

Abb. 307: Spitalstraße 1, Gruppenfenster, 1606.

Abb. 308: Spitalstraße 1, Grundriss 2. Dachgeschoss, 1772 (d).

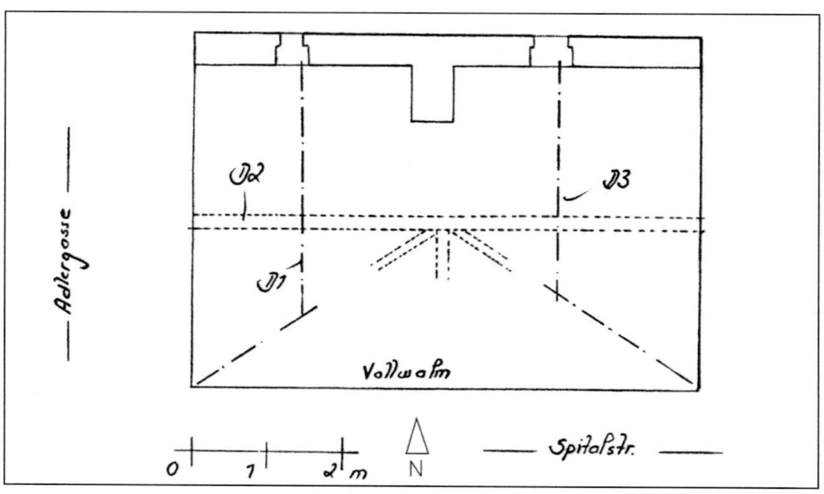

Spitalstraße 4

Das Gebäude ist mit seinen Umfassungswänden nicht in die benachbarte Bebauung eingebunden und steht mit seinen beiden frei stehenden Traufwänden giebelständig zur Spitalstraße (Abb. 309). Von hier erstreckt es sich über eine außergewöhnlich große Länge in Richtung Süden und sitzt mit seinem rückwärtigen Giebel der ehemaligen Stadtmauer auf.

Das über dem Sockelgeschoss liegende, über eine Außentreppe erschlossene Erdgeschoss ist über die gesamte Länge massiv, zeigt aber innerhalb der beiden Mauerzüge unterschiedliche Mauerstrukturen. Die ältesten Bereiche der annähernd 50 cm starken Hausmauern setzen erst mit deutlichem Abstand vom Straßengiebel an und lassen sich mit dem von Ziegelanteilen durchsetzten Wackenmauerwerk auf etwa die halbe Gebäudelänge verfolgen.

Dagegen sind die Wände der Obergeschosstraufen im rückwärtigen Bereich größtenteils in Fachwerk ausgeführt. Infolge unterschiedlichster Reparaturabschnitte ist ihr Alter nicht näher bestimmbar.

Der Straßengiebel ist insgesamt massiv aufgemauert. Er weist im Dachbereich drei ältere Fensteröffnungen auf und gehört nach den dendrochronologischen Untersuchungen des Holzwerks in die Jahre 1600/01 (d).

Abb. 309: Spitalstraße 4.

Aus dieser Zeit stammt auch das Gebälk über dem Erdgeschoss. Hierbei handelt es sich um straßenparallel verlegte Balken mit beidseitigen Abfasungen und einem Bretteinschub als Deckenabschluss. Das Gebälk durchzieht die gesamte Hausbreite und liegt im Osten einem vor der Traufwand verlaufenden Streichbalken auf. Zusätzlich wurde das Gebälk durch eine innere Längswand unterstützt. Diese inzwischen abgebrochene Wand unterteilte die Erdgeschossbreite in zwei Raumeinheiten und hätte mit ihrem ursprünglichen Verlauf in das mittige, offensichtlich erst später angelegte Giebelfenster eingebunden.

Das über dem Unterbau aufgeschlagene Dachwerk erstreckt sich als einheitliche Konstruktion über die gesamte Gebäudelänge (Abb. 310). Abgezimmert wurden sieben abgestrebte Querbünde, die, ausgehend vom südlichen Querbund über der Stadtmauer, mit den Abbundzeichen 1 bis 7 markiert sind. Die Querbünde sind Bestandteile eines liegenden und verzapften Stuhles, wobei im Zuge der unter den Dachflächen geneigten Längsbünde sich überkreuzende Winkelhölzer ausgeführt sind. Am Straßengiebel liegen zwei bauzeitliche Dachkammern.

Nach den aufgenommenen Befunden ist der Dachraum in zwei Abschnitte mit jeweils drei Zonen zu unterteilen. Die Trennung erfolgt durch eine geschlossene Fachwerkwand, wobei der nördliche Dachabschnitt das Wohnhaus und der südliche Bereich den ehemals landwirtschaftlich genutzten Hausabschnitt eindeckt.

Nachweis: Dendrochronologische Datierung, September 1998.

Spitalstraße 7

Zwischen einer Stichgasse im Norden und der Spitalstraße im Süden gelegen, begrenzt der zweigeschossige Massivbau mit seinem ehemaligen Westgiebel eine platzartige Aufweitung der Spitalstraße. In dieser bevorzugten Lage steht das Gebäude an drei Seiten frei, wobei der einseitige, den Westgiebel verdeckende Vorbau eine spätere Zutat des 16./17. Jahrhunderts ist (Abb. 311).

Der im Kern rechteckige Massivbau besitzt einen Kriechkeller mit Betondecke. Einzelne Wackenkonsolen in der Nord- und Südwand deuten eine ehemals auf Streichbalken lagernde Balkenlage an.

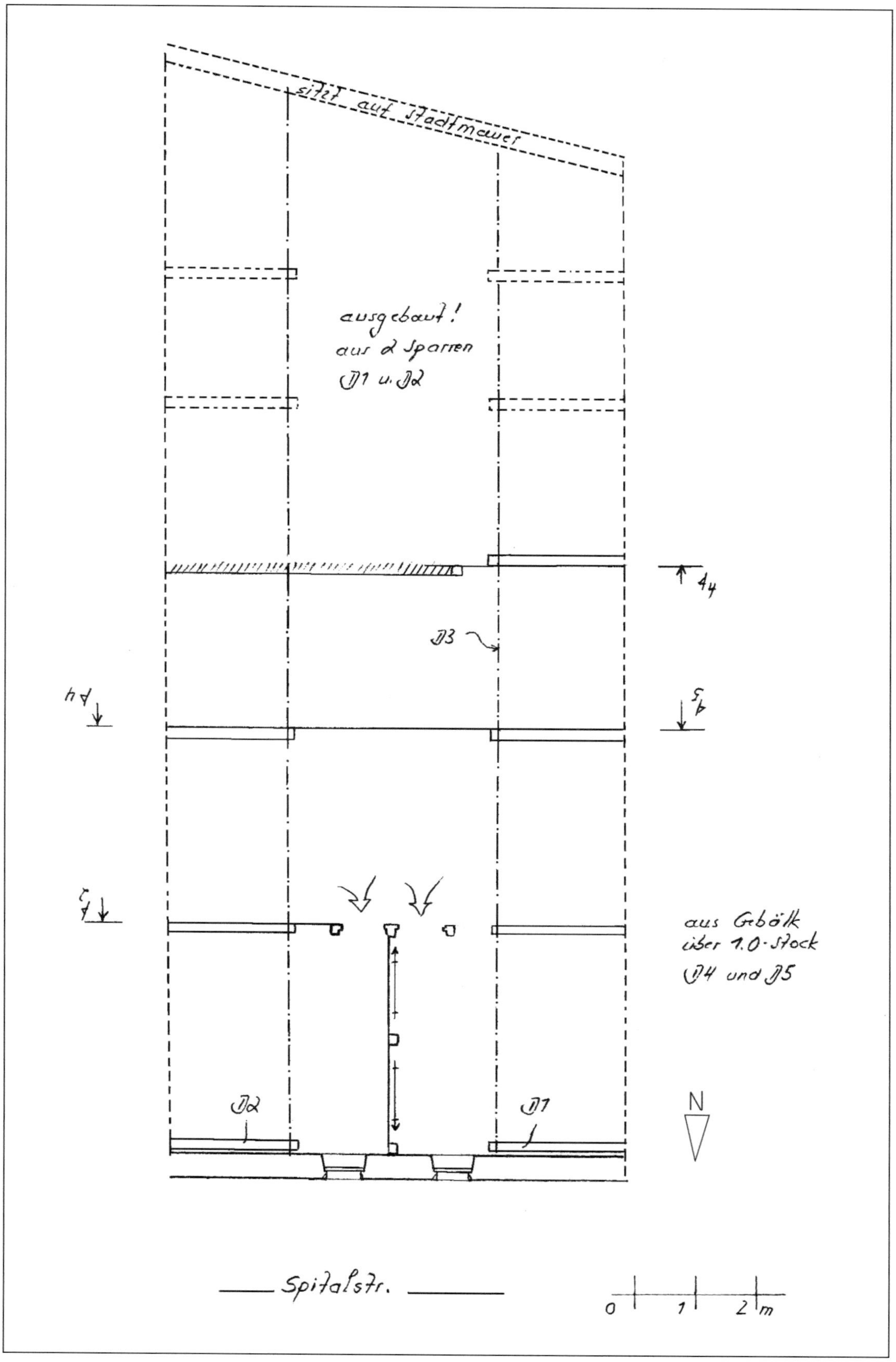

Abb. 310: Spitalstraße 4, Grundriss 1. Dachgeschoss.

Über dem Erdgeschoss ist das Gebälk parallel zum Firstverlauf verbaut. Wie das quer zum First verlaufende Gebälk über dem Obergeschoss ist es aus Eichenholz und datiert in die Jahre 1475/76 (d). Bemerkenswert ist die Lage des oberen Gebälks. Es liegt deutlich unterhalb der Dachtraufe und bildet zusammen mit den seitlich höher aufragenden Außenmauern

Abb. 311: Spitalstraße 7.

einen in den Dachraum ragenden Drempelraum aus (Abb. 312). Eine derartige Vertikalstruktur ist in Staufen bislang nur selten anzutreffen, muss aber als eine im Mittelalter durchaus gängige Ausbildung angesehen werden.

Abb. 312: Spitalstraße 7, Grundriss Kniegeschossebene, 1475 (d).

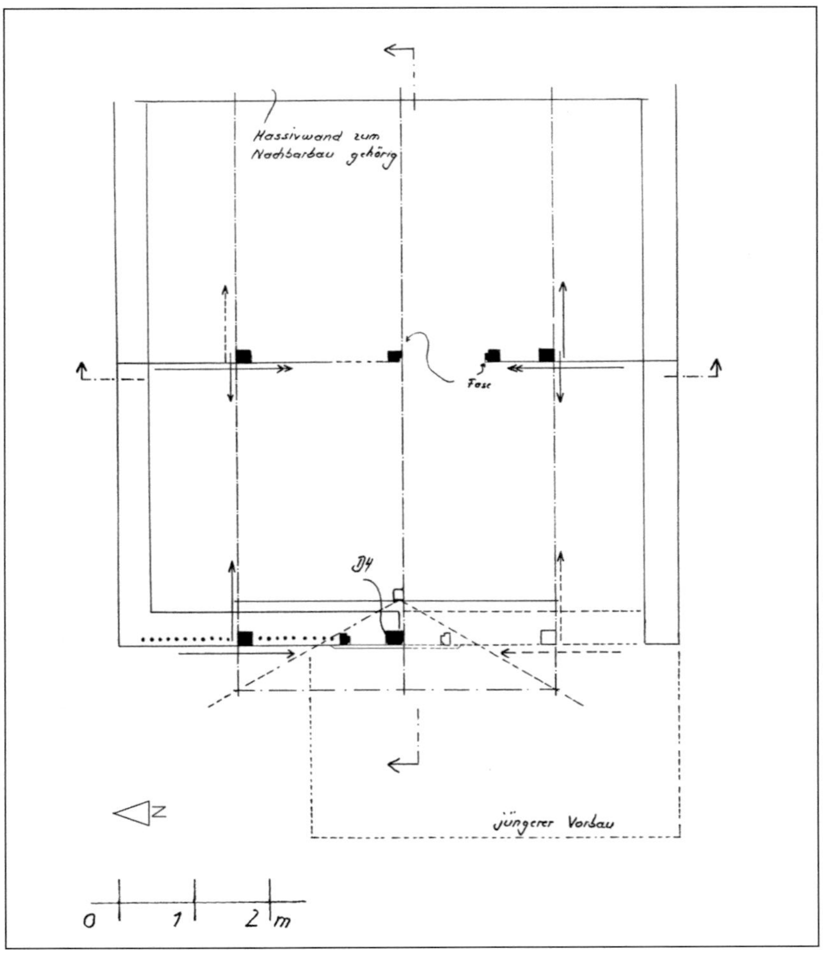

Aus den Jahren um 1475 stammt auch das auf dem Massivbau abgezimmerte Dachwerk.
In der Kombination mit dem Drempel zeigt es eine äußerst seltene, in älterer Tradition stehende Dachkonstruktion. Gemeint ist damit die Tatsache, dass zwischen den Querbünden nicht wie sonst üblich Sparren, sondern Rofen abgezimmert sind. Im Gegensatz zu den in geschlossenen Sparrendreiecken eingebundenen Sparren sind die Rofen nicht selbsttragend. Damit sie funktionieren und die Dachhaut tragen können, werden sie durch firstparallel verbaute Längshölzer unterstützt.
Im vorliegenden Fall sind dies das Firsträhm und die beiden Stuhlrähme (Abb. 313). Zu ihrer Unterstützung ist auf halber Dachlänge ein stehender Querbund in Kombination mit einem abgestrebten Dachfirstständer ausgeführt (Abb. 314). Am massiven Ostgiebel lagern die Rähmhölzer im Mauerwerk, während am Gegengiebel bedingt durch die Halbwalmausbildung ein weiterer, in diesem Fall in der Höhe modifizierter Querbund ausgeführt ist. Beide Querbünde wurden mit zwei äußeren und einem unter dem First verlaufenden Längsbund kombiniert. In dieser Gesamtheit handelt es sich bei dem Dachgerüst um einen stehenden Stuhl, kombiniert mit einem quer abgestrebten Längsbund.
Im Zuge der inneren Querbünde stehen die beiden äußeren Stuhlständer auf dem das Drempelgeschoss durchziehenden Binderbalken (Bundbalken), währen der mittige Dachfirstständer unabhängig von diesem bis zum Obergeschossgebälk reicht (Abb. 313). Um den gesamten Dachbereich begehbar zu halten, reicht der Bundbalken nicht in einer Länge über die Dachbreite, sondern wurde für die Anlage einer Türöffnung partiell unterbrochen. Dem damit verbundenen Nachteil, dass sich die Ständerlasten in der Obergeschossdecke abtragen könnten, wurde durch den Einbau der beiden langen Druckbänder entgegengewirkt. Sie streben vornehmlich den Dachfirstständer ab und leiten so die Dachlasten nahe den Drempelwänden in das Hausgerüst ein. Auf den Stuhlrähmen ist ein Kehlbalken aufgekämmt. Er ist mit allen überquerenden Hölzern ver- oder hinterblattet und unterstützt so über die Beanspruchung der beiden Bundsparren den hinsichtlich der Lastaufnahme eingeschränkten Bundbalken.
Bemerkenswert ist die Ausbildung der Rofen und Sparren. Die zwischen den Querbünden verlegten Rofen liegen am First nebeneinander, sie sind den Rähm- und Mauerhölzern aufge-

Abb. 313: Spitalstraße 7, Längsschnitt, 1475 (d).

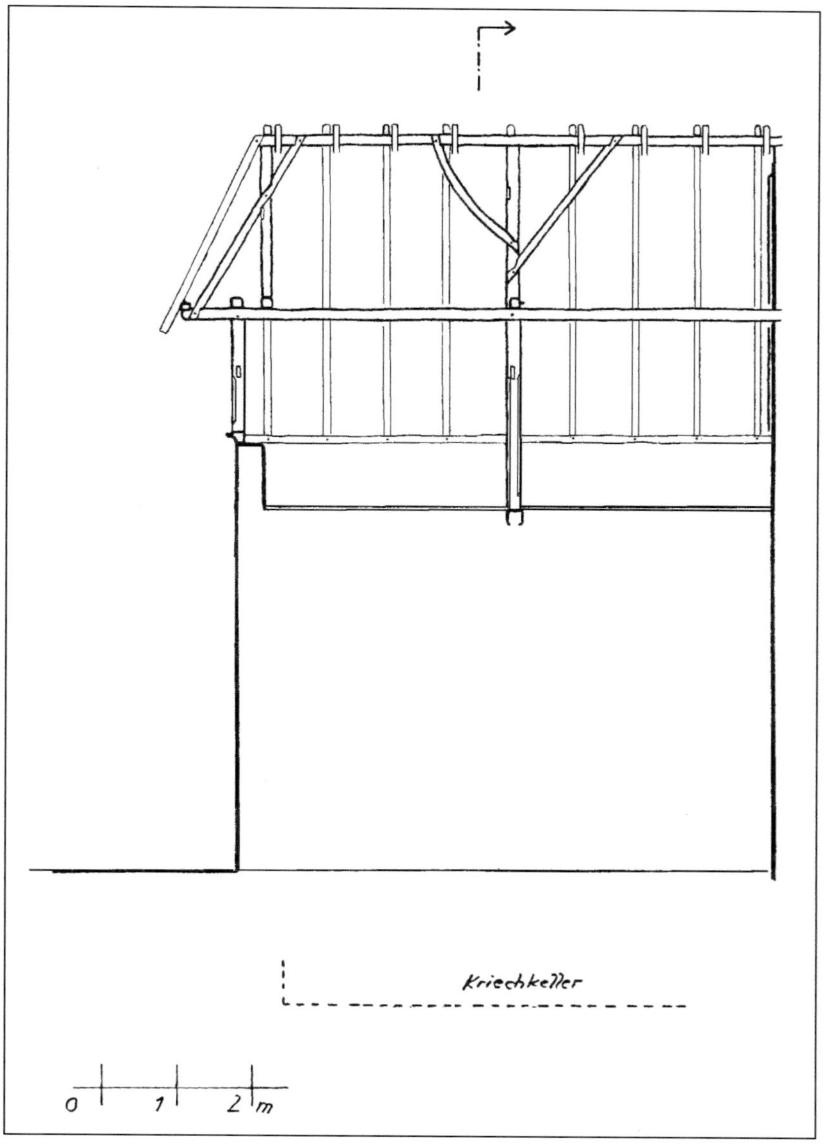

nagelt beziehungsweise wurden an der Straßentraufe als Standrofen mit Aufschieblingen ausgeführt. Dagegen zapfen die Sparren der Querbünde in den Bundbalken, der am Westgiebel in einer Länge die gesamte Hausbreite durchzieht.
Das Dachwerk besteht aus rauchgeschwärzten Eichenhölzern und besitzt eine Neigung von knapp 50 Grad. Am Westgiebel belichteten zwei auf einem stark profilierten Bundbalkenabschnitt aufgesetzte Fensteröffnungen eine nur konstruktiv abgetrennte Dachkammer. An den Fensterstielen haben sich Reste einer roten Farbfassung erhalten.
Der Gegengiebel ist massiv. Hier belegen ein vermauertes Auflager für ein ehemaliges Firstholz und zwei nach unten verlaufende Putznasen den ehemaligen Anschluss eines geringfügig flacher geneigten, aber ebenfalls auf der vorhandenen Traufhöhe auslaufenden Vorgängerdaches.
Nachweis: Dendrochronologische Datierung, Dezember 1988.

Spitalstraße 11–13

Der gegenüber dem Nachbarhaus Nr. 9 deutlich vor die Bebauungsflucht vortretende Massivbau Nr. 11 besitzt mit dem östlichen Nachbarhaus Nr. 13 ein gemeinsames Dachwerk (Abb. 315). Dieses datiert in die Jahre um 1604 (d) und wurde mit seinem liegenden, verzapften Stuhl noch vor der besitzrechtlichen Untergliederung des Baukörpers in zwei Hausteile über den gesamten Baukörper abgezimmert (Abb. 316). Über der Haushälfte Nr. 13 sind innerhalb des 1. Dachgeschosses zwei bauzeitliche, ehemals nur über die Haushälfte Nr. 11 erreichbare Dachkammern angelegt. Belichtet werden die beiden Kammern durch zwei Giebelfenster mit den für das frühe 17. Jahrhundert zeittypischen Fenstergewänden.
Nicht in das beginnende 17. Jahrhundert gehört die angetroffene Vertikalstruktur des Hausteils Nr. 11. So wurde die kurze, das Erdgeschoss erschließende Außentreppe erst im Zusammenhang mit der Hausteilung notwendig. Gleiches gilt auch für das darunterliegende, sicher zu

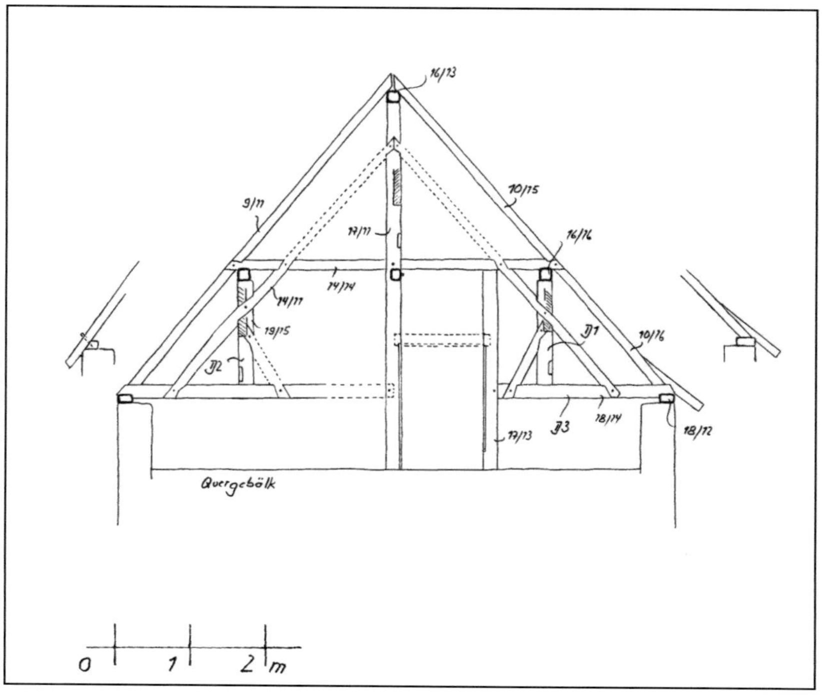

Abb. 314: Spitalstraße 7, Querschnitt Dachwerk, Binderquerachse, 1475 (d).

Abb. 315: Spitalstraße 11 (links) und 13.

einem späteren Zeitpunkt abgetiefte Sockelgeschoss.

Auch der heutige Hauseingang des Gebäudeteils Nr. 13 ist in dieser Lage nicht ursprünglich, sondern erst das Ergebnis des späteren Umbaus. Bauzeitlich ist jedoch der unter dem Erdgeschoss des Hausteils Nr. 13 liegende, in den Jahren um 1604 (d) eingedeckte Balkenkeller (Abb. 317).

Im Kern ist das später geteilte Gebäude jedoch deutlich älter. Diese Aussage ergibt sich unter anderem aus einer ehemaligen, heute funktionslosen Lichtluke in der Westwand des Hausteils Nr. 11. Sie liegt ca. 20 cm über dem Fußboden des heutigen Erdgeschosses und weist den Westgiebel zusammen mit dem von außen nur partiell erkennbaren Staffelgiebel als ältesten Bauteil des Gebäudes aus (Abb. 318). An der Stelle des ehemaligen Firstabschlusses wurde nach der Aufmauerung und mit dem Aufrichten des Dachstuhls eine Fensteröffnung mit profilierten Steingewänden angelegt.

Auch im späteren Gebäudeteil Nr. 13 sind noch Reste des ältesten Baubestandes erhalten. Diese Aussage bezieht sich auf den unteren Bereich der Kellerwände, hier vor allem auf die straßenseitige Mauer, die eine starke Schiefstellung aufweist und im Aufgehenden durch eine neue Straßenwand ersetzt ist. In diesem Zusammenhang ist auch der östliche, im Erdgeschoss in Richtung Straße vorstehende Mauerzug zu sehen. Hinsichtlich seiner Mauerstärke ist der untere Bereich dieser Brandwand deutlich dicker als das aufgehende Giebelmauerwerk. Die Mauer bildete wohl den ältesten, westlichen

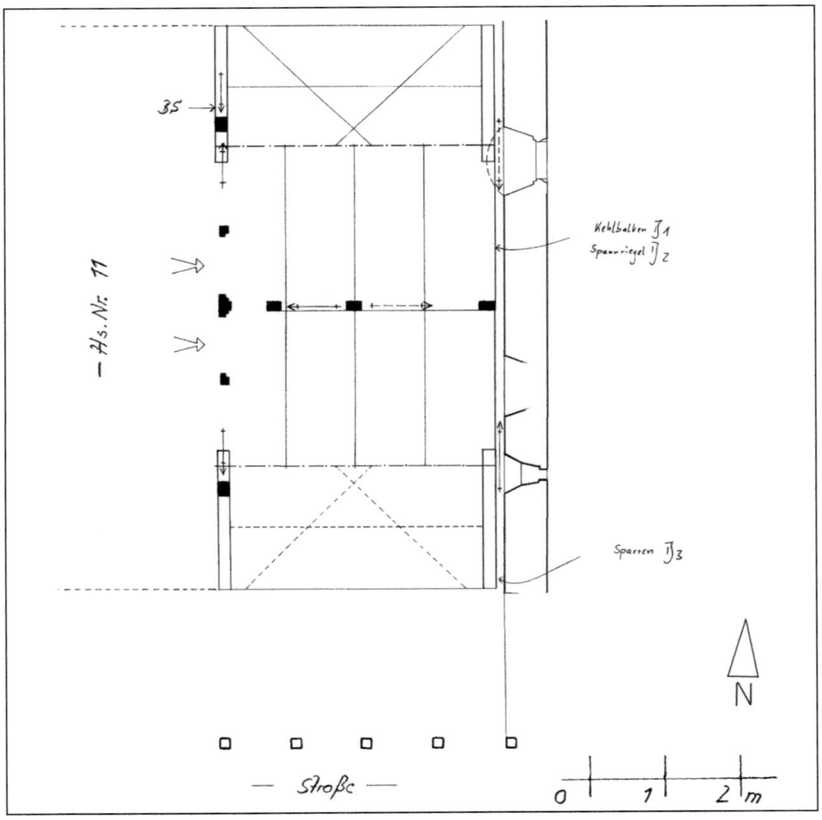

Abb. 316: Spitalstraße 13, Grundriss 1. Dachgeschoss.

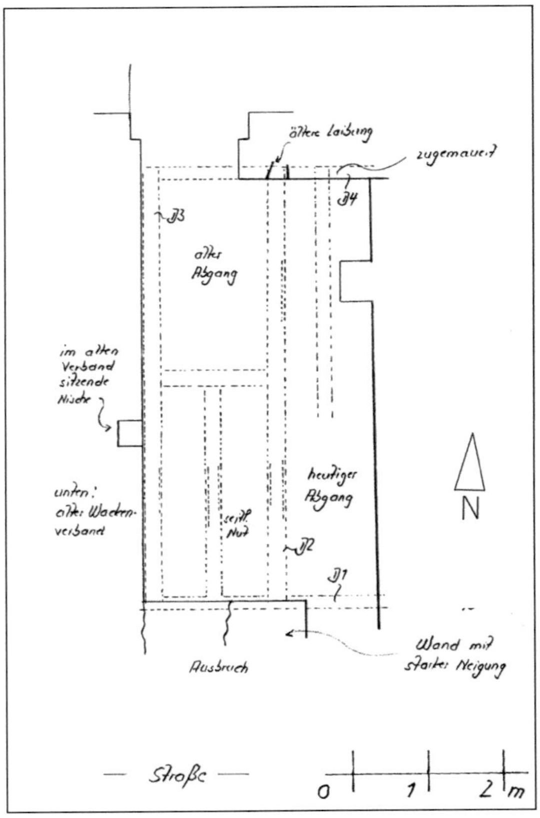

Abb. 317: Spitalstraße 13, Grundriss Keller.

Abb. 318 (links): Spitalstraße 11–13, Restbestand des ehemaligen Treppengiebels im Westen.

Abb. 319: Spitalstraße 14.

Abschluss des die Hausflucht Nr. 11/13 übergreifenden Nachbarhauses Nr. 15.
Nachweis: Spitalstraße 11, Begehung September 1999; Spitalstraße 13, dendrochronologische Datierung, 1990 und 1995.

Spitalstraße 14

Der zweigeschossige Massivbau steht etwas nördlich des ehemaligen Stadtmauerverlaufs und lässt so zu dieser eine kleine Lücke, die heute als Garten genutzt wird. An der Straßenseite etwa hälftig durch das Gebäude Nr. 12 verdeckt, steht er mit den folgenden Häusern Nr. 16 und 18 in einer sich nach Osten fortsetzenden Reihenbebauung (Abb. 319).
Genauere Aussagen sind zum Erbauungsjahr, zur zugehörigen Grundrissgliederung im Obergeschoss und zur ausgeführten Dachkonstruktion möglich.
Das Obergeschoss zeigt einen Wohngrundriss mit straßenseitiger Stube, einer daran anschließenden rückwärtigen Schlafkammer und einer im Winkel beider Räume liegenden Küche (Abb. 320). Die beiden seitlich des Treppenhauses liegenden Kammern dienten ursprünglich als ein durchgängiger, über dem erdgeschossigen Stall liegender Lagerraum. Bei der die Sparren unterstützenden Dachkonstruktion

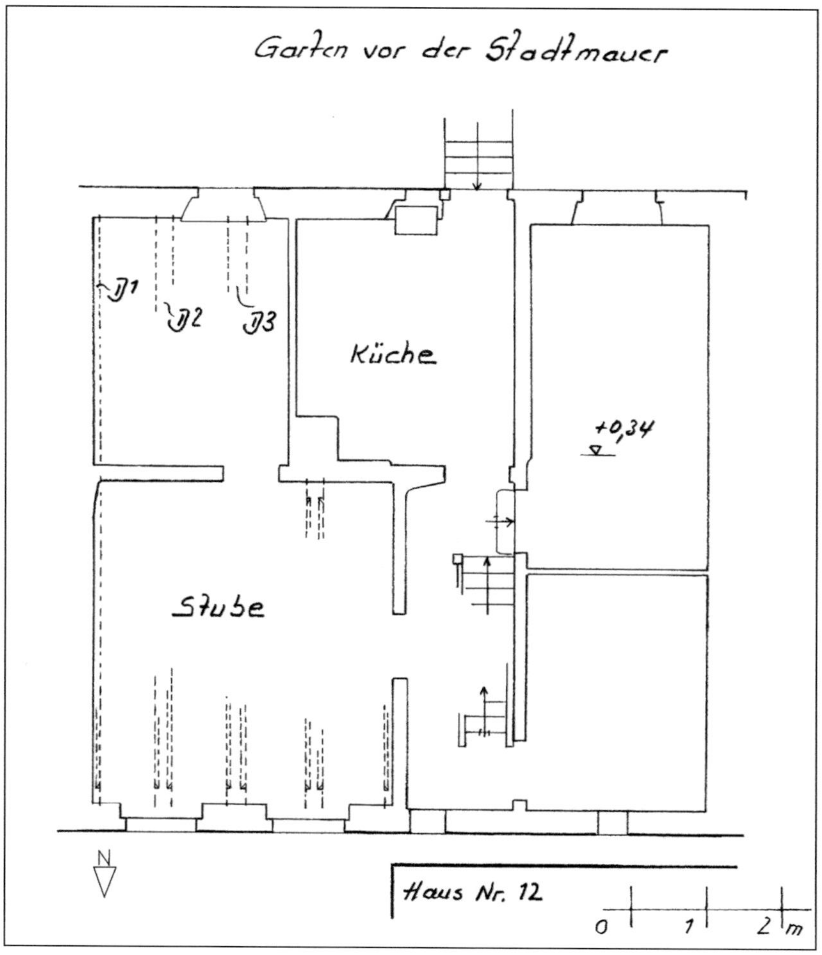

Abb. 320: Spitalstraße 14, Grundriss 1. Obergeschoss, 1657 (d).

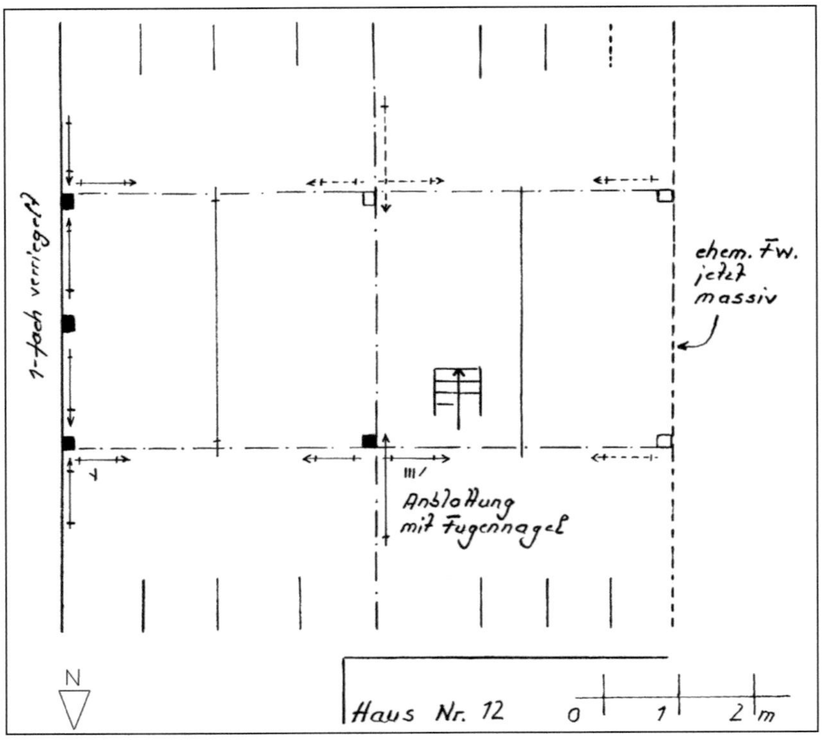

Abb. 321: Spitalstraße 14, Grundriss 1. Dachgeschoss, 1657 (d).

handelt es sich um ein stehendes Stuhlgerüst, bestehend aus der Kombination von drei stehenden Querbünden und zwei stehenden Längsbünden (Abb. 321).

Nach den vorliegenden Befunden ist das aufgenommene Gebäude ein Neubau aus den Jahren um 1657 (d). Schon zu dieser Zeit reflektiert die Lage von Stube und Stall die lokale Bebauungssituation, speziell die halbseitige Verdeckung des Stalls durch das Haus Spitalstraße Nr. 12.

Nachweis: Dendrochronologische Datierung, 1993.

Spitalstraße 15

Der am weitesten über die nördliche Bebauungsflucht der Spitalstraße hinausgreifende Bau besitzt auf seinem massiven und zweigeschossigen Unterbau ein traufständig zur Straße ausgerichtetes Satteldach (Abb. 322). Erschlossen ist das Gebäude durch eine breite Durchfahrt, über die eine im rückwärtigen Hofbereich stehende Scheune erreichbar ist.

Die Untersuchung konzentrierte sich auf das im Bereich der Durchfahrt sichtbare und in den Jahren 1670/71 (d) verbaute Deckengebälk des Erdgeschosses (Abb. 323). Die an den Deckenbalken angetroffenen Befunde belegen, dass das Erdgeschoss ehemals anders gegliedert war. Danach handelt es sich bei der heutigen Durchfahrt um die spätere Aufweitung eines ursprünglich schmalen Flures. In veränderter Lage liegen auch die straßenparallel verlaufenden Unterzüge. Wie aus den Fasenausläufen an den Deckenbalken ersichtlich ist, wurde das Gebälk ehemals nicht von drei, sondern nur von zwei inneren Unterzügen getragen.

Wie schon die westlichen Nachbarhäuser weist auch dieses Gebäude weitaus ältere Bauteile auf. Dies sind in erster Linie die beiden Brandwände, wobei die östliche Mauer noch bis zum Abschluss des Unterbaus reicht und vom Dachgiebel des Nachbarhauses Nr. 17 überbaut ist.

Nachweis: Dendrochronologische Datierung, Oktober 1988.

Spitalstraße 17

Im Vergleich zu den Häusern Nr. 9 bis 15 springt die Straßentraufe des Hauses Nr. 17 hinter die Flucht der westlichen Nachbarbebauung zurück (Abb. 324). In beiden Unterbaugeschossen massiv aufgemauert, lehnt sie sich offenbar an den älteren Brandmauerbestand im Westen an.

Auf dem zweigeschossigen Massivbau ist ein Satteldach aus den Jahren 1655/56 (d) abgezimmert (Abb. 325; 326). Dessen westlichen Abschluss bildet eine stehende Querbinderachse

Abb. 322: Spitalstraße 15.

Abb. 324: Spitalstraße 17.

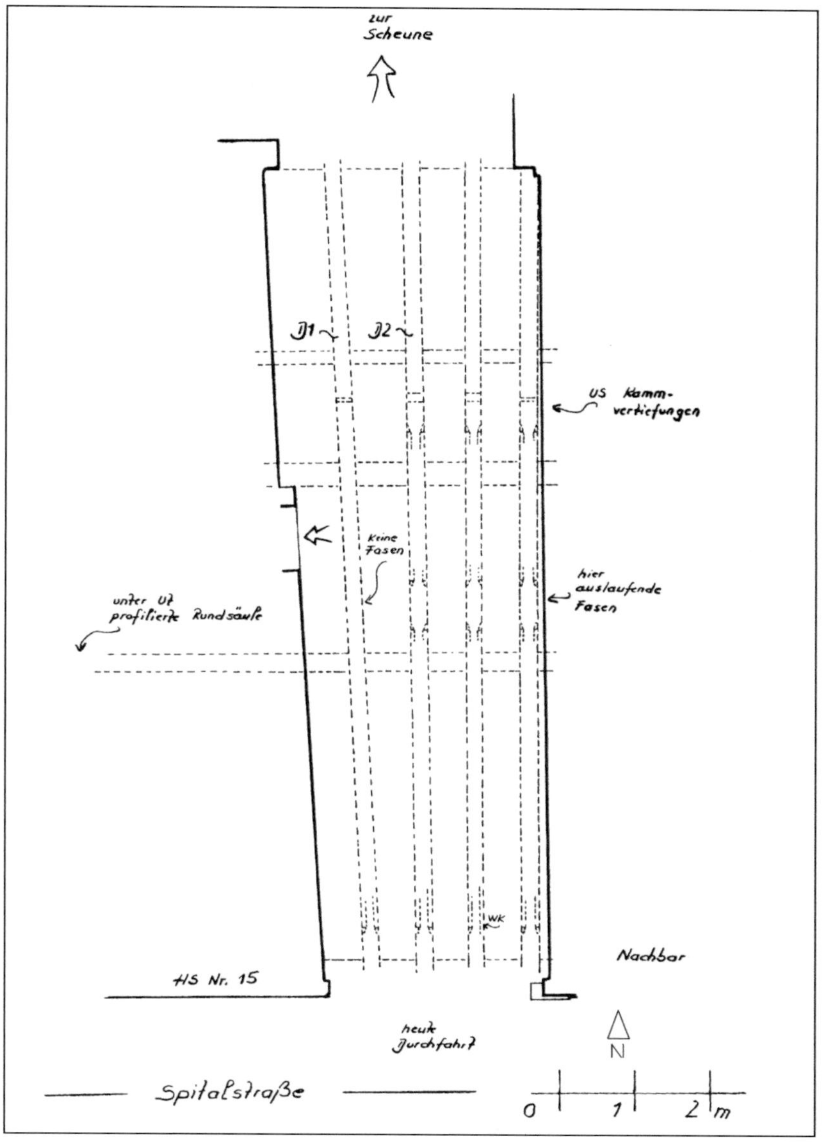

Abb. 323: Spitalstraße 15, Grundriss Erdgeschoss, Ausschnitt.

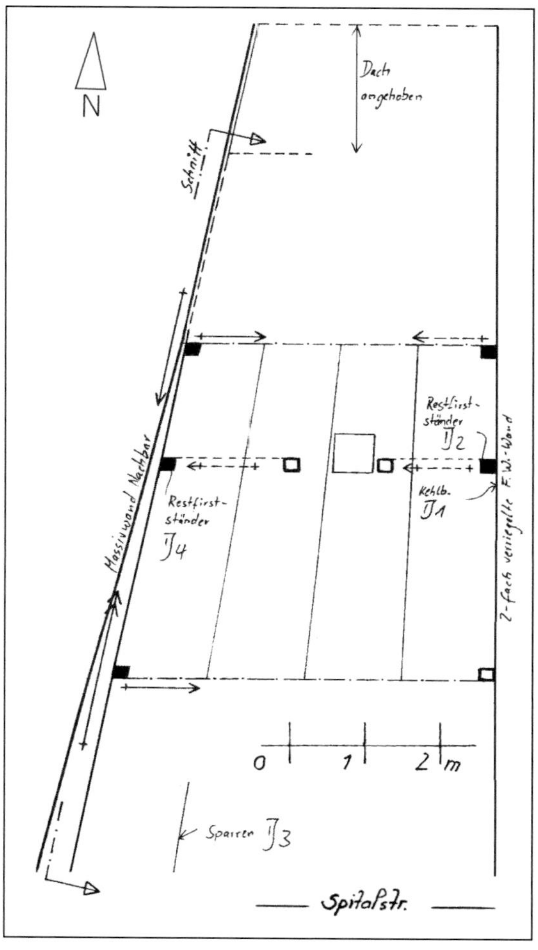

Abb. 325: Spitalstraße 17, Grundriss 1. Dachgeschoss.

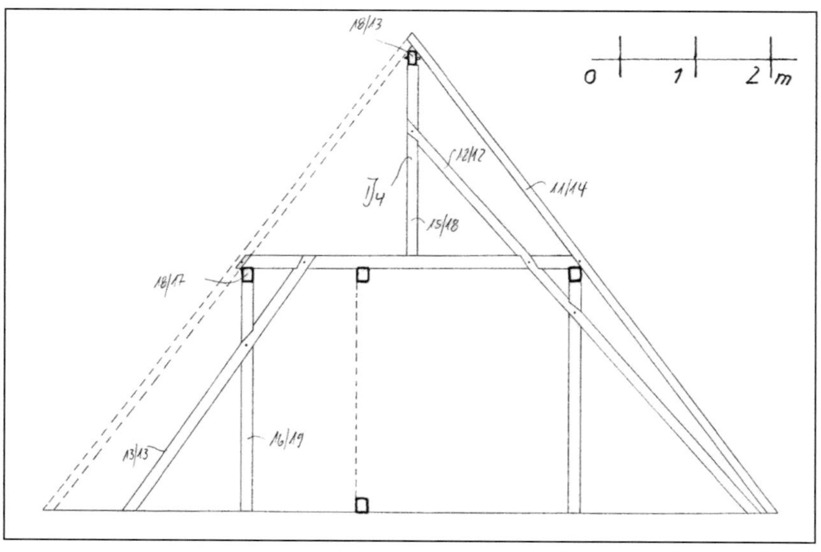

Abb. 326: Spitalstraße 17, Querschnitt Dachwerk.

ohne eigene Wandfüllung. Der Dachraum wird demnach durch den geschlossenen Giebel des Nachbarhauses begrenzt. Anders verhält es sich an der Gegenseite. Hier grenzt sich das Dachwerk durch einen geschlossenen Fachwerkgiebel vom östlichen Nachbarn ab.
Nachweis: Dendrochronologische Datierung, 1990.

Spitalstraße 19

Eingebunden in die traufständige Reihenbebauung entwickelt sich über dem Sockelgeschoss ein Unterbau mit zwei Nutzungsebenen (Abb. 327). Das über dem Obergeschoss verlegte Deckengebälk datiert in die Jahre 1670/71 (d) und das darüber abgezimmerte Dachwerk besitzt an beiden Schmalseiten Fachwerkgiebel.
Nachweis: Dendrochronologische Datierung, 1992.

Abb. 327: Spitalstraße 19.

Spitalstraße 20

Der von der südlichen Straßenfront zurückgesetzte Massivbau steht frei und giebelständig zur Straße (Abb. 328; 329). Darauf ist ein in den Jahren 1454/55 (d) abgezimmertes Dachwerk mit ehemals zwei auf Fachwerkgiebeln aufgesetzten Halbwalmen erhalten.
Die Dachkonstruktion besteht ausschließlich aus Eichenholz, das durch die über Jahrhunderte andauernde Raucheinwirkung eine schwarze Patina besitzt.
Die an die Dachbalken angeblatteten Sparrenpaare werden durch Stuhlrähme unterstützt (Abb. 330). Getragen werden die Stuhlrähme durch stehende Stuhlständer, die in vier inneren

Abb. 328: Blick in den östlichen Bereich der Spitalstraße von West. Rechts im Vordergrund Haus Nr. 20. Aufnahme von Rudolf Hugard, um 1910.

Querbünden angeordnet und parallel dazu in zwei stehende Längsbünde eingebunden sind. Davon abweichend ist im 2. Dachgeschoss nur ein stehender, in Querrichtung abgesprengter Längsbund abgezimmert.
Während im 1. Dachgeschoss die beiden äußeren Querbünde vorrangig zur Walmunterstützung dienten, begrenzen zwei der inneren Querbünde drei auch im Unterbau ausgeführte Zonen (Abb. 331). Zu deren Nutzung gibt die Dachkonstruktion nähere Hinweise. So besitzt die südliche, vom übrigen Dachraum durch eine Fachwerkwand abgetrennte Dachzone keine Kehlbalken. Im Gegensatz dazu sind in beiden nördlichen Dachzonen mit den Sparren verblattete Kehlbalken verbaut.
Derartige Unterschiede sind üblicherweise das Resultat unterschiedlicher Nutzungen im Unterbau. In diesem Zusammenhang können die mit einem Kehlbalken ausgestatteten Sparrendreiecke den wohnlichen Teil des Unterbaus und die Sparrenpaare ohne Kehlbalken den wirtschaftlich genutzten Hausbereich definieren. Danach handelte es sich bei dem südlichen Dachabschnitt um einen Heubergeraum, unter dem im Erdgeschoss die ehemalige Anlage eines Stalls zu vermuten ist.
Nachweis: Dendrochronologische Datierung, 1988.

Spitalstraße 22

Die Rücktraufe des von der Straßenflucht zurückgesetzten Gebäudes ist identisch mit dem Stadtmauerverlauf. Im Erdgeschoss massiv, kragt das Obergeschoss weit zur Straße aus (Abb. 332). Bei der Auskragung handelte es sich um einen ehemaligen Laubengang, der in späterer Zeit dem Wohnraum im Obergeschoss zugeschlagen wurde. Den oberen Abschluss des Gebäudes bildet ein traufständig zur Straße ausgerichtetes Satteldach. Westlich des Hauses befindet sich eine Hofstelle mit Scheune. Auf welchen Bauteil sich das Datum 1613 im Türsturz an der Straßenseite des Hauptgebäudes bezieht, ist nicht bekannt.
Über dem Erdgeschoss des Wohnhauses ist ein rechtwinklig zum Straßenverlauf verlegtes Deckengebälk vorhanden. Die in den Jahren 1667/68(d) gefällten Balken sind gefast und lassen in Kombination mit weiteren abzimmerungstechnischen Befunden einen Großraum im Osten und einen Hausflur entlang des massiven Westgiebels rekonstruieren (Abb. 333).

Abb. 329: Spitalstraße 20, Ansicht von Nord.

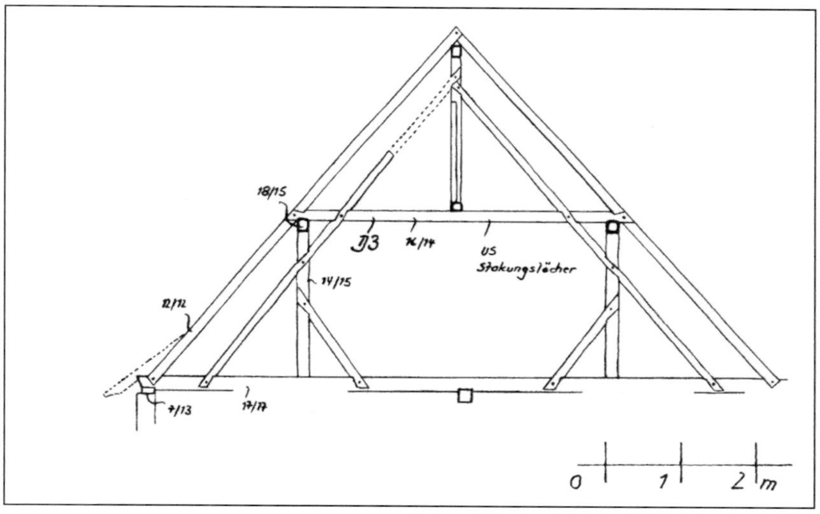

Abb. 330: Spitalstraße 20, Querschnitt Dachwerk, 1454(d).

Im Bereich des Großraums weisen die Deckenbalken einen in seitliche Nuten eingeschobenen Bretterboden auf. Dieser Befund lässt darauf schließen, dass sich darüber die Wohnstube befand.
Bauzeitlich mit dem Deckengebälk sind das Obergeschoss und das abschließende Dachwerk. Letzteres besitzt im Westen einen Massivgiebel, während der Gegengiebel in Fachwerk ausgeführt ist. Zur Hofseite waren schon zur Erbauungszeit zwei Dachkammern angelegt (Abb. 334). Das tragende Gerüst der Dachkonstruktion bildet ein liegendes Stuhlgerüst, dessen Querbünde entweder in die Fachwerk-

Abb. 331: Spitalstraße 20, Grundriss 1. Dachgeschoss, 1454 (d).

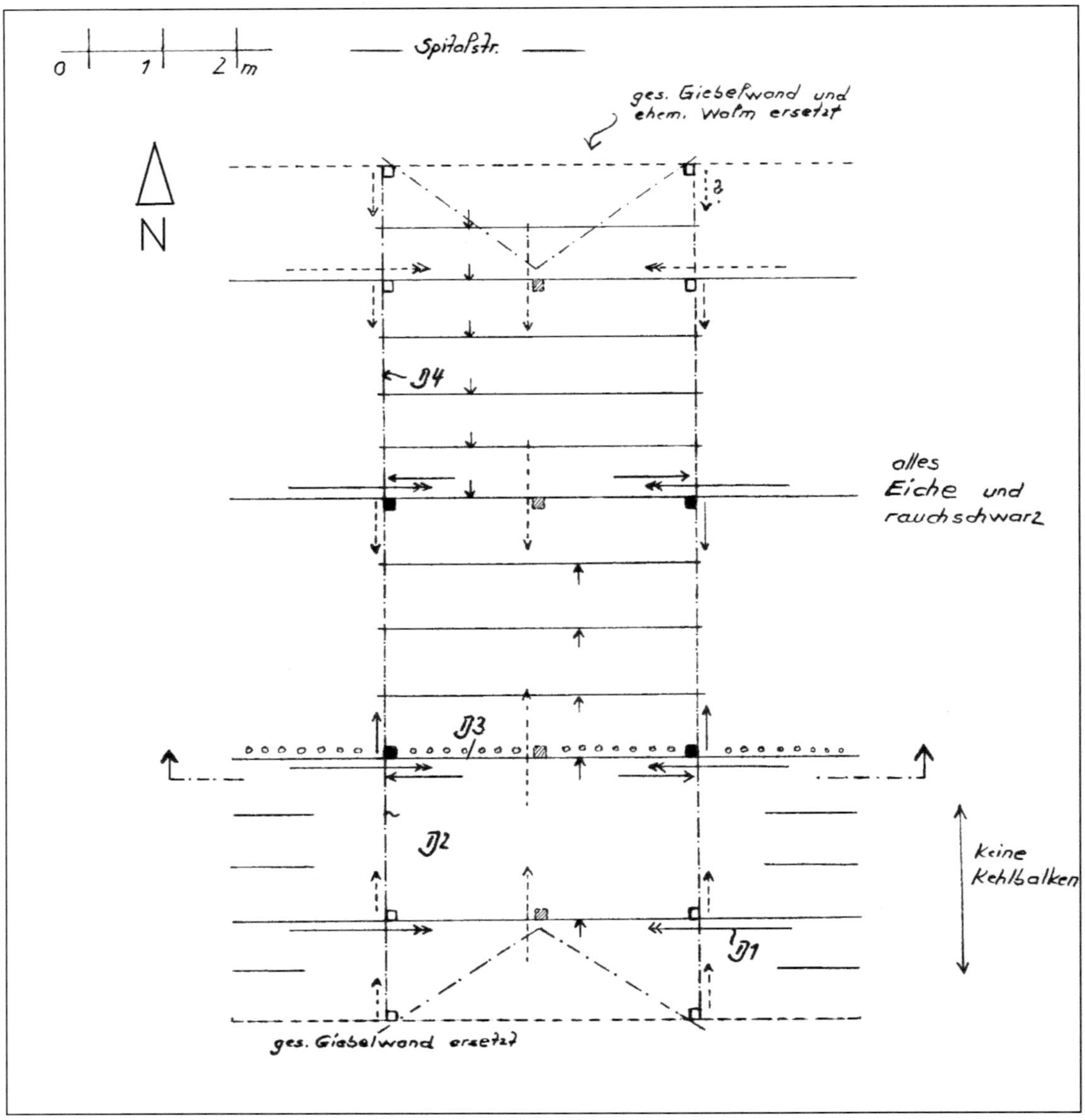

querwände integriert sind oder frei vor dem Massivgiebel abgezimmert wurden.

Älter als die datierten Holzbauteile ist offensichtlich der östliche Abschluss im Erdgeschoss. Hierbei handelt es sich um den Rest einer massiven, stark verformten Traufwand.

Nachweis: Dendrochronologische Datierung Dachwerk, Juli 1996, und Erdgeschoss, April 1997.

Spitalstraße 23

Das Gebäude besitzt einen massiven, zweigeschossigen Unterbau und ist in die nachbarliche Reihenbebauung eingebunden (Abb. 335). Die Erschließung erfolgt über einen im Osten lie-

Abb. 332: Spitalstraße 22.

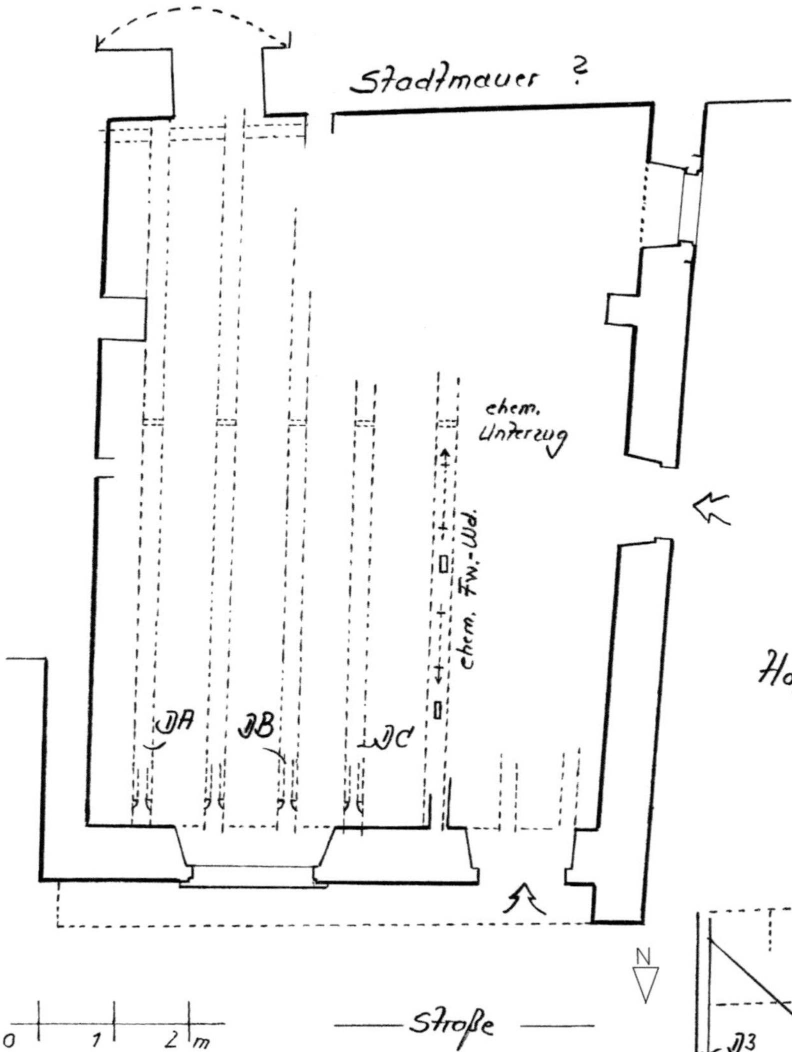

Abb. 333: Spitalstraße 22, Grundriss Erdgeschoss, 1667 (d).

genden und im Sturzstein mit der Jahreszahl 1812 datierten Eingang. Auf dem Unterbau ist ein zur Straße traufständig ausgerichtetes Satteldach abgezimmert.

Das Gebäude ist Teil eines Kernbaus von ca. 8,60 m Länge und ca. 9,20 m Tiefe. Dieser datiert um das Jahr 1530 (d) und bildete gemeinsam mit den beiden Hausnummern 23 und 25 eine bauliche Einheit. Nach der besitzrechtlichen Trennung in die beiden heutigen Bauteile wurde der Gebäudeteil Nr. 23 in den rückwärtigen Hofraum erweitert, wobei die hintere Dachfläche angehoben wurde (Abb. 336; vgl. Abb. 339). Etwas später zog das Nachbargebäude Nr. 25 nach. Dieser Bauteil wurde in jüngster Zeit modern umgebaut. Heute bildet der Bauteil Nr. 23 nicht mit dem Hausteil Nr. 25, sondern mit dem westlich angrenzenden Bau Spitalstraße 21 eine besitzrechtliche Einheit.

Abb. 334: Spitalstraße 22, Grundriss 1. Dachgeschoss, 1667 (d).

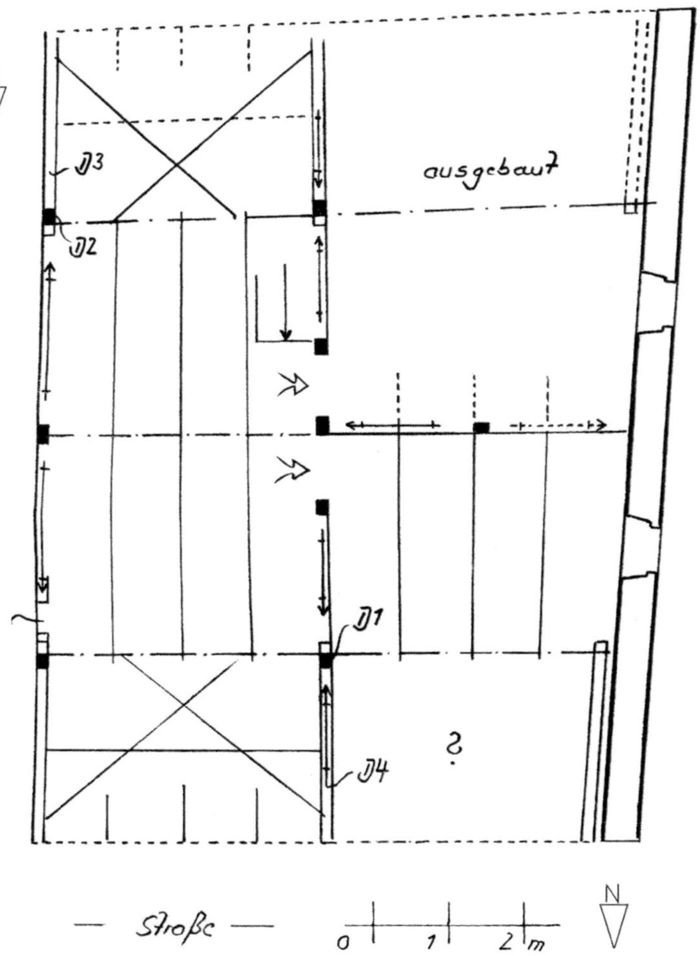

Ob dessen Grundfläche ursprünglich eine eigenständige Parzelle bildete, ist unbekannt. Spätestens im 19. Jahrhundert war der hier stehende Bau, dessen Dachwerk in das 17./18. Jahrhundert zu datieren ist, zeitweise dem westlichen Teil der Kernstruktur zugeschlagen. Für diesen Baukörper war im Jahr 2002 eine Modernisierung vorgesehen. Im Vorfeld der geplanten Umbaumaßnahmen konnte das Haus Nr. 23 bauhistorisch untersucht werden.

Der im Vergleich zum gesamten Kernbau schmalere Gebäudeteil Nr. 23 bildete im Jahr 1530 im Erdgeschoss die Eingangs- beziehungsweise Flurzone (Abb. 336). Sie besaß noch das ursprüngliche, im rückwärtigen Hausbereich einsehbare Deckengebälk aus Eichenholz.

Abb. 335: Spitalstraße 23 (links) und 25.

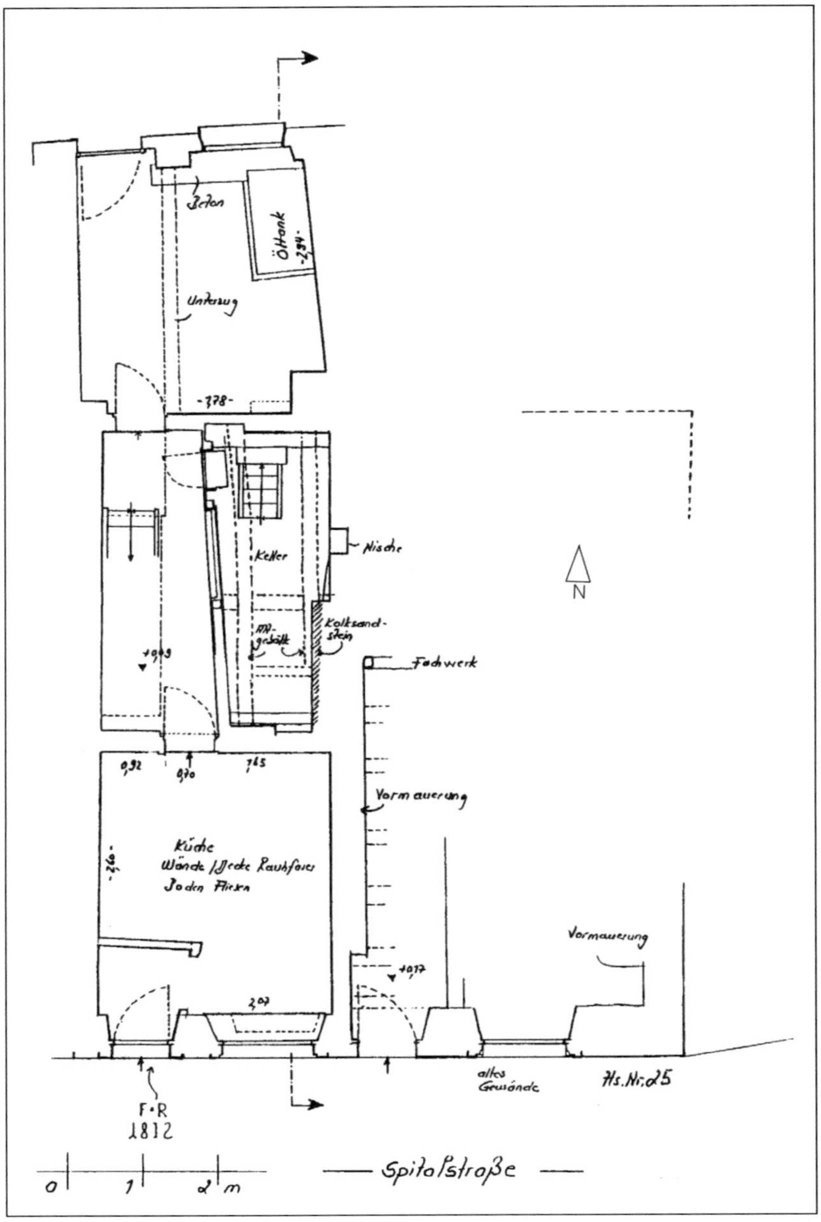

Abb. 336: Spitalstraße 23, Grundriss Erdgeschoss.

Deutlicher wurde die ursprüngliche Nutzungsstruktur im Obergeschoss (Abb. 337). Nach dem Abschlagen des Putzes zeigte die gemeinsame Trennwand zum östlichen Bauteil im straßenseitigen Abschnitt die Reste von mehreren sich überlagernden Hinterladeröffnungen. In ihrer ursprünglichen Funktion dienten sie zur Befeuerung des stubenseitigen Kachelofens. Die angetroffenen Reste implizieren somit für den Hausteil Nr. 23 die Lage des Herdes und für den Hausteil Nr. 25 die Lage des Ofens und damit die Stube.

Die Aussage, dass Haus Nr. 23 und Nr. 25 ursprünglich einen gemeinsamen Baukörper bildeten, bestätigte sich auch im Dachwerk. Das tragende Gerüst bildet ein dreifach stehendes Stuhlgerüst; die Ständer tragen firstparallel verlaufende Stuhlrähme, die zusammen mit den längsaussteifenden Hölzern bis in das Dachwerk des Hauses Nr. 25 reichten (Abb. 338; 339).

Der ehemals offene Querbund wurde zu einem späteren Zeitpunkt mit einer Flechtwerkfüllung geschlossen und trennte so eine über dem östlichen Hausteil liegende Dachkammer ab. Diese Kammer war über Jahrhunderte hinweg vom Hausteil Nr. 23 zugänglich und erhielt in der Folgezeit mehrere, in der Lage versetzte Türöffnungen.

Bemerkenswert ist die Beobachtung, dass der westliche Giebelabschluss des Kernbaus im 16. Jahrhundert aus einem Fachwerkgiebel bestand und wohl erst im 17./18. Jahrhundert durch einen Massivgiebel ersetzt wurde. Noch

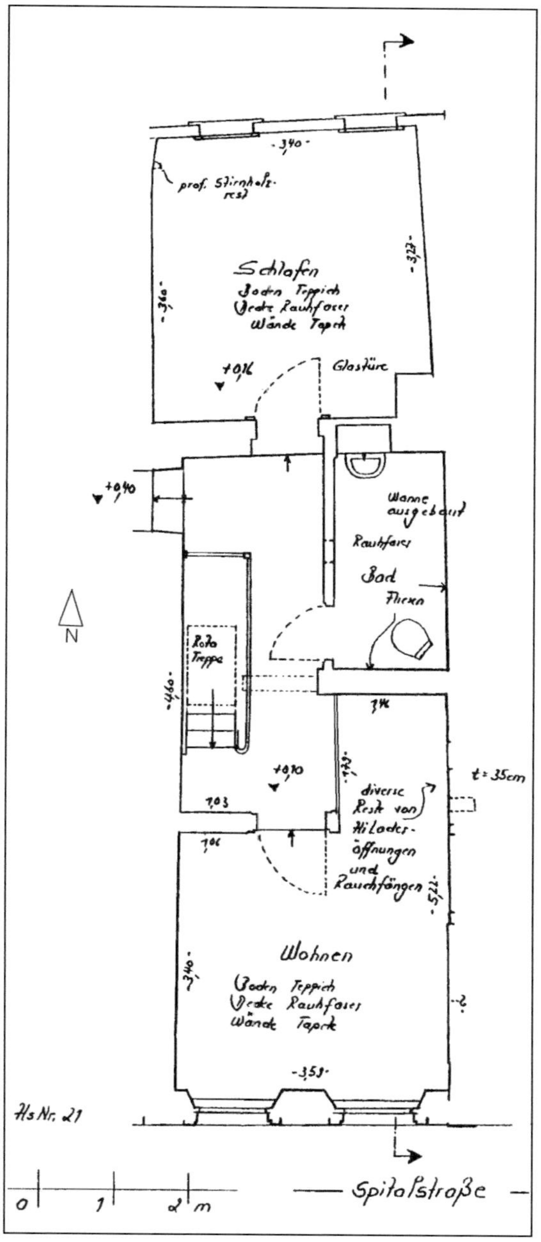

Abb. 337: Spitalstraße 23, Grundriss 1. Obergeschoss.

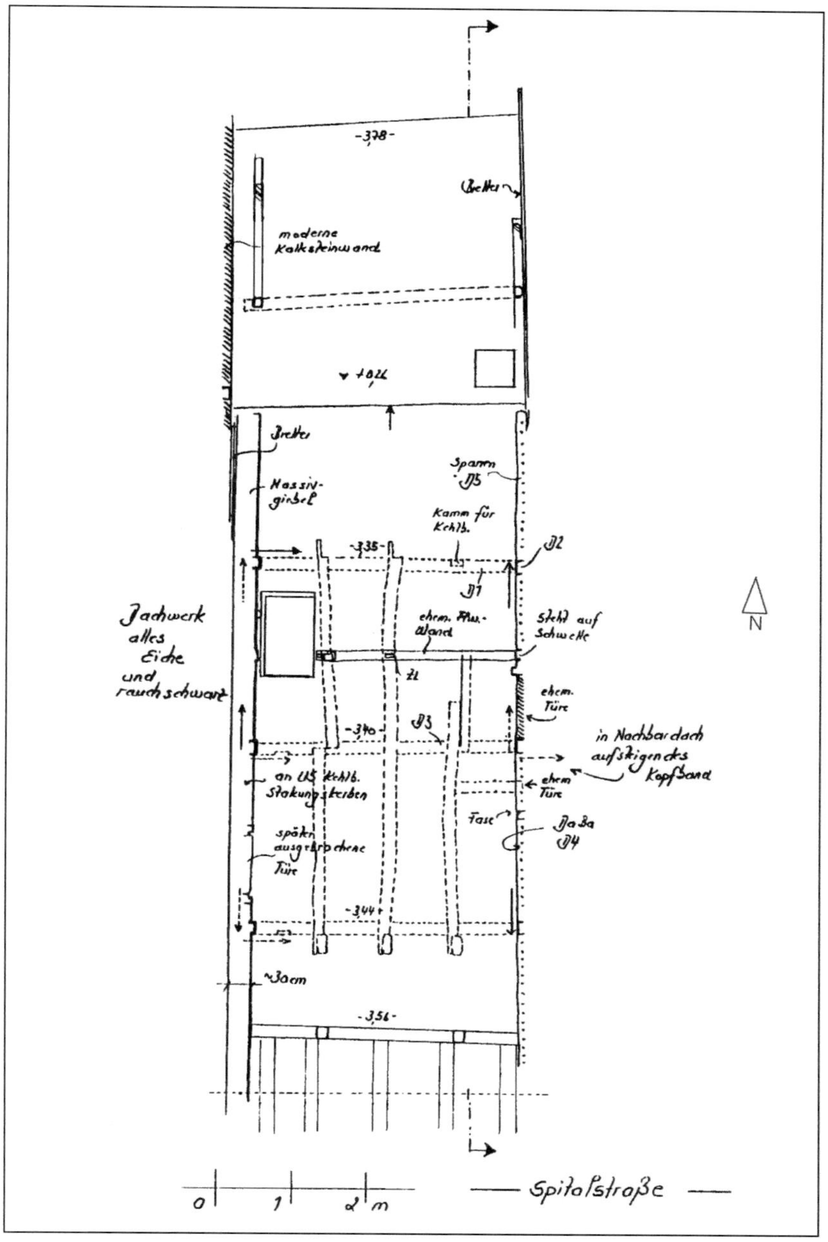

Abb. 338: Spitalstraße 23, Grundriss 1. Dachgeschoss.

in dieser Zeit bildeten die beiden Hausteile eine nutzungsrechtliche Einheit.
Die Trennung der beiden Hausteile erfolgte erst im 19. Jahrhundert und kann möglicherweise mit der im Eingangssturz vorhandenen Jahreszahl 1812 in Verbindung gebracht werden.
Nachweis: Bauhistorische Dokumentation, November 2002.

Spitalstraße 25

Siehe Spitalstraße 23.

Spitalstraße 26

Bei dem zweigeschossigen Massivbau mit einem darauf abgezimmerten Fachwerkaufsatz handelt es sich um einen schmalen, bis zur Kirchstraße reichenden Baukörper (Abb. 340). Diesem Kernbau sind heute mehrere moderne Anbauten angefügt. Den Abschluss des langgestreckten Gebäudes bildet ein über die Schmalseite aufgeschlagenes Satteldach, das zur Spitalstraße mit einem Vollwalm abschließt. Das Traggerüst des Dachwerks besteht aus einem stehenden, unter dem First angeordneten Längsbund, kombiniert mit vier stehenden

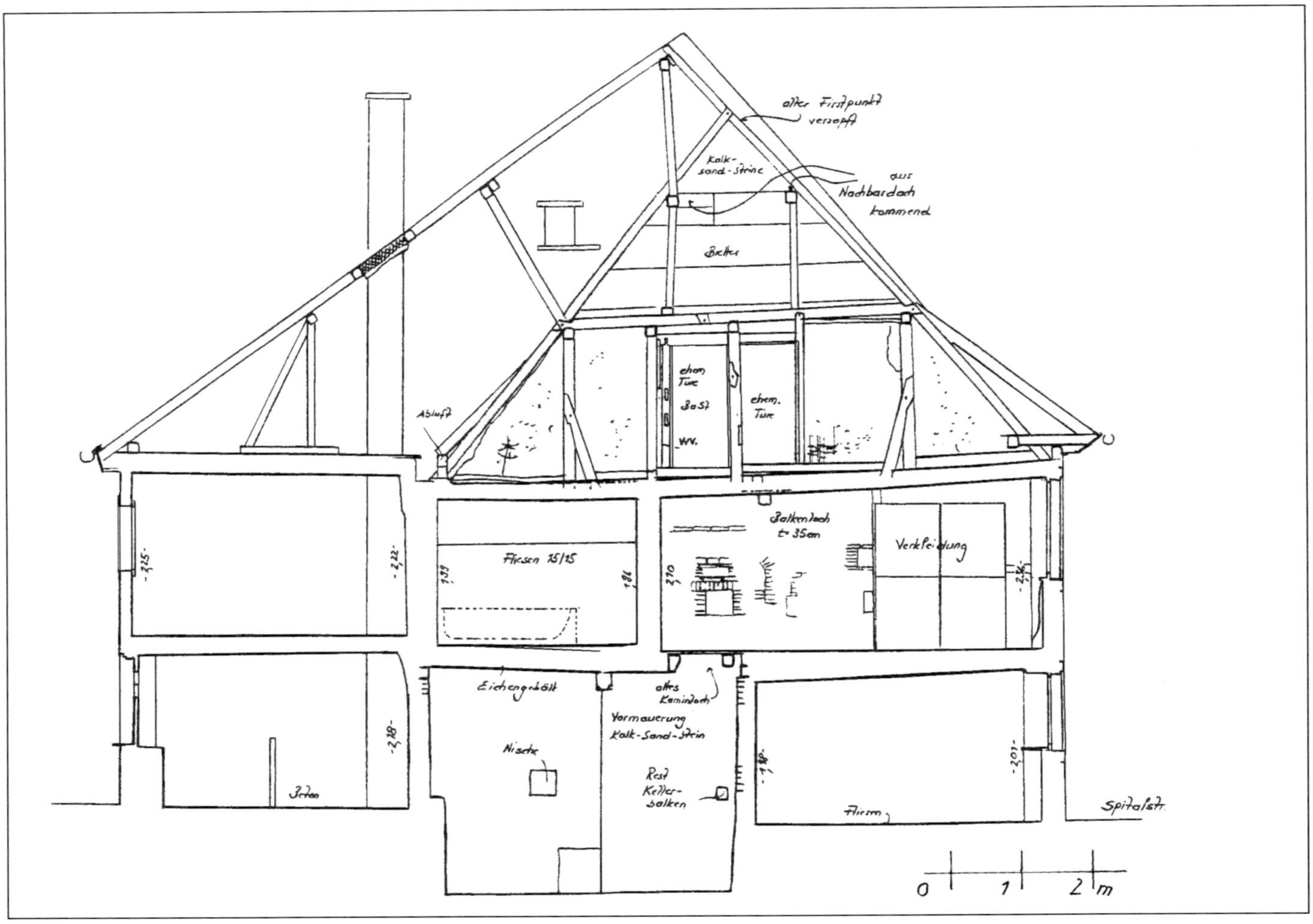

Abb. 339: Spitalstraße 23, Querschnitt.

Abb. 340: Spitalstraße 26.

Querbünden (Abb. 341). In Firstrichtung übernehmen zwischen Stuhlrähm und Stuhlständer verbaute Gefügehölzer die Längsaussteifung. Diese sind mit den Ständern verzapft und mit dem Stuhlrähm verblattet. Ähnlich verhält es sich bei der Stabilisierung des Stuhlgerüstes in Querrichtung. Hier sind die winkelsichernden Hölzer (Fußblattstreben) unten in die Bundbalken gezapft und oben an die Ständer angeblattet (Abb. 342).

Von besonderem Interesse ist der zimmerungstechnische Abbund der Sparrendreiecke. So zapfen die Sparrenfüße nicht wie sonst üblich in einen quer zum First verlegten Dachbalken, sondern stehen einer firstparallel verlaufenden Sparrenschwelle auf. Diese Schwelle ist dem unterhalb verlaufenden Rähm des Fachwerkaufsatzes aufgelegt und mit diesem zwischen den Sparrenfeldern vernagelt.

Das Dachwerk datiert in die Jahre 1685/86 (d).

Nachweis: Dendrochronologische Datierung, 1992.

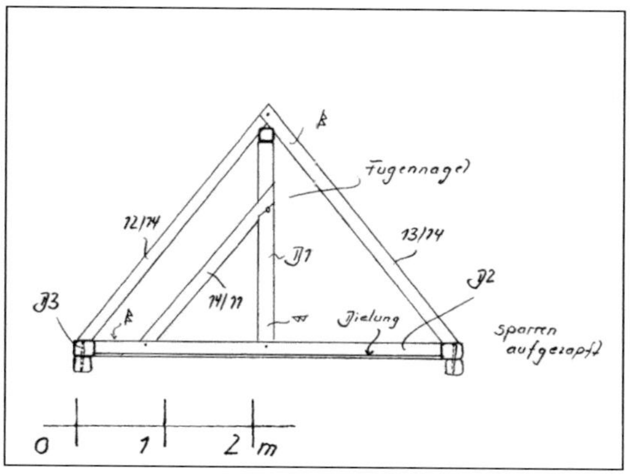

Abb. 342: Spitalstraße 26, Querschnitt Dachwerk.

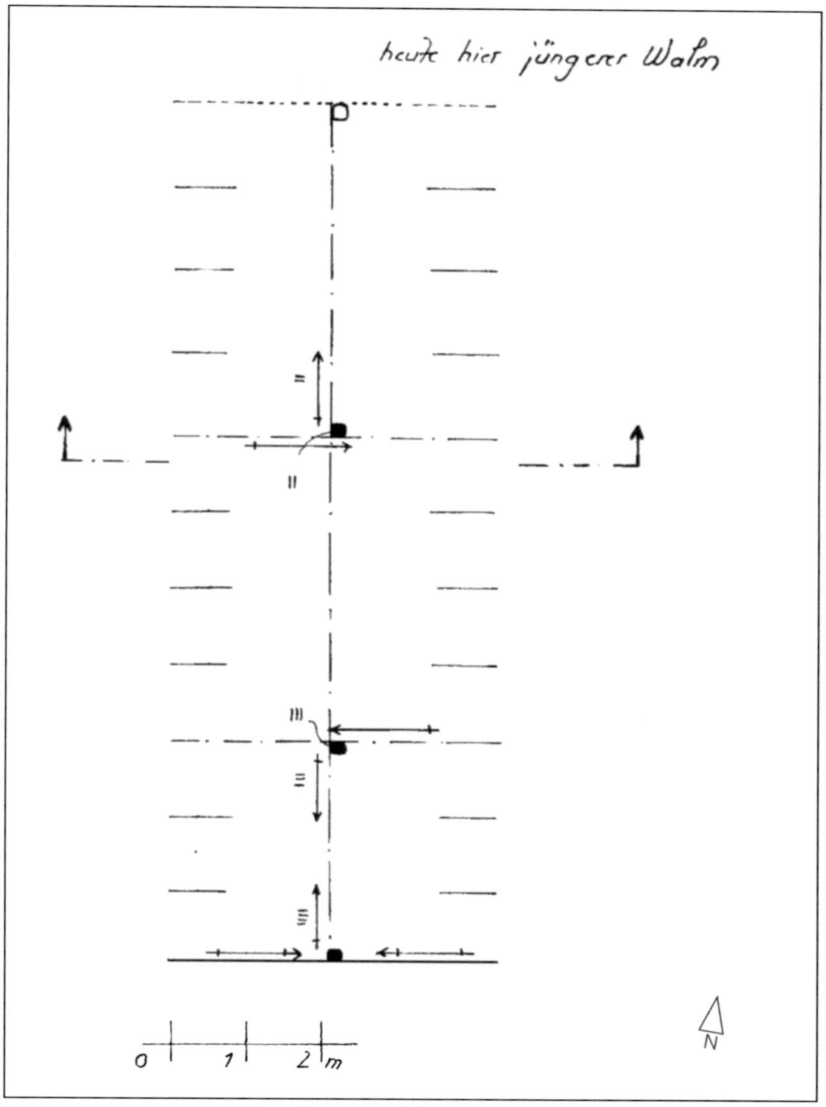

Abb. 341: Spitalstraße 26, Grundriss Dachwerk.

Spitalstraße 30

Der auffallend schmale Baukörper steht in Ecklage zur Kirchstraße und vermittelt in der angetroffenen Bebauungssituation in beeindruckender Weise die Dimensionen eines städtischen, zur Spitalstraße traufständig ausgerichteten Reihenhauses (Abb. 343).

Auf einem massiven Erdgeschoss, das partiell als Stallraum genutzt wurde, ist eine Fachwerkebene mit hoch aufragendem, zur Kirchstraße abgewalmtem Satteldach abgezimmert. Dieses ist an der Spitalstraße über einen schmalen, später angefügten Anbau abgeschleppt. Bemerkenswert ist der an der Kirchstraße liegende Abschluss. Hierbei handelt es sich um einen Massivgiebel, der im unteren Bereich auffällig verformt ist und so ein hohes Alter andeutet.

In diesem Zusammenhang sind möglicherweise die im Erdgeschoss an untergeordneten Stellen angetroffenen und wiederverwendeten Althölzer zu sehen. Sie datieren in die Jahre um 1440 (d) und gehörten wohl einem an dieser Stelle zu vermutenden Vorgängerbau an.

Bezogen auf den verformten Ostgiebel und die im Erdgeschoss angetroffenen Mauerstrukturen ist nicht auszuschließen, dass es sich bei den beiden Langwänden um die mittelalterlichen Restbestände zweier benachbarter Brandwände handelt, zumal davon auszugehen ist, dass der südliche Abschnitt der Kirchstraße erst mit dem Abbruch der Stadtmauer angelegt wurde.

Der auf dem massiven Erdgeschoss aufgesetzte Fachwerkstock wurde in den Jahren 1605/06 (d) erbaut und besitzt eine dreischiffige Gliederung (Abb. 344). Dabei liegen an den beiden belichteten Schmalseiten die straßenseitige Stube beziehungsweise die rückwärtige Kammer. Stube

Abb. 343: Spitalstraße 30.

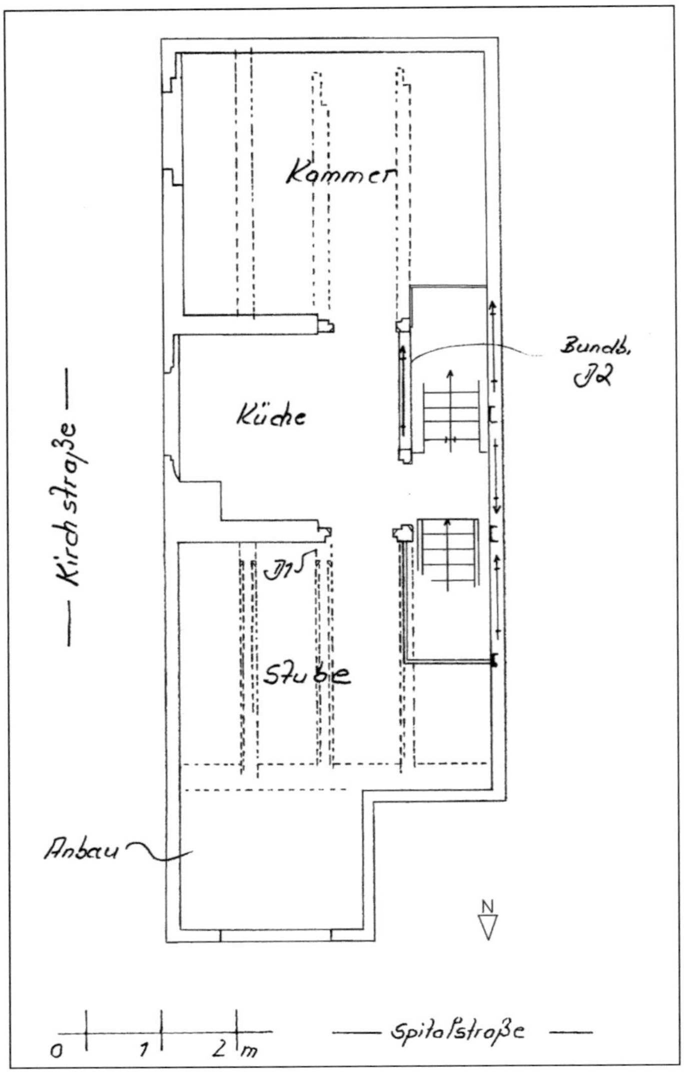

Abb. 344: Spitalstraße 30, Grundriss 1. Obergeschoss, 1605 (d).

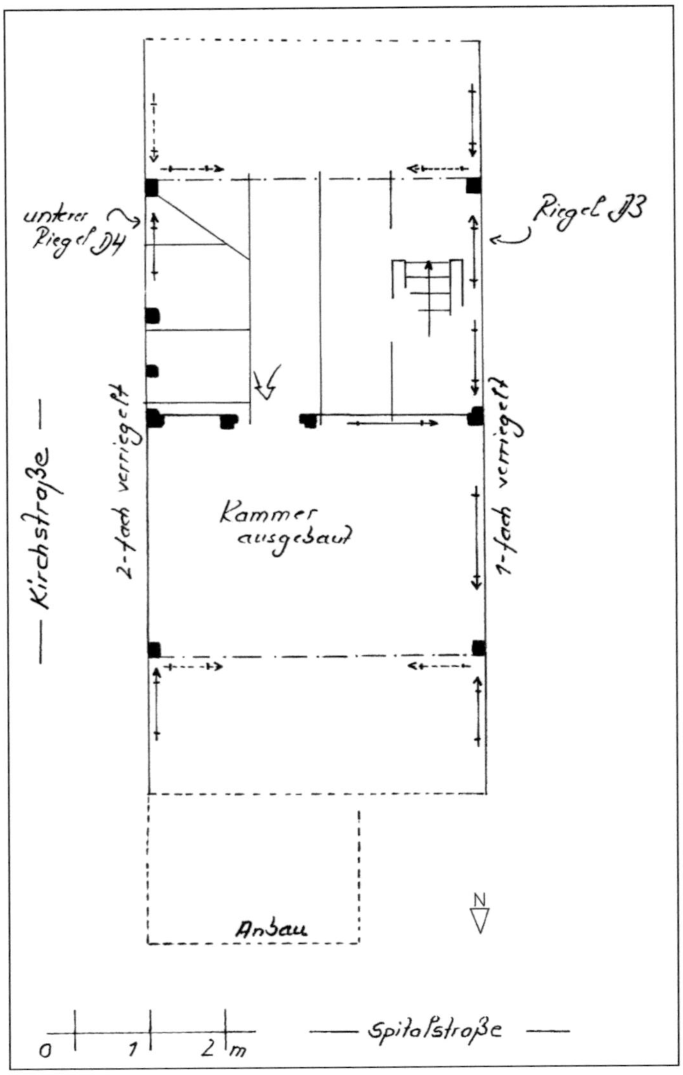

Abb. 345: Spitalstraße 30, Grundriss 1. Dachgeschoss, 1605 (d).

und Kammer sind aber auch über die unterschiedliche Bearbeitung des Gebälks erkennbar. So sind die Deckenbalken über der Stube im Gegensatz zur Kammer gefast. Zwischen der Stube und der Kammer ist die Küche angelegt. Zwei weitere Räume sind im rauchschwarzen Dachraum untergebracht (Abb. 345). Ein schmaler Flur mit Treppenlauf übernimmt seit dem frühen 17. Jahrhundert den Hauszugang beziehungsweise die Vertikalerschließung des Gebäudes.

Nachweis: Dendrochronologische Datierung, 1993.

Spitalstraße 33, ehem. Spital

Der breit gelagerte und frei stehende Massivbau ist mit seinem großen und dominanten Giebeldreieck zur Straße ausgerichtet (Abb. 346). Sein nicht unterkellerter Aufbau besitzt zwei, das Dachwerk drei Nutzungsebenen.

Einen Hinweis auf das hohe Alter des Gebäudes gibt die im Erdgeschoss erhaltene Fenstergruppe mit erhöhtem Mittelteil (Abb. 347). Sie zeigt eine für das 16. Jahrhundert zeittypische Gestaltung und hebt sich somit deutlich von den restlichen, auffallend niedrigen Fensteröffnungen ab. Deren Anordnung ist offensichtlich das Ergebnis einer späteren Modernisierung, die wohl nach der im Eingangssturz eingemeißelten Jahreszahl in die Zeit um 1830 zu datieren ist.

Die ersten Untersuchungen erfolgten im Jahr 1992 im Erdgeschoss, während das Dachwerk ein knappes Jahr später analysiert wurde. In beiden Fällen ergaben die dendrochronologischen Datierungen, dass die für den Bau verwendeten Hölzer im Winter 1580/81 eingeschlagen wurden. Im Jahr 2015 fand dann eine umfassende Sanierung des Gebäudes statt, die eine parallel dazu verlaufende Untersuchung ermöglichte. Nach den archivalischen Unterlagen handelt es sich bei dem Gebäude um das Spital, das nach dem Abbruch des alten Spitals im Jahr 1581 neu erbaut wurde und zu dessen Organisation und Nutzung die 2015 durchgeführte Untersuchung interessante Erkenntnisse erbrachte. Die Basis der nachfolgend vorgestellten baugeschichtlichen Auswertungen bildete das über dem Erdgeschoss verbaute Deckengebälk, verbunden mit den Befunden zu bauzeitlichen Fenster- und Türöffnungen der Massivwände (Abb. 348). So erlauben die an den Deckenbalken aufgenommenen Zapfenlöcher nicht nur die Lokalisierung der ehemals vorhandenen Wand- bzw. der die Räume begrenzenden Eckständer, sondern auch die Bestimmung der Ausführung von Streben und Türständern in den Fachwerkwänden. Von besonderem Interesse sind die Deckenabschnitte mit den eng verlegten und seitlich genuteten Deckenbalken. Ausgestattet mit einem die Balkenzwischenräume verschließenden Bretteinschub (Abb. 349), handelt es sich um sogenannte Bretter-Balken-Decken, die auf die Ausführung von beheizbaren Räumen, den Stuben, hinweisen.

Nach der Auswertung der zimmerungstechnischen Befunde lässt sich für das Erdgeschoss des Jahres 1581 (d) folgende bauzeitliche Grundrissgliederung aufzeigen (Abb. 350): Zugänglich über den straßenseitigen und rückwärtigen Giebeleingang, erreichte man einen seitlich der Gebäudemitte angelegten, die gesamte Haustiefe durchziehenden Mittelflur, von dem in der östlichen Grundrisshälfte ein Querflur abzweigte. Über die beiden Flure waren einzelne Räume und Kammern zugänglich, von denen der südöstliche Eckraum als Stube anzusprechen ist. Ihr war funktional eine Küche zugeordnet, über deren Herdstelle der stubenseitige Kachelofen beschickt werden konnte. An die Küche schloss sich eine Eckkammer an, die im Jahr 1786 als Holzkammer bezeichnet wird und im Zusammenhang mit Stube und Küche die Wohneinheit des Spitalvaters abschließt. Seiner Nutzung vorbehalten war wohl auch der massiv eingefasste Raum in der Nordwestecke, bei dem es sich sowohl nach den schriftlichen Quellen als auch nach dem baulichen Befund um einen Keller handelte, dem im Süden ein Vorkeller

Abb. 346: Spitalstraße 33, Ansicht von Süd.

Abb. 347: Spitalstraße 33, Gruppenfenster, Detail.

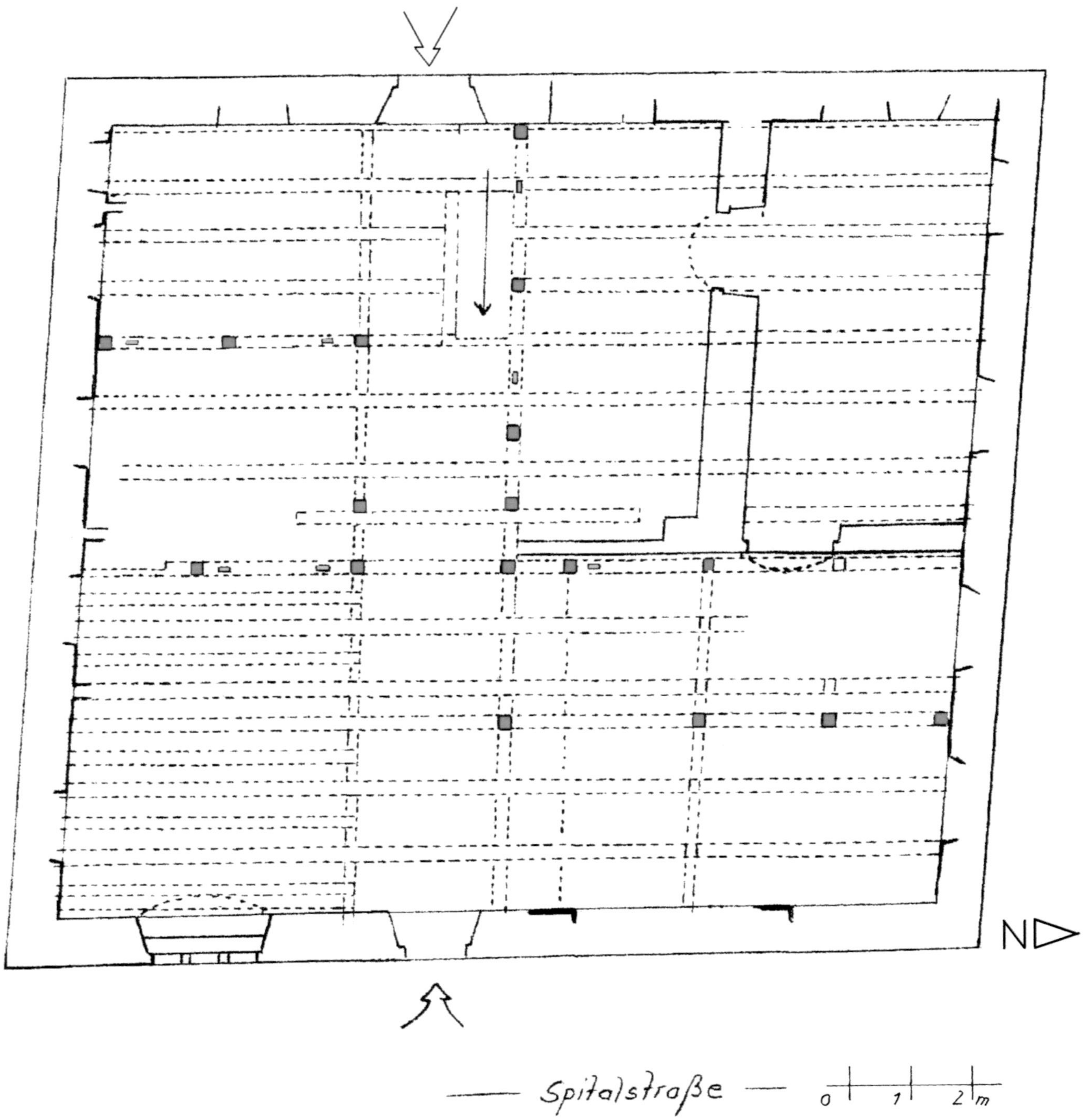

Abb. 348: Spitalstraße 33, Grundriss Erdgeschoss mit bauzeitlicher Gebälklage und Ständerstellung von 1580 (d).

Abb. 349: Spitalstraße 33, Erdgeschoss, Detail der Bretter-Balken-Decke.

vorgelagert war. Die beiden straßenseitigen Räume dienten wohl der Aufnahme von Armen und Kranken.

Für das Obergeschoss geben die vorhandenen und sich im Bestand deutlich absetzenden Bretter-Balken-Decken einen ersten Hinweis auf drei in den Gebäudeecken angelegte und über eine verzweigte Fluranlage erschlossene Stubenräume (Abb. 351). Mit Ausnahme der

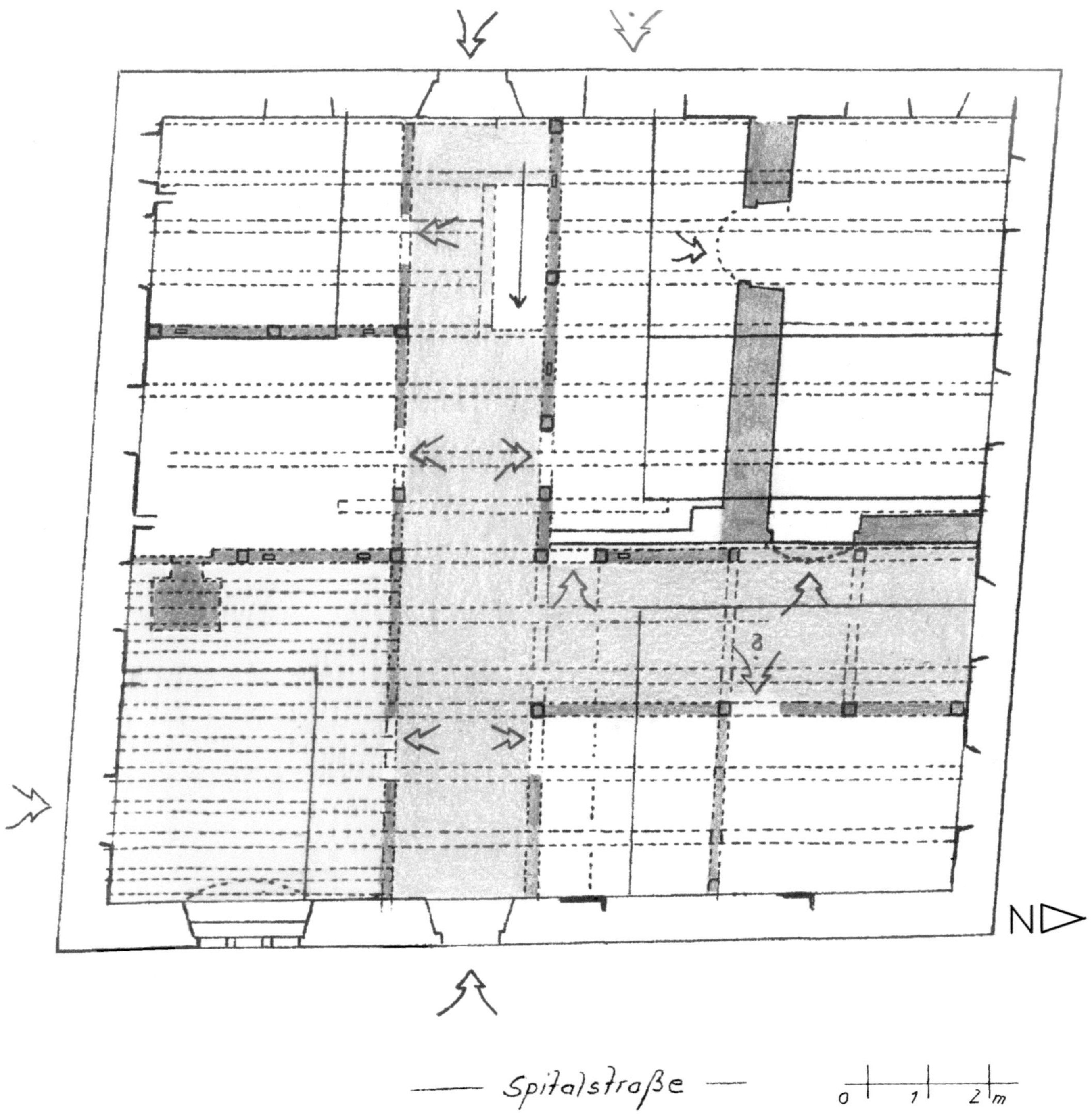

Abb. 350: Spitalstraße 33, Grundriss Erdgeschoss, um 1580 (d), Rekonstruktion.

großen Stube in der Nordostecke lassen sich unterschiedlich große Wohneinheiten bestehend aus Stube und Schlafkammer abgrenzen, wobei die südöstliche Einheit als abgesonderte Einheit zu betrachten ist, da sie eine privat genutzte Küche besaß (Abb. 352). Bei den verbleibenden Stuben fehlte dagegen eine Küche und ihre Kachelöfen wurden von den Fluren aus befeuert. Offensichtlich nicht beheizbar waren die beiden Kammern in der Nordwestecke. Bezogen auf die Nutzung handelte es sich bei den verschiedenen Raumeinheiten um Unterkünfte von Pfründnern, die sich beim Neubau des Spitals entsprechend ihren Zuwendungen unterschiedliche Ausstattungen leisten konnten.

Das tragende Gerüst des Dachwerks besteht im 1. Dachgeschoss aus fünf abgesprengten Quer-

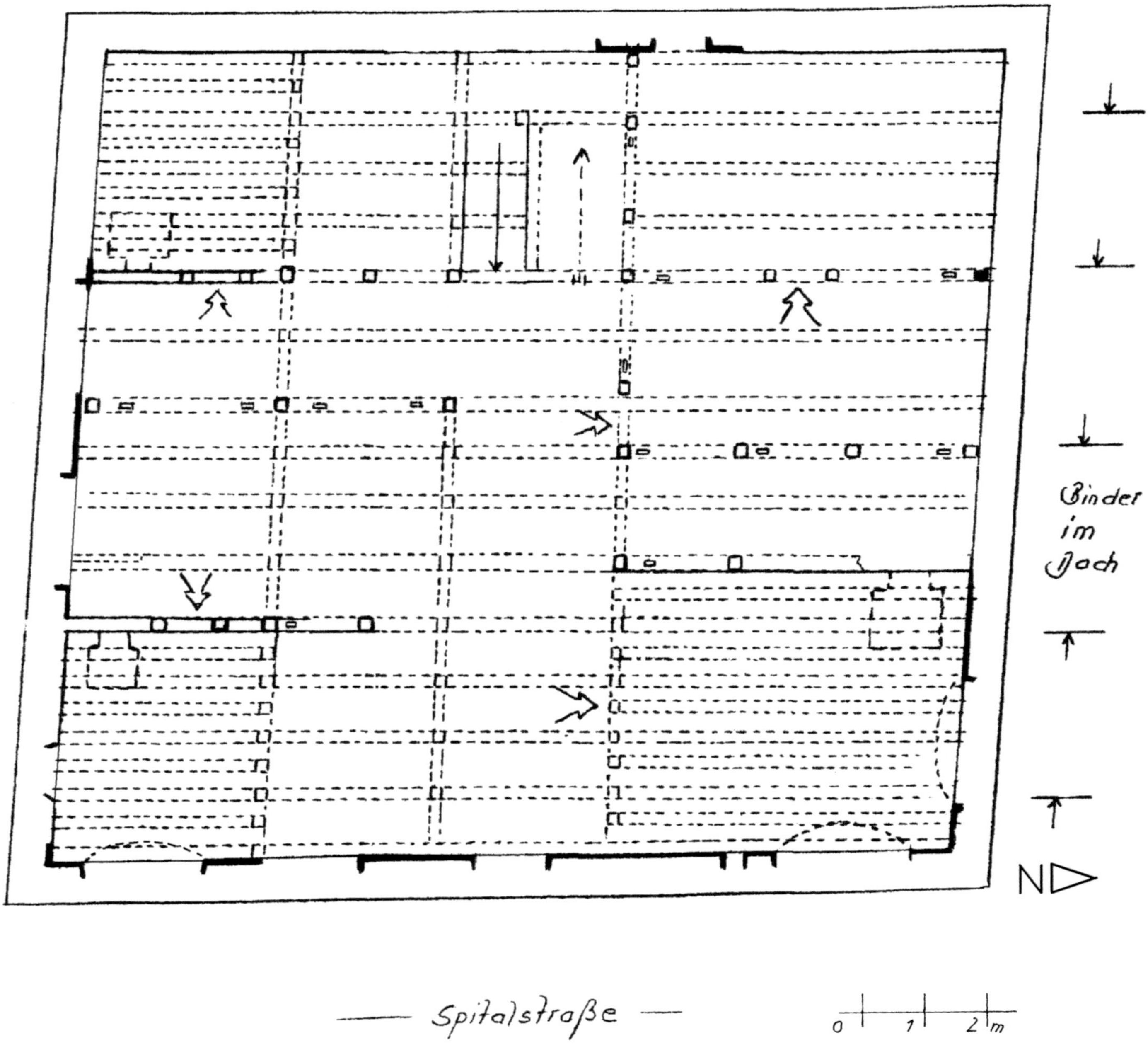

Abb. 351: Spitalstraße 33, Grundriss 1. Obergeschoss mit bauzeitlicher Gebälklage und Ständerstellung, um 1580 (d).

bünden, kombiniert mit einem mittig stehenden Ständer. Im konstruktiven Verbund mit den unter die Dachflächen geneigten Stuhlstrebenlängsbünden abgezimmert, bilden sie eine liegende, verzapfte Stuhlkonstruktion aus (Abb. 353). Wie im 1. Dachgeschoss wurde auch im 2. Dachgeschoss ein liegendes, verzapftes Stuhlgerüst aufgeschlagen (Abb. 354). Nach den aufgenommenen Befunden wurde der Dachraum ursprünglich als Lagerraum genutzt. Das Lagergut, in erster Linie wohl Feldfrüchte, konnte über eine straßenseitige Ladeluke im 2. Dachgeschoss heraufgezogen werden (siehe Abb. 346). Nach den schriftlichen Quellen diente der Dachraum aber auch zur Unterbringung von Bedürftigen, wozu wohl schon früh separate, im Einzelnen nicht mehr nachweisbare Dachkammern abgetrennt wurden.

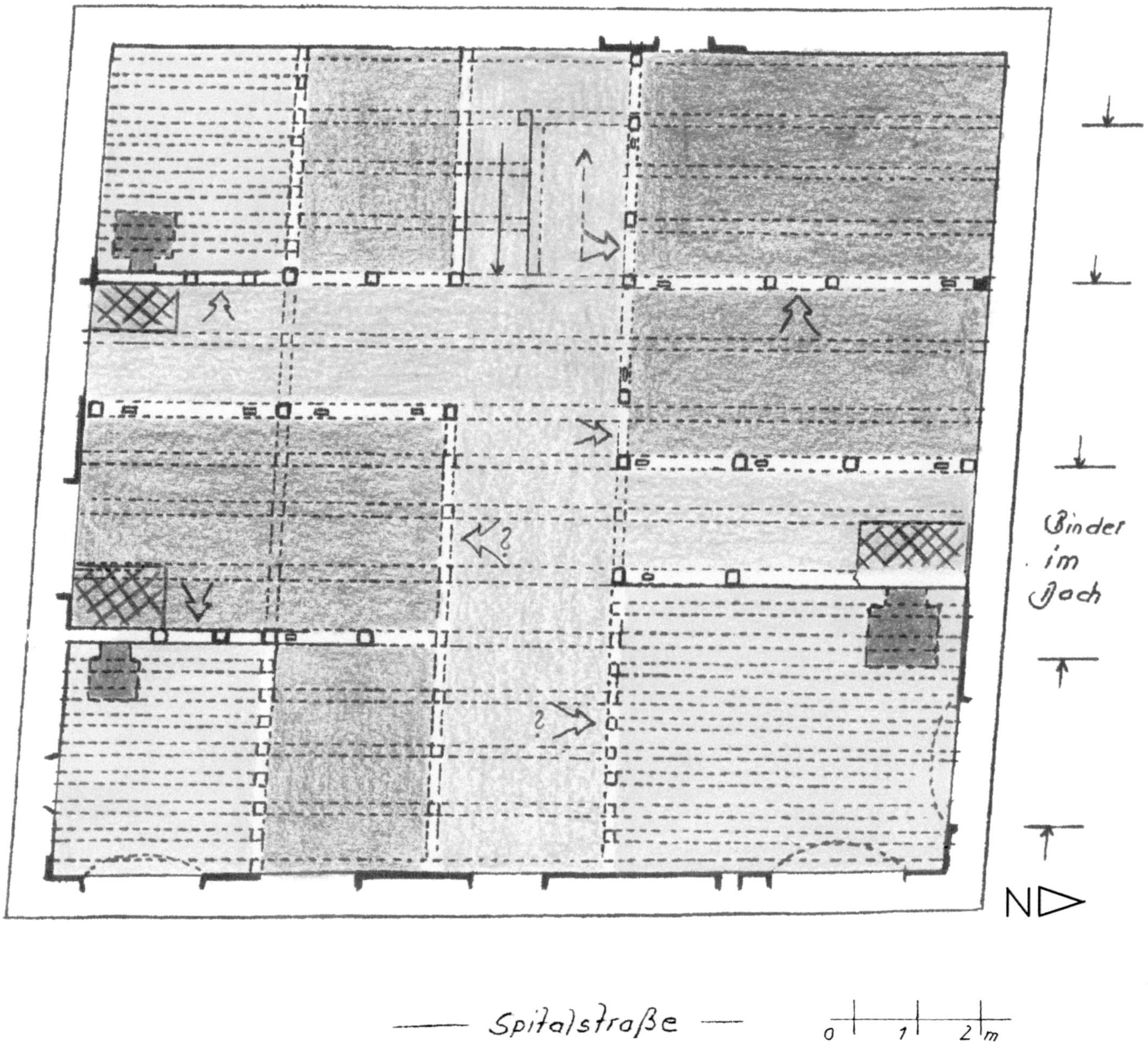

Abb. 352: Spitalstraße 33, Grundriss 1. Obergeschoss mit beheizbaren Stuben, um 1580 (d), Rekonstruktion.

Die im Erdgeschoss aufgezeigte Gliederung blieb wohl über eine lange Zeit erhalten. Eine erste größere Veränderung betraf die Aufgabe des Querflures, dessen Fläche zusammen mit den beiden straßenseitigen Kammern zur Anlage einer großen, über den Vorkeller beheizbaren Stube genutzt wurde (Abb. 355). Im Jahr 1786 wird sie als Bettlerstube für die aufzunehmenden armen auswärtigen Kranken aufgeführt.

Einen vergleichbaren Umbau erfuhr auch das 1. Obergeschoss (Abb. 356). In Verbindung mit einer Umstrukturierung der Fluranlage und Zuschnittsänderungen der alten Wohneinheiten wurde in der Nordostecke ein großer, über den Flur erwärmbarer Raum angelegt. Im Jahr 1786 als Raum der Mädchenschule aufgeführt, hat sich davon trotz weiterer Umbauten die zentrale Säule mit Sattelholz erhalten (Abb. 357).

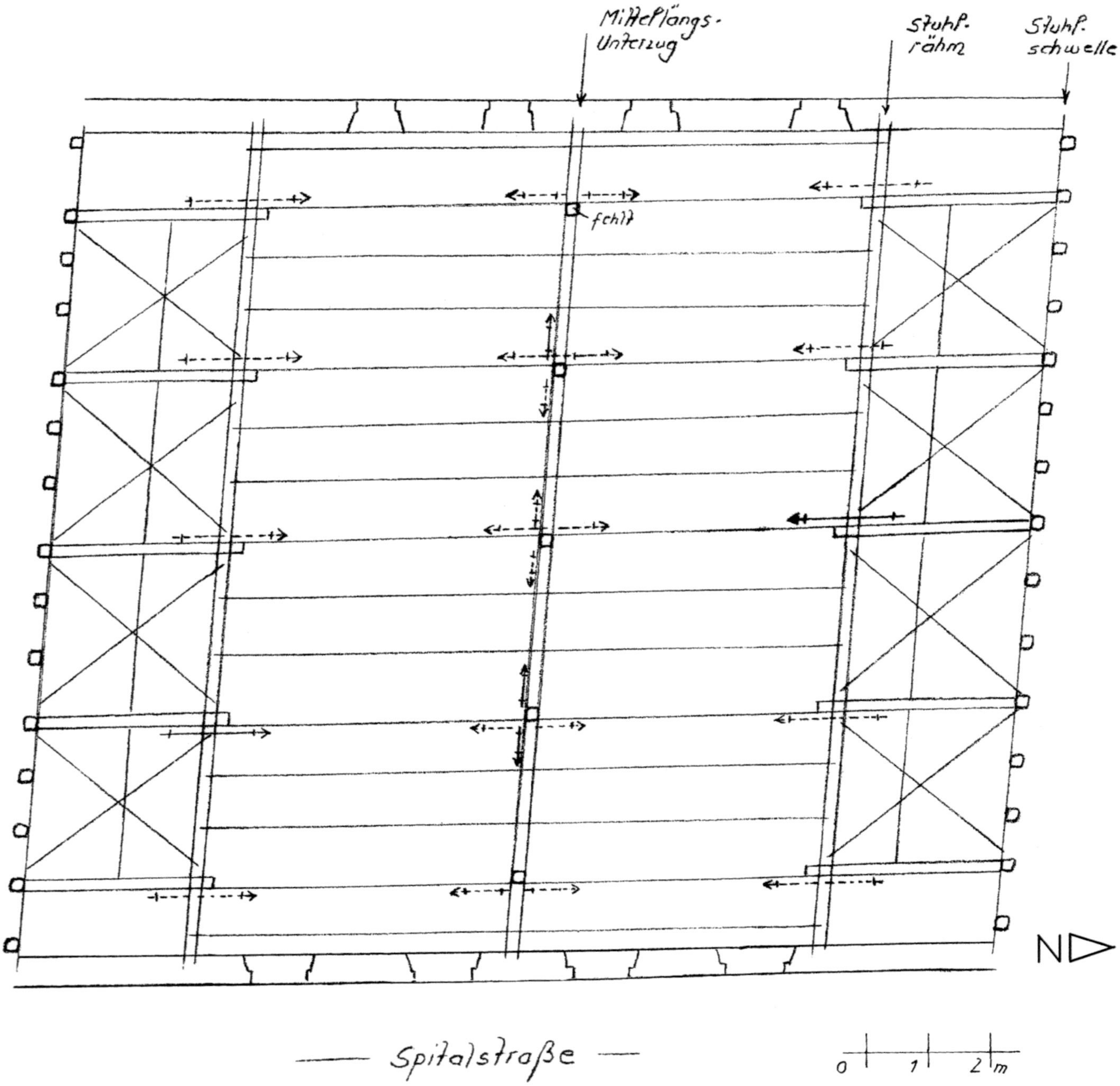

Abb. 353: Spitalstraße 33, Grundriss 1. Dachgeschoss, 1580 (d).

Die bis 1846 vollzogenen Grundrissveränderungen sind aus alten Archivplänen ersichtlich (Abb. 358–360). Im Jahr 1960 wurde der Spitalbetrieb eingestellt und im Gebäude wurden Sozialwohnungen eingerichtet.

Seit dem Sanierungsabschluss 2016 ist im Spital neben zwei Wohnungen auch der Sitz einer Tagespflege der Sozialstation Südlicher Breisgau e. V. untergebracht.

Nachweis: Dendrochronologische Datierung, Erdgeschoss, 1992, und Dachwerk, 1993; bauhistorische Dokumentation 2015.

Stadtarchiv Staufen, A 16: Verzeichnis der Kosten für den Neubau des Spitals („Der gantze Bauwkosten des Spitals zu Stouffen, der weniger Zahl Christ 81 vollendet").

Stadtarchiv Staufen, A 27: Vermögensbeschreibungen des Spitals, 1780 und 1786.

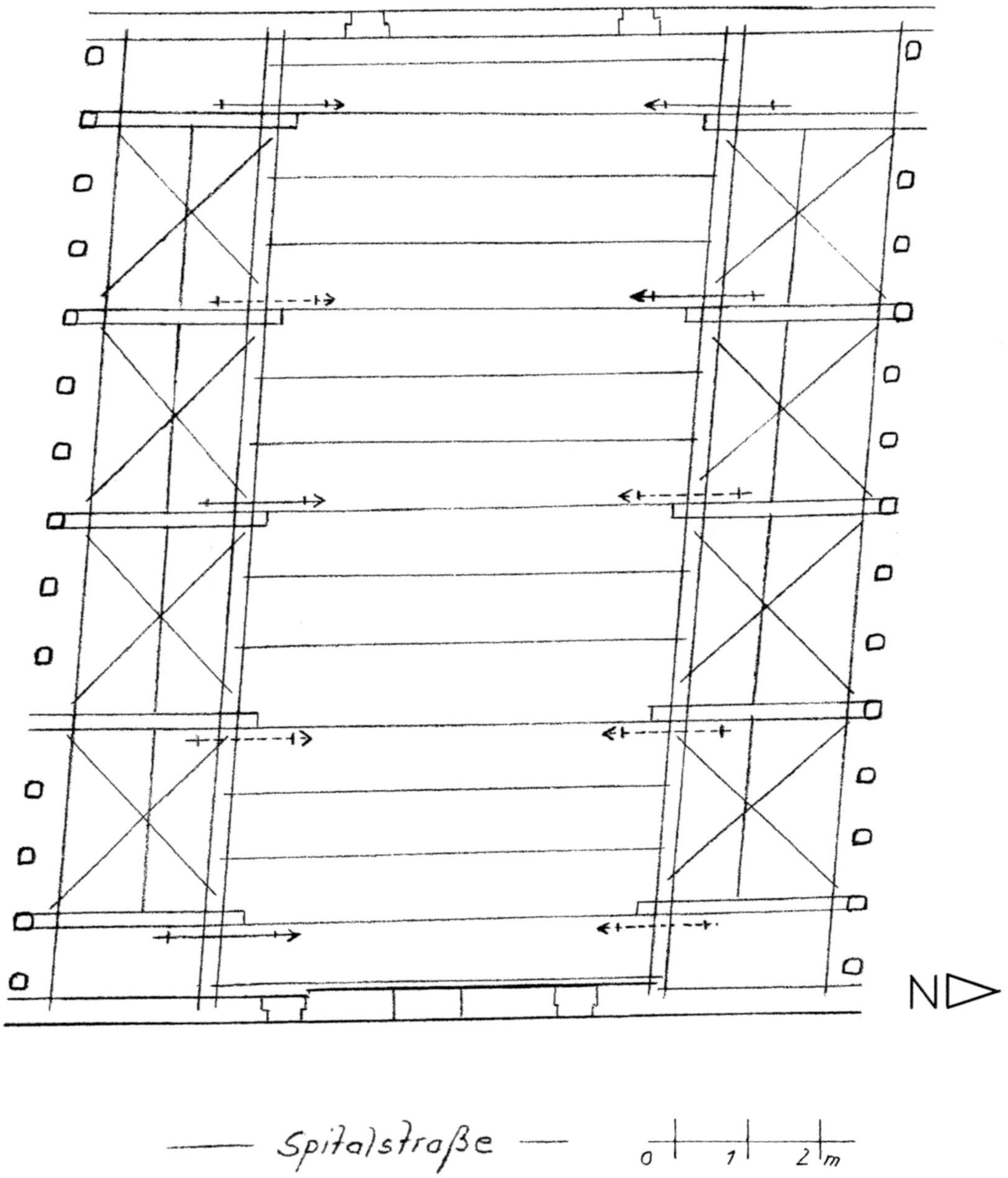

Abb. 354: Spitalstraße 33, Grundriss 2. Dachgeschoss, 1580 (d).

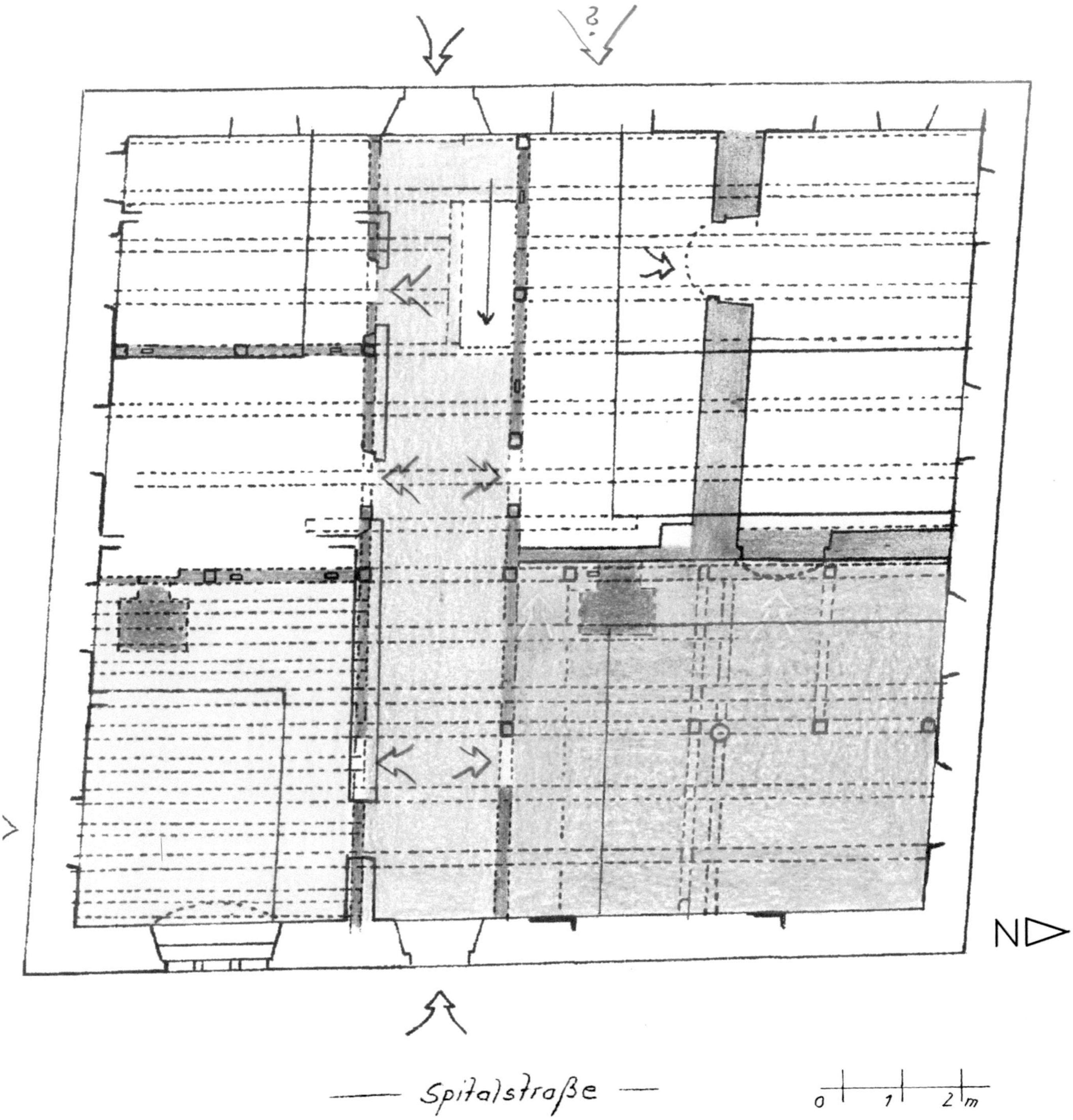

Abb. 355: Spitalstraße 33, Grundriss Erdgeschoss, 18. Jh., Rekonstruktion.

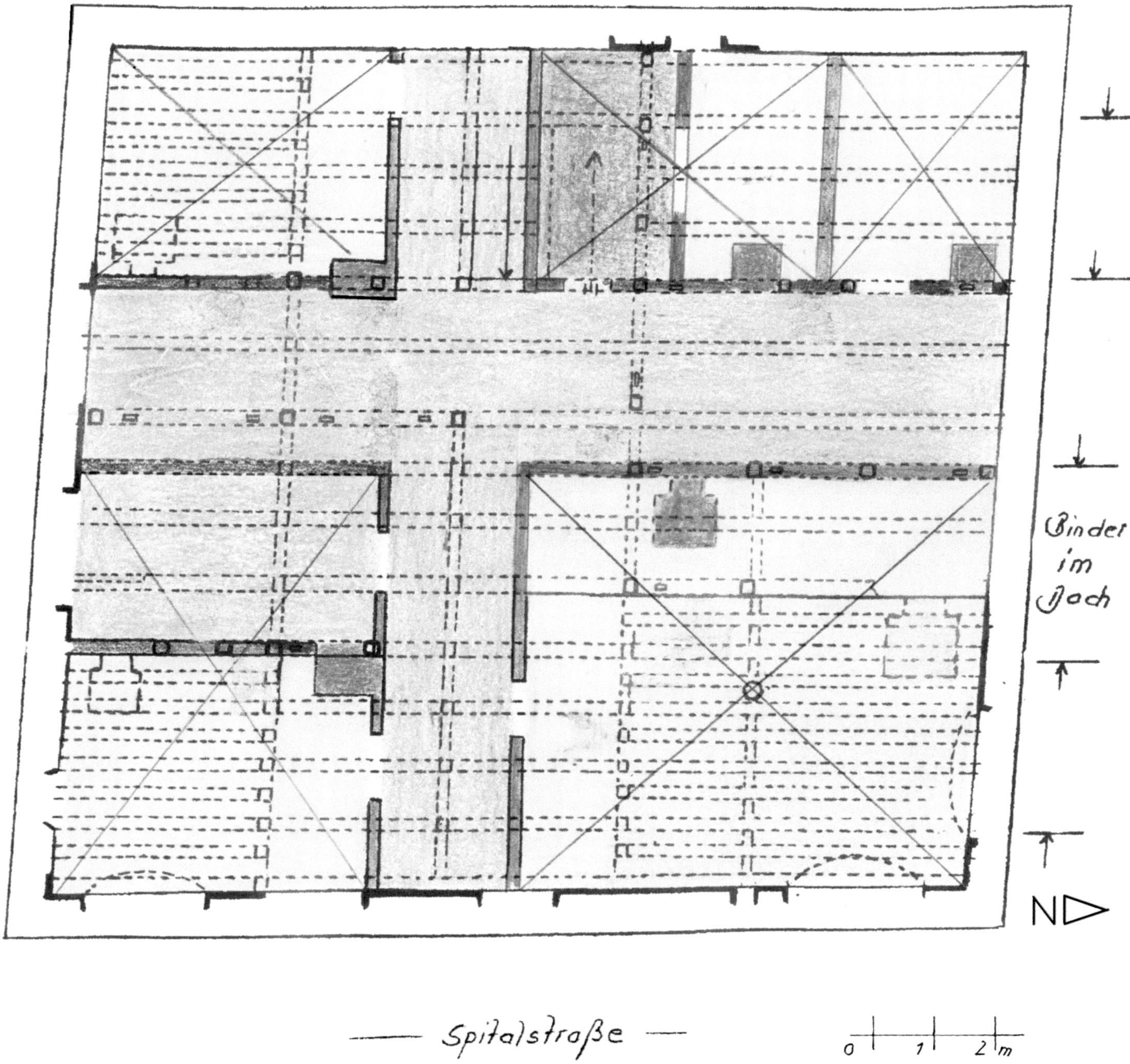

Abb. 356: Spitalstraße 33, Grundriss 1. Obergeschoss, 18. Jh., Rekonstruktion.

Abb. 357: Spitalstraße 33, 1. Obergeschoss, Säule mit Sattelholz, 18. Jh.

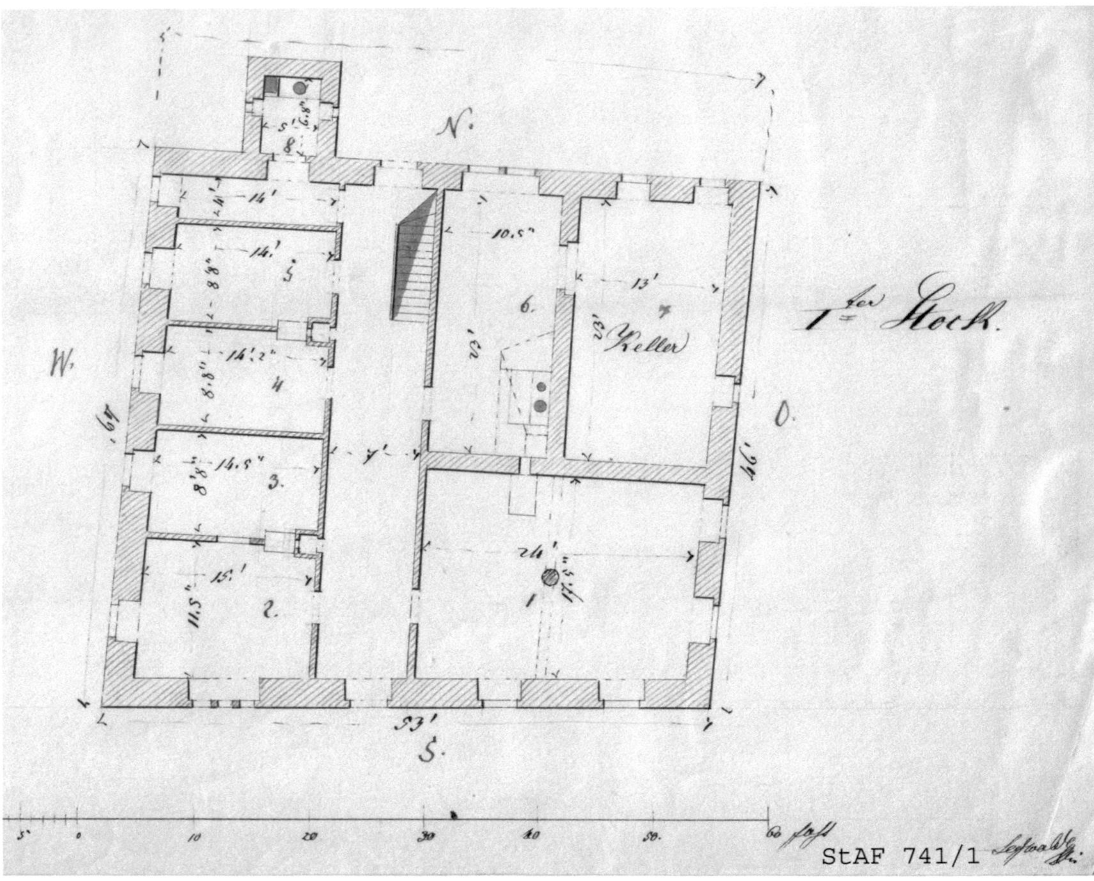

Abb. 358: Spitalstraße 33, Grundriss Erdgeschoss im Jahr 1846.

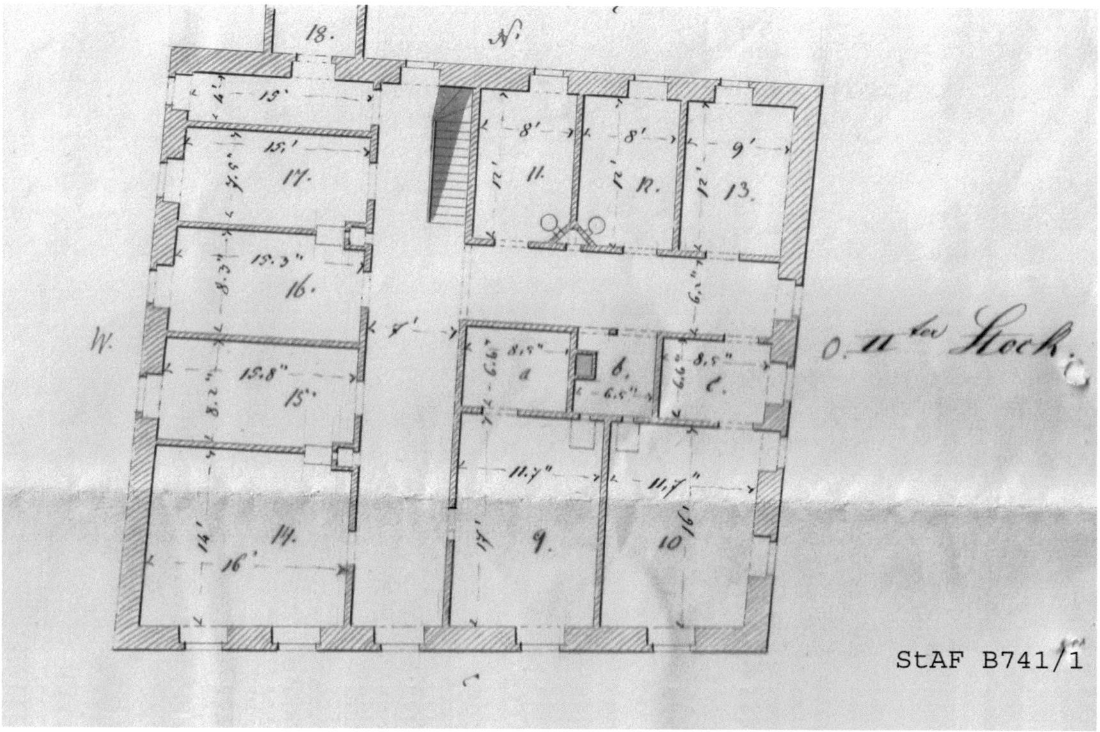

Abb. 359: Spitalstraße 33, Grundriss 1. Obergeschoss im Jahr 1846.

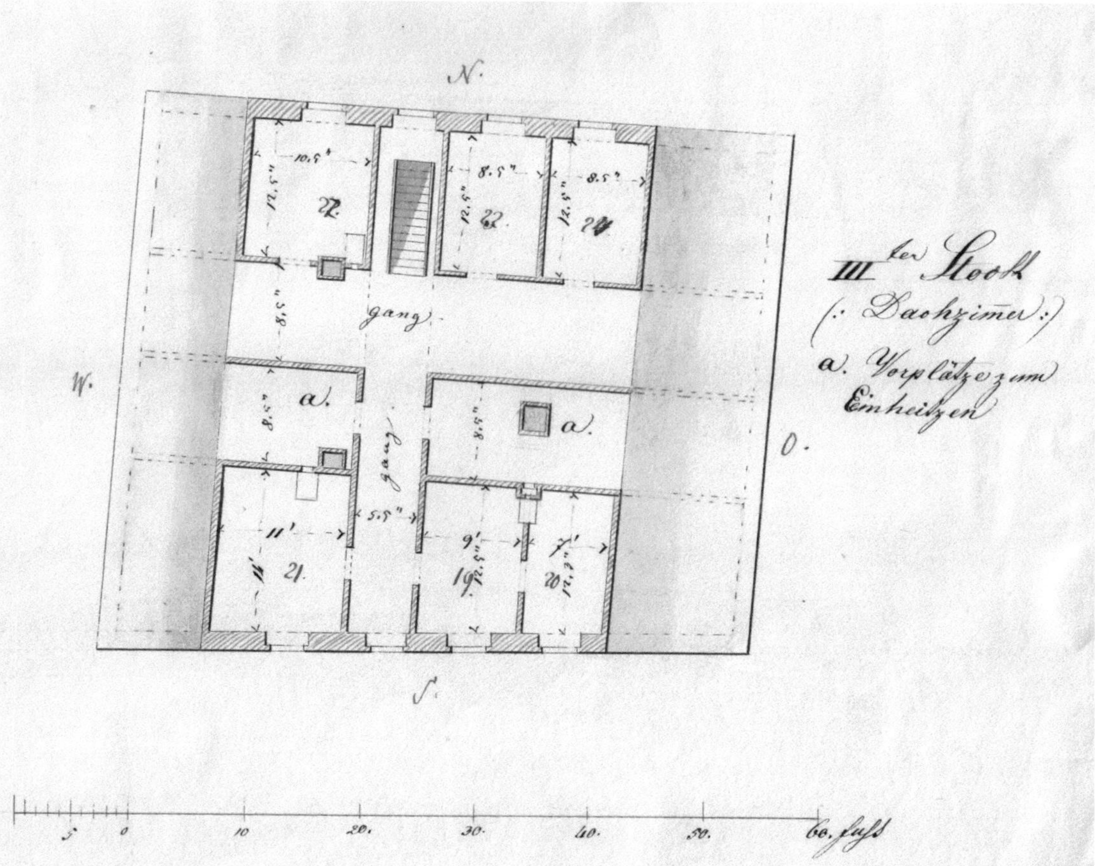

Abb. 360: Spitalstraße 33, Grundriss 1. Dachgeschoss im Jahr 1846.

Abb. 361: Wettelbrunnerstraße 17, Friedhofskapelle St. Sebastian.

Wettelbrunner Straße 17, Friedhofskapelle St. Sebastian

Die Kapelle liegt westlich des mittelalterlichen Stadtkerns und diente lange Zeit als Friedhofskapelle (Abb. 361). Im angetroffenen Zustand war sie infolge anstehender Reparaturmaßnahmen geschlossen. Die im Vorfeld durchgeführte Untersuchung bezog sich auf das Dachwerk (Abb. 362; 363).

Ältester erkannter Bauteil ist der massive Baukörper, bestehend aus Kirchenschiff und Chorpolygon. In Anlehnung an den gerundeten Ansatz der Polygonwände ist für die in das späte 16. Jahrhundert zu datierende Kapelle ein Vorgängerbau mit Chorapsis nicht auszuschließen. In das 16. Jahrhundert datiert wohl das westliche Giebeldreieck, an dessen Innenseite der Abdruck des ehemals zugehörigen Dachwerks mit altem Rähmloch erhalten ist. Es wurde um das Jahr 1670 (d) durch das heute vorhandene Dachwerk ersetzt.

Dessen tragendes Gerüst bildet eine liegende, verzapfte Stuhlkonstruktion, die sowohl über

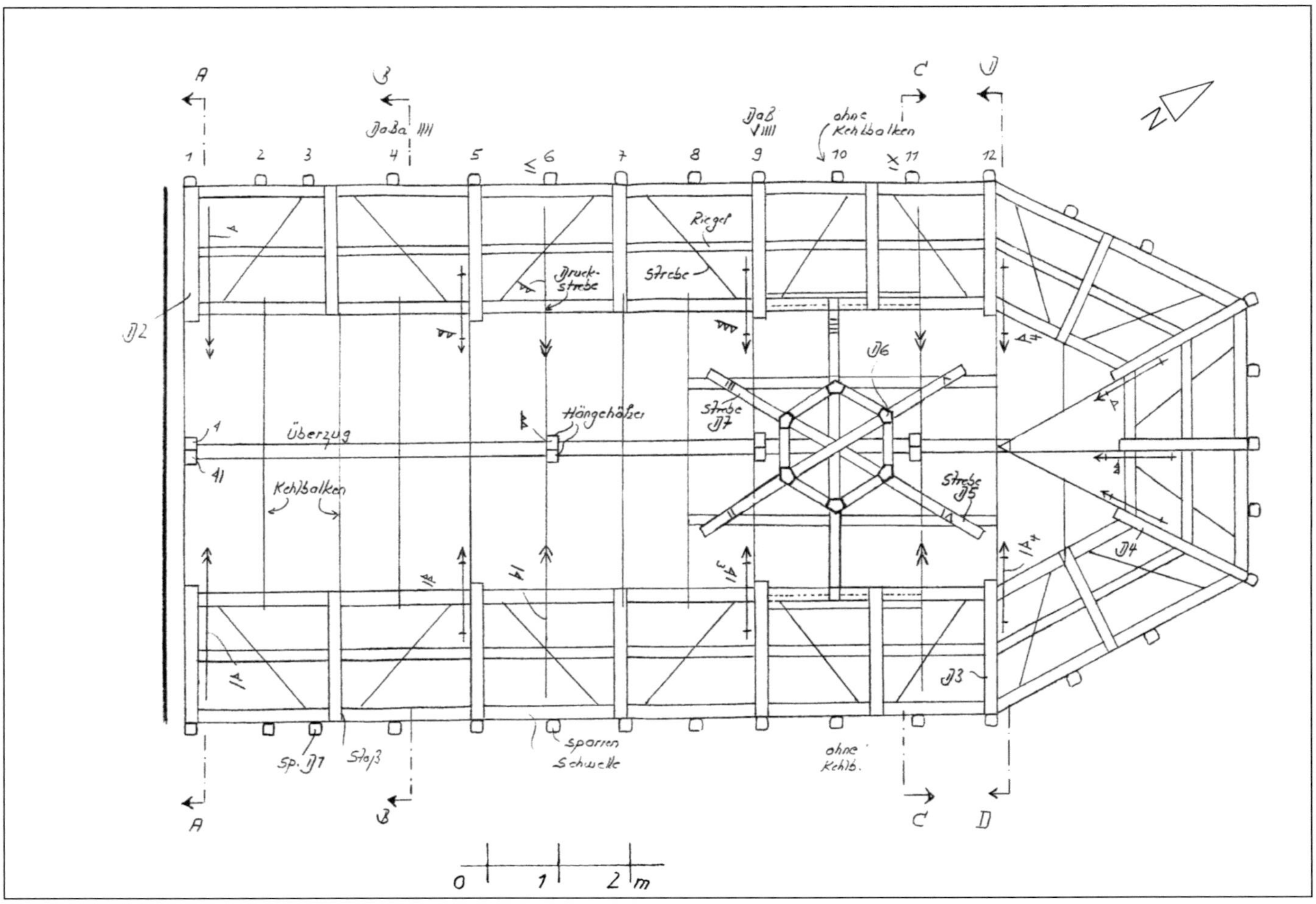

Abb. 362 Wettelbrunnerstraße 17, Sebastianskapelle, Grundriss Dachwerk.

dem Chor wie auch über dem Kirchenschiff abgezimmert wurde. Über Letzterem sind die östlichen Querbünde mit Hängehölzern kombiniert beziehungsweise im Westen durch einen eigenständigen Hängebund ergänzt. In das Dachwerk der Jahre um 1670 war auch ein zeitgleicher Dachturm integriert. Um das Jahr 1782(d) wurde er durch den angetroffenen Dachturm ersetzt.

Nachweis: Dendrochronologische Datierung, Dachwerk, 2010.

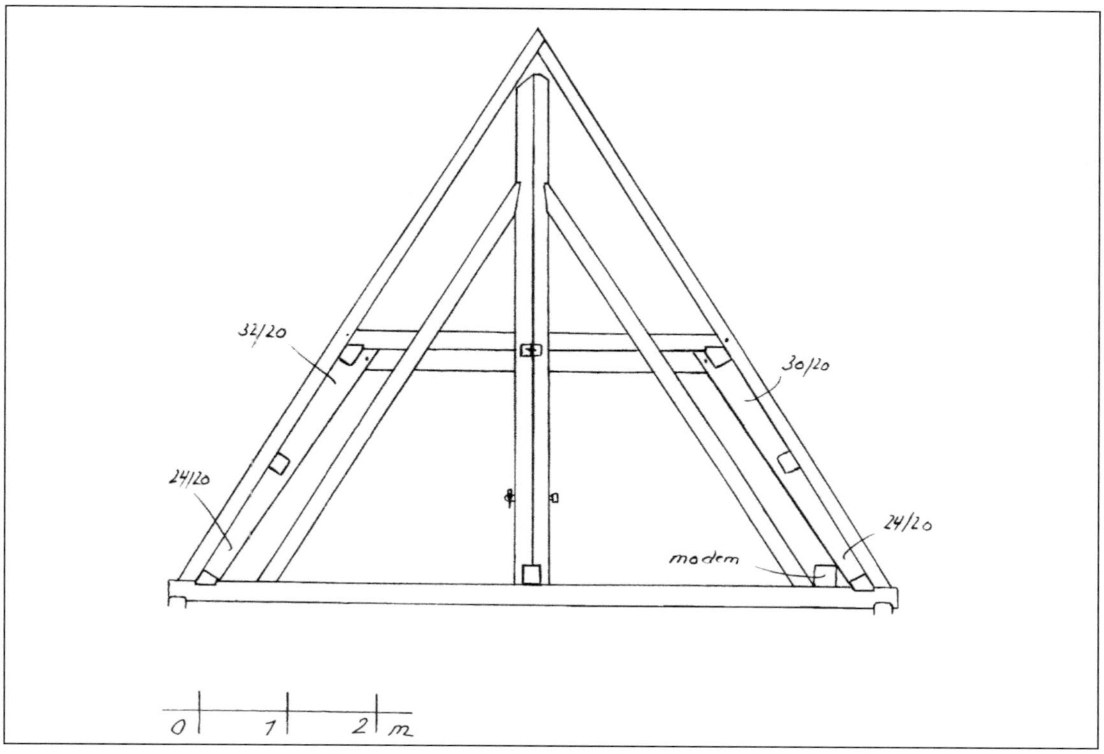

Abb. 363: Wettelbrunnerstraße 17, Sebastianskapelle, Querschnitt Dachwerk.

Anhang

Literatur

Fischer/Schöttler 2000	Magda Fischer/Pitty Schöttler: Staufen und die Schauenburger. Staufen 2000.
Kaiser u. a. 2002	Wolfgang Kaiser/Gitta Reinhardt-Fehrenbach/Bertram Jenisch/Verena Nübling: Landkreis Breisgau-Hochschwarzwald – Stadt Staufen, Münstertal/Schwarzwald. Landesdenkmalamt Baden-Württemberg, Denkmaltopographie Baden-Württemberg III.1.1. Stuttgart 2002.
Schmidt-Thomé/Wesselkamp 1989	Peter Schmidt-Thomé/Gerhard Wesselkamp: Neue Ergebnisse zur Baugeschichte der St.-Martins-Kirche in Staufen, Kreis Breisgau-Hochschwarzwald. In: Archäologische Ausgrabungen in Baden- Württemberg 1989, 256–259.
Vorindustrieller Holzbau 2012/2022	Thomas Eißing/Benno Furrer/Stefan King/Ulrich Knapp/Anja Krämer/Burghard Lohrum/Tilmann Marstaller/Claudia Mohn/Heinz Pantli/Daniel Reicke: Vorindustrieller Holzbau. Terminologie und Systematik. Südwestdeutsche Beiträge zur historischen Bauforschung, Sonderband. Esslingen 2012; 2., überarbeitete Auflage 2022, https://doi.org/10.11588/sbhbf.2023.1

Liste der untersuchten Objekte, alphabetisch nach Straßennamen

Objekt	Datierung
Adlergasse 1	Dachwerk: 1699/1700, Keller: 1699/1700
Adlergasse 3	Gebälk Keller: 1480 ± 10/1620 ± 10 Gebälk EG, 1. und 2. OG: 1696/97 Dachwerk: 1696/97
Adlergasse 4	Gebälk 1. OG: 1533/34 Dachwerk: 1533/34
Adlergasse 7–9	Dachwerk: 1799/1800
Auf dem Graben 12	Dachwerk Kernbau: 1671/72 Dachwerk Nordbau: 1836/37 Dachwerk Winkelbau: 1839 Dachwerk östl. Schuppen: 1842/43
Auf dem Graben 44/46	Keller: um 1470 Dachwerk: 1780/81
Auf dem Graben 48	keine Datierung
Freihofgasse 1	Dachwerk: 1812/13
Freihofgasse 6	Dachwerk: 1771/72 Treppenhaus: 1772/73
Hauptstraße, Bodenhölzer	1990: 1509 ± 10 1992: 1457/58
Hauptstraße 11, Unteres Schloss	Keller: 1424 ± 10 Überbau: 1569/70 Dachwerk: 1668/1669 Umbauten: 1714/15, 1724, 1886/87
Hauptstraße 15	Unterbau: 1490/91 Dachwerk: 1490/91 Unterzug Keller: 1564/65 Umbau: um 1770
Hauptstraße 17	Dachwerk: 1699/1700
Hauptstraße 18	Unterbau: 1736 Dachwerk: 1736
Hauptstraße 21	Vorgängerdach: 1375 Dachwerk: 1581/82 Gebälk 1. und 2. OG: 1581/82
Hauptstraße 22	Gebälk EG: 1523/24
Hauptstraße 24	Dachwerk: 1611/12
Hauptstraße 28	Dachwerk: 1663/64
Hauptstraße 29	Überbau: um 1360 Umbau: 1602/03 Keller: 1805/06
Hauptstraße 30, Gasthaus Krone	Fassbretter: 1725 ± 10
Hauptstraße 31	Überbau: 1361/62 Umbau: 1602/03 Dachwerk: 1803/04

Hauptstraße 32	Überbau: 1597/98
	Dachwerk: 1597/98
	Gebälk EG: 1797/98
Hauptstraße 33	Dachwerk 1773/74
	Dachwerk: 1870/71
Hauptstraße 34	Dachwerk: 1496/97
	Keller: 1496/97
Hauptstraße 35	Haupthaus, Überbau: 1605/06
	Haupthaus, Turmerhöhung: 1753/54
	Scheune, Dachwerk: 1575/76
Hauptstraße 38	Außenaufnahme
Hauptstraße 41	Vorgänger: 1367
	Unterbau: 1603/04
	Dachwerk: 1773/74
Hauptstraße 42	Dachwerk: 1555/56
	Keller: 1786/87
Hauptstraße 43	Dachwerk: 1596/97
Hauptstraße 44	Keller: 1544/45
	Dachwerk: 1666/67
Hauptstraße 45, ehem. Gasthaus Goldener Becher	Dachwerk: 1545/46
Hauptstraße 46	Dachwerk: 1349/50
	Keller, Nord: 1577/78
	Keller, Süd: um 1615
	Rückwärtige Durchfahrt: 1670
Hauptstraße 47, Gasthaus zum Löwen	Dachwerk: 1578/79
Hauptstraße 48	Begehung
Hauptstraße 49	Gebälk EG: 1603 ± 4
Hauptstraße 50	Keller, Süd: 1742 ± 10
	Dachwerk: 1496/97
Hauptstraße 51	Gebälk, EG: 1353 ± 3
Hauptstraße 52	Gebälk, Keller: 1605/06
Hauptstraße 53, Rathaus	Unterbau: 1546/47
	Umbau: 1605/06
	Dachwerk: 1605/06
Hauptstraße 55	Unterbau: um 1435
	Umbau: 1787/88
Hauptstraße 56	Dachwerk: 1582/83
Hauptstraße 56a, Stubenhaus	Unterbau: 1429/30
	Durchfahrt EG. 1671 ± 2
	Dachwerk: 1789/90
Hauptstraße 56b, Salzhaus	Dachwerk: 1771/72
Hauptstraße 57, ehem. Kornhaus	Keller, Gebälk: 1566 + 10
	Umbau Keller: 1657/58
	Dachwerk: 1659/60
Hauptstraße 58	Dachwerk: 1770/71
Hauptstraße 60	Unterbau: 1546/47
	Dachwerk: 1546/47
Hauptstraße 62	Keller: 1682/83
	Dachwerk: 1682/83
Hauptstraße 65, Gasthaus Kreuz-Post	Unterbau: 1658/59
	Dachwerk: 1720/21
Im Grün 27	Unterbau: 1630/31
	Dachwerk: 1630/31
Im Grün 29:	Unterbau: 1630/31
	Dachwerk: 1630/31

Jägergasse 6	Dachwerk: 1625
Jägergasse 8, ehem. Scheune	Dachwerk: 1797/98
Jägergasse 9, Kronenscheune	Dachwerk: 1815/16
Jägergasse 10	Haupthaus, Unterbau: 1570/71
	Anbau, Dachwerk: 1792/93
Jägergasse 14	Unterbau: 1697/98
Kirchstraße 1	Keller: 1805
Kirchstraße 2	Scheune, Dachwerk: 1588/89
	Umbau: 1796/97
Kirchstraße 4	keine Datierung
Kirchstraße 6	Begehung
Kirchstraße 8	Unterbau: 1717/18
	Dachwerk: 1717/18
Kirchstraße 9	Keller: 1699
Kirchstraße 11	Keller: 1725 ± 10
	Dachwerk: 1746/47
Kirchstraße 16	Unterbau: 1778/79
Kirchstraße 17, Kirchturm	EG bis 2.OG: 1404/05
Kirchstraße 18	Unterbau: 1798/99
	Dachwerk: 1731/32
Kirchstraße 22	Dachwerk: 1699/1700
Krozinger Straße 1a, Magdalenenkapelle	Dachwerk: 1720/21
Meiergasse 1a, Fallerscheune	Dachwerk: 1803/04
Mühlegasse 2	Mühle: um 1736
St. Johannesgasse 2	Unterbau: 1477/78
	Dachwerk: 1477/78
St. Johannesgasse 3 (abgebrochen)	Dachwerk: 1593/94
St. Johannesgasse 6	Unterbau: um 1660
St. Johannesgasse 7	Unterbau: 1626/27
St. Johannesgasse 12/14	Unterbau: 1598/99
	Umbau: 1787/88
St. Johannesgasse 15	Gebälk EG: 1684/85
St. Johannesgasse 24	Dachwerk: 1801/02
St. Johannesgasse 26	Dachwerk: nach 1600
St. Johannesgasse 28	Dachwerk: 1668
Spitalstraße 1	Dachwerk: 1772/73
Spitalstraße 4	Unterbau: 1600/01
	Dachwerk: 1600/01
Spitalstraße 7	Unterbau: 1475/76
	Dachwerk: 1475/76
Spitalstraße 11/13	Unterbau: 1604
	Dachwerk: 1604
Spitalstraße 14	Unterbau: 1657
	Dachwerk: 1657
Spitalstraße 15	Gebälk EG: 1670/71
Spitalstraße 17	Dachwerk: 1655/56
Spitalsraße 19	Unterbau: 1670/71
	Dachwerk: 1670/71
Spitalstraße 20	Unterbau: 1454/55
	Dachwerk: 1454/55
Spitalstraße 22	Unterbau: 1667/68
	Dachwerk: 1667/68
Spitalstraße 23/25	Unterbau: um 1530
Spitalstraße 26	Dachwerk: 1685/86
Spitalstraße 30	Unterbau: 1605/06
	Dachwerk: 1605/06

Spitalstraße 33, ehem. Spital	Unterbau: 1580/81
	Dachwerk: 1580/81
Wettelbrunner Straße 17, Friedhofskapelle St. Sebastian	Dachwerk: 1669/70
	Dachreiter: 1781/82

Liste der untersuchten Objekte, chronologisch nach Dendrodaten

14. Jahrhundert

1349/50	Hauptstraße 46 – Dachwerk
1353 ±3	Hauptstraße 51 – Gebälk, EG
1361/62	Hauptstraße 29/31
1367	Hauptstraße 41 – Vorgängerdach
1375	Hauptstraße 21 – Dachwerk

15. Jahrhundert

1404/05	Hauptstraße 17, St. Martin – Kirchturm
1424 ±10	Hauptstraße 11, Stadtschloss – Keller
um 1435	Hauptstraße 55
1429/30	Hauptstraße 56a, Stubenhaus
1454/55	Spitalstraße 20
1457/58	Hauptstraße – Bodenhölzer
um 1470	Auf dem Graben 44/46 – Keller
1475/76	Spitalstraße 7
1477/78	St. Johannesgasse 2
1480 ± 10	Adlergasse 3 – Gebälk, Keller
1490/91	Hauptstraße 15
1496/97	Hauptstraße 34 – Dachwerk
1496/97	Hauptstraße 50 – Dachwerk

16. Jahrhundert

1509 ±10	Hauptstraße – Bodenhölzer
1523/24	Hauptstraße 22 – Gebälk EG
um 1530	Spitalstraße 23/25
1533/34	Adlergasse 4
1544/45	Hauptstraße 44 – Keller
1545/46	Hauptstraße 45 – Dachwerk
1546/47	Hauptstraße 60 – Unterbau – Dachwerk
1546/47	Hauptstraße 53, Rathaus
1564/65	Hauptstraße 15 – Unterzug, Keller
1555/56	Hauptstraße 42 – Dachwerk
1566 ±10	Hauptstraße 57, Kornhaus – Gebälk, Keller
1569/70	Hauptstraße 11, Stadtschloss – Umbau
1570/71	Jägergasse 10, Hauptgebäude
1575/76	Hauptstraße 35, Scheune – Dachwerk

1577/78	Hauptstraße 46 – Keller, Nord
1578/79	Hauptstraße 47, Löwen – Dachwerk
1580/81	Spitalstraße 33, Spital – Unterbau, Dachwerk
1581/82	Hauptstraße 21 – Gebälk 1. und 2. OG, Dachwerk
1582/83	Hauptstraße 56 – Dachwerk
1588/89	Kirchstraße 2, Scheune – Dachwerk
1596/97	Hauptstraße 43 – Dachwerk
1593/94	St. Johannesgasse 3 – Dachwerk
1596/97	Hauptstraße 43 – Dachwerk
1597/98	Hauptstraße 32
1598/99	St. Johannesgasse 12/14

17. Jahrhundert

1600/01	Spitalstraße 4
1602/03	Hauptstraße 29/31
1603/04	Hauptstraße 41
1604	Spitalstraße 11/13
1603 ± 4	Hauptstraße 49 – Gebälk, EG
1605/06	Hauptstraße 52 – Gebälk, Keller
1605/06	Hauptstraße 53, Rathaus – Umbau
1605/06	Hauptstraße 35
1605/06	Spitalstraße 30
1611/12	Hauptstraße 24 – Dachwerk
1614/15	Hauptstraße 46 – Keller, Süd
1620 ± 10	Adlergasse 3 – Gebälk, Keller
1624/25	Jägergasse 6 – Dachwerk
1626/27	St. Johannesgasse 7 – Unterbau
1630/31	Im Grün 27 – Unterbau, Dachwerk
1630/31	Im Grün 29 – Unterbau, Dachwerk
1655/56	Spitalstraße 17 – Dachwerk
1657	Spitalstraße 14
1657/58	Hauptstraße57, Kornhaus – Gebälk, Keller
1658/59	Hauptstraße 65, Kreuz- Post – Unterbau
1659/60	Hauptstraße 57, Kornhaus – Dachwerk
um 1660	St. Johannesgasse 6 – Umbau
1663/64	Hauptstraße 28 – Dachwerk
1666/67	Hauptstraße 44 – Dachwerk
1667/68	Spitalstraße 22
1668	St. Johannesgasse 28
1668/69	Hauptstraße 11, Stadtschloss – Dachwerk
1669/70	Wettelbrunner Straße 17, Friedhofkapelle St. Sebastian – Dachwerk
1670	Hauptstraße 46 – Durchfahrt Stadtmauer
1670/71	Spitalstraße 15 – Gebälk EG
1670/71	Spitalstraße 19
1670/71	Auf dem Graben 12 – Dachwerk Kernbau
1671 ±2	Hauptstraße 56a, Stubenhaus – Durchfahrt EG
1682/83	Hauptstraße 62 – Gebälk, Keller, Dachwerk
1684/85	St. Johannesgasse 15 – Gebälk EG
1685/86	Spitalstraße 26 – Dachwerk
1696/97	Adlergasse 3 – Gebälk EG, 1. und 2. OG, Dachwerk
1697/98	Jägergasse 14 – Unterbau
1697/98	Kirchstraße 17, St. Martin – Dachwerk

1699	Kirchstraße 9 – Gebälk
1699/1700	Adlergasse 1
1699/1700	Hauptstraße 17 – Dachwerk
1699/1700	Kirchstraße 22 – Dachwerk
17. Jahrhundert	St. Johannesgasse 6
17. Jahrhundert	St. Johannesgasse 26 – Dachwerk

18. Jahrhundert

1717/18	Kirchstraße 8 – Unterbau, Dachwerk
1720/21	Krozinger Straße 1a, Magdalenenkapelle – Dachwerk
1720/21	Hauptstraße 65, Kreuz- Post – Dachwerk
1725 ±10	Kirchstraße 11 – Kellergebälk
1725 ±10	Hauptstraße 30 – Fassbretter
1731/32	Kirchstraße 18 – Dachwerk
1736	Hauptstraße 18
um 1736	Mühlegasse 2
1742 ±10	Hauptstraße 50 – Gebälk Keller, Süd
1746/47	Kirchstraße 11 – Dachwerk
1700–1750	Hauptstraße 56 – Gewölbekeller
1753/54	Hauptstraße 35 – Umbau
1770/71	Hauptstraße 58 – Dachwerk
1771/72	Freihofgasse 6
1771772	Hauptstraße 56b, Salzhaus – Dachwerk
1772/73	Freihofgasse 6 – Treppenhaus
1772/73	Spitalstraße 1 – Dachwerk
1773/74	Hauptstraße 33 – Dachwerk
1773/74	Hauptstraße 41 – Dachwerk
1778/79	Kirchstraße 16 – Unterbau
1780/81	Auf dem Graben 44/46 – Dachwerk
1781/82	Wettelbrunner Straße 17, Friedhofkapelle St. Sebastian – Dachreiter
1786/87	Hauptstraße 42 – Keller
1787/88	Hauptstraße 55 – Umbau
1787/88	St. Johannesgasse 14 – Umbau
1789/90	Hauptstraße 56a, Stubenhaus – Dachwerk
1792/93	Jägergasse 10, Anbau – Dachwerk
1796/97	Hauptstraße 32 – Gebälk EG
1796/97	Kirchstraße 2, Scheune – Umbau
1797/98	Jägergasse 8, Scheune – Dachwerk
1797/98	Hauptstraße 32 – Gebälk
1798/99	Kirchstraße 18 – Unterbau
1799/1800	Adlergasse 7/9

19. Jahrhundert

1801/02	St. Johannesgasse 24 – Dachwerk
1803/04	Hauptstraße 31 – Dachwerk
1803/04	Meiergasse 1a – Dachwerk
1805	Kirchstraße 1 – Gebälk Keller
1805/06	Hauptstraße 29 – Gebälk Keller
1812/13	Freihofgasse 1
1815/16	Jägergasse 9, Kronenscheune – Dachwerk

1836/37	Auf dem Graben 12 – Dachwerk Nordbau
1839	Auf dem Graben 12 – Dachwerk Winkelbau
1842/43	Auf dem Graben 12 – Dachwerk Schuppen
1870/71	Hauptstraße 33 – Dachwerk

Abbildungsnachweis

Abb. 1, 9–12, 15–17, 19–24, 26–27, 29–37, 40–42, 44–45, 47, 50, 51, 53, 55–57, 59, 61, 62, 71, 72, 75, 76, 78–80, 83, 87, 90, 95, 96, 98–107, 109–113, 115–117, 122–124, 126, 128, 130, 131, 137, 138, 140–143, 145, 148, 149, 151, 152, 154, 155, 163, 165, 166, 170, 172–175, 177–179, 182, 183, 190–193, 195–198, 200–210, 213, 218, 221, 226, 228, 230–236, 238, 240–246, 252, 257–258, 261–267, 269, 270, 272, 274, 275, 277, 283–288, 291, 294, 297, 298, 300, 302, 303, 306–308, 310, 212–314, 316–318, 320, 321, 323, 325, 326, 330, 331, 333, 334, 336–339, 341, 342, 344, 345, 347–357, 362, 363: Burghard Lohrum.

Abb. 2: Landesamt für Denkmalpflege im Regierungspräsidium Stuttgart (LAD), Luftbild: Rolf Gensheimer.

Abb. 3, 5: LAD, Luftbilder: Otto Braasch.

Abb. 4: LAD, nach P. Schmidt-Thomé/G. Wesselkamp: Archäologische Ausgrabungen in Baden-Württemberg 1989, 257 Abb. 185.

Abb. 6: LAD, Arbeitsstelle Freiburg, Vedral.

Abb. 7, 43, 89, 97, 114, 147, 150, 171, 180, 184, 211, 212, 214, 217, 260, 309, 311, 315, 329, 346: LAD, Arbeitsstelle Freiburg.

Abb. 8: LAD/Landesamt für Geoinformation und Landentwicklung Baden-Württemberg.

Abb. 13, 14, 144 und Titelbild: Pitty Schöttler.

Abb. 18, 49, 52, 74, 85, 119, 156, 162, 167–169, 229, 239, 276, 278, 292, 295, 299, 340: LAD, Bernd Hausner.

Abb. 25, 28, 39, 46, 48, 54, 60, 70, 77, 81, 84, 86, 108, 120, 125, 127, 129, 132, 139, 153, 164, 176, 186, 189, 194, 199, 220, 225, 227, 237, 251, 253, 259, 268, 271, 273, 289, 301, 304, 319, 322, 324, 327, 332, 335, 343, 361: LAD, Arbeitsstelle Freiburg, Jean Jeras.

Druck und Bindung
Books on Demand GmbH
In de Tarpen 42, 22848 Norderstedt